Zum Konvergenzprozess der mittel- und osteuropäischen EU-Beitrittsländer

Hohenheimer Volkswirtschaftliche Schriften

Herausgegeben von
Prof. Dr. Michael Ahlheim, Prof. Dr. Ansgar Belke,
Prof. Dr. Rolf Caesar, Prof. Dr. Harald Hagemann, Prof. Dr. Klaus Herdzina,
Prof. Dr. Walter Piesch, Prof. Dr. Ingo Schmidt, Prof. Dr. Ulrich Schwalbe,
Prof. Dr. Peter Spahn, Prof. Dr. Gerhard Wagenhals,

Band 51

PETER LANG
Frankfurt am Main · Berlin · Bern · Bruxelles · New York · Oxford · Wien

Susanne Reichart

Zum Konvergenzprozess der mittel- und osteuropäischen EU-Beitrittsländer

PETER LANG
Frankfurt am Main · Berlin · Bern · Bruxelles · New York · Oxford · Wien

Bibliografische Information Der Deutschen Bibliothek
Die Deutsche Bibliothek verzeichnet diese Publikation in der Deutschen Nationalbibliografie; detaillierte bibliografische Daten sind im Internet über <http://dnb.ddb.de> abrufbar.

Zugl.: Hohenheim, Univ., 2005

D 100
ISSN 0721-3085
ISBN 3-631-54347-6

www.peterlang.de

Vorwort

An dieser Stelle möchte ich die Möglichkeit nutzen, mich bei all den Personen zu bedanken, die mich bei der Erstellung dieser Dissertation unterstützt haben.

Mein besonderer Dank gebührt Herrn Professor Dr. Harald Hagemann, der mir von Beginn der Arbeit an und vor allem auch während meines 2 ½-jährigen Aufenthalts in Kanada trotz der großen Entfernung stets als Diskussionspartner und Ratgeber zur Seite gestanden hat und mir dadurch die notwendige Sicherheit und Motivation zur zügigen Fertigstellung dieser Dissertation gegeben hat. Mein Dank gilt auch Herrn Professor Dr. Ansgar Belke für die Erstellung des Zweitgutachtens.

Ebenfalls bedanken möchte ich mich bei Herrn Dr. Stephan Seiter und Herrn Dr. Guntram Hepperle sowohl für die fachlichen als auch für die ebenfalls nicht zu vernachlässigenden verfahrenstechnischen Anregungen und Ratschläge. Meine Anlaufstelle für alle Fragen und Probleme rund um den Computer und die Formatierung der Dissertation war Dipl. oec. Sven Simon, der darum im Rahmen dieser Danksagung nicht fehlen darf.

Da die Erstellung einer Dissertation jedoch nicht nur fachliche Unterstützung voraussetzt, sondern vor allem auch den ständigen Zuspruch der nächsten Mitmenschen erfordert, gilt mein ganz persönlicher Dank meinen Eltern und meinem Ehemann Wolfgang.

Herzogenaurach, den 18.12.2004 Susanne Reichart

Inhaltsverzeichnis

Abbildungsverzeichnis

Tabellenverzeichnis

Abkürzungsverzeichnis

A	Österreich
A(t)	Fortschrittsparameter
B	Belgien
BIP	Bruttoinlandsprodukt
BIS	Bank for International Settlements
Bul	Bulgarien
CEFTA	Central European Free Trade Agreement
Cz	Tschechien
CzSl	Tschechoslowakei
D	Deutschland bzw. Konsumindex
DB	Deutsche Bank
DK	Dänemark
E	Spanien bzw. F&E-Ausgaben
E(x)	Erwartungswert der Variable x
EBRD	European Bank for Research and Development
EE	Estland
EG	Europäische Gemeinschaft(en)
EU	Europäische Union
EVP	Europäisches Vergleichsprogramm
EWS	Europäischens Währungssystem
EWU	Europäische Währungsunion
F	Frankreich bzw. Fixkosten
FDI	Foreign Direct Investment
Fin	Finnland
GB	Groβ-Britannien
GCI	Growth Competitiveness Index
GDP	Gross Domestic Product
Gr	Griechenland
Hu	Ungarn
I	Italien bzw. Investitionen
IMF	International Monetary Fund
IOSCO	International Organisation of Securities Commissions
ISPA	Instrument for Structural Policies for Pre-Accession
IWF	Internationaler Währungsfond
JD	Jahresdurchschnitt
K	Kapital bzw. aggregiertes Wissen
KKP	Kaufkraftparitäten
KKS	Kaufkraftstandards
Kr	Kroatien
L	Arbeit
LA	In Effizienzeinheiten gemessener Arbeitseinsatz

Lux	Luxemburg
Lit	Litauen
LT	Lettland
MEI	Macroeconomic Environment Index
MOEL	Mittel- und osteuropäische Länder
MP	Marktpreise
M	Malta
N	Natürliche Ressourcen bzw. Anzahl der Arbeitskräfte
NICI	National Innovative Capacity Index
NL	Niederlande
P	Portugal
PHARE	Poland and Hungary Assistance for Restructuring the Economy
PII	Public Institutions Index
PL	Polen
Q	Gesamtoutput bzw. Anzahl der Sektoren
R	Russland bzw. Forschungskapital
RGW	Rat für gegenseitige Wirtschaftshilfe
Rum	Rumänien
S	Schweden
SAPARD	Special Accession Programme for Agriculture and Rural Development
SK	Slowakei
Sl	Slowenien
STAWN	Standardabweichung
T	Türkei
TI	Technology Index
TFP	Totale Faktorproduktivität
USSR	Sowjetunion
V_i	Faktormengen des Produktionsfaktors i
WKM	Wechselkursmechanismus
WWU	Wirtschafts- und Währungsunion
X	Aggregierter Güteroutput
Y	Output, Einkommen
Yug	Jugoslawien
Z	Zypern
a	Arbeitskoeffizient
c	Pro-Kopf-Konsum
g	Innovationsrate bzw. Wachstumsrate
gg. Vj.	Gegenüber dem Vorjahreszeitraum
h	Humankapital
k	Kapitalintensität
k_i	unternehmensspezifisches Wissen
k.A.	keine Angaben
log	Logarithmus

m	Qualitätsstufe bzw. Menge importierter Kapitalgüter
n	Bevölkerungswachstum bzw. Strom qualifizierter Arbeit
q(j)	Qualität eines Gutes j
r	Zinssatz
s	Sparneigung
u	Lohnstückkosten
u(t)	Für Produktionszwecke verwendete Zeit
v	Unternehmenswert
v_i	Faktormengen des Produktionsfaktors i pro Kopf
w	Lohn
w_i	Faktorpreise
w_x	Wachstumsrate der Variable x
x	Halbwertszeit der Konvergenz bzw. Menge der Kapitalgüter
x_i	Inputvektor
x(j)	Output des Gutes j
y	Pro-Kopf-Einkommen
α	Partielle Produktionselastizität bzw. Einkommensquote des Kapitals
β	Konvergenzkoeffizient von Robert Barro und Xavier Sala-i-Martin
δ	Abschreibungsrate bzw. Effizienzparameter
ε	Stochastischer Schock bzw. Substitutionselastizität
κ	Wachstumsrate des Konsums
λ	Abstand zwischen den Sprossen auf der Qualitätsleiter bzw. Partielle Produktionselastizität der Arbeit im F&E-Sektor
η	Partielle Produktionselastizität bzw. Einkommensquote des Humankapitals
π	Profit
θ	Partielle Produktionselastizität bzw. Einkommensquote des Forschungskapitals
ρ	Diskontrate bzw. Zeitpräferenzrate
σ	Intertemporale Substitutionselastizität
ν	Natürliche Ressourcen pro Arbeitskraft (N/L) bzw. Wachstumsrate des Humankapitals
γ	Wachstumsrate des technischen Fortschritts bzw. externe Effekte der Humankapitalakkumulation bzw. Konvergenzparameter
ϕ	Konvergenzkoeffizient von Ben-David bzw. Produktionselastizität der Technologie

Teil A: Einleitung

Kapitel 1: Einführende Bemerkungen

1.1. Problemstellung

> *"In Fall 1989, Mikhail Gorbachev renounced the Brezhnev doctrine and replaced it with what later became known as the Sinatra doctrine ("My Way"). Soon thereafter, several dramatic changes took place in the countries of Central and Eastern Europe. [...]. After more than forty years, the pendulum of history finally swung back. Soon it appeared that the political transition was essentially over, and the only questions left to be answered were those relating to stabilization, economic reform, and the optimal path to prosperity."*[1]

Die Europäische Integration begann mit einer politischen Vision. Die sechs europäischen Länder Belgien, Deutschland, Frankreich, Italien, Luxemburg und die Niederlande hatten das Ziel, mit der Unterzeichnung der Pariser Verträge zur Gründung der Europäischen Gemeinschaft für Kohle und Stahl im Jahr 1951 und der Römischen Verträge zur Gründung der Europäischen Wirtschaftsgemeinschaft im Jahr 1957 dem Nationalismus in Europa eine Absage zu erteilen, der in der ersten Hälfte des 20. Jahrhunderts zu zwei schrecklichen Weltkriegen geführt hatte. Es wurde jedoch schnell deutlich, dass es vor allem die wirtschaftliche Integration war, die den Europäischen Einigungsprozess vorantrieb, der letztendlich in einem Gemeinsamen Binnenmarkt und einer Wirtschafts- und Währungsunion (WWU) mündete. Die positive Entwicklung des Europäischen Wirtschaftsraums führte dazu, dass sich immer mehr Länder der Europäischen Idee verschrieben. Die Beitritte von Dänemark, Groß-Britannien und Irland (1973), von Griechenland (1981), Portugal und Spanien (1986) sowie Österreich, Finnland und Schweden (1995) führten im Laufe der Jahre zu einer Europäischen Union (EU), in der nun über die wirtschaftliche Integration hinaus auch tatsächlich eine politische Union angestrebt wird.

Im Jahr 1989 war es erneut ein historisches Ereignis, das die weitere Entwicklung Europas wesentlich veränderte und am 1. Mai 2004 u.a. zu einem EU-Beitritt von Estland, Lettland, Litauen, Polen, der Slowakei, Slowenien, Tschechien und Ungarn geführt hat. Mit dem Zusammenbruch der Sowjetunion und dem Fall des „Eisernen Vorhangs" ging die Spaltung Europas, die sich insbesondere in der Spaltung Deutschlands manifestiert hatte, nach über 40 Jahren zu Ende. Europa handelte schnell. Am 3. Oktober 1990 wurde Deutschland wiedervereinigt. Die Europäische Gemeinschaft begann schon 1989 diplomatische Beziehungen mit den mittel- und osteuropäischen Ländern (MOEL) aufzunehmen und richtete das sogenannte Phare-Programm ein, mit dem Ziel, finanzielle

[1] Fidrmuc (2000), S. 2.

Unterstützung bei der Transformation der MOEL bereitzustellen.[2] Auch die MOEL wandten sich schnell der Europäischen Union zu. Im Dezember 1991 schloss die EU mit Polen, der damaligen Tschechoslowakei und Ungarn „Europa-Abkommen" ab, denen bald entsprechende Assoziierungsabkommen mit weiteren mittel- und osteuropäischen Ländern folgten. Vorrangiges Ziel der Europa-Abkommen war die schrittweise Einführung einer Freihandelszone zwischen der EU und den assoziierten Ländern. Die Handelsliberalisierung erfolgte dabei asymmetrisch, d.h. die EU erklärte sich zu einer schnelleren Liberalisierung bereit als sie es von den MOEL erwartete. Die Folge war, dass die Europäische Union schon in kurzer Zeit zum wichtigsten Handelspartner in Mittel- und Osteuropa wurde.

Die Europa-Abkommen enthielten zwar lediglich eine Beitrittsperspektive und noch keine Beitrittszusage, jedoch war sehr bald klar, dass das langfristige Ziel der MOEL die Mitgliedschaft in der Europäischen Union sein würde. Auf dem Gipfel des Europäischen Rates in Kopenhagen im Jahr 1993 war es dann so weit:

> *„Der Europäische Rat hat heute beschlossen, daß die assoziierten Länder, die dies wünschen, Mitglieder der Europäischen Union werden können."*[3]

Dieser Einladung kamen die MOEL, wie in Tabelle 1.1. dargestellt, sehr bald nach und stellten Anträge auf die Mitgliedschaft in der Europäischen Union.

Gleichzeitig wurden die Voraussetzungen festgelegt, welche die Beitrittskandidaten vor ihrer Aufnahme in die EU zu erfüllen haben. Es handelt sich dabei um die bekannten „Kopenhagener Kriterien"[4]:

- **Politisches Kriterium**:
  Institutionelle Stabilität als Garantie für demokratische und rechtsstaatliche Ordnung, für die Wahrung der Menschenrechte sowie die Achtung und den Schutz von Minderheiten.
- **Wirtschaftliches Kriterium**:
  Funktionsfähige Marktwirtschaft sowie die Fähigkeit, dem Wettbewerbsdruck und den Marktkräften innerhalb der Union stand-zuhalten.
- **Besitzstandskriterium**:
  Fähigkeit, die aus einer Mitgliedschaft erwachsenden Verpflichtungen zu übernehmen und sich die Ziele der politischen Union sowie der Wirtschafts- und Währungsunion zu eigen zu machen.

---

[2]Phare („Poland and Hungary Aid for Reconstruction of the Economies") wurde ins Leben gerufen, um zunächst Polen und Ungarn finanzielle und technische Hilfe beim Reformprozess zukommen zu lassen. Das Programm wurde jedoch bis zum Jahr 1994 auf zwölf weitere MOEL ausgeweitet.

[3]Europäischer Rat (1993).

[4]Vgl. EU-Kommission (2002), S. 9 u. 10.

Der Europäische Rat von Madrid forderte daraufhin die EU-Kommission im Jahr 1995 auf, die Mitgliedschaftsanträge der Beitrittskandidaten zu beurteilen und die Folgen der Erweiterung für die EU zu analysieren. Das Ergebnis dieser Aufgabe war die Agenda 2000, in der die EU-Kommission im Juli 1997 die Leitlinien für die Entwicklung der Europäischen Union, die Folgen der Erweiterung für die gesamte EU sowie den künftigen Finanzrahmen für die Zeit nach dem Jahr 2000 unter Berücksichtigung einer erweiterten Union vorstellte. Wesentlicher Bestandteil der Agenda 2000 waren zudem die Stellungnahmen der EU-Kommission zu den Mitgliedschaftsanträgen der Länder Mittel- und Osteuropas.

Auf Empfehlung der Europäischen Kommission beschlossen daraufhin die Staats- und Regierungschefs der Europäischen Union Ende 1997 in Luxemburg, Beitrittsverhandlungen mit Estland, Polen, Slowenien, Tschechien, Ungarn und Zypern aufzunehmen. Im Anschluss an den EU-Gipfel von Helsinki im Dezember 1999 eröffnete die EU – wiederum auf Empfehlung der EU-Kommission – die Verhandlungen mit Bulgarien, Lettland, Litauen, Malta, Rumänien und der Slowakei. Die Türkei erhielt in Helsinki offiziell den Status eines Beitrittskandidaten. Bis heute finden mit dem Land jedoch noch keine Beitrittsverhandlungen statt.

Zur Überprüfung der Fortschritte der dreizehn Bewerberländer in ihrem Bestreben, die Mitgliedschaft in der Europäischen Union zu erreichen, veröffentlicht die EU-Kommission regelmäßig sogenannte „Strategiepapiere zur Erweiterung". Im Strategiepaper von 2002 kommt die EU-Kommission zu dem Ergebnis, dass Estland, Lettland, Litauen, Malta, Polen, die Slowakei, Slowenien, die Tschechische Republik, Ungarn und Zypern die Kopenhagener Kriterien erfüllen und beitrittsreif sind. Ausgehend von dieser Empfehlung wurden auf einem erneuten EU-Gipfel in Kopenhagen im Dezember 2002 die Beitrittsverhandlungen mit den genannten zehn Ländern offiziell für beendet erklärt und diese seitdem als beitretende Länder bezeichnet. Am 1. Mai 2004 traten nach erfolgter Zustimmung aller Beitrittskandidaten bei nationalen Referenden sowie der Zustimmung des Europäischen Parlaments in Straßburg Estland, Lettland, Litauen, Malta, Polen, die Slowakei, Slowenien, die Tschechische Republik, Ungarn und Zypern der Europäischen Union bei und vergrößerten die EU auf nunmehr 25 Mitgliedsstaaten.

Bulgarien und Rumänien erfüllen nach Ansicht der EU-Kommission zwar die politischen Kriterien haben jedoch bezogen auf das wirtschaftliche Kriterium sowie das Besitzstandskriterium noch wesentliche Anstrengungen vor sich. Der EU-Beitritt wird aus diesem Grund erst im Jahr 2007 erwartet. Auch Kroatien wird seit Mitte 2004 als möglicher Beitrittskandidat bei der nächsten Runde der Osterweiterung gehandelt, wird in dieser Arbeit jedoch noch nicht berücksichtigt.

Tabelle 1.1: Zeitplan der EU-Erweiterung

Land	**Unterzeichnung des Assoziierungsabkommens**	**Beitrittsantrag**	**(Voraussichtlicher) EU-Beitritt**
Ungarn	16.12.1991	31.03.1994	01.05.2004
Polen	16.12.1991	05.04.1994	01.05.2004
Tschechoslowakei	16.12.1991	-	-
Rumänien	08.02.1993	22.06.1995	2007
Bulgarien	01.03.1993	14.12.1995	2007
Slowakei	06.10.1993	27.06.1995	01.05.2004
Tschechien	06.10.1993	17.01.1996	01.05.2004
Lettland	12.06.1995	13.10.1995	01.05.2004
Estland	12.06.1995	24.11.1995	01.05.2004
Litauen	12.06.1995	08.12.1995	01.05.2004
Slowenien	10.06.1996	10.06.1996	01.05.2004
Türkei	September 1963	14.04.1987	-
Malta	Dezember 1970	16.07.1990	01.05.2004
Zypern	Dezember 1972	03.07.1990	01.05.2004

Quelle: Belke/Hebler (2002), Dresdner Bank (2001). Eigene Darstellung.

Tabelle 1.1 fasst noch einmal den beschriebenen Zeitplan der jüngsten EU-Erweiterung zusammen.

Was ist nun so besonders an der fünften Erweiterungsrunde vom 1. Mai 2004 und der im Jahr 2007 zu erwartenden sechsten Erweiterung der Europäischen Union? Zunächst einmal wurden in der bisherigen Geschichte der EU noch nie mehr als drei Länder auf einmal in die Europäische Gemeinschaft aufgenommen. Der gleichzeitige Beitritt von zehn Ländern hat in erster Linie einen Reformprozess der EU-Institutionen erforderlich gemacht, ohne den eine EU der 25 Mitgliedsstaaten kaum entscheidungs- und handlungsfähig wäre. Die Notwendigkeit institutioneller Reformen hinsichtlich der Stimmengewichtung der einzelnen EU-Staaten, der Größe und Zusammensetzung der EU-Kommission, der Frage nach den Regeln für die Abstimmung im Europäischen Rat sowie nach den Möglichkeiten einer engeren Zusammenarbeit einzelner Mitgliedsstaaten wurden auf dem EU-Gipfel in Nizza im Jahr 2000 diskutiert. Die Ergebnisse des daraus resultierenden Vertrages von Nizza wurden jedoch häufig als eine Einigung auf den kleinsten gemeinsamen Nenner kritisiert. Die für die Handlungsfähigkeit der Union so wichtige Entscheidungsdynamik wurde kaum verbessert, da einzelne Mitgliedsstaaten nach wie vor in wichtigen Bereichen ein Vetorecht haben und dadurch wesentliche Entscheidungen blockieren können.

Schon auf dem Gipfeltreffen in Nizza wurde aufgrund der teilweise enttäuschenden Ergebnisse deshalb beschlossen, im Jahr 2004 eine Folgekonferenz einzuberufen, die sich mit weitergehenden Reformen der EU-Institutionen und des europäischen Vertragswerkes beschäftigen soll. Zur Vorbereitung dieser Regierungskonferenz setzte der Europäische Rat in Laeken im Dezember 2001 unter dem Vorsitz des ehemaligen französischen Staatspräsidenten Valerie Giscard d'Estaing einen "Konvent zur Zukunft der Europäischen Union" mit dem Auftrag ein, bis zum Juni 2003 einen Vorschlag für eine Vertragsreform zu erarbeiten. Der daraus resultierende Entwurf für eine Europäische Verfassung war daraufhin die Grundlage für die Regierungskonferenz der Staats- und Regierungschefs der EU am 18. Juni 2004 in Brüssel, bei der, allerdings nur mit zahlreichen Änderungen am Entwurf des Verfassungskonvents, in letzter Minute die Einigung auf eine erste gemeinsame europäische Verfassung erfolgte.

Nach außen wird die Europäische Union entsprechend der EU-Verfassung durch drei Repräsentanten vertreten: den Kommissionspräsidenten, den Außenminister und den Präsidenten des Europäischen Rates der Staats- und Regierungschefs. Das Europaparlament erhält mehr Kompetenzen und entscheidet im Regelfall auch bei der europäischen Gesetzgebung mit. Bis zum Jahr 2014 wird jedes Land einen Kommissar stellen. Danach wird die Anzahl der Kommissare jedoch auf zwei Drittel der Mitgliedsländer reduziert. Die Besetzung erfolgt mit Hilfe eines Rotationsprinzips bei dem jedes Land nach zwei Amtsperioden für fünf Jahre nicht in Brüssel vertreten ist. Bei den Abstimmungen des Rates gilt künftig die sogenannte „doppelte Mehrheit". Ein Beschluss wird dann gefasst, wenn 55% oder mehr der Mitgliedsstaaten, mindestens aber 15 Länder zustimmen. Diese müssen zusätzlich mindestens 65% der Bevölkerung repräsentieren. Ebenso kommt es zu einer Ausweitung von Mehrheitsentscheidungen. Das nationale Veto gilt allerdings weiterhin für die Steuerpolitik sowie weitestgehend auch für die Außen- und Sicherheitspolitik.

Der Verfassungsvertrag wird erst wirksam, wenn ihn alle Mitgliedsländer ratifiziert haben, d.h. durch Parlaments- oder Volksentscheid zugestimmt haben. Dies soll spätestens im Jahr 2007 der Fall sein. Vor allem in Ländern, in denen durch ein Referendum über die neue Verfassung abgestimmt wird, kann die Zustimmung jedoch nicht als sicher gelten. Sollte die Verfassung nicht überall akzeptiert werden, muss im Rahmen eines Gipfeltreffens über das weitergehende Vorgehen im Hinblick auf einen möglichen Alleingang der Länder, welche die Verfassung ratifiziert haben, entschieden werden.

Neben der Aufnahmefähigkeit der Europäischen Union und ihrer Institutionen sind es jedoch in erster Linie die mittel- und osteuropäischen Beitrittsländer und ihre Beitrittsfähigkeit, welche die Osterweiterung der EU zu einem Sonderfall machen. Die große Herausforderung liegt in der Tatsache, dass mit der Aufnahme von Estland, Lettland, Litauen, Polen, der Slowakei, Slowenien, Tschechien und Ungarn am 1. Mai 2004 und dem voraussichtlichen Beitritt von Bulgarien und Rumänien im Jahr 2007 zehn Länder in die EU integriert werden, die zum Teil nicht einmal 50% des durchschnittlichen Pro-Kopf-Einkommens der bisherigen Europäischen Union erwirtschaften. Nachdem der Beitritt mit der Erklärung des Europäischen Rates 1993 in Kopenhagen politisch als klares Ziel vorgegeben wurde, war folglich die entscheidende Frage, inwieweit es den Beitrittsländern gelingt, auch die wirtschaftlichen Voraussetzungen für einen erfolgreichen EU-Beitritt zu erfüllen. Die Kosten einer Erweiterung ohne dauerhafte Angleichung des Wohlstandsniveaus sind dabei vielfältig.

Das Wohlstandsgefälle innerhalb der Europäischen Union kostet in erster Linie Geld. Im Rahmen der Heranführungsstrategie der EU sind es seit dem Jahr 2000 drei Vorbereitungsinstrumente, die zur finanziellen Unterstützung des EU-Beitritts der Kandidatenländer beitragen. Das schon erwähnte Phare-Programm finanziert Maßnahmen für den Auf- und Ausbau in allen Sektoren und für alle Arten von Investitionen, die nicht von den beiden folgenden Instrumenten abgedeckt werden. Das Phare-Programm besitzt ein jährliches Budget in Höhe von 1,56 Milliarden Euro. Das zweite Vorbereitungsinstrument ist das Programm ISPA (*Instrument for Structural Policies for Pre-Accession*). Ziel ist mit einem Jahresbudget von 1,04 Milliarden Euro die Finanzierung von Infrastrukturprojekten in den Bereichen Umwelt und Verkehr. Das dritte Programm SAPARD (*Special Accession Programme for Agriculture and Rural Development*) wurde eingeführt, um die Landwirtschaft und die ländliche Entwicklung in den Beitrittsländern auf dem Weg in die EU finanziell zu unterstützen. Das jährliche Budget beläuft sich auf 520 Millionen Euro. Nach dem Beitritt haben die neuen EU-Mitglieder Anspruch auf Gelder aus der Gemeinsamen Agrarpolitik, den strukturpolitischen Maßnahmen und den speziellen internen Politiken, und es ergeben sich zusätzliche administrative Kosten für die EU (z.B. für den Übersetzerdienst). Insgesamt wurde für den Zeitraum von 2004 – 2006 von der EU-Kommission ein finanzieller Rahmen für alle zehn Beitrittsländer vom 1. Mai 2004 in Höhe von ca. 40 Milliarden Euro angesetzt.[5] Den größten Anteil nehmen dabei mit über 50% der Kosten die strukturpolitischen Maßnahmen ein. Das allgemeine Ziel des Strukturfonds ist in erster Linie der Abbau der strukturellen Ungleichgewichte zwischen den Regionen Europas. Besonders interessant ist in diesem Zusammenhang die sogenannte Ziel-1-Förderung des Strukturfonds, welche die Entwicklung und strukturelle Anpassung von Regionen mit Entwicklungsrückstand zum Zweck hat. Förderfähig sind die Regionen, deren Pro-Kopf-Bruttoinlandsprodukt weniger als 75% des Gesamtdurchschnitts in Europa beträgt. Geht man davon aus, dass zur Zeit des Beitritts am 1. Mai 2004 von den acht mittel- und osteuropäischen Ländern lediglich Slowenien im Landesdurchschnitt oberhalb dieser 75%-Grenze liegt, so ist zu erwarten, dass mit wenigen Ausnahmen nahezu alle Regionen Mittel- und Osteuropas Anspruch auf Mittel aus den Strukturfonds haben. Auf der anderen Seite werden

[5] Vgl. http://europa.eu.int/comm/enlargement/negotiations/pdf/financial_framework.pdf, abgerufen am 18.8.2004.

aufgrund des gesunkenen Einkommensdurchschnitts in Folge der Osterweiterung einige Regionen, die bisher förderfähig waren, aus der Strukturförderung herausfallen. Dabei handelt es sich in erster Linie um Regionen der sogenannten Kohäsionsländer Spanien, Griechenland, Portugal und Irland.

Die dargestellten Kosten machen deutlich, dass es vor allem im Interesse der sogenannten Nettozahler in der Europäischen Union sein muss, das noch vorhandene Einkommensgefälle zwischen den Ländern und Regionen der EU so schnell wie möglich zu reduzieren. Vor allem im Hinblick auf die angespannte Haushaltslage in einigen Mitgliedsländern würde eine dauerhafte Nettoempfängerposition der Beitrittsländer die Akzeptanz und Unterstützung der bisherigen und vor allem auch der zukünftigen Erweiterungsrunden gefährden.

Neben den finanziellen Kosten beinhaltet ein dauerhaftes Wohlstandsgefälle zwischen Ost- und Westeuropa jedoch auch andere Probleme. Da im Zuge der Integration in die Europäische Union langfristig die Arbeitnehmerfreizügigkeit gewährleistet sein wird, ist davon auszugehen, dass große Unterschiede im erzielbaren Pro-Kopf-Einkommen den Migrationsdruck erhöhen. Von den sogenannten Push- und Pull-Faktoren der ökonomischen Migrationstheorie spielt dabei vor allem das Lohndifferenzial zwischen verschiedenen Arbeitsorten eine große Rolle bei der Entscheidung über Sesshaftigkeit oder Auswanderung. Die Schätzungen bezüglich des möglichen Migrationspotenzials aus den mittel- und osteuropäischen Beitrittsländern sind sehr unterschiedlich. Aufbauend auf den Erfahrungen mit der Süderweiterung der EU um Griechenland, Spanien und Portugal müssen Befürchtungen, die von einer Art Massenexodus aus den neuen Mitgliedsländern ausgehen, jedoch mit großer Skepsis betrachtet werden. Eines ist allerdings sicher: Gelingt es nicht, die relative Einkommensposition in den MOEL zu verbessern und den Menschen dauerhaft vergleichbare Perspektiven zu geben wie in Westeuropa, wird sich der Migrationsdruck wesentlich erhöhen.

Eine Hinauszögerung bzw. sogar ein Verbot der Arbeitnehmerfreizügigkeit kann dabei nicht als Alternative betrachtet werden. Unabhängig von den nicht realisierten, positiven Wohlfahrtseffekten, die sich in den Zielländern durch die Einwanderung hochqualifizierter, osteuropäischer Arbeitskräfte ergeben können, würde eine Abschottung Westeuropas gegenüber Arbeitskräften aus den MOEL die soziale und vor allem politische Stabilität der jungen Demokratien gefährden. Die demokratischen Marktwirtschaften sind bei weitem noch nicht so stabil, dass bei fehlender Verbesserung der Lebenssituation der Menschen, vor allem im Vergleich mit den westeuropäischen Nachbarn, eine Gegenrevolution vollständig auszuschließen wäre. Ein Beispiel für eine rückwärtsorientierte Entladung der Unzufriedenheit mit der wirtschaftlichen Situation sind die teilweise sehr hohen Wahlergebnisse der PDS als Nachfolgepartei der kommunistischen SED in Ostdeutschland.

Als weiteres Beispiel für negative Auswirkungen eines unveränderten Wohlstandsgefälles zwischen den alten und neuen EU-Mitgliedsstaaten ist die Unvereinbarkeit der gemeinsamen Wirtschaftspolitiken mit den unterschiedlichen Ansprüchen der einzelnen Volkswirtschaften. Es wäre auf Dauer sehr schwierig, sich auf eine gemeinsame Geldpolitik, Währungspolitik, Stabilitätspolitik, Finanzpolitik, Industriepolitik etc. zu einigen, da ausgehend von den unterschiedlichen nationalen Voraussetzungen auch die jeweiligen nationalen Folgen einer gemeinsamen Wirtschaftspolitik stark voneinander abweichen. Die Stärkung und Konvergenz der wirtschaftlichen Situation in den Volkswirtschaften der Europäischen Union ist somit auch für den politischen Erfolg der Europäischen Integration eine notwendige Bedingung.

Nun stellt sich die Frage nach der Wahrscheinlichkeit eines positiven Konvergenzprozesses im Anschluss an die Osterweiterung der EU. Inwieweit ist damit zu rechnen, dass Estland, Lettland, Litauen, Polen, die Slowakei, Slowenien, Tschechien und Ungarn bzw. auch Bulgarien und Rumänien eine Angleichung ihrer Lebensverhältnisse an das durchschnittliche Niveau in der Europäischen Union erreichen? Welche Möglichkeiten bietet die Europäische Integration und welche Voraussetzungen müssen in den Beitrittsländern erfüllt sein, um diesen Aufholprozess zu unterstützen? Die folgenden Kapitel dieser Arbeit haben das Ziel, diese Fragen zu beantworten. Neben theoretischen Abhandlungen hinsichtlich Konvergenz bzw. Divergenz stehen auch empirische Untersuchungen über den bisherigen Verlauf der wirtschaftlichen Entwicklung der zehn MOEL im Anschluss an die Transformation von Planwirtschaften zu Marktwirtschaften im Mittelpunkt. Als möglicher Vergleichsmaßstab dient in der Literatur häufig die Entwicklung der sogenannten Kohäsionsländer Griechenland, Spanien und Portugal, da auch im Rahmen der Süderweiterung der Europäischen Union Volkswirtschaften mit einer wesentlich geringeren Wirtschaftskraft in die EU integriert wurden.

1.2. Aufbau der Arbeit

Die Arbeit ist wie folgt aufgebaut: Im Anschluss an diese Einführung gibt **Kapitel 2** zunächst einmal einen Überblick über die wirtschaftliche Situation in den Beitrittsländern in den ersten Jahren ihres Transformationsprozesses seit den großen Veränderungen zu Beginn der 90er Jahre. Im Mittelpunkt steht jeweils die Veränderung der relativen Einkommensposition der MOEL im Vergleich zu den fünfzehn Mitgliedsstaaten der EU (EU-15). Es werden unterschiedliche Möglichkeiten vorgestellt, Konvergenz, d.h. die positive Veränderung der relativen Einkommens- und Wohlstandsverhältnisse, zu messen. Darauf aufbauend werden die am deutlichsten zu erkennenden Auswirkungen der Europäischen Integration auf den Konvergenzprozess untersucht, die schon vor dem eigentlichen EU-Beitritt wirksam geworden sind. Gemeint ist die zunehmende Handelsintegration, die im Anschluss an die Unterzeichnung der Europaabkommen durch schrittweise Einführung einer Freihandelszone zwischen der EU und den MOEL stattgefunden hat.

Im zweiten großen Teil der Arbeit wird die Frage hinsichtlich der Möglichkeit eines Konvergenzprozesses anhand verschiedener Wachstumstheorien bearbeitet. **Kapitel 3** stellt dazu zunächst die Sicht der neoklassischen Wachstumstheorie vor. Im Anschluss an die Darstellung des traditionellen Solow-Modells und der daraus resultierenden Konvergenzhypothesen werden die Ergebnisse mit Hilfe der empirischen Arbeiten von Robert Barro und Xavier Sala-i-Martin am Beispiel des Europäischen Einigungsprozesses überprüft. Dabei wird deutlich, dass es sich bei der Europäischen Union in den letzten Jahrzehnten seit dem Zweiten Weltkrieg tatsächlich um einen Konvergenz-Club gehandelt hat, d.h., dass es zumindest phasenweise aufgrund eines schnelleren Wachstums ärmerer Länder zu einer Reduktion der Einkommensdisparitäten im Verlauf der Europäischen Integration gekommen ist. Die mittel- und osteuropäischen Beitrittsländer wiesen dagegen bis zum Zusammenbruch der Zentralverwaltungswirtschaften und dem Beginn der Transformation untereinander nur geringe und gegenüber Westeuropa so gut wie gar keine Konvergenztendenzen auf. Die Ursache für eine Konvergenzentwicklung liegt im neoklassischen Wachstumsmodell dabei in den abnehmenden Grenzerträgen des Kapitals, die dazu führen, dass der Investitionsanreiz bei fortschreitender Kapitalakkumulation sinkt und reichere Volkswirtschaften folglich geringere Wachstumsraten aufweisen als Länder, deren Kapitalstock noch geringer ist. Dieser Prozess wird bei offenen Volkswirtschaften zusätzlich durch die Tatsache unterstützt, dass das Kapital in neoklassischen Modellen dorthin fließt, wo die Grenzerträge des Kapitals hoch sind, das Kapital folglich knapp ist. Diese Mechanismen führen dazu, dass sich langfristig die Wachstumsraten und unter bestimmten Voraussetzungen auch die Pro-Kopf-Einkommen angleichen.

Im Rahmen der neoklassischen Wachstumstheorie kann jedoch nicht erklärt werden, warum beispielsweise reiche Volkswirtschaften wie die USA dauerhaft hohe Wachstumsraten realisieren. Weltweit scheint sich im Vergleich von Industrie- und Entwicklungsländern keine Angleichung der Lebensstandards, sondern vielmehr eine ständige Zunahme der Einkommensdisparitäten zu entwickeln. Es müssen folglich entweder Mechanismen existent sein, die eine Abnahme der Grenzerträge des Kapitals und damit des Investitionsanreizes verhindern, oder neben der Kapitalakkumulation weitere Wachstumsmotoren vorhanden sein.

Mit der Darstellung der Ursachen einer divergenten Einkommensentwicklung beschäftigt sich **Kapitel 4** und zeigt im Rahmen der Theorie endogenen Wachstums unterschiedliche Ansätze auf, die einen positiven Zusammenhang zwischen Entwicklungsniveau und Wachstumsrate erklären können. Von besonderer Bedeutung ist dabei die Entstehung neuen Wissens, sei es als Nebeneffekt bei der Humankapitalakkumulation oder als vorrangiges Ziel bei der Entwicklung neuer Innovationen im Rahmen von Forschung und Entwicklung. Da im Gegensatz zum neoklassischen Wachstumsmodell der technische Fortschritt nicht exogen gegeben ist, sind Volkswirtschaften durch die Entstehung neuen

Wissens in Verbindung mit positiven externen Effekten bei der Wissensakkumulation in der Lage, ein Sinken der Grenzerträge bei fortschreitender Kapitalakkumulation zu verhindern. Die Wachstumsrate ist positiv vom Wissensbestand abhängig und ermöglicht es dadurch höher entwickelten Volkswirtschaften, unter Umständen sogar schneller zu wachsen als weniger entwickelte Volkswirtschaften. Dadurch vergrößert sich die Einkommenslücke, es kommt zu Divergenz.

Diese Divergenzmechanismen werden jedoch abgeschwächt, wenn man nicht geschlossene Volkswirtschaften betrachtet, sondern Wirtschaftsbeziehungen zwischen den Ländern zulässt. Volkswirtschaften, die miteinander handeln, oder sogar einen Integrationsraum bilden, ermöglichen den gegenseitigen Austausch nationalen Wissens, die sogenannte Technologiediffusion. Die verschiedenen Kanäle dieser internationalen Wissensspillover sind u.a. Gegenstand von **Kapitel 5**. Ebenfalls in diesem Kapitel wird der Frage nachgegangen, inwieweit die nationale Spezialisierung einen Einfluss auf die jeweilige Konvergenzentwicklung einer Volkswirtschaft hat. Es wird die Hypothese aufgestellt, dass Volkswirtschaften, die sich auf technologieintensive Sektoren spezialisieren, obwohl, oder gerade weil sie in diesem Bereich eine sehr große technologische Lücke aufweisen, über ein höheres Catching-Up-Potenzial verfügen als Volkswirtschaften, die sich auf Sektoren mit traditionellen komparativen Vorteilen spezialisieren. Dahinter steckt die sogenannte Gerschenkron-Hypothese und der „advantage of backwardness". Aufgrund des hohen Lernpotenzials in Verbindung mit technologischen Spillovern ergibt sich ein positiver Zusammenhang zwischen der sektoralen Produktivitätslücke und dem möglichen Produktivitätswachstum.

Ein Ergebnis der theoretischen Abhandlungen in Teil B ist, dass die Beantwortung der Frage nach Konvergenz bzw. Divergenz in hohem Maße von der internationalen Verfügbarkeit des technischen Fortschritts und des internationalen Wissens abhängig ist. Doch auch bei vollständiger Technologiediffusion scheint, bestätigt durch die unterschiedliche Entwicklung der MOEL, ein Konvergenzprozess zwischen verschiedenen Volkswirtschaften kein automatischer Ablauf zu sein. Der dritte Teil dieser Arbeit beschäftigt sich demzufolge mit den jeweiligen Voraussetzungen der zehn mittel- und osteuropäischen Beitrittsländer hinsichtlich ihrer Möglichkeiten zur Ausnutzung des Catching-Up-Potenzials infolge der internationalen bzw. in erster Linie transeuropäischen Technologiediffusion im Rahmen der Integration in den Europäischen Wirtschaftsraum. **Kapitel 6** untersucht zu diesem Zweck die „social capability" der MOEL. In Anlehnung an die Idee des Wirtschaftshistorikers Moses Abramovitz wird mit Hilfe verschiedener Studien zur Messung der Humankapitalbasis und der Imitations- bzw. Innovationsfähigkeit versucht, einen Eindruck über die Fähigkeit der MOEL zu gewinnen, ausländisches Wissen zu absorbieren, um zunächst durch Imitation und bei fortschreitender Entwicklung durch eigene Innovation einen dauerhaften Wachstumsprozess in Gang zu bringen, der nicht nur ein Aufholen, sondern langfristig vielleicht sogar ein Überholen der westeuropäischen Volkswirtschaften ermöglicht. Neben dieser „absorptive capability“ sind es jedoch auch bestimmte Rahmenbedingungen, die darüber entscheiden, ob überhaupt neues Wissen, z.B. in Form ausländischer Direktinvestitionen, in die Beitrittsländer gelangt. Eine entscheidende Rolle spielen dabei zusammen mit den Ausgangsbedingungen und den Erfolgen bei der makroökonomischen Stabilisierung der Volkswirtschaften vor allem die jeweiligen Fortschritte bei der Umsetzung der Strukturreformen.

Aufbauend auf diesen Ergebnissen zeigt **Kapitel 7** einen möglichen Ansatz zur Berechnung eines Zeitrahmens, innerhalb dessen die zehn mittel- und osteuropäischen Beitrittsländer das durchschnittliche Einkommensniveau der Europäischen Union jeweils erreichen könnten. Im Anschluss an eine Zusammenfassung der theoretischen Erkenntnisse endet diese Arbeit daraufhin mit einer kurzen Einschätzung der vergangenen Konvergenzperformance der zehn MOEL und ihrer voraussichtlichen Perspektiven in dem Bestreben das europäische Wohlstandsgefälle zu verringern.

Kapitel 2: Osteuropa in Zahlen

2.1. Die relative Einkommensposition

Die Erweiterung der Europäischen Union um acht osteuropäische Länder am 1. Mai 2004 und um mindestens zwei weitere im Jahr 2007 stellt eine große Herausforderung für Europa dar. Die Besonderheit liegt dabei vor allem in der Anzahl der beitretenden Länder, welche den Erweiterungsumfang von bisher maximal drei Ländern bei weitem übersteigt. Während Bevölkerung und Fläche der Union in Folge der Osterweiterung um alle zehn mittel- und osteuropäischen Beitrittsländer um ca. ein Drittel ansteigen, tragen die beitretenden Länder wie in Tabelle 2.1 ersichtlich insgesamt lediglich zu einem Zuwachs des gemeinschaftlichen Bruttoinlandsproduktes von 5% bei. Wirtschaftlich handelt es sich somit, trotz der Aufnahme von zehn Ländern, um eine kleine Erweiterung, die durchaus mit dem Beitritt von Griechenland, Spanien und Portugal – der Süderweiterung – vergleichbar ist. Auch damals handelte es sich um die Aufnahme wesentlich ärmerer Länder mit einem geringen Anstieg des gemeinschaftlichen Bruttoinlandsproduktes der Union.

Tabelle 2.1: Die Erweiterungen der EU im Überblick

Jahr	Kandidatenländer	Bevölkerung in Mill.	Fläche in 1000 km^2	BIP in Mrd. Euro zu MP
1973	**EU-6**	209	1280	831
	DK, Irl, GB	64	358	204
	Zuwachs	**31%**	**28%**	**25%**
1981	EU-9	279	1638	2373
	Gr	10	132	42
	Zuwachs	**4%**	**8%**	**2%**
1985	**EU-10**	290	1770	3057
	E, P	49	597	258
	Zuwachs	**17%**	**34%**	**8%**
1995	**EU-12**	350	2367	7509
	A, S, Fin	22	871	568
	Zuwachs	**6%**	**37%**	**8%**
2004/2007	**EU-15***	378	3238	8524
	Bul, Cz, EE, Hu, Lit, LT, PL, Rum, SK, Sl**	104	1078	395
	Zuwachs	**28%**	**33%**	**5%**

Quelle: Dresdner Bank (2001), EU-Kommission (2002a).

Anmerkungen: * Daten für 2000; ** ohne Malta und Zypern.

Die relativ geringe Wirtschaftskraft der zehn mittel- und osteuropäischen Beitrittsländer steht demzufolge auch im Mittelpunkt dieser Arbeit. Die größte Herausforderung der EU-Osterweiterung ist es, eine Annäherung der Lebensverhältnisse in allen Mitgliedsstaaten der Union zu erreichen. Die Schwierigkeit dieser Aufgabe wird deutlich, wenn man die bisherigen Unterschiede in der relativen Einkommensposition innerhalb der EU betrachtet. Als Indikator zur Messung der unterschiedlichen Lebensstandards dient das durchschnittliche Pro-Kopf-Einkommen, welches für alle Länder aus Ost- und Westeuropa beispielhaft in Abbildung 2.1 dargestellt ist. Es wird deutlich, dass fast alle Länder aus Mittel- und Osteuropa ein deutlich geringeres Pro-Kopf-Einkommen aufweisen als alle Länder der EU-15.

Abbildung 2.1: Pro-Kopf-BIP in Europa im Jahr 2002

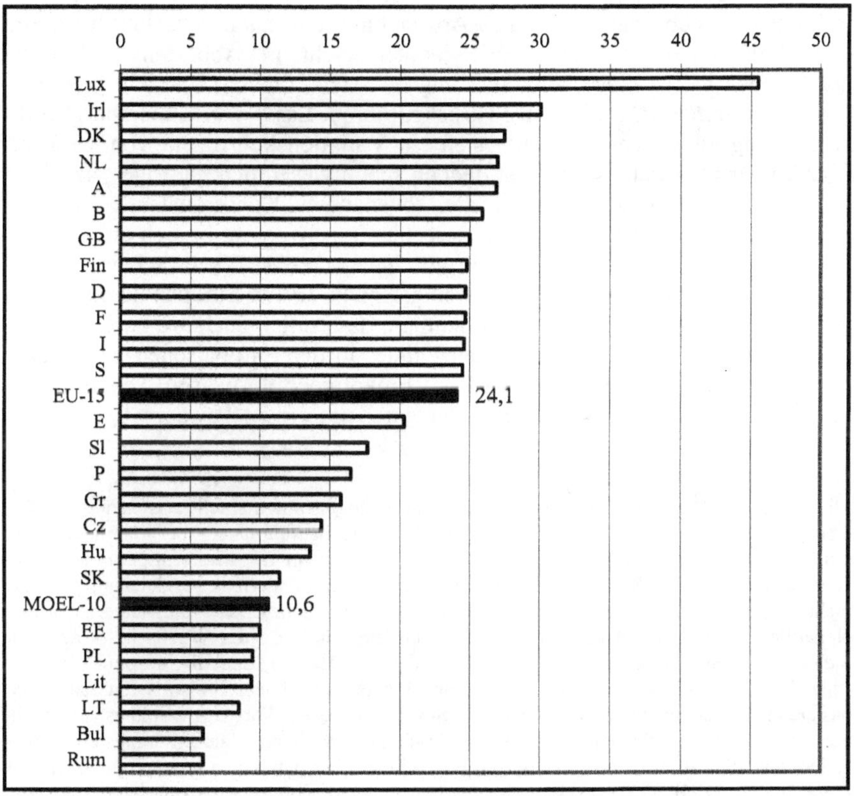

Quelle: Eurostat (2003, 2003b). Eigene Darstellung.

Anmerkung: Daten in 1000 Kaufkraftstandards (KKS) in jeweiligen Preisen.

Lediglich Slowenien erwirtschaftet schon vor dem offiziellen EU-Beitritt ein Pro-Kopf-Einkommen, das höher ist als in Portugal und Griechenland. Im

Durchschnitt erreicht das Pro-Kopf-Einkommen der MOEL-10 im Jahr 2002 jedoch nicht einmal die Hälfte des Pro-Kopf-Einkommens der EU-15.[1]

Die europäischen Regierungschefs haben es sich in der Präambel zum Vertrag über die Europäische Union zum Ziel gemacht, „entschlossen, die Stärkung und Konvergenz ihrer Volkswirtschaften herbeizuführen". Betrachtet man zunächst lediglich die fünfzehn alten EU-Mitgliedsstaaten, so ist schon auf den ersten Blick ersichtlich, dass die Mehrheit der EU-15 bezogen auf die Pro-Kopf-Einkommen sehr nah beieinander liegen. Berechnet man aufbauend auf den Abbildung 2.1 zugrundeliegenden Daten für die jeweiligen Pro-Kopf-Einkommen den Variationskoeffizient als Streuungsmaß für alle fünfzehn Länder, so ergibt sich jedoch eine prozentuale Abweichung um das durchschnittliche Pro-Kopf-Einkommen von 25%. Wie jedoch leicht in Abbildung 2.1 nachzuvollziehen ist, ist diese hohe Streuung in erster Linie auf das sehr hohe Pro-Kopf-Einkommen in Luxemburg zurückzuführen. Lässt man Luxemburg in der Berechnung außen vor, so ergibt sich ein Variationskoeffizient von 16%, der zwar immer noch relativ hoch ist, jedoch schon wesentlich niedriger als zuvor. Schließt man zusätzlich noch die drei sogenannten Kohäsionsländer Spanien, Portugal und Griechenland aus der Berechnung aus, so ergibt sich eine prozentuale Abweichung um den Mittelwert von nur noch 6%. Wie es scheint, ist eine Konvergenz der Volkswirtschaften wenigstens in Teilen Europas bereits gelungen. Gleichzeitig wird jedoch auch deutlich, dass selbst 20 Jahre nach der Süderweiterung die drei südeuropäischen Länder in der Europäischen Union nach wie vor unterdurchschnittliche Pro-Kopf-Einkommen vorweisen. Schon dies ist ein erster Hinweis auf den zu erwartenden Zeithorizont bei dem Versuch der

[1] Die Darstellung des Pro-Kopf-BIPs erfolgt dabei in sogenannten Kaufkraftstandards (KKS), einer künstlichen Währungseinheit, die eine Vergleichbarkeit länderübergreifender Daten ermöglichen soll. Dieser Währungseinheit liegt das Konzept der Kaufkraftparitäten (KKP) zugrunde. Um die Pro-Kopf-Einkommen in verschiedenen Ländern zu vergleichen, genügt es nicht, die nationalen Bruttoinlandsprodukte mit dem offiziellen Wechselkurs in eine einheitliche Währung (in diesem Fall Euro) umzurechnen, da der Wechselkurs aufgrund mehrerer Einflussfaktoren (Zinsgefälle, internationaler Handel, Spekulation etc.) nicht den Preisniveauunterschieden der jeweiligen Länder entspricht. Diese Preisniveauunterschiede, basierend auf den nationalen Preisen für einen vergleichbaren Warenkorb, sind es jedoch, die bei der Bestimmung der tatsächlichen Kaufkraft der jeweiligen Währung egalisiert werden sollen. Um dies zu erreichen, erfolgt die Umrechnung der nationalen Einkommen nicht mit Hilfe des offiziellen Wechselkurses, sondern anhand von Kaufkraftparitäten, die den aggregierten Preisverhältnissen verschiedener Waren- und Dienstleistungskörbe in den jeweiligen Ländern entsprechen. Die gewünschten Daten – in unserem Fall die Pro-Kopf-BIPs – werden dann i.d.R. mit Hilfe der KKP in die Währung eines Basislandes umgerechnet. Da es innerhalb der Europäischen Union nicht sinnvoll ist, ein Land als Basisland auszuwählen, erfolgt die Umrechnung in die künstliche Währungseinheit – den KKS. Dies geschieht durch Division der in nationalen Währung errechneten BIPs durch die KKP. Ein Kaufkraftstandard ermöglicht folglich den Erwerb des gleichen Warenkorbs in allen Ländern. Vgl. dazu Eurostat (2002).

Annährung der Lebensverhältnisse in einem vereinten Europa der 25 Mitgliedsstaaten.

Im Folgenden wird untersucht, wie sich die Pro-Kopf-Einkommen in den MOEL in den letzten Jahren vor dem EU-Beitritt entwickelt haben. Dabei soll überprüft werden, ob bereits ein Anschluss Osteuropas an die Einkommensverhältnisse in den EU-15 stattgefunden hat. Als Vergleichsmaβstab dient erneut die Entwicklung der Länder der Süderweiterung seit ihrem Beitritt in den 80er Jahren.

Doch zunächst zur Entwicklung in Osteuropa: Abbildung 2.2 zeigt den Verlauf der relativen Einkommensposition jedes der zehn Beitrittsländer in Relation zu den 15 Ländern der Europäischen Union seit 1993.[2] Dieses Jahr wurde zum einen aus politischen Gründen gewählt, da auf dem Gipfel von Kopenhagen 1993 die Osterweiterung zum klaren politischen Ziel erklärt wurde.[3] Zum anderen mussten die MOEL im Anschluss an den Zusammenbruch der Sowjetunion 1989/1990 aufgrund des Transformationsschocks starke Outputrückgänge verkraften, die erst Mitte der 90er Jahre teilweise wieder aufgeholt werden konnten.[4] Die relative Einkommensposition der MOEL vor 1993 ist folglich hauptsächlich durch diesen Outputschock bestimmt und soll daher nicht als Vergleichsmaßstab der Einkommensverhältnisse in Ost- und Westeuropa herangezogen werden.

Sowohl Abbildung 2.2 als auch Tabelle A.1 im Anhang, welche die genauen Daten der Pro-Kopf-Einkommensentwicklung der MOEL enthält, zeigen, dass sieben der betrachteten Länder im Zeitraum von 1993 bis 2002 ihre relative Einkommensposition gegenüber dem Durchschnitt der EU-15 verbessern konnten. Dabei muss jedoch deutlich auf die unterschiedlichen Ausgangsniveaus hingewiesen werden. Während beispielsweise Estland sein Pro-Kopf-BIP von 32% auf 42% des EU-Durchschnitts steigern konnte, gelang Slowenien ebenfalls eine eindeutige Steigerung, jedoch auf wesentlich höherem Niveau. Sein relatives Pro-Kopf-BIP stieg von 62% auf 74%. Slowenien nimmt damit die Position des Spitzenreiters in der Gruppe der osteuropäischen Beitrittskandidaten ein.

Bulgarien, Rumänien und die Tschechische Republik konnten dagegen keinen relativen Zuwachs ihres Pro-Kopf-Einkommens verzeichnen. Die Tschechische Republik hatte jedoch im Gegensatz zu den beiden anderen Ländern bereits 1993 59% des EU-Durchschnitts erreicht und befindet sich im Jahr 2002 mit 60% immer noch in der Spitzengruppe der MOEL. Allerdings zeigt Abbildung 2.2, dass das relative Einkommensniveau von Tschechien nach anfänglichen Verbesserungen seit dem Jahr 1996, in dem 64% des Einkommensniveaus der EU-15 erreicht wurden, wieder zurückgegangen ist. Insgesamt wurde folglich noch keine erkennbare Verbesserung der relativen Einkommensposition erreicht.

[2]Die Berechnungen beziehen sich auch vor 1995 auf alle fünfzehn EU-Staaten unabhängig von ihrer tatsächlichen Zugehörigkeit zur Union.
[3]S. Kapitel 1.
[4]Vgl. zum Outputrückgang auch Kapitel 6.2.2.1.

Abbildung 2.2: Pro-Kopf-BIP der MOEL in Prozent des EU-Durchschnitts (EU-15 = 100): 1993-2002

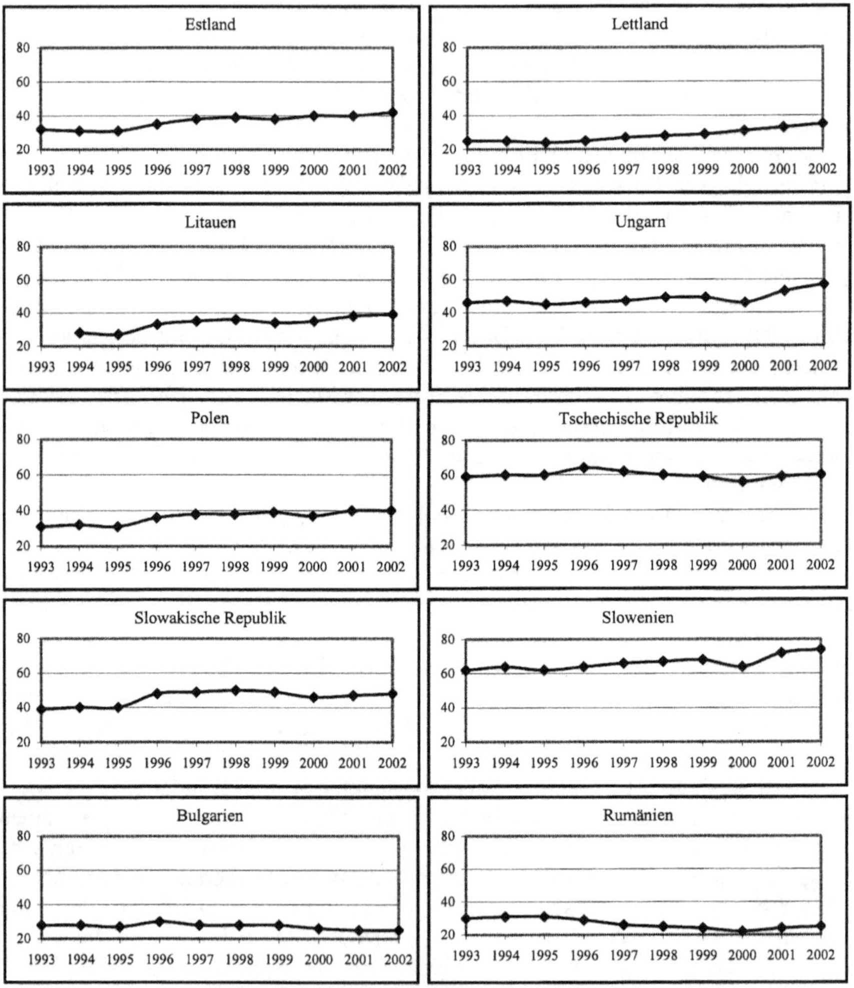

Quelle: Eurostat (2000, 2002a, 2003). Eigene Darstellung.

Anmerkungen: Quelle der zur Berechnung der KKS zugrundegelegten Schätzungen der KKP sind die Ergebnisse des Europäischen Vergleichsprogramms (EVP) 1996, veröffentlicht von OECD bzw. Eurostat. Die Daten für 1993-1995 basieren dabei auf einer anderen Kalkulationsmethode als die Daten für 1996-2001. Die KKS für die Jahre 1996-1998 wurden durch Retropolation der EVP-Ergebnisse für 1999 ermittelt, die KKS für 2001 durch Extrapolation vorläufiger Ergebnisse für 2000. Die Vergleichbarkeit der Daten ist somit nur bedingt gegeben. Vgl. dazu insbesondere Eurostat (2002). Für Litauen lagen für 1993 keine Werte vor.

Bulgarien und Rumänien ist es in den letzten Jahren nicht einmal gelungen, die Marke von 30% zu überspringen. Ihr relatives Pro-Kopf-Einkommen lag 2002 bei jeweils 25% des EU-Durchschnitts und hat sich somit im Vergleich zu 1993 sogar noch weiter reduziert. Während also die Beitrittskandidaten der ersten Runde 2004 seit 1993 grundsätzlich eine Annäherung an das durchschnittliche Einkommensniveau der EU-15 erreicht haben, zeigen Bulgarien und Rumänien bisher noch keine Anzeichen einer Verbesserung ihrer relativen Einkommensposition. Es ist von diesem Standpunkt demzufolge durchaus gerechtfertigt, dass diese beiden Länder im Mai 2004 der Europäischen Union noch nicht beitreten durften.

Betrachtet man die acht Beitrittsländer der ersten Runde etwas genauer, so können diese anhand des vorliegenden Datenmaterials in 3 Gruppen unterteilt werden. In der Spitzengruppe wurde im Jahr 2002 ein Pro-Kopf-Einkommen von über 50% des EU-Durchschnitts erreicht. Die Länder dieser Gruppe sind Ungarn (57%), die Tschechische Republik (60%) und Slowenien (74%). Polen (40%), Estland (42%) und die Slowakische Republik (48%) bilden die Verfolgergruppe mit einem Pro-Kopf-Einkommen knapp unter 50%. Die dritte Gruppe bilden Lettland (35%) und Litauen (39%), die erst durch große Fortschritte in den letzen drei Jahren den Anschluss an die restlichen MOEL geschafft haben.

Für sich genommen geben diese Zahlen noch keine Auskunft über die Qualität des Aufholprozesses in Osteuropa. Um die Fortschritte in diesen Ländern besser beurteilen zu können, soll die Entwicklung der Länder der Süderweiterung herangezogen werden, um einen Vergleich der beiden Erweiterungen hinsichtlich der jeweiligen Angleichung der Lebensverhältnisse zu ermöglichen.

Abbildung 2.3 zeigt dazu die relative Einkommensposition von Spanien, Portugal und Griechenland in den Jahren 1980 bis 2001. Als Referenzpunkt gilt auch hier wieder das durchschnittliche Pro-Kopf-Einkommen der EU-15, auch wenn erst seit 1995 alle fünfzehn Länder tatsächlich Mitglieder der Europäischen Union sind. Dies dient zwar zum einen der besseren Vergleichbarkeit der absoluten Zahlen mit den Ergebnissen der MOEL, verzerrt jedoch auf der anderen Seite das Bild der relativen Einkommensposition der drei Länder vor ihrem Beitritt zur EU. Da ihre niedrigeren Pro-Kopf-Einkommen in die Berechnung des EU-Durchschnitts mit einfließen, wird ein entsprechend niedrigerer Durchschnittswert errechnet und es ergibt sich folglich eine relativ bessere Einkommensposition von Griechenland, Spanien und Portugal. Ein analoger Effekt wird sich nach dem Beitritt der MOEL in die EU ergeben, da dann das durchschnittliche Pro-Kopf-Einkommen innerhalb der Union wesentlich sinken wird. Diese Besonderheit sollte beim folgenden Vergleich mit den Zahlen für Osteuropa berücksichtigt werden.[5]

[5] An dieser Stelle sei ebenfalls bemerkt, dass bis einschließlich 1990 lediglich die Werte für Westdeutschland in die Durchschnittsrechnung eingeflossen sind. Das Jahr 1991 ging daraufhin mit zwei Werten in die Berechnung ein, einmal ohne und einmal mit den neuen Bundesländern. Durch die Wiedervereinigung Deutschlands kam es somit seit 1991 ebenfalls

Abbildung 2.3: Pro-Kopf-BIP von Griechenland, Portugal und Spanien (in KKS) in Prozent des EU Durchschnitts: 1980 – 2001

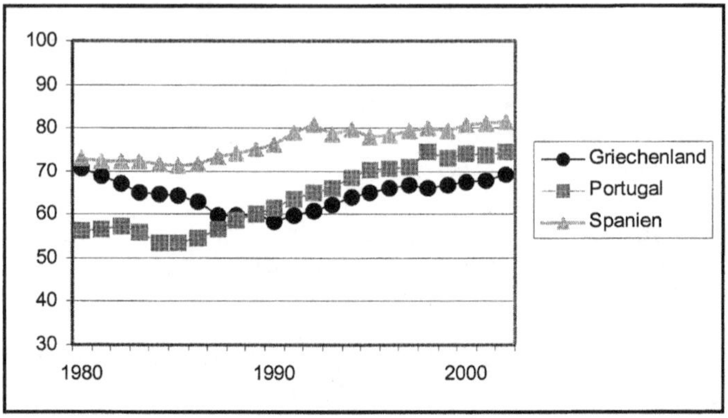

Quelle: EU-Kommission (2001), S. 142f. Eigene Darstellung.

Anhand von Abbildung 2.3 kann man erkennen, dass es Portugal und Spanien gelungen ist, in den vergangenen zwei Jahrzehnten ihr Pro-Kopf-Einkommen in Relation zum EU-Durchschnitt zu verbessern. Griechenlands Entwicklung dagegen unterscheidet sich sehr in den beiden Dekaden. Waren die 80er Jahre durch eine stetige Verschlechterung der relativen Einkommensposition gekennzeichnet, gelang es dem südeuropäischen Land erst zu Beginn der 90er Jahre, wieder an Boden zu gewinnen. Dabei war die Ausgangsposition Griechenlands mit über 70% des EU-Durchschnitts im Jahr 1980 eigentlich recht vielversprechend.

Vergleicht man diese Datenreihen mit den Ergebnissen für die MOEL, so kann sich die bisherige Entwicklung der osteuropäischen Beitrittsländer durchaus sehen lassen, auch wenn diese in den meisten Fällen von einem wesentlich niedrigeren Einkommensniveau starteten als die südeuropäischen Länder in den 80er Jahren. Bis auf die abgeschlagenen Länder Bulgarien und Rumänien konnten grundsätzlich alle Kandidaten der ersten Beitrittsrunde bereits vor dem eigentlichen Beitritt eine Verbesserung ihrer relativen Einkommensposition verbuchen.

Slowenien ist es sogar schon gelungen, an das Pro-Kopf-Einkommen Griechenlands aufzuschließen. Das Beispiel Griechenland zeigt aber auch, dass es durch den Beitritt zur EU nicht automatisch zu einer weiteren Verbesserung kommen muss. Eine gewisse Parallele kann in diesem Zusammenhang mit der Tschechischen Republik gesehen werden, die bislang ebenfalls nicht in der Lage

zu einem leichten Sinken des europäischen Durchschnittseinkommens, was zu einer Verbesserung der relativen Einkommensposition der anderen Länder geführt hat.

war, die doch relativ aussichtsreiche Ausgangsposition im Jahr 1993 weiter zu verbessern. Spanien und Slowenien dagegen, die jeweils mit analogen Einkommenspositionen gestartet sind wie Griechenland und die Tschechische Republik, konnten ihre Führungspositionen weiter ausbauen. Die Gründe für dieses unterschiedliche Abschneiden sind sicherlich vielfältig und im Einzelfall verschieden. Ziel dieser Arbeit ist es dennoch, einige grundsätzliche Erklärungsansätze zu finden und darzustellen.

Zum Abschluss dieses ersten Überblicks werden nun noch die Wachstumsraten des Bruttoinlandsprodukts in Osteuropa und der EU betrachtet. Eine Angleichung der Lebensverhältnisse bzw. der Pro-Kopf-Einkommen ist nicht nur durch das Aufholen der ärmeren Staaten möglich, sondern auch durch Stillstand, oder sogar Rückschritt der führenden Länder. Ist dies nicht der Fall, d.h. weisen die reicheren Länder, in diesem Fall die EU-15, durchgehend positive Wachstumsraten auf, so ist ein Aufholen der nachfolgenden Länder lediglich durch den Ausweis höherer positiver Wachstumsraten möglich.

Tabelle 2.2 beinhaltet sowohl die Wachstumsraten des Bruttoinlandsprodukts der mittel- und osteuropäischen Länder als auch die durchschnittliche Wachstumsrate des BIP der EU-15 im Zeitraum von 1994 bis 2002.

Tabelle 2.2: BIP-Wachstumsraten – Prozentuale Veränderung gegenüber dem Vorjahreszeitraum

	1994	1995	1996	1997	1998	1999	2000	2001	2002
Bulgarien	1,8	**2,9**	-10,1	-7,0	**4,0**	2,3	**5,4**	**4,1**	**4,8**
Tschechische Republik	2,2	**5,9**	**4,3**	-0,8	-1,0	0,5	3,3	**3,1**	**2,0**
Estland	-2,0	**4,3**	**4,0**	10,4	**4,6**	-0,6	**7,3**	**6,5**	**6,0**
Ungarn	2,9	1,5	1,3	**4,6**	**4,9**	**4,2**	**5,2**	**3,8**	**3,3**
Lettland	0,6	-0,8	**3,3**	**8,6**	**4,8**	2,8	**6,8**	7,9	**6,1**
Litauen	-9,8	**3,3**	**4,7**	**7,3**	**5,1**	-1,8	**4,0**	**6,5**	**6,7**
Polen	**5,2**	**7,0**	**6,0**	**6,8**	**4,8**	**4,1**	**4,0**	1,0	**1,6**
Rumänien	**3,9**	**7,1**	**3,9**	-6,1	-4,8	-1,2	2,1	**5,7**	**4,9**
Slowakische Republik	**4,9**	**6,7**	**6,2**	**6,2**	**4,0**	1,3	2,2	**3,3**	**4,4**
Slowenien	**5,3**	**4,1**	**3,5**	**4,6**	**3,8**	**5,2**	**4,6**	**2,9**	**3,2**
EU-15	3,0	2,4	1,6	2,5	2,9	2,8	3,5	1,6	1,0

Quelle: Eurostat (2000, 2001a, 2002a, 2003). Eigene Darstellung.

Anmerkung: Basierend auf BIP-Daten zu konstanten Preisen in nationaler Währung.

Die Wachstumsrate innerhalb der Europäischen Union war in diesem Zeitraum ununterbrochen positiv und erreichte Werte zwischen 1,0% und 3,5%. Eine Verbesserung der relativen Einkommensposition der MOEL war somit nur durch den Ausweis positiver und jeweils höherer Wachstumsraten als in der Union möglich. In Tabelle 2.2 sind die Wachstumsraten der MOEL hervorgehoben, welche den Wert der Wachstumsrate der EU-15 in demselben

Jahr überschreiten. Das Bild, das sich dabei ergibt, entspricht den bisherigen Ergebnissen. Bulgarien, Rumänien und die Tschechische Republik, die Länder, denen es nicht gelungen ist, seit 1993 ihr Pro-Kopf-Einkommen in Relation zu den EU-15 zu verbessern, weisen im nun betrachteten Zeitraum von 1994 bis 2002 vier mal – die Tschechische Republik sogar fünf mal – niedrigere Wachstumsraten auf als die Union; unter ihnen sogar einige negative. Sloweniens prozentuale Veränderungsrate des BIP dagegen lag kein einziges Mal unterhalb des Durchschnittswertes der fünfzehn EU-Staaten. Die restlichen Beitrittsländer weisen in ein bis drei Fällen niedrigere Wachstumsraten auf, konnten in anderen Jahren jedoch durch teilweise wesentlich höhere Wachstumsraten als in der Union reüssieren und somit ihre relative Einkommensposition verbessern. Vor allem in den Jahren 2001 und 2002 waren die Wachstumsraten in fast allen MOEL um ein Vielfaches höher als in der EU. Dies lag jedoch auch an der sehr schwachen Wachstumsperformance der EU-15 in diesen Jahren.

Die Europäische Kommission hatte schon in ihrem Strategiepapier im Oktober 2002 empfohlen, auf dem Gipfel in Kopenhagen im Dezember 2002 die Beitrittsverhandlungen mit den osteuropäischen Ländern Estland, Lettland, Litauen, Polen, der Slowakei, Slowenien, der Tschechischen Republik und Ungarn abzuschließen und dadurch den Beitritt dieser Länder am 1. Mai 2004 eingeleitet. Für Bulgarien und Rumänien wurde das Jahr 2007 als möglicher Beitrittstermin genannt.[6] Die Kommission richtet sich bei ihrer Entscheidung über den EU-Beitritt, wie bereits erläutert, nach den drei auf dem Kopenhagener Gipfel 1993 verabschiedeten Kriterien: dem politischen Kriterium, dem wirtschaftlichen Kriterium und dem Kriterium hinsichtlich der Übernahme des europäischen Besitzstandes. Die in diesem Kapitel unternommenen Untersuchungen beziehen sich dabei lediglich auf einen kleinen Bereich des wirtschaftlichen Kriteriums, nämlich die relative Einkommensposition, gemessen durch das relative Pro-Kopf-Einkommen. Die Entscheidung der EU-Kommission ist aufbauend auf den bisherigen Ergebnissen durchaus nachvollziehbar, da Bulgarien und Rumänien nicht nur das niedrigste Pro-Kopf-Einkommen der MOEL aufweisen, sondern es ihnen zudem im Gegensatz zu ihren Mitbewerbern nicht gelungen ist, ihre relative Einkommensposition in den letzten acht Jahren zu verbessern.

Um einen vollständigeren Einblick in die wirtschaftliche Situation der Beitrittsländer geben zu können, soll im Folgenden der Aufholprozess der MOEL in den letzten Jahren näher untersucht werden. Im Mittelpunkt steht weiterhin die Frage nach der Annäherung der Lebensverhältnisse, d.h. der Konvergenz.

---

[6]Vgl. EU-Kommission (2002), sowie Kapitel 1. Neben den acht MOEL traten am 1. Mai 2004 auch Malta und Zypern der Europäischen Union bei.

2.2. Konvergenzmessung

2.2.1. Der Konvergenzkoeffizient von Ben-David

Im vorangegangenen Kapitel wurde der Begriff „Konvergenz" bisher vermieden und es wurde stattdessen häufig von der relativen Einkommensposition gesprochen. Zwischen diesen beiden Begriffen besteht jedoch eine sehr enge Beziehung, definiert man Konvergenz als die positive Veränderung der relativen Einkommensposition. Es handelt sich im mathematischen Sinne somit um eine Art erste Ableitung. Betrachtet man erneut Abbildung 2.2, so kann man sich Konvergenz in diesem Zusammenhang als Steigung der länderspezifischen Einkommenskurve vorstellen. Eine positive Steigung bedeutet dabei eine Verbesserung der relativen Einkommensposition und damit Konvergenz, eine negative Steigung dagegen Divergenz.

In ganz ähnlicher Weise nähert sich Dan Ben-David diesem Thema. Der Ökonom beschäftigt sich in seinen Arbeiten u.a. mit den Ursachen von weltweiten Einkommensdisparitäten. In diesem Zusammenhang untersucht er die Konvergenz- bzw. Divergenzentwicklung von 113 Ländern im Zeitraum von 1960 – 1986. Er stellt dabei fest, dass weltweit ein Auseinanderdriften der Einkommensniveaus vorherrscht und allenfalls am oberen und unteren Ende der Einkommensskala Konvergenztendenzen abzuleiten sind. Man spricht dann von sogenannten Konvergenz-Clubs.[7] Seine Forschungen, insbesondere im Hinblick auf seine Aussagen zum Zusammenhang von Handelsintegration und Einkommenskonvergenz, werden im Laufe dieser Arbeit noch mehrmals erwähnt werden. An dieser Stelle interessiert jedoch zunächst lediglich sein Vorgehen zur Messung von Konvergenz.

Die Idee, die dahinter steckt, entspricht in etwa der Vorgehensweise von Kapitel 2.1 zur Darstellung der relativen Einkommensposition. Mit Hilfe des Logarithmus ist es jedoch möglich, an Stelle eines Einkommensverhältnisses nun eine Einkommensdifferenz auszuweisen. Aus dem Quotienten des Pro-Kopf-Einkommens eines Beitrittslandes und dem durchschnittlichen Pro-Kopf-Einkommen der EU wird die Differenz der jeweiligen Logarithmen. Die Gleichung von Ben-David sieht in leicht veränderter Form wie folgt aus[8]:

$$(1)\quad \log(y_{i,t}) - \log(\bar{y}_{EU,t}) = \phi \cdot \left[(\log(y_{i,t-1}) - \log(\bar{y}_{EU,t-1})\right] + \varepsilon_{i,t}\,.$$

Die Differenz aus den Logarithmen des Pro-Kopf-Einkommens y eines osteuropäischen Landes i und dem durchschnittlichen Pro-Kopf-Einkommen $\bar{y}$ der EU zum Zeitpunkt t ergibt sich aus dem Produkt der analogen Einkommensdifferenz zum Zeitpunkt t-1 und dem Konvergenzkoeffizient ϕ. $\varepsilon_{i,t}$ stellt einen stochastischen Schock des jeweiligen Landes zum Zeitpunkt t dar. Mit anderen

---

[7] Vgl. Ben-David (2000), S. 11ff.

[8] Vgl. ebenda, S. 15 und Ben-David (1996), S. 283.

Worten und ohne Berücksichtigung des stochastischen Schocks: die Einkommenslücke zwischen einem MOEL und den EU-15 zum Zeitpunkt t entspricht ϕ * 100% der Einkommenslücke zum Zeitpunkt t-1. Wie auch leicht durch Auflösung von Gleichung (1) nach dem Konvergenzkoeffizienten erkennbar ist, bedeutet ein $\phi < 1$ eine Reduzierung der Einkommenslücke und damit Konvergenz, ein $\phi > 1$ dagegen Divergenz.

Greift man erneut auf das Bild der ersten Ableitung zurück, so kann auch in dieser Gleichung der Konvergenzkoeffizient als Steigung einer Geraden interpretiert werden. Abbildung 2.4 zeigt dazu die grafische Darstellung von Gleichung (1). Ein Konvergenzkoeffizient von 1 besagt, dass die Einkommenslücke zum Zeitpunkt t-1 – gap(t-1) – der Einkommenslücke zum Zeitpunkt t – gap(t) – entspricht und somit keine Veränderung der relativen Einkommensposition stattgefunden hat. Werte über dieser „Status-quo-Geraden" stehen folglich für eine Vergrößerung der Lücke und damit für Divergenz ($\phi > 1$), Werte unterhalb der Geraden repräsentieren dagegen Konvergenz ($\phi < 1$).

Abbildung 2.4: Grafische Darstellung des Konvergenzkoeffizienten von Ben-David

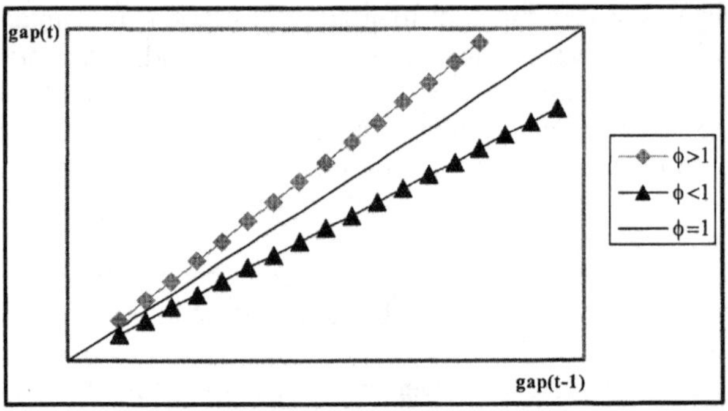

Eigene Darstellung.

Nun verläuft der Entwicklungsprozess eines Landes sicherlich selten anhand einer Geraden. Es ist viel wahrscheinlicher, dass in einem Jahr ein $\phi > 1$ und in einem anderen ein $\phi < 1$ errechnet wird, die Entwicklung folglich anhand einer Schlangenlinie um die „Status-quo-Gerade" verläuft. Versucht man jedoch den Trend der Entwicklung zu bestimmen, so kann mit Hilfe von Gleichung (1) der durchschnittliche Konvergenzkoeffizient bestimmt und letztendlich eine Aussage über Konvergenz oder Divergenz getroffen werden. Aus diesem Grund kann man den Konvergenzkoeffizienten auch als Steigung einer Regressionsgeraden interpretieren.

Tabelle 2.3: Konvergenzkoeffizienten der MOEL

	1996	1997	1998	1999	2000	2001	$E(\varepsilon_{i,t})$	ϕ
Bulgarien								
$(\log y_{i,t}-\log y_{eu,t})$	-0,5268	-0,5554	-0,5516	-0,5502	-0,5760	-0,5526		
$(\log y_{i,t-1}-\log y_{eu,t-1})*\phi$	-0,5549	-0,5264	-0,5549	-0,5512	-0,5498	-0,5755		
$\varepsilon_{i,t}$	0,0280	-0,0290	0,0033	0,0009	-0,0262	0,0229	0,0000	**0,999**
Tschechische Republik								
$(\log y_{i,t}-\log y_{eu,t})$	-0,1953	-0,2050	-0,2211	-0,2315	-0,2537	-0,2416		
$(\log y_{i,t-1}-\log y_{eu,t-1})*\phi$	-0,2100	-0,2009	-0,2109	-0,2275	-0,2381	-0,2610		
$\varepsilon_{i,t}$	0,0147	-0,0041	-0,0103	-0,0040	-0,0156	0,0194	0,0000	**1,029**
Estland								
$(\log y_{i,t}-\log y_{eu,t})$	-0,4543	-0,4127	-0,4044	-0,4146	-0,3903	-0,3743		
$(\log y_{i,t-1}-\log y_{eu,t-1})*\phi$	-0,4735	-0,4325	-0,3930	-0,3851	-0,3947	-0,3717		
$\varepsilon_{i,t}$	0,0193	0,0198	-0,0114	-0,0295	0,0044	-0,0026	0,0000	**0,952**
Ungarn								
$(\log y_{i,t}-\log y_{eu,t})$	-0,3378	-0,3240	-0,3119	-0,3031	-0,2972	-0,2899		
$(\log y_{i,t-1}-\log y_{eu,t-1})*\phi$	-0,3287	-0,3294	-0,3160	-0,3042	-0,2956	-0,2899		
$\varepsilon_{i,t}$	-0,0090	0,0054	0,0042	0,0011	-0,0016	-0,0001	0,0000	**0,975**
Lettland								
$(\log y_{i,t}-\log y_{eu,t})$	-0,5951	-0,5718	-0,5593	-0,5430	-0,5090	-0,4790		
$(\log y_{i,t-1}-\log y_{eu,t-1})*\phi$	-0,5880	-0,5717	-0,5494	-0,5374	-0,5217	-0,4890		
$\varepsilon_{i,t}$	-0,0070	-0,0001	-0,0099	-0,0057	0,0127	0,0100	0,0000	**0,961**
Litauen								
$(\log y_{i,t}-\log y_{eu,t})$	-0,4748	-0,4490	-0,4383	-0,4651	-0,4456	-0,4260		
$(\log y_{i,t-1}-\log y_{eu,t-1})*\phi$	-0,5299	-0,4531	-0,4284	-0,4182	-0,4438	-0,4252		
$\varepsilon_{i,t}$	0,0551	0,0041	-0,0098	-0,0468	-0,0018	-0,0007	0,0000	**0,954**
Polen								
$(\log y_{i,t}-\log y_{eu,t})$	-0,4476	-0,4245	-0,4154	-0,4093	-0,3999	-0,4017		
$(\log y_{i,t-1}-\log y_{eu,t-1})*\phi$	-0,4790	-0,4311	-0,4088	-0,4001	-0,3942	-0,3851		
$\varepsilon_{i,t}$	0,0314	0,0066	-0,0066	-0,0092	-0,0057	-0,0166	0,0000	**0,963**
Rumänien								
$(\log y_{i,t}-\log y_{eu,t})$	-0,5429	-0,5802	-0,6085	-0,6208	-0,6137	-0,5946		
$(\log y_{i,t-1}-\log y_{eu,t-1})*\phi$	-0,5113	-0,5581	-0,5965	-0,6256	-0,6383	-0,6310		
$\varepsilon_{i,t}$	-0,0316	-0,0221	-0,0120	0,0048	0,0245	0,0364	0,0000	**1,028**
Slowakische Republik								
$(\log y_{i,t}-\log y_{eu,t})$	-0,3227	-0,3055	-0,3032	-0,3072	-0,3329	-0,3202		
$(\log y_{i,t-1}-\log y_{eu,t-1})*\phi$	-0,3701	-0,3124	-0,2958	-0,2935	-0,2974	-0,3223		
$\varepsilon_{i,t}$	0,0474	0,0069	-0,0073	-0,0136	-0,0355	0,0022	0,0000	**0,968**
Slowenien								
$(\log y_{i,t}-\log y_{eu,t})$	-0,1916	-0,1806	-0,1772	-0,1670	-0,1694	-0,1614		
$(\log y_{i,t-1}-\log y_{eu,t-1})*\phi$	-0,1869	-0,1861	-0,1754	-0,1721	-0,1622	-0,1645		
$\varepsilon_{i,t}$	-0,0047	0,0055	-0,0018	0,0050	-0,0072	0,0032	0,0000	**0,971**

Quelle: Eurostat (2000, 2002a). Eigene Berechnungen.

Im Folgenden werden die durchschnittlichen Konvergenzkoeffizienten der mittel- und osteuropäischen Beitrittskandidaten für den Zeitraum von 1995-2001 errechnet. Dabei sind nun auch die jährlichen Störterme jedes einzelnen Landes zu beachten. Da es sich um einen stochastischen Schock handelt, erreicht man das korrekte Ergebnis, wenn der Erwartungswert der Schocks Null wird, d.h. sich die Abweichungen der Ergebnisse nach oben und unten gerade nivellieren. Diese Abweichungen können durch Auflösung von Gleichung (1) nach $\varepsilon_{i,t}$ errechnet werden:

$$\text{(1a)} \qquad \varepsilon_{i,t} = \left[\log(y_{i,t}) - \log(\bar{y}_{eu,t})\right] - \left[\log(y_{i,t-1}) - \log(\bar{y}_{eu,t-1})\right] \cdot \phi$$

Es wurden nun die durchschnittlichen Konvergenzkoeffizienten der MOEL für die Jahre 1996 - 2001[9] so kalkuliert, dass die mit Hilfe von Gleichung (1a) errechneten Erwartungswerte der stochastischen Schocks $E(\varepsilon_{i,t})$ gerade Null werden.

Die in Tabelle 2.3 aufgeführten Ergebnisse für die nach der Methode von Ben-David berechneten Konvergenzkoeffizienten überraschen nicht, denn sie zeigen eine starke Übereinstimmung mit den Resultaten des vorangegangenen Kapitels. Waren es bei der Untersuchung der relativen Einkommensposition Bulgarien, Rumänien und die Tschechische Republik, die in den Jahren 1993 bis 2002 keine Verbesserung verzeichnen konnten, so sind es wiederum diese drei Länder, welche die schlechtesten Ergebnisse erzielen. Bulgarien wird zwar mit einem Konvergenzkoeffizient von 0,999 eine minimale Konvergenz zugestanden, doch ist es ehrlicher, von einem Stillstand der Entwicklung zu sprechen. Die restlichen Länder der ersten Beitrittsrunde weisen dagegen allesamt ein $\phi < 1$ auf.

Neben der Aussage, ob Konvergenz oder Divergenz vorliegt, ist es mit Hilfe dieses Konvergenzkoeffizienten zusätzlich möglich, die Anzahl der Jahre zu bestimmen, die jedes einzelne Beitrittsland benötigt, um seine ursprüngliche Einkommenslücke zu halbieren. Diese „Halbwertszeit" gilt natürlich nur unter der Bedingung eines konstanten ϕ.

Sie kann wie folgt berechnet werden[10]:

$$\text{(2)} \qquad \begin{aligned} &\phi^x \cdot gap(t-1) \overset{!}{=} 0{,}5 \cdot gap(t-1) \\ &\Leftrightarrow \phi^x = 0{,}5 \\ &\Leftrightarrow \log(\phi^x) = \log(0{,}5) \\ &\Leftrightarrow x = \frac{\log(0{,}5)}{\log(\phi)} \end{aligned}$$

[9]Der Konvergenzkoeffizient bezieht sich immer auf das vergangene Jahr, so dass das Jahr 1995 bei der Berechnung der Werte für t-1 einfließt.

[10]Vgl. Ben-David (1993), S.666.

Die Variable x gibt dabei die Anzahl der Jahre an, die bei konstantem Konvergenzkoeffizienten benötigt werden, um die Einkommenslücke des Jahres t-1 (in unserer Berechnung 1995) zu halbieren. Tabelle 2.4 beinhaltet die entsprechenden Werte für die MOEL.

Besonders auffällig sind zunächst die in Klammer gesetzten Werte für Bulgarien, Rumänien und Tschechien. Bulgariens Konvergenzkoeffizient von 0,999 führt bei der Berechnung der Halbwertszeit zu einem Wert für x von 693 Jahren. Dieser Wert ist dabei jedoch nicht als genaue Voraussage aufzufassen, sondern wie schon zuvor bei der Interpretation der Konvergenzkoeffizienten als Zeichen für eine Stagnation des Konvergenzprozesses zu bewerten. Die Berechnung der Halbwertszeit von Rumänien und Tschechien kommt aufgrund der über 1 liegenden Koeffizienten zu negativen Ergebnissen für x. Es handelt sich folglich nicht um eine Halbwertszeit, sondern um eine Verdopplungszeit, da diese beiden Länder bei konstanten Konvergenzkoeffizienten in 24 bzw. 25 Jahren ihre ursprüngliche Einkommenslücke zu den EU-15 verdoppeln würden.

Tabelle 2.4: Halbwertszeit der Konvergenz

Land	**Konvergenzkoeffizient** ϕ	**Halbwertszeit** x
Bulgarien	0,999	(693)
Tschechische Republik	1,029	(-24)
Estland	0,952	14
Ungarn	0,975	27
Lettland	0,961	17
Litauen	0,954	15
Polen	0,963	18
Rumänien	1,028	(-25)
Slowakei	0,968	21
Slowenien	0,971	24

Eigene Berechnungen.

Betrachtet man die Halbwertszeiten der verbleibenden MOEL und vergleicht man diese mit ihrer jeweiligen relativen Einkommensposition im Verhältnis zur Europäischen Union, so fällt auf, dass die Länder mit dem höchsten relativen Einkommen auch die längsten Halbwertszeiten aufweisen. Es handelt sich um die Länder Slowenien, Ungarn und die Slowakei, die jeweils eine Halbwertszeit von über 20 Jahren aufweisen, wohingegen die anderen Beitrittskandidaten der ersten Runde bei konstantem Konvergenzkoeffizienten ihre Einkommenslücke in einem Zeitraum von lediglich 14 bis 18 Jahren halbieren würden. Dies unterstützt die These, dass der Konvergenzprozess umso schwerer wird, je geringer die verbleibende Lücke ist. Umgekehrt formuliert heiβt das, dass das Potenzial für Wachstum und Konvergenz umso gröβer ist, je gröβer die ursprüngliche Einkommenslücke ist. Gerschenkron bezeichnet diese Hypothese als „advantage of backwardness". Auf diese Hypothese wird im Laufe der Arbeit noch mehrmals hingewiesen. Das vorliegende Zahlenbeispiel lässt sie jedoch schon an dieser Stelle als plausibel erscheinen.

Bisher wurde die wirtschaftliche Situation der zehn osteuropäischen Beitrittskandidaten lediglich anhand eines Indikators beurteilt. Ihre wirtschaftliche Entwicklung im Vergleich zu den fünfzehn EU-Staaten bezog sich jeweils lediglich auf das relative Pro-Kopf-Einkommen. Im Folgenden soll diese einseitige Untersuchung erweitert werden, indem mit Hilfe eines von der Research-Abteilung der Deutschen Bank ermittelten Konvergenzindikators, die wirtschaftliche Situation der MOEL anhand von mehreren Einzelindikatoren untersucht wird.

2.2.2. Der Konvergenzindikator der Deutschen Bank

Entscheidend für das politische „Ja" zur Aufnahme weiterer Mitgliedsstaaten in die Europäische Union sind die drei auf dem Kopenhagener Gipfel von 1993 aufgestellten Kriterien. Das politische Kriterium gilt dabei als grundlegende und wichtigste Voraussetzung für einen Beitritt schlechthin. Die EU-Kommission hat diesbezüglich wie bekannt in ihrem Strategiepapier vom Oktober 2002 allen zehn osteuropäischen Ländern, die im Jahr 2004 bzw. 2007 beigetreten sind bzw. beitreten werden, die Erfüllung dieses Kriteriums bescheinigt.[11] Was das dritte Kriterium und damit die Übernahme des „Aquis Communautaire" durch die Kandidatenländer betrifft, so ist es das Ziel der EU-Kommission, dass die MOEL bis zu ihrem Beitritt in der Lage sind, den Besitzstand der EU anwenden zu können; ausgenommen in den Bereichen, in denen Übergangsregelungen vereinbart worden sind. Angesichts der erheblichen Anzahl der Kapitel und der verschiedenen Probleme zwischen der Union und den einzelnen Ländern, beispielsweise in den Kapiteln über die Freizügigkeit der Arbeitnehmer oder die Landwirtschaft, ist eine Gegenüberstellung der einzelnen Beitrittsländer anhand dieses Kriteriums schwer zu überblicken und vor allem nicht allgemein aussagekräftig. Es verbleibt folglich lediglich das wirtschaftliche Kriterium, um den Aufholprozess der Beitrittsländer anschaulich vergleichen zu können.

Die Research-Abteilung der Deutschen Bank (DB) setzt mit ihren Untersuchungen genau an diesem Punkt an.[12] Ihr Ziel ist es, durch die Berechnung eines Konvergenzindikators die wirtschaftliche Annäherung der MOEL an die EU zu messen und einen Vergleich der Fortschritte der einzelnen Länder in ihrem Bemühen, sich den Verhältnissen in der EU anzunähern, zu ermöglichen. Der DB-Konvergenzindikator setzt sich aus sechzehn Einzelindikatoren zusammen, die

[11] Vgl. EU-Kommission (2002).
[12] Vgl. zum Folgenden DB-Research (2002), S. 16ff.

sich fünf verschiedenen Bereichen zuordnen lassen. Tabelle 2.5 gibt einen Überblick über die Indikatoren in den verschiedenen Gruppen.

Tabelle 2.5: Die Einzelindikatoren des DB-Konvergenzindikators

Realwirtschaft	▪ GDPCAP: BIP pro Kopf in EUR zu KKP ▪ UNEMP: Arbeitslosenquote in % ▪ AGRGDP: Anteil des Agrarsektors am BIP in % ▪ PRIVSEC: Anteil des Privatsektors am BIP in %
Wachstumsdynamik	▪ GROWTH: Wachstumsrate des BIP in % gg. Vj. ▪ PROD: Produktivitätswachstum in % gg. Vj.
Wirtschaftspolitik und Institutionen*	▪ LEGAL: Rechtssystem ▪ COMP: Wettbewerbspolitik ▪ BANK: Liberalisierung des Finanzsektors ▪ LIB: Außenwirtschaftsliberalisierung
Außenwirtschaft	▪ CABAL: Saldo der Leistungsbilanz in % des BIP ▪ FDIGDP: Netto-Zufluss von FDI in % des BIP ▪ TRADE: Handel mit der EU in % der Exporte
Geld- und Fiskalpolitik	▪ INLF: Konsumentenpreisentwicklung in% gg. Vj. ▪ BUDGET: Budgetdefizit in % des BIP ▪ DEBT: Öffentl. Verschuldung in % des BIP

Quelle: DB-Research (2002), S. 17.

Anmerkung: *Daten von der EBRD.

Diese sechzehn Einzelindikatoren gehen gleichberechtigt in die Berechnung des DB-Konvergenzindikators ein und ermöglichen somit nach Ansicht der DB-Research-Abteilung „einen echten Querschnitt durch die Wirtschaftsstruktur des jeweiligen Landes".[13] Tabelle A.2 im Anhang zeigt beispielhaft die Werte der Einzelindikatoren für alle zehn MOEL für das Jahr 2001. Der daraus resultierende Konvergenzindikator beschreibt die relative Stellung der Kandidatenländer im Vergleich zu den fünfzehn Mitgliedsstaaten der Europäischen Union. Analog zur Darstellung der relativen Einkommensposition der MOEL wird auch hier der Indikator für die EU-15 mit 100% gleichgesetzt.

Aufgrund der letztendlich doch willkürlich ausgewählten Einzelindikatoren sind die absoluten Werte für die Konvergenzindikatoren der einzelnen Länder allein noch nicht aussagekräftig. Interessant wird die Beurteilung zum einen durch einen Vergleich der Ergebnisse zwischen den einzelnen Ländern zum gleichen Zeitpunkt und zum anderen durch die Untersuchung der Konvergenzentwicklung über mehrere Jahre hinweg.

[13]DB-Research (2002), S. 17. Die Einzelindikatoren gehen zwar grundsätzlich ungewichtet in den Konvergenzindikator ein. Aufgrund unterschiedlicher Einheiten und Größenordnungen muss jedoch bei der Berechnung eine gewisse Codierung stattfinden. Diese Gewichtung ist allerdings das Geheimnis der DB-Research-Abteilung.

Abbildung 2.5 beinhaltet zunächst eine Gegenüberstellung der Resultate des DB-Konvergenzindikators der zehn MOEL für das Jahr 2001.

Abbildung 2.5: DB-Konvergenzindikatoren der MOEL 2001 in % des EU-Durchschnitts

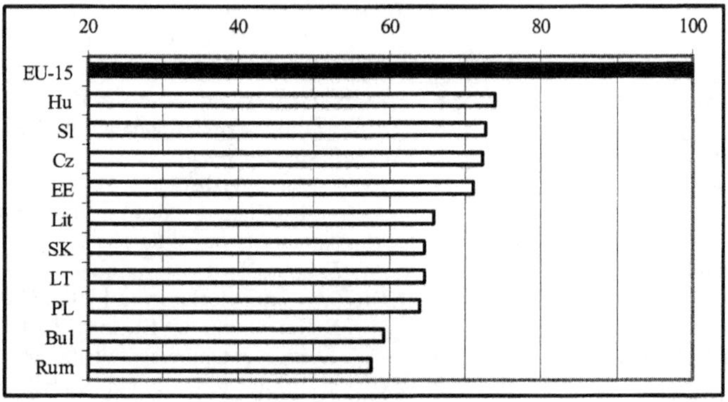

Quelle: DB-Research (2002b).

Die Beitrittskandidaten lassen sich erneut in drei Gruppen einteilen. Bulgarien und Rumänien nehmen auch in diesem Zusammenhang mit einem DB-Konvergenzindikator unter 60% die Endposition ein. Litauen, die Slowakei, Lettland und Polen bilden mit einer relativen Konvergenz von +/- 65% die mittlere Gruppe. Die Spitzengruppe mit einem Konvergenzindikator von über 70% stellen Ungarn, Slowenien, Tschechien und Estland dar. Die genauen Werte sind Tabelle A.2 des Anhangs zu entnehmen. Vergleicht man diese Reihenfolge mit der Einordnung der MOEL gemäß ihrem relativen Pro-Kopf-Einkommen, so kann man einige Gemeinsamkeiten feststellen. Die Entscheidung der Europäischen Kommission, Bulgarien und Rumänien den Beitritt erst für das Jahr 2007 in Aussicht zu stellen, scheint durch den DB-Konvergenzindikator ebenfalls gerechtfertigt zu sein. Sie erreichen erneut die niedrigsten Werte unter den Bewerberländern. Die acht MOEL der ersten Erweiterungsrunde geben auch in dieser Untersuchung ein noch verhältnismäßig heterogenes Bild ab. Die Rangfolge, die sich durch den Konvergenzindikator ergibt, entspricht in etwa der im vorigen Abschnitt dargestellten relativen Einkommensposition, wobei z.B. die klare Spitzenposition Sloweniens beim relativen Pro-Kopf-Einkommen durch einen sehr hohen Wert für den DB-Konvergenzindikator bestätigt wird.

Inwieweit der „Big Bang" im Jahr 2004 tatsächlich gerechtfertigt ist, kann jedoch durch diese Gegenüberstellung noch nicht beurteilt werden. Entscheidend ist nicht nur der relative Abstand zur EU, sondern insbesondere der wirtschaftliche Aufholprozess, der diesen Abstand laufend verringern soll. Um diesen näher zu untersuchen, wird im Folgenden die Entwicklung des DB-Konvergenzindikators in den letzten Jahren betrachtet. Die Research-Abteilung der Deutschen Bank berechnet ihren Konvergenzindikator erstmals für Januar 2000. Durch die rückwirkende Berechnung des Indikators für die Jahre 1998 und 1999 ist es möglich, den Verlauf des Konvergenzindikators der MOEL für den Zeitraum von 1998 bis 2003 darzustellen.[14]

Abbildung 2.6 und die entsprechenden Werte in Tabelle A.3 des Anhangs machen sofort deutlich, dass es allen Beitrittskandidaten gelungen ist, im betrachteten Zeitraum den Wert des Konvergenzindikators im Vergleich zur Europäischen Union zu verbessern. Sogar Bulgarien und Rumänien scheinen bei der Gesamtbetrachtung über sechzehn Einzelindikatoren besser abzuschneiden als bei der einzelnen Betrachtung des relativen Pro-Kopf-Einkommens, welches sie, wie im vorherigen Abschnitt gesehen, in den letzten Jahren nicht wesentlich verbessern konnten. Ungarn und Tschechien mussten allerdings in den Jahren 2001 bzw. 2002 eine deutliche Korrektur ihrer Indikatorwerte nach unten hinnehmen.

Da die Werte lediglich einen „Querschnitt durch die Wirtschaftsstruktur des jeweiligen Landes" darstellen, ist eine Interpretation der Ergebnisse des Gesamtindikators ohne eingehende Untersuchung der zugrundeliegenden Einzelindikatoren sehr schwierig. Um dennoch einen Anhaltspunkt für die Qualität des Konvergenzprozesses der MOEL geben zu können, hat die DB-Research neben den Werten für die zehn Beitrittsländer zusätzlich vergleichbare Konvergenzindikatoren für Spanien und Portugal für das Jahr 1986, also ein Jahr nach dem EU-Beitritt der beiden Länder, berechnet. Die zwei Beitrittsländer der Süderweiterung dienen dadurch erneut als Vergleichsmaßstab für den Konvergenzprozess der MOEL.

Dabei ist allerdings auf das wesentlich höhere Integrationsniveau hinzuweisen, dem sich die osteuropäischen Länder im Vergleich mit Spanien und Portugal gegenübersehen. Dieses ist insbesondere seit der Schaffung des Gemeinsamen Binnenmarktes 1992 stetig angestiegen.[15] Ein Vergleich der DB-Konvergenzindikatoren der MOEL mit denen der beiden südeuropäischen Länder erscheint dennoch sinnvoll, um anhand eines einheitlichen Maßstabes, die jeweilige Konvergenzposition der Länder vor bzw. im Falle von Spanien und Portugal kurz nach ihrem EU-Beitritt diskutieren zu können.

[14] Vgl. DB-Research (2002), S. 16f.

[15] Vgl. DB-Research (2002a), S. 7. Es wird an dieser Stelle ebenso darauf aufmerksam gemacht, dass die vom EBRD für die MOEL bereitgestellten Information hinsichtlich des Bereichs der Wirtschaftspolitik und der Institutionen für die Berechnung des Konvergenzindikators für die Länder Spanien und Portugal nicht zur Verfügung standen. Die Vergleichbarkeit ist somit nicht vollständig gewährleistet.

Abbildung 2.6: DB-Konvergenzindikatoren der MOEL 1998 – 2003

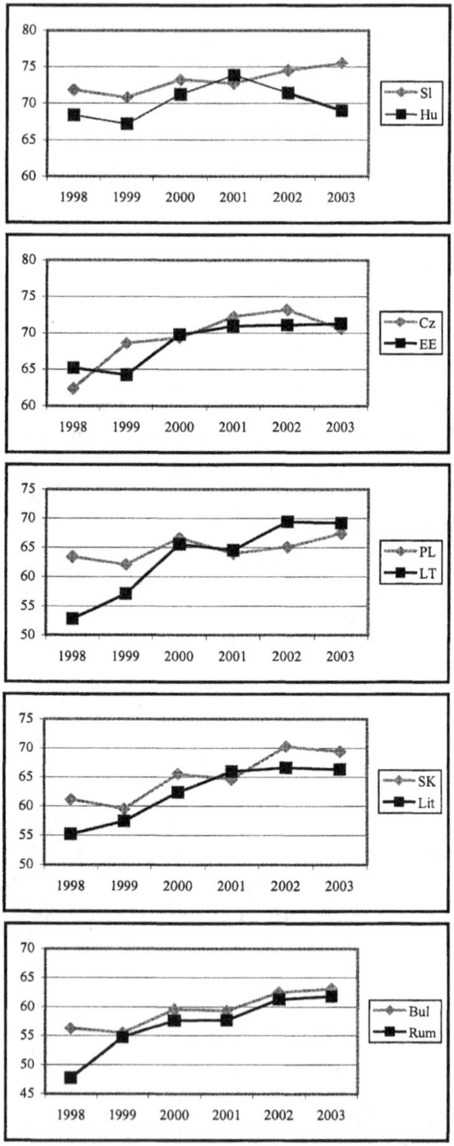

Quelle: DB-Research (2002b).

Die Research-Abteilung der Deutschen Bank hat für Spanien und Portugal einen Konvergenzindikator von 76,2 bzw. 74,4 für das Jahr 1986 errechnet. Bei einer Auflistung der DB-Konvergenzindikatoren der MOEL für das Jahr 2003 in Verbindung mit den Werten für Spanien und Portugal im Jahr 1986 in aufsteigender Reihenfolge in Abbildung 2.7 erkennt man, dass neun der zehn mittel- und osteuropäischen Beitrittsländern noch nicht das Konvergenzniveau von Spanien und Portugal ein Jahr nach deren EU-Beitritt erreicht haben. Bedenkt man jedoch, dass erstens der Referenzwert, d.h. der EU-Durchschnitt, für die MOEL einem wesentlich höheren Integrationsniveau entspricht als es für Spanien und Portugal der Fall war und zweitens die jeweiligen Indikatorwerte der EU-Mitgliedsländer Spanien und Portugal in die Berechnung des EU-Durchschnitts mit eingeflossen sind, so müssen sich die osteuropäischen Länder mit einem Konvergenzniveau von über 70% - und damit eindeutig in der Nähe des Konvergenzniveaus der südeuropäischen Länder Mitte der 80er Jahre – mit ihrer Leistung nicht verstecken. Erstaunlich ist dabei vor allem die Entwicklung Sloweniens, dem es nach Einschätzung der Deutschen Bank seit 2002 sogar gelungen ist, schon vor seinem eigentlichen EU-Beitritt das Konvergenzniveau von Spanien im Jahr 1986 zu übertreffen.

Abbildung 2.7: Konvergenzposition: MOEL (2003) im Vergleich mit Spanien und Portugal (1986)

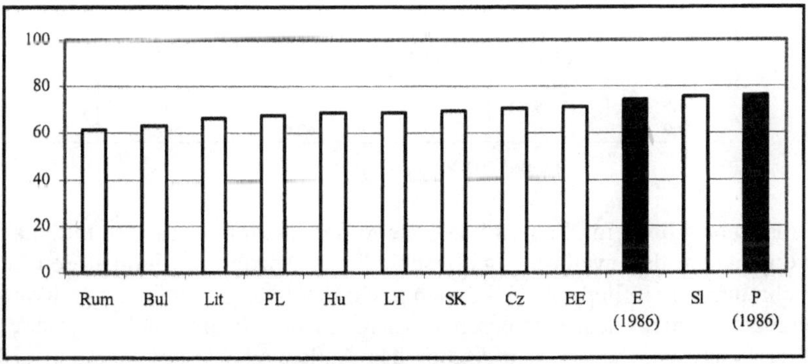

Quelle: DB-Research (2002a), S. 7.

Ohne Kenntnis der Werte für die Einzelindikatoren ist es jedoch nicht möglich, eine qualitative Gegenüberstellung der Länderresultate durchzuführen. Die Ergebnisse für Spanien und Slowenien beispielsweise können völlig verschiedenen Bereichen und Einzelindikatoren entspringen, so dass aufbauend auf dieser Analyse auch keine Aussage über die wahrscheinliche Weiterentwicklung Sloweniens erlaubt ist. Die gleichgewichtige Bewertung der Einzelindikatoren bei der Berechnung des DB-Konvergenzindikators lässt jedoch darauf schließen, dass Slowenien in der Mehrzahl der sechzehn Indikatoren überdurchschnittlich abgeschnitten hat.

Für Spanien und Portugal wurden leider keine Einzelindikatoren veröffentlich, so dass eine tiefergehende Untersuchung der Konvergenzperformance der Länder der Süderweiterung im Vergleich mit den Ländern der Osterweiterung nicht möglich ist. Auch für die osteuropäischen Beitrittskandidaten liegt keine durchgehende Datenreihe der Entwicklung der Einzelindikatoren seit 1998 vor. Um dennoch einen Eindruck davon zu erhalten, wie viel der Abstand der MOEL zur EU in den einzelnen Bereichen der Konvergenzuntersuchung beträgt, zeigt Tabelle 2.6 die Konvergenzwerte für die fünf Gruppen Realwirtschaft, Wachstumsdynamik, Wirtschaftspolitik und Institutionen, Außenwirtschaft und Geld- und Fiskalpolitik für das Jahr 2002.

Tabelle 2.6: DB-Gruppenindikatoren der MOEL für 2002

EU-15=100	**Real-wirtschaft** (4 Indikatoren)	**Wirtschafts-dynamik** (2 Indikatoren)	**Wirtschafts-politik und Institutionen** (4 Indikatoren)	**Außen-wirtschaft** (3 Indikatoren)	**Geld- und Fiskalpolitik** (3 Indikatoren)	**DB-Konvergenz-indikator** (16 Indikatoren)
Bul	43,1	**85,8**	**74,1**	42,1	57,6	62,5
Cz	71,4	**100,0**	**78,9**	71,6	59,0	73,2
EE	59,0	**100,0**	**84,7**	44,0	**81,9**	71,1
Hu	**75,1**	**100,0**	**85,6**	62,3	46,9	71,4
LT	61,7	**100,0**	**78,9**	36,4	**70,8**	69,4
Lit	53,4	**96,1**	**78,1**	35,6	**73,1**	66,6
PL	56,3	**66,5**	**87,5**	53,3	58,6	65,1
Rum	48,2	**76,4**	**77,1**	46,7	42,0	61,3
SK	61,5	**100,0**	**79,8**	58,3	46,9	70,3
SI	72,9	**100,0**	**83,7**	67,0	60,7	74,5

Quelle: DB-Research (2002), S. 20.

Es ist sehr schwierig, die absoluten Werte der einzelnen Gruppen miteinander zu vergleichen, da jeweils eine unterschiedliche Anzahl von Indikatoren in die Berechnung mit einfließt. Auch können gewisse Abhängigkeiten der Indikatoren untereinander nicht ausgeschlossen werden. So besteht mit Sicherheit ein Zusammenhang zwischen dem Indikator der Außenhandelsliberalisierung „LIB" aus dem Bereich Wirtschaftspolitik und Institutionen und dem Außenwirtschaftsindikator „TRADE", dem prozentualen Anteil der Exporte der MOEL in die EU. Ebenso ist beispielsweise der Netto-Zufluss an FDI von der allgemeinen Einschätzung der Länderperformance durch ausländische Investoren abhängig, die durch sämtliche sechzehn Indikatoren des DB-Konvergenzindikators beeinflusst werden kann. Dennoch geben die Werte in Tabelle 2.6 Auskunft über die Erfolge der Beitrittskandidaten in den einzelnen Bereichen in Relation zur EU. Dazu wurden die Gruppenindikatoren hervorgehoben, deren Wert größer ist als der jeweilige DB-Konvergenzindikator über alle 16 Einzelindikatoren. In diesen Bereichen wurden von den Beitrittskandidaten folglich überdurchschnittliche Ergebnisse erzielt.

Erstaunlich ist, dass alle zehn MOEL in den Bereichen Wirtschaftsdynamik sowie Wirtschaftspolitik und Institutionen überdurchschnittliche Gruppenindikatorwerte aufweisen. Die Resultate im Bereich der Wirtschaftsdynamik sind besonders hervorstechend, da es sechs Ländern sogar gelungen ist, die 100%-Marke des EU-Durchschnitts zu erreichen. Dabei muss man allerdings bedenken, dass die zwei zugrundeliegenden Indikatoren – die Wachstumsrate des BIP und das Produktivitätswachstum – insbesondere in Relation zum Pro-Kopf-Einkommen gesehen werden müssen. Eine Konvergenz der Wachstumsraten bedeutet noch keine Konvergenz der Einkommensniveaus, sondern lediglich die Konstanz der Einkommenslücke. Ein Wert von 100% bedeutet also, dass keine weitere Verschlechterung der relativen Einkommensposition eingetreten ist. Erst bei Werten über 100% wird dagegen ein Konvergenzprozess der Einkommensniveaus eingeleitet. Diese Einschätzung wird durch die Tatsache bestätigt, dass es lediglich zwei osteuropäischen Ländern gelungen ist, im Bereich der Realwirtschaft, dessen Teilindikator das Pro-Kopf-Einkommen ist, ein überdurchschnittliches Ergebnis zu erzielen.

Das überdurchschnittliche Abschneiden im Bereich der Wirtschaftspolitik und Institutionen ist ebenso nicht überraschend. Es geht einher mit der grundsätzlich positiven Beurteilung der MOEL anhand der politischen und wirtschaftlichen Kriterien von Kopenhagen durch die Europäische Kommission.[16]

Im Bereich der Außenwirtschaft geben die zehn Beitrittskandidaten ebenfalls ein einheitliches Bild, nur dass in diesem Fall kein einziges Land überdurchschnittliche Werte im Vergleich zu seinem Gesamtindikator liefert. Das schlechte Abschneiden in dieser Kategorie liegt in erster Linie an den zum Teil sehr negativen Leistungsbilanzsalden der osteuropäischen Länder. Diese Defizite können von den meisten Ländern jedoch durch ausreichende ausländische Direktinvestitionen finanziert werden. Diese beiden Indikatoren gehen somit auch mit unterschiedlichen Auswirkungen in die Berechnung des Gruppenindikators Außenwirtschaft ein. Die Leistungsbilanzdefizite der MOEL senken den Indikatorwert, da die EU-15 grundsätzlich einen Leistungsbilanzüberschuss aufweisen, wohingegen die hohen ausländischen Direktinvestitionen die relative Stellung der Beitrittskandidaten verbessern. Die fünfzehn Länder der Europäischen Union müssen in dieser Kategorie nämlich einen negativen Wert hinnehmen. Die genauen Zahlen für die Jahre 2001-2003 im Bereich Außenwirtschaft sind Tabelle A.4 im Anhang zu entnehmen. Was den dritten Indikator in diesem Bereich angeht, den Handel der MOEL mit der EU in Prozent der Exporte, so ist die Abweichung vom Referenzwert der EU-15 nicht allzu groß. Wie ebenfalls

[16] Vgl. EU-Kommission (2002) sowie die Untersuchungen bezüglich der „social capability" der MOEL in Kapitel 6.

aus Tabelle A.4 ersichtlich ist, gingen im Jahr 2002 zwischen 45% und 76,5% der Exporte in die EU bei steigender Tendenz.

Die genaue Gewichtung der Indikatoren und damit das Zustandekommen des Gruppenindikatorwertes für den Bereich Außenwirtschaft bleibt das Geheimnis von DB-Research. Das durchweg unterdurchschnittliche Abschneiden in dieser Kategorie ist jedoch nicht unbedingt negativ zu interpretieren. Wie schon erwähnt sind die niedrigen Werte in erster Linie eine Folge der hohen Leistungsbilanzdefizite. Diese sind jedoch die Folge des konsumtiven und technologischen Nachholbedarfs der ehemaligen Ostblockstaaten. Der den Importüberschuss begleitende Transfer von Technologie und Know-how wird des Weiteren durch die hohen ausländischen Direktinvestitionen unterstützt, die gleichzeitig ein Zahlungsbilanzgleichgewicht garantieren. Im Laufe der Arbeit wird zu zeigen sein, dass durch fortschreitende Entwicklung der MOEL bestimmte Spezialisierungsmuster entstehen können, die mit der Zeit einen Abbau des Leistungsbilanzdefizits ermöglichen mit positiven Auswirkungen für Handel und Konvergenz. Die immer enger werdende Verflechtung mit Europa ist für diesen Prozess nur förderlich.

Der Konvergenzindikator der Deutschen Bank hat die Möglichkeit gegeben, die Entwicklung der osteuropäischen Beitrittskandidaten in den letzten Jahren mit Hilfe verschiedener Indikatoren zu untersuchen. Der Vorteil liegt ganz eindeutig darin, dass dadurch eine einseitige Orientierung auf das ansonsten meistens verwendete Pro-Kopf-Einkommen vermieden wird. Die Vorgehensweise hat jedoch insbesondere den Nachteil, dass aufgrund der letztendlich doch willkürlich gewählten Einzelindikatoren und ihrer Abhängigkeiten untereinander lediglich eine quantitative Aussage hinsichtlich der Konvergenzentwicklung der MOEL möglich ist. Eine tiefergehende qualitative Analyse würde die jährlichen Werte für die jeweiligen Einzelindikatoren erfordern, die leider von DB-Research nicht zur Verfügung gestellt wurden. Ebenso ist der Zeitrahmen mit den Daten seit 1998 noch sehr kurz. Die Forschungsbemühungen sind somit weiterhin mit Interesse zu beobachten.

Aufgrund dieser Mängel soll im Folgenden weiterhin das Pro-Kopf-Einkommen als Konvergenzindikator verwendet werden. Im Laufe der Arbeit wird dabei vor allem der Konvergenzkoeffizient von Robert Barro und Xavier Sala-i-Martin im Mittelpunkt stehen, der an dieser Stelle noch nicht näher erläutert wird, bei der Diskussion von Konvergenzindikatoren jedoch zumindest schon einmal erwähnt werden soll.[17]

Im nächsten Abschnitt soll nun der bereits angesprochene Zusammenhang zwischen Handel und Konvergenz näher untersucht werden. Im Mittelpunkt stehen dabei die Außenhandelsliberalisierung der MOEL, die daraus folgende Veränderung ihrer Außenhandelsstruktur und eventuelle Auswirkungen auf Einkommensniveau und Konvergenz.

---

[17] Vgl. zum Konvergenzkoeffizient von Barro und Sala-i-Martin Kap. 3.2.2.

2.3. Handelsintegration und Konvergenz

Die Konzentration auf den Außenhandel und seine Auswirkungen auf das jeweilige Abschneiden der mittel- und osteuropäischen Beitrittskandidaten im Wachstums- und Konvergenzprozess liegt nahe, da in diesem Bereich die deutlichsten und rasantesten Veränderungen im Anschluss an die Transformation der MOEL 1989 stattfanden. Vor dem Zusammenbruch der Zentralverwaltungswirtschaften war der Handel in Osteuropa durch die Zusammenarbeit in dem 1948 von Bulgarien, der Tschechoslowakei, Ungarn, Polen, Rumänien und der Sowjetunion gegründeten Rat für gegenseitige Wirtschaftshilfe (RGW) gekennzeichnet.[18] In Folge des Zusammenbruchs der osteuropäischen Zentralverwaltungswirtschaften kam es jedoch zu einer sofortigen Orientierung des Handels nach Westeuropa und entsprechend zu einer Auflösung des RGW im Jahr 1991. Als Reaktion auf die Entwicklung in Osteuropa bezog die EU (damals noch EG) die MOEL in ihr Allgemeines Präferenzsystem ein und beseitigte die Importbeschränkungen für nicht sensible Güter.[19] Neben bilateralen Handels- und Kooperationsabkommen zwischen EU-Staaten und den MOEL wurde der wichtigste Schritt zur weitergehenden Außenhandelsliberalisierung jedoch durch die sogenannten Europaabkommen unternommen. Der handelspolitische Teil dieser Abkommen (die Interimsabkommen) hatten zum Ziel, innerhalb einer zehnjährigen Übergangsperiode schrittweise eine Freihandelszone zwischen der EU und den ehemaligen Ostblockstaaten zu schaffen.[20] Neben der Verpflichtung, ab Inkrafttreten der Abkommen keine neuen Zölle, quantitativen oder andere Handelsbeschränkungen einzuführen, sollten bestehende Handelshemmnisse innerhalb der vorgesehenen zehn Jahre abgebaut werden. Der Abbau der Handelsschranken folgte dabei dem Prinzip der Asymmetrie, d.h. die Europäische Union erklärte sich bereit, ihre Zölle schneller abzubauen als die MOEL, um die Märkte der Beitrittskandidaten nur langsam und schrittweise auf die europäische Konkurrenz vorzubereiten. Der vollständige Abbau von Handelsbeschränkungen galt allerdings nicht für bestimmte sensible Produkte. So gelten bis heute beispielsweise im Agrarbereich zwar spezifische Präferenzregelungen, eine vollständige Liberalisierung für landwirtschaftliche Güter ist jedoch (noch) nicht vorgesehen.

Die verstärkte Ausrichtung des Handels der osteuropäischen Länder in Richtung Westeuropa wird sichtbar, betrachtet man die jeweiligen Haupthandelspartner. Zur Illustration werden in Tabelle 2.7 jeweils die drei wichtigsten Export- und Importpartner von Bulgarien, Tschechien, Ungarn, Polen, Rumänien, der Slowakei und Slowenien dargestellt. Das Bild, das sich dabei ergibt, ist

[18] Die DDR trat dem RGW erst 1950 bei. Weitere Mitglieder waren Albanien, Kuba, die Mongolische Volksrepublik, Nordkorea (Beobachter) und Vietnam.

[19] Vgl. Stankovsky (2000), S. 1.

[20] Vgl. dazu und zum Folgenden Potocnik/Jessernigg/Schennach (2000), S. 8ff. Für die Zeitpunkte der Unterzeichnung der Europaabkommen s. Tabelle 1.1.

durch eine immer geringer werdende Bedeutung der ehemaligen RGW-Staaten, d.h. insbesondere Russlands, und einer sehr starken Handelsposition Deutschlands gekennzeichnet. Der Handel zwischen den Beitrittskandidaten selbst ist relativ wenig ausgeprägt, sieht man einmal von den natürlich noch sehr starken Handelsbeziehungen zwischen den Teilrepubliken der ehemaligen Tschechoslowakei ab. Dies ist vor allem deshalb erstaunlich, da die betrachteten sieben Länder seit den 90er Jahren die Zentraleuropäische Freihandelszone (CEFTA) bilden, mit dem Ziel, ebenfalls eine verstärkte wirtschaftliche Zusammenarbeit in Verbindung mit einem langfristigen Abbau der Handelsschranken zu erreichen. Der größte Anteil der Ein- und Ausfuhren wird jedoch nichtsdestotrotz mit den Staaten der EU und dabei vor allem mit Deutschland abgewickelt.

Tabelle 2.7: Die wichtigsten Handelspartner der CEFTA-Staaten nach der Transformation

	1992		1995		2000	
	Exporte	**Importe**	**Exporte**	**Importe**	**Exporte**	**Importe**
			Bulgarien			
1.	Russland	Russland	Russland	Russland	Italien	Russland
2.	Deutschland	Deutschland	Deutschland	Deutschland	Türkei	Deutschland
3.	Türkei	Griechenland	Italien	Italien	Deutschland	Italien
			Tschechien*			
1.	Deutschland	Deutschland	Deutschland	Deutschland	Deutschland	Deutschland
2.	Slowakei	Slowakei	Slowakei	Slowakei	Slowakei	Russland
3.	Österreich	Russland	Österreich	Russland	Österreich	Slowakei
			Ungarn*			
1.	Deutschland	Deutschland	Deutschland	Deutschland	Deutschland	Deutschland
2.	Russland	Russland	Österreich	Russland	Österreich	Russland
3.	Österreich	Österreich	Italien	Österreich	Italien	Italien
			Polen			
1.	Deutschland	Deutschland	Deutschland	Deutschland	Deutschland	Deutschland
2.	Niederlande	Russland	Niederlande	Italien	Italien	Russland
3.	Italien	Italien	Russland	Russland	Frankreich	Italien
			Rumänien			
1.	Deutschland	Deutschland	Deutschland	Deutschland	Italien	Italien
2.	Russland	Russland	Italien	Italien	Deutschland	Deutschland
3.	Italien	Italien	Frankreich	Russland	Frankreich	Russland
			Slowakei*			
1.	Tschechien	Tschechien	Tschechien	Tschechien	Deutschland	Deutschland
2.	Deutschland	Russland	Deutschland	Russland	Tschechien	Russland
3.	Österreich	Deutschland	Ungarn	Deutschland	Italien	Tschechien
			Slowenien			
1.	Deutschland	Deutschland	Deutschland	Deutschland	Deutschland	Deutschland
2.	Kroatien	Italien	Italien	Italien	Italien	Italien
3.	Italien	Kroatien	Kroatien	Österreich	Kroatien	Frankreich

Quelle: WIIW (2002): S. 368ff. Eigene Darstellung.

Anmerkungen: *Die vorliegenden Daten der ersten Spalte stammen aus dem Jahr 1993 aufgrund fehlender Daten für 1992.

Abbildung 2.8: Importe und Exporte der CEFTA-Staaten mit der EU-15 1990 – 2001 in Millionen Euro

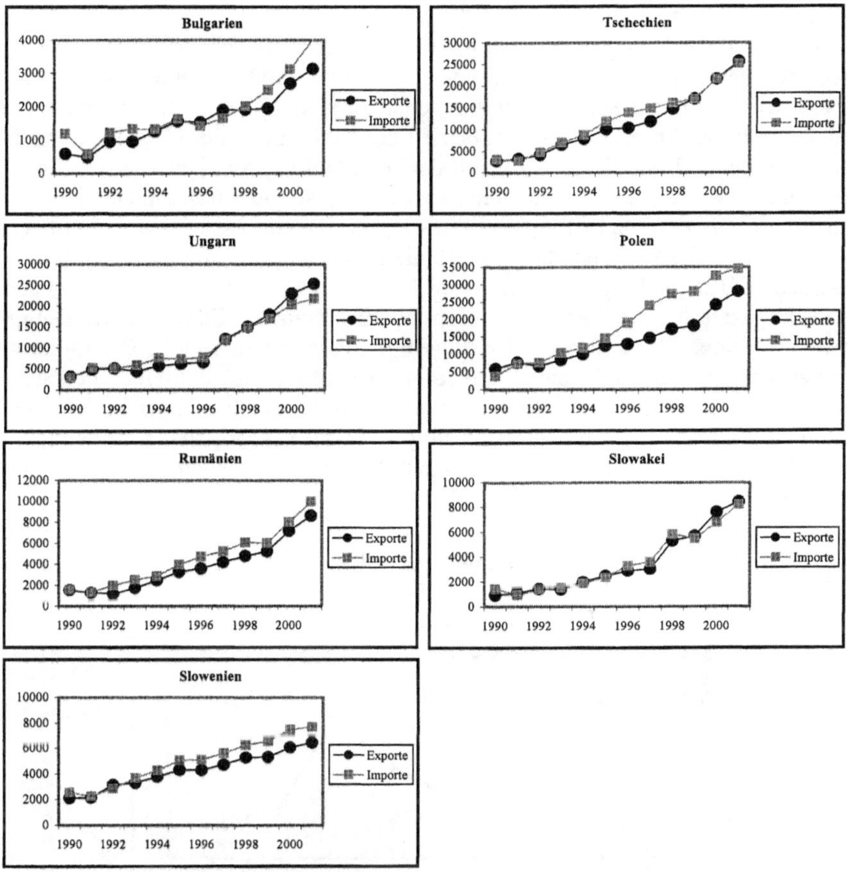

Quelle: WiiW (2002), S. 320ff. Eigene Darstellung.

Die Frage, die sich nun stellt, ist, ob sich der in den Europaabkommen vorgesehene Abbau von Handelschranken neben der Handelsumlenkung nach Westeuropa auch auf die Handelsvolumina der MOEL mit den EU-15 ausgewirkt hat. Wie Abbildung 2.8 eindeutig zeigt, konnten alle der hier aufgeführten sieben CEFTA-Staaten im Zeitraum von 1990 bis 2001 sowohl ihre Exporte als auch ihre Importe mit den Mitgliedsländern der Europäischen Union signifikant erhöhen. Ebenfalls gut ist in Abbildung 2.8 die Entwicklung der Handelsbilanzsalden zu erkennen, die sich als Differenz der Export- und Importkurven ergeben. Die zunächst überwiegenden Handelsbilanzdefizite konnten in einigen Ländern in den letzten Jahren reduziert und teilweise sogar in Überschüsse umgewandelt werden. Die zugrundeliegenden Daten können Tabelle A.5 im Anhang entnommen werden.

Der naheliegende Zusammenhang zwischen der Außenhandelsliberalisierung zwischen der Europäischen Union und den Beitrittsländern[21] und dem Anstieg des Handelsvolumens scheint somit gegeben zu sein. Die eigentliche Frage, die jedoch in dieser Arbeit interessiert, betrifft die Verbindung der Handelsintensität zwischen der EU und den MOEL mit der relativen Einkommensposition innerhalb einer erweiterten Union. Zu untersuchen ist also, ob durch die Handelsliberalisierung und den darauffolgenden Anstieg der Handelsvolumina ein Konvergenzprozess eingetreten ist, d.h., ob sich die Einkommenslücke zwischen der EU und den MOEL in Folge des forcierten Handels verringert hat. Ein geeigneter Maßstab dazu ist die bereits im Kapitel zur relativen Einkommensposition erwähnte Standardabweichung der Pro-Kopf-Einkommen, welche die Einkommensdisparität innerhalb einer Ländergruppe misst. Je geringer die Standardabweichung ist, desto geringer ist die Streuung der Pro-Kopf-Einkommen vom Durchschnittseinkommen und desto größer die Konvergenz. Abbildung 2.9 zeigt die jährlichen Standardabweichungen der alten und neuen EU-Länder von 1995 bis 2002.[22]

*Abbildung 2.9: Jährliche Standardabweichungen zwischen MOEL und EU-14**

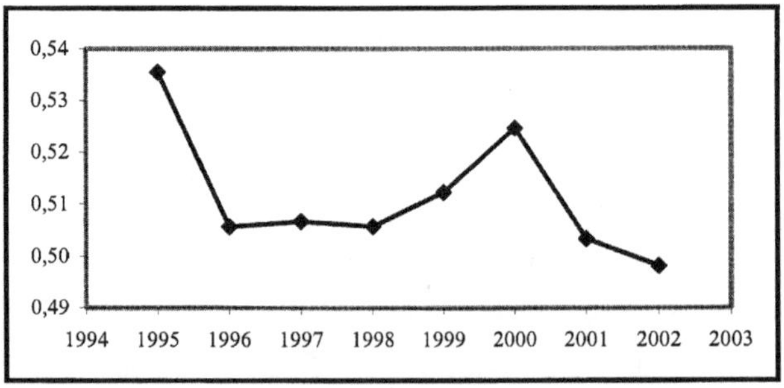

Quelle: Eurostat (2000, 2001, 2003b). Eigene Berechnungen.

Anmerkung: * ohne Luxemburg.

Der Verlauf der Verbindungslinie zwischen den Standardabweichungen spricht über den ganzen Zeitraum gesehen für eine Abnahme der Einkommens-

[21]Der lediglich für die CEFTA-Staaten dargestellte Anstieg der Exporte und Importe mit der EU in den 90er Jahren gilt auch für Estland, Lettland und Litauen.

[22]Aufgrund einer einfacheren Skalierung wurden die Standardabweichungen in den folgenden Abbildungen für die Logarithmen der Pro-Kopf-Einkommen berechnet.

disparität und dementsprechend für einen Anstieg der Konvergenz zwischen den Ländern der EU-14 und den MOEL. Zwischen den Jahren 1996 und 2000 muss jedoch in Anbetracht der steigenden Standardabweichungen eher von einer divergenten Entwicklung gesprochen werden. Allerdings scheint seit der Jahrtausendwende erneut ein Konvergenzprozess in Gang gekommen zu sein, so dass die Streuung um das durchschnittliche Pro-Kopf-Einkommen im vereinten Europa zwischen 1995 und 2002 deutlich gesenkt werden konnte.

Um den Zusammenhang zwischen der europäischen Integration und einem möglichen Konvergenzprozess noch deutlicher darzustellen, werden im Folgenden die Standardabweichungen zwischen Deutschland und seinen mittel- und osteuropäischen Haupthandelspartnern dargestellt. Wie aus Tabelle 2.7 ersichtlich, ist Deutschland für Tschechien, Ungarn, Polen und Slowenien unangefochten der wichtigste Handelspartner.

Abbildung 2.10: Jährliche Standardabweichungen zwischen Cz, Hu, PL, Sl und D

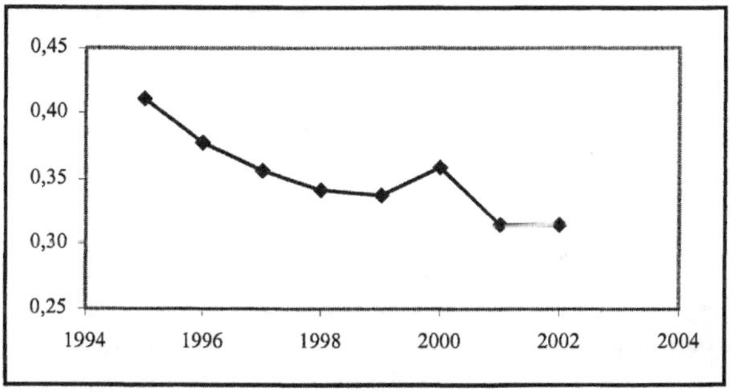

Quelle: Eurostat (2000, 2001, 2003b). Eigene Berechnungen.

Bis auf einen Anstieg der Standardabweichung zwischen 1999 und 2000 zeigt sich in Abbildung 2.10 eindeutig ein Rückgang des Streuungsmaßes zwischen 1995 und 2002 und damit ein Sinken der Einkommensdisparität zwischen den betrachteten Ländern. Die Konvergenzentwicklung wird zudem besonders deutlich, wenn man beachtet, dass neben dem abnehmenden Verlauf des Streuungsmaßes im Vergleich zu den Standardabweichungen aus Abbildung 2.9 ein wesentlich geringeres Niveau erreicht wurde, die Konvergenz zwischen Deutschland und den vier mittel- und osteuropäischen Beitrittsländern demzufolge wesentlich stärker ausgeprägt ist als zwischen den zehn MOEL und der EU-14. Als zusätzlicher Vergleichsmaßstab können die Streuungsmaße innerhalb der MOEL bzw. innerhalb der EU-14 dienen. Während Deutschland und die vier MOEL im Jahr 2002 eine Standardabweichung um das durchschnittliche Pro-Kopf-Einkommen von 0,31 aufweisen, beträgt das Streuungsmaß innerhalb der zehn MOEL 0,34 und in der Europäischen Union ohne Luxemburg 0,17. Die

Konvergenz zwischen Deutschland und den osteuropäischen Handelspartnern ist folglich schon stärker ausgeprägt als zwischen den mittel- und osteuropäischen Beitrittsländern selbst.

Nun stellt sich die Frage, ob tatsächlich ein positiver Zusammenhang zwischen Handelsintegration und Konvergenz besteht. Um dies zu überprüfen, wurde mit Hilfe der Daten aus dem *Statistical Yearbook on candidate and south-east European countries* der Europäischen Kommission der Jahre 2002 und 2003 für Tschechien, Ungarn, Polen und Slowenien der Anteil des Außenhandels mit Deutschland an ihrem Bruttoinlandsprodukt berechnet. Der Mittelwert dieser Außenhandelsquoten mit Deutschland wird nun in Abbildung 2.11 für die Jahre 1996 – 2001 als unabhängige Variable auf der Abszisse den zuvor berechneten Standardabweichungen, abgetragen auf der Ordinate, zwischen Deutschland und den vier MOEL gegenübergestellt.

Abbildung 2.11: Der Zusammenhang zwischen Handel und Konvergenz

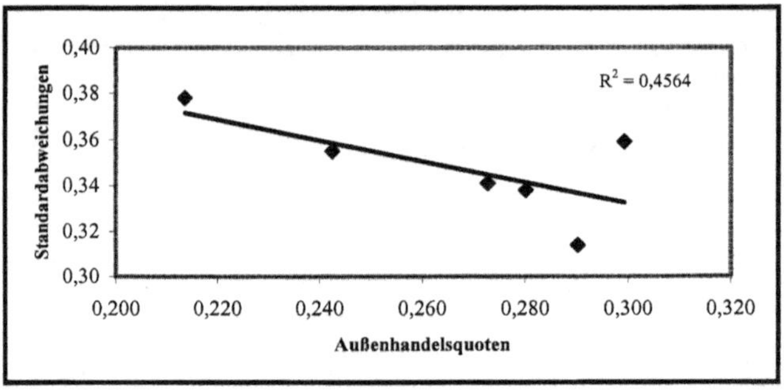

Quelle: EU-Kommission (2002b, 2003a). Eigene Berechnungen.

Es ergibt sich ein negativer Zusammenhang zwischen dem im betrachteten Zeitraum zunehmenden Außenhandel der vier MOEL und Deutschland und der abnehmenden Einkommensdisparität. Ein Bestimmtheitsmaß von 0,4564 bedeutet, dass ca. 46% der Varianz der Standardabweichungen durch die Außenhandelsquoten erklärt werden kann. Dahinter steckt ein Korrelationskoeffizient mit einem Betrag von ca. 0,67 und damit ein Zusammenhang mittlerer Stärke.[23] Betrachtet man die Datenpunkte genauer, so zeigt sich, dass in erster Linie die erhöhte Standardabweichung im Jahr 2000 trotz weiter steigender Handelsvolumina einen engeren Zusammenhang zwischen Handelsintegration und Konvergenz verhindert. Eine mögliche Erklärung dafür sind die Auswirkungen der Russlandkrise Ende der 90er Jahre, die insbesondere die mittel- und osteuropäischen Volkswirtschaften betroffen haben und dadurch zu einer Phase

[23] Es liegt eine lineare Regression zugrunde, welche die Parameter so bestimmt, dass die Summe der quadratischen Abweichungen minimiert wird.

der Divergenz zwischen Ost- und Westeuropa geführt haben. Für den gesamten Untersuchungszeitraum zeigt sich jedoch, dass die stetige Zunahme der Exporte und Importe zwischen Deutschland und seinen mittel- und osteuropäischen Handelspartnern in einem positiven Zusammenhang mit der Abnahme der Einkommensdisparitäten zwischen diesen Ländern steht.

An dieser Stelle sei nochmals auf die Untersuchung von Dan Ben-David hingewiesen. Neben der im vorigen Abschnitt dargestellten allgemeinen Betrachtung der Konvergenzentwicklung zwischen Ländergruppen durch seinen Konvergenzkoeffizienten stellt er in mehreren Arbeiten eine sehr enge Verbindung zwischen Handelsliberalisierung und Konvergenz fest.[24] Er untersucht beispielsweise 50 Ländergruppen, wobei 25 Gruppen aus den Hauptexportpartnern eines jeweils ausgewählten Ursprungslandes gebildet werden und sich weitere 25 Gruppen aus einem Land und seinen Hauptimportpartnern zusammensetzen. Diese Gruppen werden für den Zeitraum von 1960 – 1985 auf den Zusammenhang von Handel und Konvergenz untersucht. Um insbesondere auch die Veränderung des Handels in Relation zum Output einer jeweiligen Gruppe darstellen zu können, werden die Handelsvolumina einer Gruppe jeweils in Relation zu ihrem aggregierten Gruppen-Bruttoinlandsprodukt gesetzt. Die sich daraus ergebende Handelsquote wird neben das absolute Handelsvolumen als weitere unabhängige Variable in die Gleichung zur Berechnung der Gruppenstandardabweichungen eingesetzt. Das Ergebnis der Korrelationsanalyse sind zwei jeweils signifikant negative Koeffizienten sowohl für das Handelsvolumen als auch für die Handelsquote. D.h., die Tatsache, dass Länder miteinander handeln, scheint positiv mit einem Anstieg der Einkommenskonvergenz verbunden zu sein. Der negative Koeffizient der Handelsquote bedeutet dabei zusätzlich, dass ein weiterer Anstieg des Handels zwischen diesen Ländern sogar zu noch schnelleren Konvergenzraten führt.[25]

Nun ist es das Problem jeder Regressions- und Korrelationsanalyse, dass einem auch noch so engen Zusammenhang zweier Variablen – in diesem Fall des Handelsvolumens und der Standardabweichung – keine Kausalität zu Grunde liegen muss. Um die aufgestellte These des positiven Zusammenhangs zwischen Handelsintegration und Konvergenz genauer zu untersuchen, soll im Folgenden die ökonomische Theorie zu den möglicherweise zugrundeliegenden Mechanismen herangezogen werden. Teil B beschäftigt sich dazu mit verschiedenen Richtungen der Wachstumstheorie und deren Aussagen hinsichtlich der Konvergenz von Volkswirtschaften. Während die neoklassische Wachstumstheorie schon bei geschlossenen Volkswirtschaften Konvergenz als unausweichliche Folge abnehmender Grenzerträge des Kapitals ansieht, kommt die aus Kritik an

[24] Vgl. zum Folgenden Ben-David (2000) und Ben-David/ Kimhi (2000).

[25] Vgl. Ben-David (2000), S. 37: "*In a generalization of this finding, it is shown that countries that trade extensively with one another tend to exhibit a relatively high incidence of income convergence. An increase in the extent of trade by these countries is associated with even faster rate of convergence.*"

der neoklassischen Theorie entstandene Theorie endogenen Wachstums zu dem Ergebnis, dass nachhaltiges Wachstum einer reichen Volkswirtschaft durchaus möglich ist, ein Aufholen ärmerer Volkswirtschaften somit eher unwahrscheinlich ist. Anders ist die Situation jedoch bei offenen Volkswirtschaften. Hier kann es auch im Rahmen der endogenen Wachstumstheorie unter bestimmten Bedingungen zu einer Konvergenzentwicklung kommen. Im Gegensatz zum neoklassischen Wachstumsmodell ist ein Catching-up der ärmeren Volkswirtschaften kein automatischer Prozess, sondern ist an bestimmte länderspezifische Voraussetzungen gebunden, die unter den von Abramovitz geprägten Begriff der „social capability" subsummiert werden können.

Am Ende dieser Arbeit wird die Frage zu beantworten sein, welche Mechanismen zu einem positiven Zusammenhang zwischen Integration im allgemeinen bzw. Handel im speziellen und Konvergenz führen können und welche Voraussetzungen dafür gegeben sein müssen. Ebenso wird zu überprüfen sein, inwieweit die zehn mittel- und osteuropäischen Beitrittsländer diese Voraussetzungen erfüllen und ob es einen Zusammenhang mit der jeweiligen Konvergenzperformance gibt.

Anhang

Tabelle A.1: Pro-Kopf-BIP der MOEL in Prozent des EU-Durchschnitts

	1993	1994	1995	1996	1997	1998	1999	2000	2001	2002
Bul	28	28	27	30	28	28	28	26	25	25
Cz	59	60	60	64	62	60	59	56	59	60
EE	32	31	31	35	38	39	38	40	40	42
Hu	46	47	45	46	47	49	49	46	53	57
LT	25	25	24	25	27	28	29	31	33	35
Lit	-	28	27	33	35	36	34	35	38	39
PL	31	32	31	36	38	38	39	37	40	40
Rum	30	31	31	29	26	25	24	22	24	25
SK	39	40	40	48	49	50	49	46	47	48
Sl	62	64	62	64	66	67	68	64	72	74

Quelle: Eurostat (2000, 2002a, 2003)

Tabelle A.2: Einzelindikatoren des DB-Konvergenzindikators für 2001

	EU-15	Bul	Cz	EE	Hu	LT	Lit	PL	Rum	SK	Sl
DB-Konvergenzindikator*	**100,0**	**59,3**	**72,3**	**71,0**	**73,9**	**64,5**	**65,9**	**64,0**	**57,7**	**64,6**	**72,7**
Realwirtschaft											
GDPCAP	23.269	5.720	13.689	8.624	11.522	7.258	6.689	9.203	6.024	11.274	17.038
UNEMP	7,4	17,5	8,6	12,7	5,7	7,7	12,9	16,1	9,0	18,3	11,6
AGRGDP	2,1	13,2	4,8	5,7	4,3	7,8	7,8	4,8	20,3	3,9	3,2
PRIVSEC	80	64	82	75	80	74	72	75	66	84	65
Wachstumsdynamik											
GROWTH	1,5	4,5	3,6	5,4	3,8	7,6	5,7	1,1	5,3	3,3	3,0
PROD	0,4	7,5	3,5	5,4	3,5	7,6	6,3	3,2	4,7	2,2	2,5
Wirtschaftspolitik und Institutionen											
LEGAL	10,0	7,7	6,9	8,5	8,5	7,7	8,1	8,5	8,1	7,3	8,5
COMP	10,0	5,4	6,0	6,2	7,8	5,4	6,9	6,9	5,4	6,9	6,2
BANK	10,0	5,8	6,9	7,3	8,9	6,5	6,9	7,7	8,1	6,5	6,9
LIB	10,0	10,0	10,0	9,3	10,0	10,0	9,3	10,0	9,3	10,0	10,0
Außenwirtschaft											
CABAL	-0,1	-6,9	-4,9	-6,5	-1,6	-10,0	-5,8	-4,0	-6,3	-8,7	-0,4
FDIGDP	-2,8	3,3	8,6	6,4	2,9	2,6	3,7	4,4	2,8	5,6	1,8
TRADE	63,7	59,5	64,0	67,1	75,5	58,7	43,4	74,0	64,5	59,9	62,1
Geld- und Fiskalpolitik											
INLF	2,2	7,9	4,7	5,8	9,2	2,4	1,3	5,5	34,5	7,3	8,5
BUDGET	-0,6	-0,9	-3,6	0,4	-3,5	-1,8	-1,7	-5,6	-3,7	-4,0	-1,4
DEBT	63,0	73,9	19,4	5,8	53,6	13,8	29,1	42,9	31,2	42,7	25,3

Quelle: DB-Research (2002), S. 23.

Anmerkung: *Die aktualisierten Daten für den Konvergenzindikator 2001 wurden freundlicherweise von Herrn Dr. Roland Beck von der Deutschen Bank Research Abteilung zur Verfügung gestellt.

Tabelle A.3: Entwicklung des DB-Konvergenzindikators der MOEL 1998 - 2003

	1998	1999	2000	2001	2002	2003
Sl	71,8	70,8	73,2	72,7	74,5	75,5
Hu	68,4	67,2	71,2	73,9	71,4	69,0
Cz	62,4	68,6	69,3	72,3	73,2	70,6
EE	65,2	64,2	69,8	71,0	71,1	71,3
PL	63,4	62,1	66,6	64,0	65,1	67,4
SK	61,2	59,5	65,5	64,6	70,3	69,4
LT	52,8	57,1	65,5	64,5	69,4	69,2
Lit	55,2	57,4	62,4	65,9	66,6	66,3
Bul	56,3	55,5	59,6	59,3	62,5	63,1
Rum	47,8	54,7	57,7	57,7	61,3	61,8

Quelle: DB-Research (2002b, 2004, 2004a).

Tabelle A.4: DB-Einzelindikatorwerte für den Bereich Außenwirtschaft 2001-2003

	EU-15	Bul	Cz	EE	Hu	LT	Lit	PL	Rum	SK	Sl
CABAL											
2001	**-0,1**	-6,9	-4,9	-6,5	-1,6	-10,0	-5,8	-4,0	-6,3	-8,7	-0,4
2002	**0,3**	-5,9	-4,9	-7,9	-4,5	-8,2	-5,7	-4,4	-5,2	-7,4	-0,5
2003	**0,2**	-5,7	3,3	-8,3	-3,3	-7,1	-5,6	-4,3	-5,2	-5,7	-1,0
FDIGDP											
2001	**-2,8**	3,3	8,6	6,4	2,9	2,6	3,7	4,4	2,8	5,6	1,8
2002	**-2,8**	4,5	11,8	4,8	1,7	5,4	3,0	2,2	3,3	15,2	2,5
2003	**-2,8**	4,4	5,9	6,6	2,8	5,3	2,6	3,5	2,5	4,9	2,2
TRADE											
2001	**63,7**	59,5	64,0	67,1	75,5	58,7	43,4	74,0	64,5	59,9	62,1
2002	**63,7**	57,1	66,0	70,0	76,5	59,0	45,0	75,0	64,0	61,0	61,5
2003	**63,7**	61,0	68,0	70,0	78,0	60,0	45,0	76,0	67,0	64,0	65,0

Quelle: DB-Research (2002, 2002a). Eigene Darstellung.

Anmerkung: Die Werte für 2002 und 2003 sind Prognosen aufbauen auf den Werten von September 2002.

Tabelle A.5: Handelsvolumina der CEFTA-Staaten mit den EU-15 1990 – 2001 in Millionen Euro

	1990	1991	1992	1993	1994	1995	1996	1997	1998	1999	2000	2001
Bulgarien												
Exporte	587,50	483,40	951,40	950,80	1.259,80	1.559,90	1.525,60	1.888,80	1.904,80	1.941,90	2.683,90	3.126,40
Importe	1.187,10	574,90	1.223,70	1.331,50	1.318,10	1.628,30	1.420,20	1.645,40	2.009,90	2.485,70	3.119,00	4.005,40
Tschechien												
Exporte	2.723,70	3.239,10	4.174,00	6.518,80	7.904,10	9.986,90	10.364,30	11.841,90	14.762,20	17.053,00	21.587,90	25.684,50
Importe	3.114,30	2.845,10	4.720,30	7.017,70	8.709,90	11.831,30	13.850,90	14.845,90	16.055,30	16.946,00	21.637,40	25.152,90
Ungarn												
Exporte	3.158,40	4.834,60	5.149,60	4.433,90	5.760,00	6.248,80	6.563,80	12.036,90	14.940,00	17.905,70	22.939,50	25.315,30
Importe	2.921,10	5.237,40	5.160,90	5.880,30	7.521,30	7.321,90	7.715,30	11.788,20	14.764,00	16.929,00	20.353,70	21.761,40
Polen												
Exporte	5.929,30	7.716,30	6.673,70	8.410,60	10.075,10	12.397,90	12.908,40	14.599,50	17.172,60	18.126,50	24.037,30	27.942,00
Importe	3.826,10	7.386,20	7.709,90	10.389,60	11.880,40	14.540,30	18.969,60	23.911,30	27.268,40	28.015,80	32.494,40	34.511,70
Rumänien												
Exporte	1.537,10	1.270,30	1.183,50	1.726,00	2.494,40	3.274,40	3.603,10	4.204,10	4.783,40	5.213,70	7.162,80	8.619,10
Importe	1.574,70	1.341,10	1.992,50	2.520,90	2.883,30	3.964,00	4.721,00	5.222,40	6.097,10	6.003,90	7.996,10	9.956,90
Slowakei												
Exporte	922,70	1.098,80	1.434,90	1.377,30	1.976,40	2.481,00	2.908,50	3.044,80	5.309,30	5.701,50	7.602,30	8.440,70
Importe	1.424,80	965,70	1.375,00	1.514,70	1.867,30	2.357,60	3.309,70	3.597,40	5.833,10	5.493,10	6.775,30	8.205,90
Slowenien												
Exporte	2.099,60	2.139,10	3.138,50	3.291,60	3.777,70	4.306,40	4.286,50	4.704,80	5.270,70	5.304,10	6.060,00	6.433,90
Importe	2.546,50	2.233,60	2.862,50	3.664,70	4.258,30	5.040,90	5.087,60	5.588,30	6.242,20	6.529,80	7.451,00	7.672,00

WiiW (2002), S. 320ff.

Teil B:

Konvergenz oder Divergenz? - Antworten der Wachstumstheorie

Kapitel 3: Konvergenzmechanismen in der neoklassischen Wachstumstheorie

3.1. Abnehmende Grenzerträge – der Konvergenzgarant in der neoklassischen Wachstumstheorie

3.1.1. Das Solow-Modell ohne technischen Fortschritt

Wird vom neoklassischen Wachstumsmodell gesprochen, so bezieht man sich im Allgemeinen auf die Arbeit von Robert Solow aus dem Jahr 1956.[1] Sein Ziel war es nachzuweisen, dass im Gegensatz zu den Arbeiten von Harrod und Domar im Rahmen der postkeynesianischen Wachstumstheorie gleichgewichtiges Wachstum nicht nur möglich, sondern insbesondere auch stabil ist.[2] Durch Faktorvariation stellt sich mit Hilfe eines modellendogenen Prozesses die gleichgewichtige, stabile Wachstumsrate des Systems im sogenannten steady state ein. Es handelt sich um eine 1-Gut-Ökonomie, in der die Nettoinvestition und damit die Veränderung des Kapitalstocks der konstanten, exogen vorgegebenen Ersparnis entspricht. Zweiter Produktionsfaktor neben Kapital (K) ist Arbeit (L), wobei das Arbeitsangebot mit der Anzahl der Bevölkerung gleichgesetzt wird. Aufgrund der Annahme andauernder Vollbeschäftigung entspricht die Veränderung des Arbeitsangebots somit dem exogen vorgegebenen Bevölkerungswachstum (n). Da an dieser Stelle noch kein technischer Fortschritt in das Modell integriert wird, ergibt sich der Output (Y) aus der Kombination von Kapital und Arbeit entsprechend der zugrundegelegten neoklassischen Produktionsfunktion:

$$(1) \qquad Y = F(K,L).$$

Man spricht von einer neoklassischen Produktionsfunktion, wenn die sogenannten Inada- Bedingungen erfüllt sind.[3]

[1] Aufgrund des im selben Jahr veröffentlichten Beitrags zu Wirtschaftswachstum und Kapitalakkumulation von Trevar Swan wird das Modell auch als Solow-Swan-Modell bezeichnet. Vgl. zum Folgenden Solow (1956) und Swan (1956). Vgl. zur neoklassischen Wachstumstheorie auch Meade (1962).

[2] Vgl. z.B. Rose (1995).

[3] Vgl. Inada (1963) sowie Barro/Sala-i-Martin (1995), S. 16.

Die wohl für das Ergebnis des Modells entscheidendste Bedingung ist die Eigenschaft positiver, aber abnehmender Grenzerträge der Produktionsfaktoren:

$$\text{(2a)} \qquad \frac{\delta F}{\delta K} > 0, \quad \frac{\delta^2 F}{\delta K^2} < 0 \qquad \frac{\delta F}{\delta L} > 0, \quad \frac{\delta^2 F}{\delta L^2} < 0.$$

Jede zusätzlich investierte Einheit Kapital leistet somit zwar einen positiven, jedoch bei fortschreitender Kapitalakkumulation immer geringer werdenden Beitrag zur Produktion des Outputs.

Die zweite neoklassische Eigenschaft der Produktionsfunktion sind konstante Skalenerträge. Man nennt die Produktionsfunktion dann auch linear-homogen vom Grade eins, d.h., der λ-fache Einsatz von Kapital und Arbeit in der Produktion führt ebenfalls zu einer λ^1-fachen Erhöhung des Outputs:

(2b) $F(\lambda K, \lambda L) = \lambda \cdot F(K, L)$, für alle $\lambda > 0$.

Die dritte und letzte Inada-Bedingung beschreibt das Verhalten der partiellen Grenz-produkte der Produktionsfaktoren. Sie besagt, dass der Grenzwert der partiellen Grenz-produkte des Kapitals (F_K) bzw. der Arbeit (F_L) gegen Unendlich geht, wenn Kapital bzw. Arbeit zu Null tendieren und, dass er Null wird, wenn die jeweiligen Produktionsfaktoren gegen Unendlich gehen:

$$\text{(2c)} \qquad \lim_{K \to 0}(F_K) = \lim_{L \to 0}(F_L) = \infty \qquad \lim_{K \to \infty}(F_K) = \lim_{L \to \infty}(F_L) = 0.$$

Eine Produktionsfunktion, die alle diese Bedingungen erfüllt ist die Cobb-Douglas-Produktionsfunktion:

(3) $Y = AK^{\alpha} L^{\beta}$.

Der Niveauparameter A wird zunächst gleich Eins gesetzt, da noch keine Einbeziehung des technischen Fortschritts in das Modell stattfindet. Aufgrund der Annahme einer linear homo-genen Produktionsfunktion vom Grade eins im neoklassischen Modell gilt $\alpha+\beta=1$ bzw. $\beta=1-\alpha$ und damit:

(3a) $Y = K^{\alpha} L^{1-\alpha}$, mit $0 < \alpha < 1$.

Für das weitere Vorgehen soll die Pro-Kopf-Produktionsfunktion betrachtet werden. Diese erhält man durch Division von Gleichung (3a) mit dem Produktionsfaktor Arbeit. Die Pro-duktionsfunktion in ihrer intensiven Form sieht wie folgt aus:

(3b) $y = f(k) = k^{\alpha}$.

Der Pro-Kopf-Output y ist dabei eine Funktion der Kapitalintensität k.[4]

Neben der Eigenschaft konstanter Skalenerträge erfüllt die Cobb-Douglas-Funktion auch die zwei weiteren Inada-Bedingungen und kann somit als neoklassische Produktionsfunktion zur Darstellung des Solow-Modells verwendet werden.[5]

Dem neoklassischen Wachstumsmodell liegt die Vorstellung zugrunde, dass eine Volkswirtschaft mit exogen gegebener Kapitalausstattung durch Kapitalakkumulation einen Wachstumsprozess startet. Das Wachstumsgleichgewicht ist dann erreicht, wenn der Output mit konstanter Rate wächst. Die Wachstumsrate des Outputs (w_Y) ergibt sich durch Differenzieren und Erweitern aus Gleichung (3a) wie folgt:

$$(4) \qquad w_Y = \alpha \cdot w_K + (1-\alpha) \cdot w_L .$$ [6]

Da die Wachstumsrate der Arbeit (w_L) dem exogen vorgegebenen, konstanten Bevölkerungswachstum (n) entspricht, wächst der Output nur dann mit einer konstanten Rate, wenn auch die verbleibenden Größen von Gleichung (4) konstant sind. Dieweil die partiellen Produktionselastizitäten α bzw. $(1-\alpha)$ bei einer Cobb-Douglas-Produktionsfunktion konstant sind, verbleibt als letzte Bedingung für ein steady state die Konstanz der Wachstumsrate des Kapitals (w_K).[7]

Wie schon von Harrod und Domar bekannt ist, kann die Wachstumsrate des Kapitals als Quotient von Sparquote (s) und Kapitalkoeffizient (K/Y) dargestellt werden.[8] Dies ergibt sich auch aus der Definition von w_K, die schon zur Herleitung von Gleichung (4) verwendet wurde, und der zugrundegelegten Identität von Investition (I) und Ersparnis (sY):

$$(5) \qquad w_K = \frac{dK}{dt}\frac{1}{K} = \frac{I}{K} = s\frac{Y}{K}.$$

Die Konstanz der Wachstumsrate des Kapitals ist folglich nur dann gewährleistet, wenn bei gegebener Sparquote die Wachstumsraten von Output und

---

[4] $y = \frac{Y}{L} = \frac{K^{\alpha}L^{1-\alpha}}{L} = K^{\alpha}L^{1-\alpha-1} = (\frac{K}{L})^{\alpha} = k^{\alpha}.$

[5] Aus Vereinfachungsgründen erfolgt der Beweis anhand der intensiven Form:
$y = k^{\alpha}; f'(y) = \alpha k^{\alpha-1} > 0; f''(y) = -\alpha(1-\alpha)k^{\alpha-2} < 0; \lim_{k\to 0}(f'(k)) = \infty; \lim_{k\to\infty}(f'(k)) = 0$

[6] Gleichung (4) ergibt sich durch das totale Differenzial der Gleichung (3a):
$\frac{dY}{dt} = \alpha K^{\alpha-1}L^{1-\alpha}\frac{dK}{dt} + K^{\alpha}(1-\alpha)L^{-\alpha}\frac{dL}{dt}.$
Durch Erweitern mit (1/Y) ergibt sich die Wachstumsrate des Outputs:
$w_Y = \frac{dY}{dt}\frac{1}{Y} = \alpha\frac{K^{\alpha-1}L^{1-\alpha}}{K^{\alpha}L^{1-\alpha}}\frac{dK}{dt} + (1-\alpha)\frac{K^{\alpha}L^{-\alpha}}{K^{\alpha}L^{1-\alpha}}\frac{dL}{dt} = \alpha\frac{1}{K}\frac{dK}{dt} + (1-\alpha)\frac{1}{L}\frac{dL}{dt} = \alpha \cdot w_K + (1-\alpha)\cdot w_L.$

[7] Zur Herleitung der partiellen Produktionselastizitäten und zum Folgenden vgl. Rose (1995), S. 72ff.

[8] Vgl. z.B. Rose (1995), S. 29 und 50.

Kapitalstock übereinstimmen. Bei konstanten Skalenerträgen und damit einer linear-homogenen Produktionsfunktion vom Grade Eins bedeutet dies zugleich, dass nicht nur Output und Kapital, sondern zusätzlich auch der Produktionsfaktor Arbeit mit der gleichen Rate wachsen müssen. Im Gleichgewicht verändern sich somit alle Größen mit der exogen vorgegebenen Rate des Bevölkerungswachstums.

Betrachtet man zur Darstellung des systemimmanenten Anpassungsprozesses an das steady state die Veränderung des Kapitalstocks in der Zeit, so ergibt sich dieser aus der Differenz der Kapitalakkumulation entsprechend der exogen vorgegebenen Ersparnis und der Abschreibung in Höhe der Abschreibungsrate δ[9]:

$$(6) \qquad \frac{dK}{dt} = \dot{K} = sY - \delta K .$$

Man erhält die intensive Form dieser Gleichung erneut durch Division mit dem Produktionsfaktor Arbeit:

$$(7) \qquad \frac{\dot{K}}{L} = s \cdot f(k) - \delta \cdot k .$$

Um auch auf der linken Seite der Gleichung (7) eine Pro-Kopf-Größe zu erhalten, soll nun die Veränderung der Kapitalintensität durch Ableitung des Kapital-Arbeitsverhältnisses nach der Zeit betrachtet werden:

$$(8) \qquad \dot{k} \equiv \frac{d(\frac{K}{L})}{dt} = \frac{\dot{K}}{L} - n \cdot k, \text{ mit } n = \frac{\dot{L}}{L}.$$ [10]

Durch Einsetzen von Gleichung (7) in Gleichung (8) ergibt sich in Gleichung (9) die Veränderung der Kapitalintensität in der Zeit als Differenz zwischen der Kapitalakkumulation pro Kopf und der „effektiven Abschreibung der Kapitalintensität“[11]:

$$(9) \qquad \dot{k} = s \cdot f(k) - (n + \delta) \cdot k .$$

Bei einer Sparquote von Null würde sich das Kapital-Arbeits-Verhältnis sowohl durch die Abnutzung des Kapitalstocks mit der Rate δ als auch durch die Zunahme des Arbeitsangebots mit der exogenen Rate des Bevölkerungswachstums n reduzieren.

Aufgrund der Übereinstimmung der Wachstumsraten von Output, Kapital und Arbeit im steady state muss als weitere Gleichgewichtsbedingung die Veränderungsrate der Kapitalintensität, welche sich aus der Differenz der Wachstums-

[9] Vgl. zum Folgenden Barro/Sala-i-Martin (1995), S. 15ff.

[10] $$\frac{dk}{dt} = \frac{1}{L}\frac{dK}{dt} - \frac{K}{L^2}\frac{dL}{dt} = \frac{\dot{K}}{L} - \frac{\dot{L}}{L}\frac{K}{L} = \frac{\dot{K}}{L} - nk$$

[11] Vgl. Barro/Sala-i-Martin (1995), S. 18.

raten von Kapital und Arbeit ergibt, gleich Null sein. Damit also der Kapitalstock pro Kopf konstant bleibt, muss genug gespart und investiert werden, um erstens Ersatzinvestitionen für das abgenutzte Kapital zu leisten und zweitens, um der konstant wachsenden Arbeitsbevölkerung Rechnung zu tragen. Die gleichgewichtige Kapitalintensität k^* ergibt sich somit aus der Gleichsetzung von Ersparnis und effektiver Abschreibung:

$$(9a) \qquad s \cdot f(k^*) = (n + \delta) \cdot k^* .$$

Abbildung 3.1 veranschaulicht Gleichung (9a) und verdeutlicht den Anpassungsmechanismus des Systems an das steady state durch stabilitätsgarantierende Faktorvariation.

Abbildung 3.1: Das neoklassische Wachstumsmodell

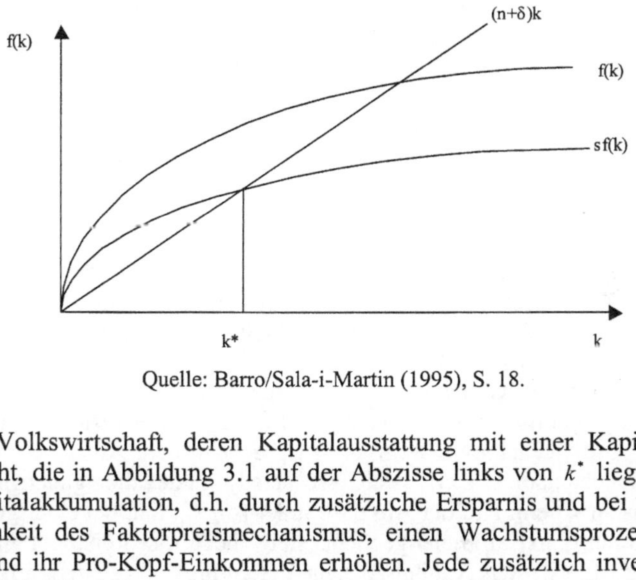

Quelle: Barro/Sala-i-Martin (1995), S. 18.

Eine Volkswirtschaft, deren Kapitalausstattung mit einer Kapitalintensität einhergeht, die in Abbildung 3.1 auf der Abszisse links von k^* liegt, kann mittels Kapitalakkumulation, d.h. durch zusätzliche Ersparnis und bei unterstellter Wirksamkeit des Faktorpreismechanismus, einen Wachstumsprozess in Gang setzen und ihr Pro-Kopf-Einkommen erhöhen. Jede zusätzlich investierte Einheit Kapital führt jedoch aufgrund der Annahme abnehmender Grenzerträge der Produktionsfaktoren lediglich zu einem unterproportionalen Anstieg der Produktion, was wiederum zu einem unterproportionalen Anstieg der Ersparnis und damit zu einer Abschwächung des Wachstumsimpulses führt. Dieser Prozess endet, wenn die tatsächliche Ersparnis der aufgrund von Abnutzung und Bevölkerungswachstum notwendigen Investition entspricht, d.h. im Schnittpunkt der sf(k)-Kurve mit der (n+δ)k-Geraden. Durch sofortige Reaktion des Lohn-Zins-Verhältnisses auf veränderte Faktorausstattungen und entsprechende Faktorsubstitution in der Outputproduktion ist die Erreichung der gleichgewichtigen Kapitalintensität k^* garantiert, das steady state folglich stabil.[12]

Während im Anpassungsprozess die folgende Ungleichung gilt: $w_K > w_Y > w_L$, wachsen im Gleichgewicht alle Größen wieder mit der natürlichen Rate des Bevölkerungswachstums; das Wachstum des Pro-Kopf-Einkommens ist somit gleich Null. Die gleichgewichtige Wachstumsrate ist ausschließlich durch exogene Größen determiniert. Eine Erhöhung des Bevölkerungswachstums oder der Sparquote sorgt nur kurzfristig für ein Ungleichgewicht der Wachstumsraten. Langfristig ergibt sich „lediglich" eine Erhöhung des Pro-Kopf-Einkommensniveaus, dauerhaftes Wachstum von y dagegen ist nicht möglich.

Trotzdem ist im neoklassischen Wachstumsmodell vor allem im Zusammenhang mit der Konvergenzanalyse gerade die Entwicklung des Pro-Kopf-Einkommens auf dem Weg zum steady state von besonderem Interesse.

Analog zu Gleichung (4) ergibt sich die Wachstumsrate des Pro-Kopf-Einkommens (w_y) als Produkt aus der partiellen Produktionselastizität des Kapitals und der Wachstumsrate der Kapitalintensität.[13] Mit Hilfe der Cobb-Douglas-Produktionsfunktion aus Gleichung (3b) heißt das:

$$(10) \qquad w_y = \alpha \cdot w_k .$$

Die Entwicklung der Wachstumsrate von k lässt sich nochmals anschaulich mit Hilfe von Gleichung (9) und Abbildung 3.2 darstellen.

$$(11) \qquad w_k = \frac{\dot{k}}{k} = \frac{s \cdot f(k)}{k} - (n + \delta)$$

Gleichung (11) ergibt sich durch Division von Gleichung (9) mit der Kapitalintensität. Die Wachstumsrate von k setzt sich folglich aus zwei Termen zusammen, die in Abbildung 3.2 grafisch dargestellt sind. Die in Klammern dargestellten Beschriftungen sind dabei noch nicht zu beachten.

Der erste Term von Gleichung (11) ist eine Kurve mit negativer Steigung, welche sich asymptotisch den Achsen annähert. Der zweite Term ist eine Gerade in Höhe des Ordinatenabschnittes n+δ. Entsprechend dem zuvor beschriebenen Anpassungsmechanismus stellt sich im steady state die gleichgewichtige Kapitalintensität k^* ein. Auf der Abszisse links von k^*, d.h. bei einer geringeren Kapitalausstattung als im Gleichgewicht, steigt bei fortschreitender Investition und Faktorsubstitution das Kapital-Arbeits-Verhältnis und es sinkt aufgrund der abnehmenden Grenzerträge des Kapitals die Wachstumsrate von k.[14]

---

[12]Bei einer Kapitalintensität oberhalb von k^* wird das steady state durch einer Verringerung der Ersparnis, Abnahme des Lohn-Zins-Verhältnisses und damit sinkende Kapitalintensität erreicht. Vgl. Rose (1995), S. 83ff.

[13]Vgl. Fuβnote 5. Gleichung (10) ergibt sich durch Bildung des totalen Differenzials von Gleichung (3c) und Erweitern mit 1/y. Vgl. auch Tondl (2001), S. 39.

[14]Analoges gilt für eine Kapitalausstattung, welche die Gleichgewichtskapitalintensität übersteigt.

Abbildung 3.2: Die Wachstumsrate der Kapitalintensität

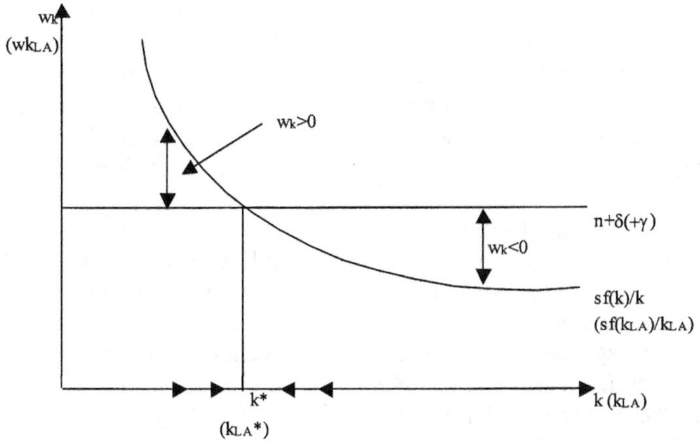

Quelle: Barro/Sala-i-Martin (1995), S. 23.

Ruft man sich Gleichung (10) ins Gedächtnis zurück, so bedeutet dieses Sinken von w_k bei konstantem α ebenfalls ein Sinken der Wachstumsrate des Pro-Kopf-Einkommens im Anpassungsprozess an das Gleichgewicht. Eine Volkswirtschaft, die sich durch fortschreitende Kapitalakkumulation ihrem steady state nähert, ist folglich durch eine sinkende Wachstumsrate des Pro-Kopf-Einkommens gekennzeichnet. Das bedeutet im Umkehrschluss bei der Betrachtung von zwei Volkswirtschaften mit identischem steady state, dass diejenige eine höhere Wachstumsrate des Pro-Kopf-Einkommens aufweist, die eine geringere Kapitalausstattung zur Verfügung hat. Der ärmeren Volkswirtschaft ist es somit grundsätzlich möglich durch höhere Wachstumsraten an das Pro-Kopf-Einkommensniveau der reicheren Volkswirtschaft aufzuschließen, d.h. die Möglichkeit der Konvergenz ist gegeben.[15]

3.1.2. Einbeziehung des technischen Fortschritts

Der oben beschriebene Aufholprozess ärmerer Volkswirtschaften ist insbesondere deshalb möglich, da im neoklassischen Grundmodell ohne technischen Fortschritt das steady state durch Null-Wachstum aller Pro-Kopf-Größen gekennzeichnet ist. Dies widerspricht nun allerdings der empirischen Erfahrung der industrialisierten Welt, in der grundsätzlich eine ständige Erhöhung der Pro-Kopf-Produktion stattfand und stattfindet. Um diesem klaren Gegensatz mit der Realität zu entgehen, wurde das neoklassische Grundmodell um die Möglichkeit

[15] Dies gilt allerdings nur unter der restriktiven Bedingung, dass beide Volkswirtschaften auch tatsächlich zum selben steady state tendieren. Doch dazu später mehr.

des technischen Fortschritts erweitert. Durch permanente Neuerungen und damit einer stetigen Verschiebung der Produktionsfunktion nach oben kommt es trotz abnehmender Grenzerträge der Produktionsfaktoren zu langfristigem Pro-Kopf-Wachstum. Robert M. Solow untersuchte 1957 eben diese Verschiebung der aggregierten Produktionsfunktion am Beispiel der USA im Zeitraum von 1909 – 1949. Wie wichtig die Erweiterung des neoklassischen Wachstumsmodells um den technischen Fortschritt war, wurde deutlich, als er zu dem Ergebnis kam, dass lediglich 1/8 der im untersuchten Zeitraum festgestellten Verdoppelung des Pro-Kopf-Outputs auf den verstärkten Einsatz von Kapital zurückzuführen war und dagegen 7/8 dem technischen Fortschritt zuzuschreiben waren.[16]

Der technische Fortschritt wird als arbeitsvermehrend dargestellt, d.h., die Auswirkungen einer Neuerung können mit einer Mehrbeschäftigung von virtuellen Arbeitskräften gleichgesetzt werden, die nicht entlohnt werden.[17] Dieser Vorstellung liegt das Konzept des neutralen technischen Fortschritts von Harrod zugrunde. Im Gegensatz zu den Neutralitätskonzepten von Hicks und Solow erlaubt es die Konstanz aller Wachstumsraten im steady state und ist damit mit dem neoklassischen Grundmodell vereinbar.[18]

Die Produktionsfunktion aus Gleichung (1) wird somit bei Zugrundelegung von Harrod neutralem technischem Fortschritt wie folgt geschrieben:

$$(12) \qquad Y = F[K, L \cdot A(t)], \text{ mit } A(t) \geq 0.$$[19]

A(t) steht für den technischen Fortschritt, der sich lediglich auf den Produktionsfaktor Arbeit auswirkt und die Effizienz des Kapitals konstant lässt. Aufgrund der einseitigen Beeinflussung des Produktionsfaktors Arbeit durch den technischen Fortschritt wird das Produkt aus A(t) und L auch als „in Effizienzeinheiten gemessener Arbeitseinsatz“[20], ab sofort abgekürzt mit LA, interpretiert. Die Wachstumsrate des technischen Fortschritts sei von nun an γ.

In der Schreibweise der Cobb-Douglas-Produktionsfunktion lautet Gleichung (3a) mit den Produktionsfaktoren Kapital und effizienter Arbeit wie folgt:

$$(13) \qquad Y = K^{\alpha}(LA)^{1-\alpha}, \text{ mit } 0 < \alpha < 1.$$

Analog zum Vorgehen im Grundmodell ohne technischen Fortschritt ergibt sich auch hier die Wachstumsrate des Outputs durch Bildung des totalen Differenzials aus Gleichung (13) und anschließendes Erweitern mit dem Faktor (1/Y):

---

[16] Vgl. Solow (1957), S. 316.

[17] Man könnte dabei an die Heinzelmännchen denken.

[18] Zur Darstellung der Neutralitätskonzepte vgl. Rose (1995). Für den Beweis, dass der technische Fortschritt im neoklassischen Wachstumsmodell arbeitsvermehrend sein muss, vgl. Barro/Sala-i-Martin (1995), S. 54.

[19] Aus Vereinfachungsgründen wird im Folgenden auf den Zeitindikator t verzichtet.

[20] Rose (1995), S. 169.

(14) $$w_Y = \alpha \cdot w_K + (1-\alpha) \cdot w_L + (1-\alpha) \cdot \gamma .$$

Nimmt man als Gleichgewichtsbedingung die Übereinstimmung der Wachstumsraten von Output und Kapital, so ergibt sich nach Substitution von w_K durch w_Y in Gleichung (14) die Wachstumsrate des Systems als Summe aus der Wachstumsrate der Arbeit und der Wachstumsrate des technischen Fortschritts:

(15) $$w_Y = w_L + \gamma \text{, mit } w_Y = w_K .$$

Das Pro-Kopf-Einkommen wächst folglich ebenso wie alle Pro-Kopf-Größen im steady state mit der Rate des Harrod neutralen technischen Fortschritts, das Problem des Null-Wachstums im Gleichgewicht ist überwunden:

(15a) $$w_y = \gamma .$$

Variable Größe im Anpassungsprozess an das steady state ist jetzt nicht mehr die Kapitalintensität wie im Grundmodell ohne technischen Fortschritt, sondern das Verhältnis von Kapital zu effektiver Arbeit k_{LA}. Im Gleichgewicht stimmen die Wachstumsraten des Outputs, des Kapitals und der effektiven Arbeit überein, mit der Folge, dass die effektive Kapitalintensität gleich Null sein muss.

Analog zu Gleichung (9a) ergibt sich die gleichgewichtige effektive Kapitalintensität nun aus Gleichung (16):

(16) $$s \cdot f(k_{LA}^*) = (\gamma + n + \delta) \cdot k_{LA}^* .$$

Die tatsächliche Ersparnis muss im Gleichgewicht neben den Ersatzinvestitionen nicht nur die Ausrüstung der mit der Rate n wachsenden Bevölkerung mit einer konstanten Kapitalausstattung, sondern auch die der „virtuellen" Arbeiter gewährleisten.[21] Die Anpassung an das steady state verläuft entsprechend der Darstellung in Abbildung 3.2, nur, dass nun auf der Abszisse die in Klammern abgetragene effektive Kapitalintensität k_{LA}^* und auf der Ordinate ihre Wachstumsrate stehen. Die effektive Abschreibung, dargestellt als horizontale Gerade, wurde, wie erläutert, um die Wachstumsrate des technischen Fortschritts erweitert.

Nach wie vor gilt, dass Volkswirtschaften, die eine geringere Kapitalausstattung aufweisen als in ihrem angestrebten steady state, auf ihrem Weg zum Gleichgewicht durch eine sinkende Wachstumsrate der (effektiven) Kapitalintensität gekennzeichnet sind. Dividiert man den Output durch die in Effizienzeinheiten gemessene Arbeit LA, so erhält man das effektive Pro-Kopf-Einkommen (Y/LA). Dieses wird analog zum Modell ohne technischen Fortschritt aufgrund der Abhängigkeit von der sinkenden Wachstumsrate der effektiven Kapitalintensität im steady state den Wert Null annehmen. Der entscheidende Unterschied ist jedoch, dass das tatsächliche Pro-Kopf-Einkommen, d.h. der Quotient

[21] Vgl. Barro/Sala-i-Martin (1995), S. 34f.

aus Output Y und Arbeit L, bei Existenz des technischen Fortschritts langfristig mit dessen Wachstumsrate wächst.

Da unterstellt wird, dass das mit A(t) repräsentierte Niveau der Technologie exogen gegeben und allen Volkswirtschaften zugänglich ist, gilt als Schlussfolgerung des neoklassischen Wachstumsmodells mit technischem Fortschritt, dass im steady state sämtliche Pro-Kopf-Einkommen mit der Rate dieses technischen Fortschritts wachsen. Weltweit müsste sich folglich langfristig eine Konvergenz der Wachstumsraten abzeichnen. Nur unter der sehr restriktiven Bedingung, dass zwei Volkswirtschaften neben der Technologie auch in ihrem Sparverhalten, ihrem Bevölkerungswachstum, ihrer Abschreibungsrate etc. übereinstimmen, ist neben der Konvergenz der Wachstumsraten auch eine Konvergenz der Pro-Kopf-Einkommen möglich. Unterscheiden sich zwei Volkswirtschaften somit lediglich in ihrer ursprünglichen Kapitalausstattung und als Folge dessen in ihrem gegenwärtigen Pro-Kopf-Einkommen, so folgt aus dem neoklassischen Wachstumsmodell, dass die ärmere Volkswirtschaft schneller wächst als die reichere.[22]

3.2. Die neoklassische Konvergenzhypothese

3.2.1. Konvergenzdefinitionen

Die Konvergenzhypothese der neoklassischen Wachstumstheorie wird entsprechend der bisherigen Überlegungen in der Literatur meistens mit dem Satz zusammengefasst, *„that initially poor countries will grow faster than initially rich ones"*.[23] Dieses Phänomen, dass also die Wachstumsrate des Pro-Kopf-Einkommens negativ vom ursprünglichen Pro-Kopf-Einkommen bzw. –Output einer Volkswirtschaft abhängig ist, wird dabei als β-Konvergenz bezeichnet. Diese Definition bezieht sich jedoch lediglich auf die Wachstumsraten des Pro-Kopf-Einkommens und erlaubt noch keine Aussage über Konvergenz im Sinne der Angleichung der Einkommensniveaus. Die Reduktion der Einkommensdisparitäten zwischen verschiedenen Volkswirtschaften wird dagegen innerhalb des Konzepts der σ-Konvergenz diskutiert. Die Untersuchungen in Kapitel 2 zur relativen Einkommensposition der mittel- und osteuropäischen Länder im Vergleich zur Europäischen Union müssen folglich dem Konzept der σ-Konvergenz zugeordnet werden, da es dort um die Frage nach der Angleichung der Pro-Kopf-Einkommensniveaus ging. Implizit wurden jedoch auch Andeutungen zum Konzept der β-Konvergenz gemacht, indem auf die Notwendigkeit hingewiesen wurde, dass ein Konvergenzprozess von Seiten der MOEL nur durch höhere Wachstumsraten als in der EU in Gang gesetzt werden kann. β-Konvergenz wird aus diesem Grund auch als notwendige Bedingung für σ-Konvergenz bezeich-

---

[22] Vgl. z.B. Barro/Sala-i-Martin (1992), S. 224.
[23] Sala-i-Martin (1996), S. 1026.

net.[24] Warum sie nicht gleichzeitig eine hinreichende Bedingung ist, veranschaulicht Abbildung 3.3.

Abbildung 3.3: Die Beziehung zwischen β- und σ-Konvergenz

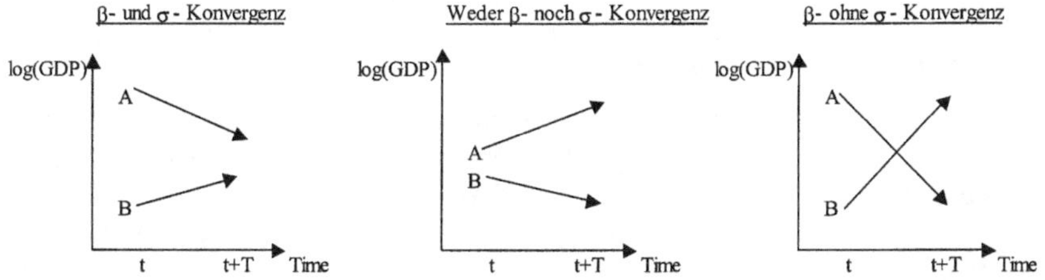

Quelle: Sala-i-Martin (1996), S. 1021.

In dieser Abbildung wird die Entwicklung des Logarithmus des Pro-Kopf-GDP (log (GDP)) von zwei Volkswirtschaften A und B über die Zeit betrachtet. Die β-Konvergenz wird anhand der Steigung der jeweiligen Pfeile gemessen. Im Sinne der neoklassischen Wachstumstheorie liegt β-Konvergenz dann vor, wenn die ärmere Volkswirtschaft – in Abbildung 3.3 also jeweils die Volkswirtschaft B – eine höhere Wachstumsrate aufweist als die reichere. Im ersten der drei Schaubilder ist diese Konstellation gegeben, mit der Folge, dass sich im Zeitpunkt t+T die Einkommensniveaus angenähert haben, somit neben β-Konvergenz auch σ-Konvergenz eingetreten ist. Im zweiten Schaubild wächst die reiche Volkswirtschaft A schneller als die in diesem Fall sogar schrumpfende Volkswirtschaft B. Mangelnde β-Konvergenz führt somit zu σ-Divergenz, einem Anstieg der Einkommensdisparität. Dass die beiden Konzepte nicht identisch sind, wird im dritten Schaubild deutlich. Obwohl die ärmere Volkswirtschaft B eindeutig schneller wächst als die reichere Volkswirtschaft A hat sich die Einkommensdisparität zum Zeitpunkt t+T im Vergleich zum Ausgangszeitpunkt t nicht verändert. Trotz β-Konvergenz ist keinerlei σ-Konvergenz zu erkennen. Die Volkswirtschaften haben lediglich die Plätze in der relativen Einkommensposition getauscht. Dieses Ergebnis ist sehr stark von der Auswahl der Zeitpunkte abhängig. Ziel war es jedoch, theoretisch die unterschiedliche Bedeutung der beiden Konvergenzkonzepte darzustellen. β-Konvergenz besagt also, dass ein Land mit niedrigerem Pro-Kopf-Einkommen aufgrund höherer Wachstumsraten grundsätzlich das Niveau eines Landes mit höherem Pro-Kopf-Einkommen erreichen wird. σ-Konvergenz dagegen bedeutet, dass im langfristigen steady state sowohl das Niveau als auch die Wachstumsraten der Pro-Kopf-Einkommen

[24] Vgl. dazu und zum Folgenden Sala-i-Martin (1996), S. 1020ff.

in beiden Ländern übereinstimmen werden.[25] Xavier Sala-i-Martin fasst die verschiedenen Ideen, welche hinter den beiden Konzepten stecken, wie folgt zusammen:

> „***σ-convergence*** *relates to whether or not the cross-country distribution of world income shrinks over time.* ***β-convergence****, on the other hand, relates to the mobility of different individual economies within the given distribution of world income."*[26]

Ein weiteres Kriterium bei der Untersuchung von Konvergenz ist die Differenzierung in absolute und bedingte Konvergenz. Unterscheidungsmerkmal ist das jeweilige steady state, dem sich verschiedene Volkswirtschaften während des neoklassischen Anpassungsprozesses annähern. Stimmen annahmegemäß Präferenzen und Produktionsfunktion international überein, d.h. nähern sich alle Volkswirtschaften einem einheitlichen steady state, so spricht man von absoluter Konvergenz. Ärmere Volkswirtschaften, die weiter vom für alle geltenden Gleichgewicht entfernt sind als reichere Volkswirtschaften, weisen folglich höhere Wachstumsraten auf, womit die Bedingung für absolute β-Konvergenz erfüllt ist. Da aufgrund allgemeiner Technologiediffusion ein Overshooting, wie es im dritten Schaubild von Abbildung 3.3 dargestellt ist, im neoklassischen Wachstumsmodell nicht vorgesehen ist, führt in diesem theoretischen Fall absolute β-Konvergenz auch zu einer Reduktion der Einkommensdisparitäten und damit zu σ-Konvergenz.[27]

Weichen die Volkswirtschaften jedoch in ihrer Sparneigung, ihrem Bevölkerungswachstum oder anderen Merkmalen voneinander ab, d.h. führt der neoklassische Anpassungsprozess jede Volkswirtschaft zu unterschiedlichen steady states, so muss die Konvergenzhypothese umgeschrieben werden. Das neoklassische Wachstumsmodell sagt in diesem Fall lediglich voraus, dass die Wachstumsrate des Pro-Kopf-Einkommens positiv von der Entfernung der jeweiligen Volkswirtschaft von ihrem eigenen steady state abhängig ist. Dieses Ergebnis wird als bedingte Konvergenz bezeichnet. Es ist somit möglich und mit dem Konzept der bedingten Konvergenz im Einklang, dass eine reiche Volkswirtschaft höhere Wachstumsraten des Pro-Kopf-Einkommens aufweist als eine arme Volkswirtschaft, wenn erstere von ihrem individuellen Gleichgewicht relativ weiter entfernt ist als letztere.[28]

Diese Sicht der neoklassischen Konvergenzhypothese führte zu der Untersuchung von sogenannten Konvergenz-Clubs, d.h. von Ländergruppen, die aufgrund ähnlicher Angebots- und Nachfragebedingungen zu vergleichbaren steady states tendieren. Innerhalb dieser Konvergenz-Clubs führt β-Konvergenz, d.h. das schnellere Wachsen ärmerer Volkswirtschaften, zu einem Sinken der Ein-

[25] Vgl. Erber/Hagemann/Seiter (1998), S. 48.
[26] Sala-i-Martin (1996), S. 1022. Eigene Hervorhebungen.
[27] Vgl. Sala-i-Martin (1996), S. 1025ff.
[28] Vgl. Tondl (2001), S. 42.

kommensdisparität. Die weltweite Einkommensverteilung scheint dagegen durch eine divergente Entwicklung gekennzeichnet zu sein, wobei die σ-Divergenz zwischen den Ländergruppen mit bedingter β-Konvergenz innerhalb der einzelnen Konvergenz-Clubs einhergeht.[29] Bei der weiteren Konvergenzuntersuchung der MOEL in Relation zur EU muss somit auch die Frage beantwortet werden, ob es sich im erweiterten Europa um einen Konvergenz-Club handelt, d.h. ob die Länder zu vergleichbaren steady states tendieren.

3.2.2. Der Konvergenzkoeffizient von Barro und Sala-i-Martin

3.2.2.1. Theoretische Herleitung

Robert Barro und Xavier Sala-i-Martin gaben zu Beginn der 90er Jahre mit zwei Aufsätzen den Auftakt zur empirischen Konvergenzanalyse. In „*Convergence across States and Regions*" (1991) und „*Convergence*" (1992) untersuchen sie ausgehend vom neoklassischen Wachstumsmodell sowohl die Konvergenzentwicklung innerhalb der 48 US-Staaten als auch die Konvergenzperformance einiger OECD Länder und ausgewählter europäischer Regionen.[30] Ausgangspunkt ihrer Analyse ist die fundamentale Bewegungsgleichung des Solow-Modells zur Bestimmung der gleichgewichtigen Kapitalintensität. Durch Schätzung dieser Gleichung mit Hilfe einer Log-Linearisierung liefern sie einen Koeffizienten zur quantitativen Darstellung der Konvergenzgeschwindigkeit.

Ausgehend von Gleichung (16) ergibt sich die Wachstumsrate der Kapitalintensität im Fall mit technischem Fortschritt bei Betrachtung einer Cobb-Douglas-Funktion wie folgt:

$$(17) \qquad w_{k_{LA}} = sk_{LA}^{-(1-\alpha)} - (\gamma + n + \delta).$$

Das Ergebnis einer Log-Linearisierung von Gleichung (17) durch eine Taylor-Approximation 1. Grades ist ein mathematischer Zusammenhang zwischen der Wachstumsrate der Kapitalintensität und der Lücke zwischen der momentanen und der gleichgewichtigen Kapitalausstattung ausgedrückt durch den Quotienten k_{LA} / k_{LA}^{*}:[31]

---

[29]Zur Diskussion von Konvergenz-Clubs vgl. z.B. Ben-David (1998), Chatterji (1992), Haug (1998).

[30]Vgl. Barro/Sala-i-Martin (1991), Barro/Sala-i-Martin (1992).

[31]Die Linearisierung einer nicht-linearen Gleichung mittels Taylor-Erweiterung 1. Grades an einem bestimmten Punkt x_0 ergibt sich mit Hilfe folgender Formel:
$T_1(x) = f(x_0) + f'(x_0) \cdot (x - x_0)$. Vgl. Bosch (1996), S. 86.
Bei einer Log-Linearisierung erfolgt die Taylor-Erweiterung der Funktion für log(x) an der Stelle log(x_0). Angewendet auf die fundamentale Bewegungsgleichung (17) heißt das:
$T_1[\log(k_{LA})] = f[\log(k_{LA}^{*})] + f'[\log(k_{LA}^{*})] \cdot [\log(k_{LA}) - \log(k_{LA}^{*})]$.
Für die genaue Herleitung von Gleichung (18) vgl. Barro/Sala-i-Martin (1995), S. 36f, 53 und 512f.

(18) $$w_{k_{LA}} = \frac{d[\log(k_{LA})]}{dt} \cong -(1-\alpha)\cdot(\gamma+n+\delta)\cdot\left[\log(k_{LA}/k_{LA}^{*})\right].$$

Die Wachstumsrate der Kapitalintensität, dargestellt als der nach der Zeit abgeleitete Logarithmus von k_{LA}, ist folglich negativ von der jeweiligen Kapitalausstattung k_{LA} abhängig. Die Reduzierung der Kapitalausstattungslücke erfolgt entsprechend dem Koeffizienten β mit

(19) $$\beta = (1-\alpha)\cdot(\gamma+n+\delta).$$

β ist somit das Maß für die Konvergenzgeschwindigkeit im Anpassungsprozess von k_{LA} nach k_{LA}^{*}. Für β > 0 ergibt sich ein Konvergenzprozess im Sinne der beschriebenen β-Konvergenz. Aufgrund des Zusammenhangs zwischen der Wachstumsrate der Kapitalintensität und der Wachstumsrate des Pro-Kopf-Einkommens, dargestellt in Gleichung (10), lässt sich Gleichung (18) auch umschreiben als Beziehung zwischen der Wachstumsrate des Pro-Kopf-Einkommens und der Lücke des ursprünglichen und gleichgewichtigen Pro-Kopf-Einkommens (bei Einbeziehung des technischen Fortschritts natürlich in Effizienzeinheiten) ausgedrückt durch den Quotienten y_{LA}/y_{LA}^{*}:

(20) $$w_{y_{LA}} = \alpha\cdot w_{k_{LA}} \Leftrightarrow \log(y_{LA}/y_{LA}^{*}) = \alpha\cdot\log(k_{LA}/k_{LA}^{*}).$$

Durch Einsetzen dieser Beziehung in Gleichung (18) erhält man:

(21) $$w_{y_{LA}} \cong -\beta\cdot\left[\log(y_{LA}/y_{LA}^{*})\right].$$

Der Koeffizient β besagt nun, wie schnell eine Volkswirtschaft ausgehend von ihrem jeweiligen in Effizienzeinheiten gemessenen Pro-Kopf-Einkommen y_{LA} ihren Gleichgewichtswert y_{LA}^{*} erreicht. Die Geschwindigkeit ist dabei proportional zur Entfernung vom steady state. Gilt beispielsweise β = 0,05 p.a., so heißt das, dass sich die Einkommenslücke zwischen y_{LA} und y_{LA}^{*} in einem Jahr um 5% reduziert.[32]

Die Einflussfaktoren auf die Konvergenzgeschwindigkeit können Gleichung (19) entnommen werden. Danach ist β zunächst von α abhängig, der partiellen Produktionselastizität des Kapitals bei einer Cobb-Douglas-Produktionsfunktion, die gleichzeitig dem Anteil des Kapitals am Volkseinkommen entspricht.[33] Im neoklassischen Modell kann α die Werte zwischen 0 und 1 annehmen, wobei die Konvergenzgeschwindigkeit umso geringer wird, je weiter sich die Kapitaleinkommensquote dem Wert 1 nähert. Dies liegt daran, dass bei zunehmendem α die Grenzerträge des Kapitals immer langsamer abnehmen und im Grenzfall bei α = 1 sogar konstant bleiben. Der entscheidende Mechanismus im neoklassischen Wachstumsmodell wird damit außer Kraft gesetzt, die Konvergenzhypo-

[32] Vgl. hierzu und im Vorigen Barro/Sala-i-Martin (1995), S. 37.
[33] Vgl. Rose (1995), S. 72f.

these ist nicht mehr gültig.[34] Barro und Sala-i-Martin errechnen bei der Untersuchung verschiedener Länder und Regionen in der Regel eine Konvergenzgeschwindigkeit von etwa zwei Prozent pro Jahr. Dieser verhältnismäßig geringe Wert deutet bei Konstanz der anderen Einflussfaktoren auf Werte für α in der Nähe von 0,8 hin und damit auf eine Kapitaleinkommensquote, die wesentlich größer ist als ihr allgemein ausgewiesener empirischer Wert von ca. einem Drittel des Volkseinkommens. Interpretiert man Kapital jedoch in einem weiteren Sinne, so kann diese Größenordnung für α und damit die geringe Intensität bei der Abnahme der Grenzerträge des Kapitals z.B. durch die Erweiterung des Kapitalbegriffs auf physisches Kapital und Humankapital erklärt werden.[35]

Die weiteren Einflussfaktoren auf β sind die Abschreibungsrate, das Bevölkerungswachstum und die Wachstumsrate des technischen Fortschritts. Je stärker diese drei Faktoren auftreten, desto höher muss die Ersparnis sein, um die Ersatzinvestition und die Kapitalausrüstung der „virtuellen" Arbeitskräfte zu gewährleisten, desto schneller treten bei fortschreitender Kapitalakkumulation die abnehmenden Grenzerträge des Kapitals in Erscheinung und desto größer ist folglich die Konvergenzgeschwindigkeit.

Der Konvergenzkoeffizient β ist dagegen weder von der Sparquote s noch von der Technologie A(t) abhängig. Dies liegt daran, dass im Fall einer Cobb-Douglas-Produktionsfunktion bei Veränderung von s oder A(t) jeweils zwei entgegengesetzte Kräfte die Konvergenzgeschwindigkeit beeinflussen, die sich in ihrer Wirkung gerade ausgleichen. Eine Erhöhung der Sparquote führt zwar einerseits zu verstärkter Investition und damit schnellerer Konvergenz, gleichzeitig ergibt sich jedoch durch den Niveaueffekt einer erhöhten Ersparnis ein Anstieg der gleichgewichtigen Kapitalintensität und damit ein Sinken der durchschnittlichen Kapitalproduktivität in der Nachbarschaft des steady state, was die Konvergenzgeschwindigkeit wieder reduziert. Die entgegengesetzten Auswirkungen einer Veränderung des Technologieniveaus A(t) nivellieren sich in gleicher Weise, da die Annäherung an das steady state, also eine Bewegung auf der bisherigen Produktionsfunktion, durch die Verschiebung derselben Produktionsfunktion nach oben und damit relative Entfernung vom neuen steady state konterkariert wird.[36]

An dieser Stelle sei noch einmal auf den Konvergenzkoeffizienten von Ben-David aufmerksam gemacht, mit dem in Kapitel 2.2.1. ebenfalls die Reduktion der Einkommenslücke der mittel- und osteuropäischen Länder quantifiziert wurde. Referenzmaßstab war dabei jedoch nicht das jeweilige steady state der Beitrittskandidaten, sondern das durchschnittliche Pro-Kopf-Einkommen in der Europäischen Union. Entsprechend der Vorgehensweise in Kapitel 2.2.1. kann

[34] Vgl. dazu die Argumentation im Rahmen der Endogenen Wachstumstheorie in Kap. 4.

[35] Vgl. Barro/Sala-i-Martin (1992), S.226. Für die Gegenüberstellung der empirischen Untersuchungen von Barro und Sala-i-Martin in den USA, Japan und Europa vgl. auch Barro/Sala-i-Martin (1995), Kap. 11.

[36] Vgl. Barro/Sala-i-Martin (1995), S. 37, Tondl (2001), S. 45.

auch hier der Konvergenzkoeffizient β zur Berechnung der sogenannten Halbwertszeit herangezogen werden. Diese gibt Auskunft über die Anzahl der Jahre, die eine Volkswirtschaft benötigt, um die Hälfte ihrer Einkommenslücke in Relation zum steady state zu schließen. Gleichung (21) kann also derart interpretiert werden, dass sich die Einkommenslücke bei einer gegebenen Wachstumsrate des effizienten Pro-Kopf-Einkommens jährlich um ($\beta \cdot 100$) % reduziert. Bringt man nun mehrere Zeitebenen ins Spiel, so ergibt sich aus Gleichung (22) eine Beziehung hinsichtlich der Veränderung der Einkommenslücke in der Zeit:

$$(22) \quad \begin{aligned} &\log\left[y_{LA}(t)/y_{LA}^{*}\right] = -\beta^{t} \cdot \log\left[y_{LA}(0)/y_{LA}^{*}\right] \\ &\Leftrightarrow \left[y_{LA}(t) - y_{LA}^{*}\right] = e^{-\beta \cdot t} \cdot \left[y_{LA}(0) - y_{LA}^{*}\right] \end{aligned}.$$

Ziel ist es, den Zeitraum zu ermitteln, den das Pro-Kopf-Einkommen $y_{LA}(t)$ benötigt, um die Hälfte der Distanz zwischen dem Anfangswert $y_{LA}(0)$ und dem Gleichgewichtswert y_{LA}^{*} zurückzulegen, d.h. bis zu welchem Zeitpunkt t die Einkommenslücke $\left[y_{LA}(t) - y_{LA}^{*}\right]$ nur noch der Hälfte der Ausgangslücke $\left[y_{LA}(0) - y_{LA}^{*}\right]$ entspricht.[37]

$$(23) \quad \begin{aligned} &e^{-\beta \cdot t} \cdot \left[y_{LA}(0) - y_{LA}^{*}\right] \overset{!}{=} \frac{1}{2} \cdot \left[y_{LA}(0) - y_{LA}^{*}\right] \\ &\Leftrightarrow e^{-\beta \cdot t} = \frac{1}{2} \\ &\Leftrightarrow -\beta \cdot t = -\log(2) \\ &\Leftrightarrow t = \frac{\log(2)}{\beta} \end{aligned}$$

Für ein β von 0,02 p.a. heißt das, dass sich die ursprüngliche Einkommenslücke zum steady state in etwas weniger als 35 Jahren halbieren wird. Bei diesem in den empirischen Studien von Barro und Sala-i-Martin errechneten Durchschnittswert für die Konvergenzgeschwindigkeit zeigt sich, dass es sich beim neoklassischen Konvergenzmechanismus um einen langwierigen Prozess handelt. Die zentrale Gleichung für die empirischen Konvergenzstudien der beiden Autoren lautet wie folgt:

$$(24) \quad \log(y_{i,t}/y_{i,t-1}) = a - \left[(1 - e^{-\beta})\right] \cdot \log(y_{i,t-1}) + u_{i,t}.$$ [38]

[37] Vgl. Barro/Sala-i-Martin (1995), S. 37, Fußnote 11 bzw. Tondl (2001), S. 46. An dieser Stelle sei bemerkt, dass es sich in den Gleichungen bei der Bezeichnung log immer um den sogenannten logarithmus naturalis mit der Eulerschen Zahl e als Basis handelt, der häufig auch mit ln abgekürzt wird.

[38] Barro/Sala-i-Martin (1995), S. 384; mit $a \equiv \gamma + \left[(1 - e^{-\beta})\right] \cdot \left[\log(y_{LA,i}^{*}) + \gamma \cdot (t-1)\right]$. Die Variablen wurden vom Verfasser an die in dieser Arbeit verwendeten Abkürzungen angepasst. Gleichung (24) ist dabei eine Regressionsgleichung zur Schätzung von absoluter β-Konvergenz. Die US-Bundesstaaten wurden mit dieser Gleichung untersucht, da bei ihnen von einem Konvergenz-Club ausgegangen werden kann. Werden heterogenere Länder-

Entscheidend ist der negative Zusammenhang zwischen der Wachstumsrate des Pro-Kopf-Einkommens eines Landes i, ausgedrückt durch den Term auf der linken Seite, und dem Pro-Kopf-Einkommen im Ausgangszeitpunkt, dargestellt durch $\log(y_{i,t-1})$. Die grundsätzliche Möglichkeit der Konvergenz zum steady state bei positivem Konvergenzkoeffizienten wird noch zusätzlich durch das Auftreten exogener Schocks ($u_{i,t}$) beeinträchtigt. Diese Schocks sind ebenfalls dafür verantwortlich, dass β-Konvergenz lediglich eine notwendige, aber keine hinreichende Bedingung für σ-Konvergenz ist. Die Einkommensdisparität verschiedener Länder kann sich somit beispielsweise trotz absoluter β-Konvergenz durch die unterschiedliche Anfälligkeit dieser Volkswirtschaften auf exogene Störungen wie z.B. die beiden Ölkrisen oder einen Irak-Krieg vergrößern.

Gleichung (24) wurde von vielen Ökonomen als Grundlage empirischer Cross-Country-Untersuchungen hinsichtlich der Konvergenzentwicklung verschiedener Ländergruppen genommen.[39] Im Folgenden soll untersucht werden, inwieweit in Europa in den letzten Jahrzehnten ein negativer Zusammenhang zwischen Wachstum und Pro-Kopf-Einkommen festgestellt werden kann. Im Mittelpunkt steht die Frage, ob Europa, genauer gesagt die Europäische Union, einen Konvergenz-Club bildet.

3.2.2.2. Untersuchungsobjekt Europa

Bevor auf einige Studien zur empirischen Überprüfung von β-Konvergenz in Europa eingegangen wird, zeigt Abbildung 3.4 eine einfache Regression zwischen dem Pro-Kopf-Einkommen im Jahr 1950 und der durchschnittlichen Wachstumsrate im Zeitraum 1950 – 1990 sowohl für die fünfzehn Länder der Europäischen Union als auch für einige ausgewählte mittel- und osteuropäische

gruppen untersucht, wie die OECD oder die europäischen Regionen, so müssen sogenannte Dummy-Variablen in die Regressionsgleichung eingeführt werden, um Unterschiede in den jeweiligen steady states berücksichtigen zu können. Untersucht wird dann bedingte Konvergenz. Lediglich bei Einführung verschiedener Dummy-Variablen zur Konstanthaltung verschiedener Struktureffekte konnte auch in heterogeneren Länder – bzw. Regionengruppen ein β von 2 % festgestellt werden. Vgl. dazu auch Barro/Sala-i-Martin (1991, 1992).

[39] Eine Kritik an der Aussagefähigkeit sog. Länderquerschnitts-Regressionen ist in Levine/Renelt (1992) zu finden. Die beiden Autoren überprüfen die Ergebnisse vergangener Regressionsanalysen auf ihre Gültigkeit bei Veränderung des sog. „conditioning information sets“ (Levine/Renelt (1992), S. 942). Auch wenn sie die meisten statistischen Beziehungen zwischen der Wachstumsrate und bestimmter makroökonomischer Variablen als äußerst anfällig für Variationen der bedingenden Variablen vorfinden, bestätigt sich in ihrer Analyse jedoch die bedingte Konvergenzhypothese. Die negative Korrelation zwischen dem Einkommensniveau zu Beginn der Betrachtungsperiode (in ihrer Untersuchung 1960) und der durchschnittlichen Wachstumsrate zwischen 1960 und 1989 ergibt sich jedoch nur bei Einbeziehung eines Maßstabes für die Investition in Humankapital im Jahr 1960 in die Regressionsgleichung. Die bedingte Konvergenzhypothese wird dabei im Zeitraum von 1974 – 1989 nicht bestätigt ebenso wenig wie bei Ausklammerung der OECD-Länder aus dem Ländersample. Vgl. Levine/Renelt (1992), S. 958f.

Länder. Stellvertretend für die Länder Slowenien, Tschechien, Slowakei, Estland, Lettland und Litauen, wurde die Entwicklung im ehemaligen Jugoslawien, in der Tschechoslowakei und in der ehemaligen Sowjetunion betrachtet. Die Daten stammen aus der OECD-Studie von Angus Maddison (1995) und können Tabelle A.6 im Anschluss an Kapitel 3 entnommen werden.

Betrachtet man lediglich die fünfzehn EU-Mitgliedsländer so ergibt sich eindeutig ein negativer Zusammenhang zwischen dem Pro-Kopf-Einkommen im Jahr 1950 und der durchschnittlichen Wachstumsrate in den darauffolgenden vier Jahrzehnten. Ein Bestimmtheitsmaß von $R^2 = 0,8602$ deutet dabei auf eine starke Korrelation hin. Der im ersten Schaubild von Abbildung 3.4 entgegen dem Trend weit unterhalb der Regressionsgeraden liegende und vergrößert dargestellte Datenpunkt steht für Irland. Schließt man dieses Land aus der Untersuchungsgruppe aus, so ergibt sich sogar ein Bestimmtheitsmaß von $R^2 = 0,9405$. Die Außenseiterposition und schlechte Performance von Irland kann vielleicht damit erklärt werden, dass der eigentliche Aufholprozess Irlands erst in den 90er Jahren stattgefunden hat und somit in der betrachteten Periode noch nicht zu erkennen ist. Da keine Länderdummys in die Analyse einbezogen wurden, scheint das erste Schaubild absolute β-Konvergenz in der Europäischen Union darzustellen. Prüft man den Zusammenhang für die osteuropäischen Länder Bulgarien, Polen, Ungarn und Rumänien und stellvertretend für die restlichen Beitrittskandidaten für die Länder Tschechoslowakei, das ehemalige Jugoslawien und die ehemalige Sowjetunion, so zeigt das zweite Schaubild von Abbildung 3.4, dass auch hier β-Konvergenz vorliegt. Allerdings ist die Stärke der Korrelation mit einem Bestimmtheitsmaß von $R^2 = 0,5088$ wesentlich schwächer. Auch hier ist ein Außenseiter zu beobachten, dessen Datenpunkt ebenfalls vergrößert dargestellt ist. Es handelt sich dabei um Polen. Eine Regression ohne Polen führt zu einer etwas stärkeren Korrelation mit einem Bestimmtheitsmaß von $R^2 = 0,652$.

Abbildung 3.4: β-Konvergenz in Ost- und Westeuropa 1950 – 1990

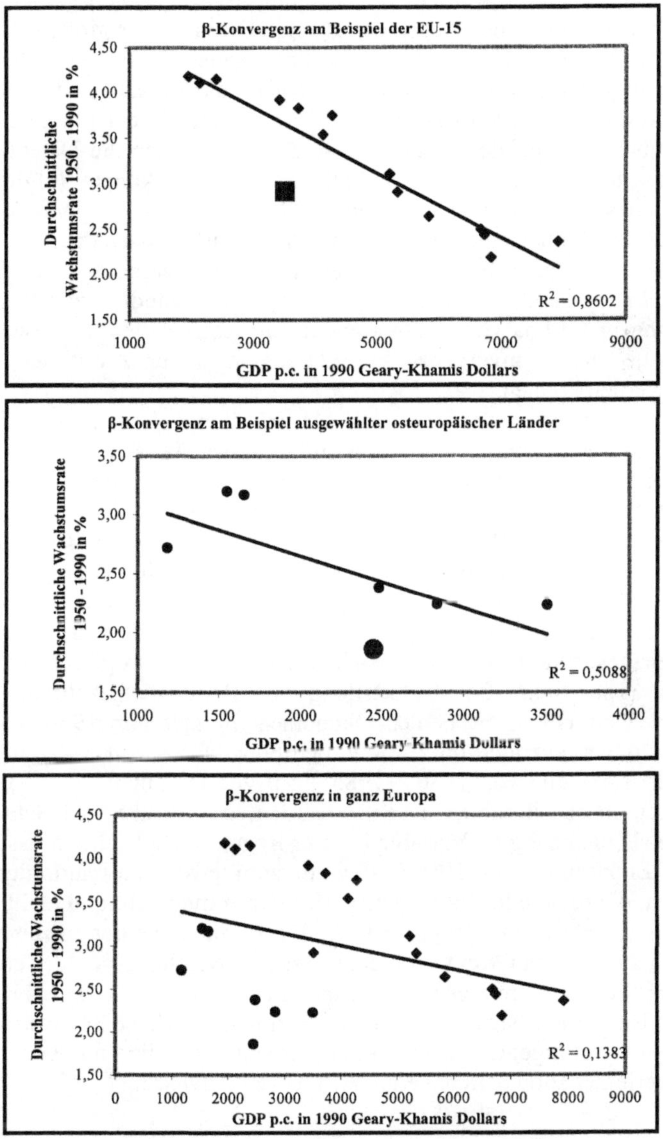

Quelle: Maddison (1995). Eigene Darstellung.

Führt man die Regression mit allen betrachteten Ländern Ost- und Westeuropas durch, so kann aus dem dritten Schaubild von Abbildung 3.4 keine β-Konvergenz mehr abgelesen werden. Die Steigung der Regressionsgeraden ist zwar nach wie vor negativ, doch liegen die Datenpunkte in einer großen Punktwolke um die Trendlinie herum. Auch das Bestimmtheitsmaß von $R^2 = 0{,}1383$ verdeutlicht die geringe Korrelation. Interessant ist dabei, dass zwei verschiedene Punktwolken auszumachen sind. Liegen die Datenpunkte der fünfzehn EU-Länder eher über oder auf der Trendlinie, so gruppieren sich die Datenpunkte der osteuropäischen Länder links unterhalb davon. Man könnte folglich daraus schließen, dass es zwischen 1950 und 1990 in Europa zu einer Zweiteilung gekommen ist, wobei sowohl die westlichen Marktwirtschaften als auch die osteuropäischen Zentralplanwirtschaften einen Konvergenz-Club zu bilden scheinen. Im Folgenden sollen mehrere empirische Studien zur Konvergenzentwicklung in Europa vorgestellt werden, um festzustellen, inwieweit sowohl die Aussage zum Konvergenz-Club EU als auch zur Zweiteilung Europas bestätigt werden können.

Robert Barro und Xavier Sala-i-Martin überprüften neben den USA insbesondere auch Japan und Europa auf Konvergenz. Bei der Untersuchung Europas basierte ihre Analyse auf Datenmaterial aus 73 europäischen Regionen – 11 in Deutschland, 11 in Groß-Britannien, 20 in Italien, 21 in Frankreich, 4 in den Niederlanden, 3 in Belgien und 3 in Dänemark[40] – für den Zeitraum 1950 – 1985. Das Ergebnis ihrer Regressionsanalyse unter Einbeziehung von Länderdummys und zusätzlichen Variablen, wie den Anteil von Landwirtschaft und Industrie an der Beschäftigung, für die 35 Jahre ist eine durchschnittliche Konvergenzgeschwindigkeit in den sieben Ländern der Europäischen Union von $\beta = 1{,}78\%$ pro Jahr. Bei Unterteilung des Betrachtungszeitraums in vier Teilperioden errechnen die beiden Ökonomen im Zeitraum 1950 – 1960 eine jährliche Konvergenzrate von 2,1%, in den 60er Jahren von 2,4%, in den 70er Jahren von 1,4% und von 1980 – 1985 ein β von lediglich 1,1%.[41] Bei diesen Ergebnissen muss allerdings beachtet werden, dass Barro und Sala-i-Martin, indem sie als unabhängige Variable in ihrer Regressionsgleichung das regionale Pro-Kopf-Einkommen von 1950 in Relation zum jeweiligen Landesdurchschnitt verwenden, die regionale Konvergenzperformance innerhalb und nicht zwischen den sieben europäischen Ländern messen. Bei Betrachtung der einzelnen Länder ergibt sich aus diesem Grund auch eine starke Abweichung von der errechneten durchschnittlichen Konvergenzgeschwindigkeit von 1,78%. Die Niederlande und Groß-Britannien liegen mit Konvergenzraten von über 3% weit über dem Durchschnitt, wohingegen Dänemark, Frankreich und Italien mit weniger als 1% nur sehr geringe nationale Konvergenztendenzen aufweisen.[42]

---

[40] Für die genaue Auflistung der einzelnen Regionen vgl. Barro/Sala-i-Martin (1991), S. 141ff.
[41] Vgl. Barro/Sala-i-Martin (1991), S. 146.
[42] Vgl. Barro/Sala-i-Martin (1991), S. 147. Vgl. dazu auch Sala-i-Martin (1996), S. 1024.

Weitere Kritik an den Ergebnissen von Barro und Sala-i-Martin äußert Harvey Armstrong (1995) in seinem Aufsatz „*Convergence among Regions of the European Union, 1950 – 1990*“, in dem er darauf aufmerksam macht, dass die von Barro und Sala-i-Martin ausgewählten Regionen grundsätzlich dem bereits wohlhabenden Kerneuropa zuzurechnen sind.[43] Um in die Untersuchung auch die ärmeren Randregionen Europas und insbesondere deren Konvergenzentwicklungen mit einzubeziehen, erweitert Armstrong das Datenmaterial von Barro und Sala-i-Martin um 7 Regionen aus Spanien, 3 Regionen aus Griechenland und die Länder Irland, Portugal und Luxemburg, wobei diese drei Länder aufgrund ihrer geringen Größe jeweils als eine Region betrachtet werden. Für die Zeiträume von 1970 – 1980 und 1980 – 1990 wurden die Bruttoinlandsprodukte zu Beginn des jeweiligen Jahrzehnts in Preisen und Wechselkursen des Jahres 1985 ausgedrückt. Diese Maßnahme begründet Armstrong mit der zunehmenden Variabilität der Preise und Wechselkurse seit 1970. Der Ökonom erhält bei seiner Regressionsanalyse, die ebenfalls Länderdummys und zusätzliche Strukturvariablen mit einbezieht, für die Periode 1950 – 1960 ein β von 1,5% p.a., für 1960 – 1970 ein β von 2,3% p.a., für 1970 – 1980 ein β von 1,4% p.a. und für die Periode 1980 – 1990 ein β von lediglich 0,8% p.a.[44] Durch die Einbeziehung der Länderdummys in die Regressionsanalyse wird jedoch auch hier lediglich die Konvergenz innerhalb der Länder ausgedrückt. Da für Irland, Portugal und Luxemburg keine Aufspaltung in Regionen vorgenommen wurde, wurden sie mangels Aussagefähigkeit des Ergebnisses in diese Regressionsanalyse noch nicht mit einbezogen.

Analog zu Barro und Sala-i-Martin hat sich somit die Konvergenzgeschwindigkeit, nachdem sie ihren Höhepunkt in den 60er Jahren hatte, insbesondere in den 80er Jahren stark verlangsamt. Die Einbeziehung der ärmeren europäischen Regionen von Spanien und Griechenland hat zudem dazu geführt, dass sich die Werte für die Konvergenzraten im Vergleich zu den Ergebnissen von Barro und Sala-i-Martin verringert haben. Dennoch werden nach wie vor signifikant positive Werte ausgewiesen, die eindeutig auf bedingte β-Konvergenz innerhalb der Länder hinweisen.

Um auch die Konvergenz zwischen den Ländern einbeziehen zu können, verwendet Armstrong eine Regressionsgleichung ohne Länderdummys und untersucht folglich absolute β-Konvergenz. Die errechneten β-Koeffizienten repräsentieren damit eine Kombination aus nationalen und internationalen Konvergenzeffekten. Auch hier ergibt sich durch die Erweiterung des Datenmaterials um ärmere Regionen und Länder eine Reduktion der Konvergenzgeschwindigkeiten. Die Konvergenzkoeffizienten sind jedoch nach wie vor signifikant positiv, so dass sich die Konvergenzhypothese bei Betrachtung der europäischen Regionen zu bestätigen scheint.

---

[43]Vgl. zum Folgenden Armstrong (1995).

[44]Vgl. ebenda, S. 146ff.

In den beiden Untersuchungen wurde grundsätzlich die Konvergenz innerhalb der betrachteten Länder untersucht. Jan Fagerberg und Bart Verspagen (1996) dagegen analysieren β-Konvergenz in 70 Regionen von sechs europäischen Ländern mit Hilfe von in Kaufkraftparitäten berechneten regionalen Pro-Kopf-Einkommen und sind folglich in der Lage, die Konvergenzentwicklung der Regionen ohne Berücksichtigung der Landeszugehörigkeit zu vergleichen. Ihr Untersuchungszeitraum ist ebenfalls 1950 – 1990, wobei sie diesen in die zwei Teilperioden 1950 – 1970 und 1970 – 1990 unterteilen. Die untersuchten Länder sind Belgien, Frankreich, Deutschland, Italien, die Niederlande und Groß-Britannien. Sie kommen ebenfalls zu dem Ergebnis, dass die regionale Konvergenz bis 1970 wesentlich stärker ausgeprägt war als in der Folgeperiode. Wuchsen in den ersten 20 Jahren die ärmsten Regionen in Europa nach ihren Berechnungen noch 4,3% schneller als die reichsten, so taten sie dies in der zweiten Hälfte des Betrachtungszeitraums nur noch mit einer Differenz von 2,4%. Betrachtet man das letzte Jahrzehnt bis 1990, so können die beiden Ökonomen sogar fast gar kein Aufholen der ärmeren Regionen mehr konstatieren.[45] Durch leichtes Umformen ihrer Regressionsgleichung lässt sich mit Hilfe des ausgewiesenen linearen Koeffizienten die Konvergenzgeschwindigkeit in den beiden Teilperioden berechnen. Demnach ergibt sich für die Jahre 1950 – 1970 ein β von 1,8% p.a. und für die Jahre 1970 – 1990 ein β von nur noch 0,5% p.a.[46]

Die beiden Ökonomen setzen sich in den verbleibenden Abschnitten ihres Aufsatzes mit der Frage auseinander, warum die Konvergenzentwicklung insbesondere in den 80er Jahren ins Stocken geraten ist. Sie untersuchen die Frage aus dem Blickwinkel der Technologiediffusion via Innovation und Imitation. Ihr Ergebnis ist, dass zwar nach wie vor ein Catch-up-Potenzial vorhanden ist, dies jedoch aufgrund sogenannter Divergenzfaktoren in den einzelnen Ländern nicht ausgeschöpft wird. Zu diesen Divergenzfaktoren zählen sie die jeweiligen Ausgaben für F&E, die EU-Investitionsunterstützungen, strukturelle Probleme und vor allem die Arbeitslosigkeit. Je nach Höhe der Arbeitslosigkeit unterteilen sie die europäischen Regionen in drei verschiedene „Wachstums-Clubs".[47]

Es ist wohl einleuchtend, dass die Konvergenzgeschwindigkeit variiert, je nachdem, welche Länder man in die Analyse integriert. So untersucht Gabriele Tondl (1999) regionale Konvergenz in Europa seit 1960 unter Einbeziehung verschiedener Ländergruppen. Sie unterscheidet beispielsweise die Entwicklung in den EU-Ländern von der in Nicht-Mitgliedsländern und überprüft ebenso separat die Performance der sogenannten Kohäsionsländer. Sie kommt analog zu den bisherigen Untersuchungen zu dem Ergebnis, dass die Konvergenz innerhalb der Europäischen Union bis 1973 mit einer Konvergenzgeschwindigkeit von etwa 2% am stärksten war. In dieser Zeit zeigten jedoch auch Regionen von

[45] Vgl. Fagerberg/Verspagen (1996), S. 435.
[46] Vgl. ebenda, S. 435, Fußnote 5 sowie Tondl (2001), S. 76.
[47] Vgl. Fagerberg/Verspagen (1996), S. 437, 442, 444. Vgl. auch die Diskussion in Kapitel 6.

Nicht-Mitgliedsländern eindeutig Konvergenz mit den EU-6. Seit Mitte der 70er Jahre stellt Tondl eine Abschwächung der Konvergenzgeschwindigkeit fest, mit dem Tiefpunkt zu Beginn der 80er Jahre, wo im westlichen Europa eher Divergenz denn Konvergenz das Bild dominiert. In dieser Zeit scheint das Phänomen der Konvergenz-Clubs in Erscheinung zu treten, da die reicheren Regionen im Norden Europas, unabhängig davon, ob sie Mitglied der EU sind oder nicht, ebenso wie die ärmeren Regionen im Süden eher miteinander konvergieren als die Regionen im Norden und Süden der EU untereinander.[48]

Diese Einschätzung wird durch die Arbeit von Michal Kejak, Stephan Seiter und David Vávra (2001) unterstützt, die im Rahmen eines PHARE-Projektes der Europäischen Kommission die wirtschaftliche Entwicklung von Griechenland, Irland, Portugal und Spanien untersuchen, um aus den Erkenntnissen über diese Kohäsionsländer Schlussfolgerungen für die wahrscheinliche Performance der osteuropäischen Beitrittskandidaten ziehen zu können. Auch sie kommen zu dem Ergebnis, dass, nachdem die ersten beiden Jahrzehnte nach dem zweiten Weltkrieg auch in den vier Kohäsionsländern durch eindeutige Konvergenztendenzen gekennzeichnet waren, es in den darauffolgenden Jahren bis 1985 zu einem Stillstand der Konvergenzentwicklung kam. Während Irland und Portugal ihre relative Einkommensposition mehr oder weniger halten konnten, war das Bild bei Spanien und Griechenland durch Divergenz gekennzeichnet. Trotz mangelnder β-Konvergenz im gesamten Europa verringerte sich die Streuung der Einkommen unter den vier Kohäsionsländern. Dieses Zeichen von σ-Konvergenz geht einher mit der Bildung zweier Konvergenz-Clubs zu dieser Zeit; dem Kern Europas und der sogenannten Peripherie.[49]

Für das Ende der 80er Jahre stellen sowohl Tondl als auch Kejak, Seiter und Vávra fest, dass die Konvergenz im gesamten Europa wieder verstärkt in Erscheinung tritt, allerdings bei weitem nicht in dem Ausmaß wie in den 50er und 60er Jahren. Die vier Kohäsionsländer konnten jedoch ihre relative Einkommensposition seitdem wieder deutlich verbessern, wobei insbesondere die Performance von Irland ins Auge sticht. Während sich die drei südeuropäischen Länder dem EU-Durchschnittseinkommen nähern konnten, hat Irland diese Hürde bereits übersprungen und kann somit eigentlich nicht mehr zur europäischen Peripherie gezählt werden.[50]

Die Entwicklung in Westeuropa und insbesondere in der Europäischen Union kann folglich als konvergent bezeichnet werden, wenn auch die Geschwindigkeit der β-Konvergenz in den einzelnen Jahrzehnten nach dem Zweiten Weltkrieg stark variiert hat. Insbesondere die Süderweiterung der Europäischen Union hat den Konvergenzkoeffizienten wesentlich reduziert und phasenweise sogar zur Bildung zweier Konvergenz-Clubs im Norden und Süden der

[48]Vgl. Tondl (1999), S. 4.
[49]Vgl. Kejak/Seiter/Vavra (2001), S. 6.
[50]Vgl. ebenda, S. 6.

Europäischen Union geführt. Dennoch scheint in der EU grundsätzlich zu gelten, dass Länder, die nach dem Zweiten Weltkrieg ein niedriges Pro-Kopf-Einkommen aufwiesen, in den folgenden Jahrezehnten höhere Wachstumsraten erzielen konnten, als Länder, die schon zu Beginn der Nachkriegszeit am oberen Ende der Einkommensskala rangierten.

Abbildung 3.5: σ-Konvergenz in der Europäischen Union 1950 – 1990

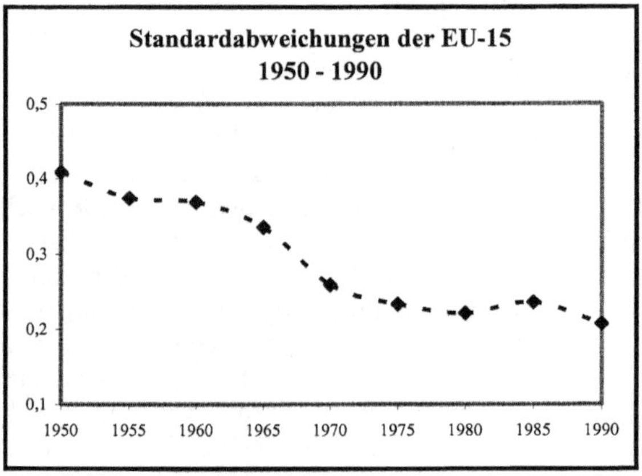

Quelle: Maddison (1995).

Anmerkung: Berechnungen ohne Luxemburg.

Betrachtet man in Abbildung 3.5 die Streuung der Einkommen in Europa zwischen 1950 und 1990 mit Hilfe der Daten von Maddison (1995), so wird deutlich, dass auch die Einkommensdisparität innerhalb der fünfzehn EU-Staaten abgenommen hat. β-Konvergenz ging somit mit σ-Konvergenz einher, was darauf schließen lässt, dass es sich bei der Europäischen Union tatsächlich um einen Konvergenz-Club handelt. Trotz Verringerung der Einkommensdisparitäten liegen die ärmeren Kohäsionsländer Spanien, Griechenland und Portugal allerdings nach wie vor am unteren Ende der Einkommensskala in der EU.[51]

In Osteuropa sah das Bild etwas anders aus. In einer der ersten empirischen Konvergenzuntersuchungen Europas verwendet William Baumol (1986) u.a. die Daten von Robert Summers und Alan Heston (1984), um für 72 Länder die durchschnittliche Wachstumsrate des Pro-Kopf-Einkommens zwischen 1950 und 1980 ins Verhältnis zum Pro-Kopf-Einkommen von 1950 zu setzen. Baumol unterscheidet in Folge seiner Analyse drei Konvergenz-Clubs, wobei neben den Industrieländern und einer Ländergruppe mittleren Einkommens die

[51] Vgl. Eurostat (2001), S. 5.

Zentralplanwirtschaften den dritten Club bilden. Entsprechend der Regressionsanalyse zu Beginn dieses Kapitels ist auch in Baumols Untersuchung die β-Konvergenz innerhalb der Planwirtschaften jedoch nicht so stark ausgeprägt wie im Konvergenz-Club der Industrieländer, der neben Westeuropa auch Australien, Kanada und die USA umfasst. Allerdings bezieht sich auch der Konvergenz-Club der Zentralplanwirtschaften nicht allein auf Osteuropa, da außerdem die ehemalige Sowjetunion und China diesem Konvergenz-Club hinzugerechnet werden.[52]

Etwas differenzierter wird in der Arbeit von Nicholas Crafts und Gianni Toniolo (1995) auf die Wachstums- und Konvergenzentwicklung Osteuropas in der Nachkriegszeit eingegangen. Ebenfalls aufbauend auf dem Datenmaterial von Maddison (1995) wird die Wachstumsentwicklung der Tschechoslowakei, Ungarns, Polens, Bulgariens und Rumäniens in den Zeiträumen 1950 – 1973 und 1973 – 1990 mit der Entwicklung in Westeuropa verglichen. Bis 1973 stellen Crafts und Toniolo eine inverse Korrelation zwischen dem Pro-Kopf-Einkommen von 1950 und dem darauffolgenden Wachstum fest. Im Vergleich zu Westeuropa ist die Performance jedoch wesentlich weniger beeindruckend und seit 1973 sogar eher enttäuschend.[53] Gemäß der Untersuchung von Crafts und Toniolo entspricht die Wachstumsperformance der Tschechoslowakei in diesem Zeitraum in etwa der Entwicklung von Irland und ist somit nach westeuropäischem Maßstab eindeutig unterdurchschnittlich. Beim direkten Vergleich von Österreich und der Tschechoslowakei, die beide im Jahr 1950 vergleichbare Pro-Kopf-Einkommen aufwiesen, machen Crafts und Toniolo den Unterschied zwischen Ost- und Westeuropa noch deutlicher: *„[...] the rapidly rising difference between Austria and Czech income levels as the postwar period unfolds is a stark testimony to Communist failure"*.[54]

Auch Herbert Brücker (2001) sieht im kommunistischen System Osteuropas den Grund für das relativ schlechte Abschneiden im Vergleich mit den westeuropäischen Ländern und betrachtet die schlechte Wachstums- und Konvergenzperformance Osteuropas sogar als Ursache für den Zusammenbruch der Planwirtschaften:

> *„The realisation of the fact that a convergence of per capita incomes to Western standards was not possible within the framework of state property and centrally planning, was one, if not the driving force behind the collapse of central planning."*[55]

Des Weiteren kommt Brücker zu dem Ergebnis, dass in Europa zwischen 1950 und 1990 eine Polarisierung stattgefunden hat. Seine Untersuchungen zeigen, dass die Teilung Europas in eine Gruppe reicher Länder und eine Gruppe

[52] Vgl. Baumol (1986), S. 1079f.
[53] Vgl. Crafts/Toniolo (1995), S. 6f.
[54] Crafts/Toniolo (1995), S. 7.
[55] Brücker (2001), S. 1.

ärmerer Länder mit der Unterscheidung in Marktwirtschaften und Planwirtschaften einhergeht. Er untersucht aufbauend auf dem Datenmaterial von Maddison (1995) anhand einer Cross-country-Regression à la Barro und Sala-i-Martin die fünfzehn EU-Mitglieder auf β-Konvergenz und erweitert diese Ländergruppe zunächst um die europäischen Nicht-EU-Mitglieder Zypern, Island, Malta, Norwegen, Schweiz und die Türkei und im Anschluss daran um die ehemaligen Planwirtschaften Bulgarien, Tschechoslowakei, Ungarn, Polen, Rumänien sowie die ehemalige Sowjetunion und das ehemalige Jugoslawien. Ergibt sich für die EU-15 eine Konvergenzgeschwindigkeit von 2,02% und bei Einbezug der sechs weiteren europäischen Marktwirtschaften von immerhin noch 1,93%, so sinkt der Konvergenzkoeffizient bei Betrachtung aller 28 europäischen Länder auf lediglich 1,32%.[56]

Abbildung 3.6: σ-Konvergenz innerhalb der MOEL und in ganz Europa 1950 - 1990

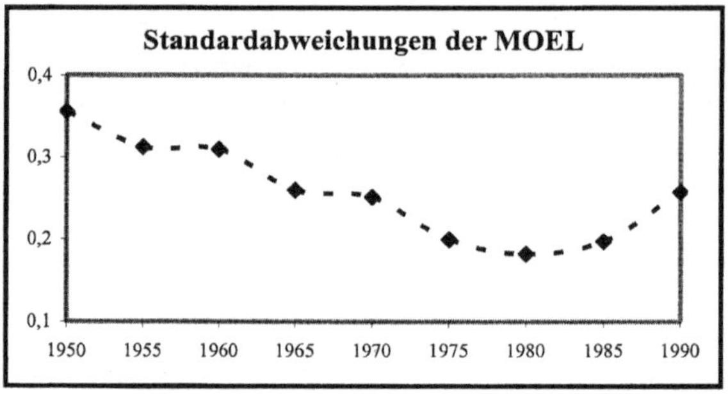

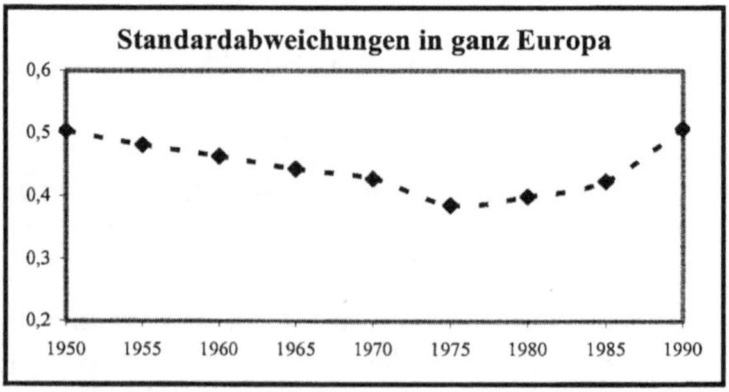

Quelle: Maddison (1995). Eigene Berechnungen.

[56]Vgl. ebenda, S. 6.

Betrachtet man zusätzlich zu diesen Untersuchungen der β-Konvergenz auch die Standardabweichungen als Maß für σ-Konvergenz, so zeigt Abbildung 3.6 die geringe Konvergenz innerhalb der osteuropäischen Länder ebenso wie die anhaltende Einkommensdisparität im gesamten Europa. Die Berechnungen basieren wiederum auf Maddison (1995) und umfassen die zu Beginn des Kapitels aufgeführten Länder.

Während die Einkommensdisparität in Osteuropa bis 1980 eindeutig gesunken ist und erst in den 80er Jahren wieder zunahm, hat sich die Standardabweichung in ganz Europa im gesamten Zeitraum 1950 - 1990 auf hohem Niveau gehalten und lag 1990 sogar leicht über dem Ausgangswert von 1950.

Die mittel- und osteuropäischen Beitrittsländer wiesen somit bis zum Zusammenbruch der Zentralplanwirtschaften und dem Beginn der Transformation untereinander nur geringe und gegenüber Westeuropa so gut wie gar keine Konvergenztendenzen auf. Die Europäische Union dagegen scheint einen Konvergenz-Club zu bilden. Allerdings ist der Unterschied in der von Brücker berechneten Konvergenzgeschwindigkeit der EU-15 im Vergleich zum Ergebnis unter Einbeziehung der sechs europäischen Nicht-EU-Mitglieder nur sehr gering.[57]

Die dargestellten empirischen Studien zur Überprüfung von β-Konvergenz folgen alle der Vorgehensweise von Barro und Sala-i-Martin. Daraufhin entwickelten sich weitere Untersuchungsmethoden, die ebenfalls auf die empirische Konvergenzüberprüfung in Europa angewendet wurden. Tondl (2001) bietet einen Literaturüberblick, auf den hier jedoch nicht näher eingegangen werden soll, da diese Studien keine wesentlichen Änderungen der bisherigen Ergebnisse mit sich bringen.[58]

Aus der Entwicklung in Europa zwischen 1950 und 1990 kann somit die Schlussfolgerung gezogen werden, dass innerhalb der Europäischen Union stärkere Konvergenztendenzen zu beobachten sind als außerhalb dieser Union. Für die mittel- und osteuropäischen Länder stellt sich somit die Frage, ob sie nach Transformation ihrer Volkswirtschaften in demokratische Marktwirtschaften in der Lage sind, diesem Konvergenz-Club Europas beizutreten. Im Verlauf der Arbeit sollen mit Hilfe der ökonomischen Theorie weitere Konvergenzindikatoren ermittelt werden, mit deren Hilfe die zukünftige Entwicklung der MOEL abgeschätzt werden kann.

---

[57]Brücker macht darauf aufmerksam, dass man vom niedrigeren β-Koeffizienten bei Einschluss der Nicht-EU-Mitglieder nicht unbedingt auf stärkere Konvergenz innerhalb der Europäischen Union schließen kann. Es kann auch der Umkehrschluss gelten, dass bei verstärkter Konvergenz die Wahrscheinlichkeit zur Mitgliedschaft innerhalb der Europäischen Union ansteigt. Vgl. Brücker (2001), S. 7.

[58]Vgl. Tondl (2001), S. 74ff.

3.2.3. Konvergenzmechanismen in einer offenen Volkswirtschaft

3.2.3.1. Faktorpreisausgleich

Die Entwicklung der Europäischen Gemeinschaften in den letzten 50 Jahren hat gezeigt, dass lange vor der politischen und institutionellen Integration der Wille zum Ausbau der gegenseitigen Handelsbeziehungen im Vordergrund stand, der u.a. 1992 zur Schaffung des Europäischen Binnenmarktes führte. Eine Untersuchung der Einkommenskonvergenz in Europa muss folglich auch im Rahmen eines Modells offener Volkswirtschaften stattfinden, welches den Zusammenhang zwischen der Aufnahme von Handel und dem Pro-Kopf-Einkommen der Volkswirtschaften in den Mittelpunkt stellt. Die bisherigen Konvergenzuntersuchungen basierten auf dem neoklassischen Wachstumsmodell geschlossener Volkswirtschaften und konnten folglich nur die Frage beantworten, inwieweit bestätigt werden kann, dass Länder, die weiter von ihrem steady state entfernt sind, schneller wachsen als andere, ihrem jeweiligen Gleichgewicht weniger entfernte Volkswirtschaften. Dabei wurde jedoch noch keine Interaktion zwischen den Ländern berücksichtigt, sei es durch internationalen Handel oder via Faktormobilität.

Betrachtet man zunächst die Auswirkungen von Güterhandel ohne Faktormobilität, so stellt sich vorab ganz allgemein die Frage, ob die Aufnahme von Handel zu einer Angleichung der Pro-Kopf-Einkommen der Handelspartner führt, oder ob Güteraustausch nur die Folge ähnlicher Einkommensniveaus ist. Die letzte der beiden Alternativen wurde von Staffan B. Linder (1961) vertreten, der die Hypothese aufstellte, dass das Handelsvolumen zwischen zwei Ländern um so größer sein wird, je höher die Pro-Kopf-Einkommen der beiden Länder sind, je geringer die Distanz zwischen den beiden Ländern ist und vor allem je ähnlicher die beiden Länder in ihren Einkommensniveaus sind. Dieser Sichtweise widersprechen jedoch beispielsweise die empirischen Untersuchungen von Ben-David (1993, 1996). Er zeigt anhand verschiedener Ländergruppen, darunter auch die sechs Gründungsmitglieder der EU, dass es erst in Folge der Reduzierung von Handelsbeschränkungen zu einem signifikanten Anstieg des Handelsvolumens und als weitere Konsequenz zu einer Angleichung der Pro-Kopf-Einkommen kam. Die Untersuchung des Zusammenhangs von Handelsliberalisierung und Konvergenz unter Einbeziehung der osteuropäischen Beitrittskandidaten in Kapitel 2.3. unterstreicht diese Sichtweise. Die großen Unterschiede im Pro-Kopf-Einkommen zwischen den MOEL und der Europäischen Union zu Beginn der 90er Jahre hätten, folgt man der Linder-Hypothese, kaum zu Aufnahme von Handel führen dürfen. Der stetige Anstieg des Handelsvolumens zwischen Ost- und Westeuropa und die gleichzeitige Abnahme der Einkommensdisparitäten in den letzten zehn Jahren zeigt, dass internationaler Handel nicht die Folge einer Einkommensangleichung sein kann, sondern, wie es Ben-

David ausdrückt, vielmehr als Katalysator für Einkommenskonvergenz agiert.[59] Die unterschiedlichen Schlussfolgerungen aus der sogenannten Linder-Hypothese und der im Folgenden zu beschreibenden Faktorproportionentheorie hinsichtlich des Zusammenhangs von Handel und Einkommenskonvergenz basieren jedoch hauptsächlich auf konträren Erklärungsansätzen und sind folglich nicht vollständig vergleichbar.[60] Während Linder die Nachfragestrukturen als Bestimmungsfaktoren des internationalen Handels betrachtet, bestimmen in der neoklassischen Außenhandelstheorie die jeweiligen Angebotsbedingungen die Handelsbeziehungen. Zudem dient die Linder-Hypothese in erster Linie der Erklärung des intra-industriellen Handels, also dem Export und Import von Gütern innerhalb ein und derselben Industrie, welcher sich vermutlich erst in gewissem zeitlichem Abstand zum Abbau von Handelsschranken ergibt. Das Handelsmuster, welches im Folgenden untersucht werden soll, ist jedoch die Entwicklung des Handels gemäß komparativer Vorteile in der EU und den MOEL im Anschluss an die Außenhandelsöffnung und bezieht sich folglich auf die internationale Spezialisierung im Rahmen des inter-industriellen Handels. Dabei sind es gerade die Unterschiede in der Produktionsstruktur, der Kapitalausstattung und dem Pro-Kopf-Einkommen, die zur Aufnahme von Außenhandel führen. Die Frage, die sich nun stellt, ist, ob durch internationalen Handel genau diese Unterschiede vermindert werden können und es letztendlich zu einer Angleichung der Pro-Kopf-Einkommen kommt.

Die Antwort dazu liegt in der Auswirkung des internationalen Güterhandels auf die Güterpreise, die Faktorpreise und die Faktoreinkommen und führt somit direkt zur neoklassischen Außenhandelstheorie und zum Modell von Eli Heckscher und Bertil Ohlin.[61] In diesem Modell basiert Handel auf der Grundlage internationaler Faktorausstattungsunterschiede. Die Länder spezialisieren sich auf solche Güter, zu deren Produktion in besonderem Maße jene Faktoren verwendet werden, mit denen sie auch reichlich ausgestattet sind.

Im Folgenden werden beispielhaft zwei Länder betrachtet: Land EU und Land MOEL. Das Land EU besitzt mehr Kapital pro Arbeiter als das Land MOEL und wird damit als kapitalreich bezeichnet; MOEL ist dagegen aufgrund seiner relativ hohen Ausstattung mit dem Faktor Arbeit arbeitsreich. Weitere Produktionsfaktoren außer Kapital und Arbeit gibt es nicht. Beide Länder produzieren in Autarkie zwei Güter: das arbeitsintensive Gut X und das kapitalintensive Gut Z. Des Weiteren wird angenommen, dass beide Länder eine identische, linear homogene Produktionstechnologie sowie identische, homothetische Präferenzen aufweisen. Es herrscht vollständige Konkurrenz, perfekte intersektorale, jedoch noch keine internationale Faktormobilität, Vollbeschäftigung und Freihandel. Aufgrund der relativ besseren Ausstattung von Land EU mit Kapital und von

[59] Vgl. Ben-David (1996), S. 281.
[60] Vgl. z.B. Ohr (1985), S. 625ff.
[61] Vgl. zum Heckscher-Ohlin-Modell z.B. Krugman/Obstfeld (2000), Kapitel 4 oder Wood (1997), Kapitel 3.

Land MOEL mit Arbeit weisen beide Länder jeweils einen komparativen Kostenvorteil und wegen der identischen Produktionstechnologie damit einen internationalen Preisvorteil bei der Produktion des Gutes auf, das den reichlich vorhandenen Produktionsfaktor intensiv nutzt, d.h. Land MOEL bei der Produktion des arbeitsintensiven Gutes X und Land EU bei der Produktion des kapitalintensiven Gutes Z. Nach Aufnahme von Handel wird Land EU das kapitalintensive Gut Z exportieren und aus Land MOEL das arbeitsintensive Gut X importieren. Beide Länder spezialisieren sich dabei teilweise[62] auf die Produktion des Gutes, welches sie nun im Ausland teurer verkaufen können als das bei Autarkie im Inland möglich gewesen wäre. Die Produktionsstruktur wird sich so lange ändern, bis sich aus dem Zusammenspiel von Angebot und Nachfrage ein einheitliches Güterpreisverhältnis ergibt, das zwischen den Autarkiepreisverhältnissen der beiden Länder liegt.

Die Veränderung der Produktionsstruktur hat nun jedoch nicht nur Auswirkungen auf die Güterpreise, sondern auch auf die Preise der eingesetzten Produktionsfaktoren.[63] Der Anstieg des Preises für das kapitalintensive Gut Z im Land EU und analog für das arbeitsintensive Gut X im Land MOEL erhöht zugleich die Entlohnung des jeweils in der Produktion intensiv eingesetzten und nun verstärkt nachgefragten Produktionsfaktors, d.h. es kommt im Land EU zu einem Anstieg des Kapitalzinses und im Land MOEL zu einem Anstieg der Arbeitslöhne. Dieser Zusammenhang zwischen Güterpreisen, Faktorpreisen und letztlich auch Faktoreinkommen stellt den Inhalt des Stolper-Samuelson Theorems dar:

> ***The Stolper-Samuelson theorem.*** *If there are constant returns to scale and if both goods continue to be produced, a relative increase in the price of a commodity will increase the real return to the factor used intensively in that industry and reduce the real return to the other factor.*[64]

Der Vollbeschäftigung garantierende Mechanismus der Faktorpreisanpassung führt zu dem entscheidenden Ergebnis im Hinblick auf den Zusammenhang zwischen Handel und Einkommenskonvergenz – dem Faktorpreisausgleichstheorem. Haben Heckscher und Ohlin noch von einer Tendenz zum Faktorpreisausgleich gesprochen, zeigt Paul Samuelson (1948, 1949), dass es in einem 2 Län-

[62]Inwieweit es zu teilweiser oder vollständiger Spezialisierung kommt ist dabei von der zugrundeliegenden Produktionsfunktion abhängig. Allgemein wird jedoch eine konkave Transformationskurve mit steigenden Opportunitätskosten angenommen, die lediglich zu teilweiser Spezialisierung führt. Land EU und Land MOEL produzieren in diesem Fall somit auch nach Aufnahme von Handel weiterhin beide Güter.

[63]Weitere Konsequenzen der Heckscher-Ohlin Modells u.a. für die Konsumstruktur und die Wohlfahrt werden hier nicht diskutiert. Sie können in jedem Außenwirtschaftslehrbuch nachgelesen werden. Vgl. z.B. Krugman/Obstfeld (2000), Kap.4.

[64]Markusen et al. (1995), S. 116.

der-, 2 Güter- und 2 Faktoren-Fall sogar zu einem vollständigen Ausgleich der relativen und absoluten Faktorpreise kommt.

> *The same international commodity-price ratio, must – so long as both commodities are being produced and priced at marginal costs – enable us to infer backwards a unique factor-price ratio, a unique set of factor proportions, and even a unique set of absolute wages and rents.*[65]

Samuelson diskutiert ebenfalls den Fall mehrerer Güter und Faktoren. Er kommt zu dem Ergebnis, dass man, so lange zwei Länder in ihren Faktorproportionen weitgehend übereinstimmen, so lange sich die produzierten Güter in ihren Faktorintensitäten unterscheiden und so lange die Anzahl der Güter die Anzahl der Produktionsfaktoren übersteigt, mit vollständigem Faktorpreisausgleich rechnen kann. Übersteigt jedoch die Anzahl der Produktionsfaktoren die Anzahl der Güter, müssen sich die Faktorpreise trotz einheitlicher Güterpreise nicht mehr ausgleichen.[66]

Inwieweit und unter welchen Bedingungen man nun Faktorpreisausgleich erwarten kann, wird in der Literatur ausführlich untersucht. Ein großes Problem, insbesondere der empirischen Diskussion, sind die restriktiven Annahmen des Theorems, wie z.B. der vollständige Abbau von Handelsbarrieren, die identische linear-homogene Technologie ebenso wie die identischen Präferenzen der handelnden Volkswirtschaften, um nur einige wenige zu nennen.[67] Doch auch im theoretischen Bereich bietet das Faktorpreisausgleichstheorem seine Schwierigkeiten. So wurde gerade die Frage nach der Ausweitung des Modells auf den $n \times m$-Fall, d.h. die unterschiedliche Anzahl von Produktionsfaktoren und Gütern, kontrovers diskutiert. Es wurden beispielsweise theoretische Arbeiten formuliert, die unter dem Stichwort der Frage nach der Umkehrbarkeit der Kostenfunktion versuchten, allgemeine Bedingungen für das Faktorpreisausgleichstheorem aufzustellen. Diese mathematischen Untersuchungen führten jedoch, wie sich später herausstellte, in eine Sackgasse, da die Umkehrbarkeit der Kostenfunktion weder eine notwendige noch eine hinreichende Bedingung für Faktorpreisausgleich darstellt. Damit soll gezeigt werden, dass eine abschließende Untersuchung des Faktorpreisausgleichstheorems den Rahmen dieser Arbeit eindeutig sprengen würde. Für die folgenden Untersuchungen reicht es, davon auszugehen, dass man mit der Aufnahme von Handel zwar nicht unbedingt

---

[65] Samuelson (1949), S. 188. Der Faktorpreis 'Renten' bezieht sich dabei auf den Produktionsfaktor Land. Samuelson diskutiert auch den Fall vollständiger Spezialisierung und kommt dabei zu folgendem Ergebnis: „...if the final pattern of equilibrium leads to complete specialisation on the part of one or both countries, then their production-possibility slopes need not be equal, even though market-price ratios must still coincide. Production in the different countries may be taking place with different factor proportions, and relative factor prices will usually not be at equality." Samuelson (1948), S. 179.

[66] Vgl. Samuelson (1949), S. 192f.

[67] Ein oft diskutiertes Beispiel ist die Zulassung umschlagender Faktorintensitäten, die zur Nicht-Gültigkeit des Faktorpreisausgleichstheorems führt.

einen vollständigen Ausgleich der Faktorpreise erwarten kann, diese jedoch tendenziell konvergieren, sobald es zu einer Aufhebung von Handelsschranken kommt.[68]

Die Tendenz zum Ausgleich der Faktorpreise als Folge internationalen Güteraustauschs stellt nun die Grundlage für die Untersuchung der ausgleichenden Wirkung des Handels auf die internationalen Einkommen dar, oder wie es Ben-David beschreibt: „*The factor price equalization (FPE) theorem [...] provides a framework for relating trade's impact on income convergence.*"[69] In den empirischen Untersuchungen von Ben-David ebenso wie von anderen Autoren[70] wird Faktorpreisausgleich somit als ein Mechanismus betrachtet, der letztendlich auch zu einem Ausgleich der Pro-Kopf-Einkommen führt.[71] Dieser Zusammenhang zwischen Faktorpreisausgleich einerseits und Einkommenskonvergenz andererseits soll nun genauer durchleuchtet werden. Hierfür ist es hilfreich, die Vorgänge, die hinter diesen beiden Konvergenzarten liegen, auch begrifflich zu trennen. Farhad Rassekh und Henry Thompson (1998) bezeichnen dabei die im Rahmen des neoklassischen Wachstumsmodells untersuchte Konvergenz der Pro-Kopf-Einkommen als Makro-Konvergenz und die Angleichung der Faktorpreise entsprechend dem Faktorpreisausgleichstheorem als Mikro-Konvergenz.[72] Ziel ihrer Untersuchung ist es, den unterstellten positiven Zusammenhang zwischen diesen beiden Konvergenzarten zu überprüfen.

Zu diesem Zweck wird das Volkseinkommen als Summe aus dem jeweiligen Produkt der Faktormengen (V_i) und der dazugehörigen Faktorpreise (w_i) definiert:

$$(25) \qquad Y \equiv \sum_i w_i V_i \, , \quad i = 1, 2, ..., n.$$

Entsprechen annahmegemäß die Arbeitskräfte (L) der Bevölkerung, so erhält man durch Division beider Seiten von Gleichung (25) mit L das Pro-Kopf-Einkommen (y) als Funktion der Pro-Kopf-Faktorausstattung (v_i):

$$(26) \qquad y = \sum_i w_i v_i \, .$$

[68]Vgl. Rassekh/Thompson (1998), S. 5. Für eine ausführliche Auseinandersetzung mit dem Faktorpreisausgleichstheorem vgl. Albert (1994).

[69]Ben-David (1993), S. 653.

[70]Vgl. z.B. Sachs/Warner (1995).

[71]Die Bezeichnung des Faktorpreisausgleichtheorems als Mechanismus ist nicht ganz korrekt. Dieses Theorem besagt, dass es im steady state bei Freihandel zu einem Ausgleich der Faktorpreise kommt. Es sagt nichts über die Entwicklungen im Verlaufe des Prozesses der Handelsliberalisierung aus. Leamer hat dieses Problem erkannt und vorgeschlagen, den Zusammenhang zwischen der Reduzierung von Handelsbarrieren und dem daraus folgenden Abbau von Faktorpreisunterschieden als Faktorpreiskonvergenztheorem zu bezeichnen: „***The Factor-Price-Convergence Theorem.*** *When two countries eliminate their mutual trade barriers, product-price equalization eliminates factor-price differences.*" Leamer (1995), S. 7.

[72]Vgl. dazu und zum Folgenden Rassekh/Thompson (1998), S. 3ff.

Unterstellt man nun bei der Betrachtung von zwei offenen Volkswirtschaften, dass Faktorpreisausgleich durch Güterhandel gegeben ist, so gilt für alle Faktorpreise $w_i = w_i^* = w_i^e$, wobei sowohl hier als auch im Folgenden die Variablen des Auslands mit einem Stern gekennzeichnet sind. w_i^e repräsentiert die einheitlichen Faktorpreise in beiden Ländern. Definiert man nun $w_i^e = 1$, so ergibt sich aus Gleichung (26) die Differenz der Pro-Kopf-Einkommen im In- und Ausland als Summe der jeweiligen Faktorausstattungsdifferenzen pro Kopf:

$$(27) \qquad y - y^* = \sum_i (v_i - v_i^*) .$$

Die Pro-Kopf-Einkommen in beiden Ländern sind folglich nur dann gleich, wenn gilt: $\sum(v_i - v_i^*) = 0$. In einem Zwei-Faktoren-Modell mit den Produktionsfaktoren Arbeit (L) und Kapital (K) und den entsprechenden Faktorpreisen w und r heißt das, dass die Pro-Kopf-Einkommen beider Länder übereinstimmen, wenn gilt: $k = k^*$.[73] Für das Erreichen des steady state zweier identischer Volkswirtschaften und damit für absolute Konvergenz ist also die Kapitalakkumulation bis zum Erreichen der gleichgewichtigen Kapitalintensitäten entsprechend dem neoklassischen Wachstumsmodell entscheidend. Im Heckscher-Ohlin-Modell sind es jedoch gerade die Unterschiede in der Faktorausstattung, die zur Aufnahme von Handel führen. Makro-Konvergenz würde also zu einem Versiegen der Handelsströme im steady state und damit erneut zu zwei geschlossenen Volkswirtschaften führen.

Da im Rahmen des Faktorpreisausgleichstheorems jedoch lediglich die Faktorpreise, nicht jedoch die Faktormengen ausgeglichen werden, führt Freihandel im Faktorproportionenmodell von Heckscher und Ohlin zwar zu Mikro-Konvergenz, nicht jedoch automatisch zu einem Ausgleich der Pro-Kopf-Einkommen und damit Makro-Konvergenz.

Führt man neben Arbeit und Kapital einen dritten Produktionsfaktor ein, z.B. natürliche Ressourcen N mit v als Quotient aus N und L, so wird Gleichung (27) zu:

$$(28) \qquad y - y^* = (v - v^*) + (k - k^*) .$$

Ist das Inland im Gegensatz zum Ausland reichlich ausgestattet mit natürlichen Ressourcen ($v > v^*$), so kann sich nur dann ein Ausgleich der Pro-Kopf-Einkommen ergeben, wenn gleichzeitig neben dem Faktorpreisausgleich durch Freihandel das Ausland kapitalreicher ist als das Inland ($k < k^*$). Für den Zusammenhang von Makro- und Mikro-Konvergenz heißt das: „*To catch up with a rich country, a poor country would have to accumulate at least one non-labor factor per worker to exceed the rich country. Free trade alone will not be*

[73]In einem Zwei-Faktoren-Modell lautet Gleichung (26): $y = w + rk$.

enough."[74] Trotz Mikrokonvergenz ist es somit je nach nationaler Faktorausstattung sogar möglich, dass es zu Makro-Divergenz kommt.

Nichtsdestotrotz ist der Ausgleich der Faktorpreise ein entscheidender Faktor in Richtung Konvergenz. Entscheidend für Makro-Konvergenz sind jedoch ebenfalls die Faktormengen. Deren Einfluss auf den Faktorpreisausgleich und den Konvergenzmechanismus im neoklassischen Wachstumsmodell soll im Folgenden durch die Einbeziehung von Faktormobilität erörtert werden.

3.2.3.2. Faktormengen

Geht man neben Güterhandel zusätzlich davon aus, dass die Produktionsfaktoren Arbeit und Kapital nicht mehr nur intersektoral, sondern auch international mobil sind, so führt dies in der neoklassischen Theorie zu einer Reallokation von Arbeit und Kapital entsprechend den Grenzproduktivitäten der Produktionsfaktoren in den einzelnen Volkswirtschaften und damit entsprechend den Unterschieden in ihrer Entlohnung. In einer neoklassischen Welt würde Kapital immer in solche Regionen fließen, in denen es knapp ist und aufgrund der höheren Grenzproduktivität effizienter eingesetzt werden kann als in kapitalreichen Regionen. Analoges gilt für den Produktionsfaktor Arbeit. Durch die Wanderung von Arbeit und Kapital in Regionen, die mit diesen Produktionsfaktoren gering ausgestattet sind, erhöht sich dort ihr Angebot und sinkt in Folge dessen ihre Grenzproduktivität und damit ihre Entlohnung. Das Gegenteil ergibt sich in den arbeitsreichen bzw. kapitalreichen Regionen, in denen durch den Abzug der Produktionsfaktoren die Grenzproduktivitäten wieder steigen und damit auch die Löhne bzw. Zinsen. Unter der Annahme perfekter Faktormobilität kommt es somit selbst ohne die Annahme von Güterhandel zu einem Ausgleich der Faktorpreise. Man spricht deshalb in diesem Zusammenhang auch von der Substitutionalität von Faktorwanderungen und Güterhandel.[75]

Doch auch mit Faktormobilität ist ein automatischer Zusammenhang von Mikro- und Makro– Konvergenz nicht gewährleistet. Geht man lediglich von den Produktionsfaktoren Arbeit und Kapital aus, so ist gemäß Gleichung (27) ein Ausgleich der Pro-Kopf-Einkommen nur bei Übereinstimmung der Kapitalintensitäten analog zum neoklassischen Wachstumsmodell gegeben. Trotz Faktormobilität und daraus resultierendem Faktorpreisausgleich ist dies jedoch nicht die unmittelbare Folge, es sei denn zwei identische Volkswirtschaften hätten bereits das gleiche Pro-Kopf-Einkommen und befänden sich wie oben erläutert bereits im steady state. Es gilt also auch bei Faktormobilität, dass Faktorpreis-

[74]Rassekh/Thompson (1998), S. 6. Die Autoren sehen in diesem Ergebnis eine wirtschaftspolitische Verpflichtung ärmerer Volkswirtschaften zur verstärkten Investition in mindestens einen Produktionsfaktor auf Pro-Kopf-Basis, sei es in physisches Kapital, Ausbildung und Humankapital oder natürliche Ressourcen.

[75]Vgl. z.B. Ohlin (1991), S. 115.

ausgleich allein keine hinreichende Bedingung für einen tatsächlichen Ausgleich der Pro-Kopf-Einkommen darstellt.

In der Realität sind jedoch die neoklassischen Rahmenbedingungen gar nicht erfüllt. Kommt die heutige Kapitalmobilität auf den internationalen Kapitalmärkten dem Ideal der perfekten Faktormobilität noch am nächsten, so kann davon beim Faktor Arbeit keine Rede sein. Die Entscheidung zur Emigration bzw. Immigration von Arbeitskräften kann nicht allein durch das Lohndifferenzial zweier Volkswirtschaften erklärt werden, sondern ist zusätzlich von mikroökonomischen Standortfaktoren abhängig. Ansgar Belke und Martin Hebler definieren eine solche Migrationsentscheidung für den einzelnen Arbeiter als ein „Investitionsproblem unter Unsicherheit"[76], wobei die Vor- und Nachteile respektive die Erträge und Kosten einer solchen Investition abgewogen werden müssen. Neben dem Lohndifferenzial fließen in die Entscheidung weitere Faktoren, wie das Alter des Migrationswilligen, die Such- und Informationskosten, aber auch die individuelle Risikoneigung ein. Einen weiteren Ansatz bietet die moderne ökonomische Migrationstheorie, bei der bestimmte Push- und Pull-Faktoren die jeweilige Anziehungskraft eines Standortes auf den individuellen Arbeiter bestimmen. Diese Faktoren sind der Lebensstandard, die Arbeitsmarktsituation, das Bevölkerungswachstum, das soziale Netz, das Steuersystem, die Situation auf dem Wohnungsmarkt, der Grad der Umweltverschmutzung, die Infrastruktur etc., welche je nach Merkmalsausprägung die Entscheidung auszuwandern, oder zu Hause zu bleiben, beeinflussen.[77]

Faktorwanderungen sind somit keine Garantie für die Konvergenz der Pro-Kopf-Einkommen, da sie zum einen in der Realität verschiedenen Restriktionen ausgesetzt sind und zum anderen auch der durch sie verursachte Faktorpreisausgleich keine hinreichende Bedingung für einen Ausgleich der Einkommen darstellt.

Im neoklassischen Wachstumsmodell war es die Anpassung der Kapitalintensität, begleitet von einer entsprechenden Veränderung des Faktorpreisverhältnisses, die zum Erreichen des steady state geführt hat. Intersektorale Faktormobilität war dabei unverzichtbar für die gleichgewichtige Entwicklung. Betrachtet man das Modell unter Zugrundelegung offener Volkswirtschaften, so muss nun der Einfluss der internationalen auf eben diese intersektorale Faktormobilität, auf den Anpassungsprozess bzw. insbesondere die Kapitalakkumulation zum steady state und damit natürlich auch auf den Konvergenzprozess betrachtet werden. Es stellt sich die Frage, ob das Ergebnis, dass im neoklassischen Modell geschlossener Volkswirtschaften diejenige Volkswirtschaft am schnellsten wächst, die von ihrem steady state am weitesten entfernt ist, auch bei der Einbeziehung internationaler Faktormobilität gilt.

---

[76] Belke/Hebler (2002), S. 125.

[77] Vgl. dazu und zu einem Überblick über weitere theoretische Migrationsansätze Belke/Hebler (2002), S. 124ff.

Barro und Sala-i-Martin (1992a) sowie Barro, Mankiw und Sala-i-Martin (1992) haben in diesem Zusammenhang die Auswirkungen von Arbeits- bzw. Kapitalmobilität auf den neoklassischen Konvergenzprozess untersucht. Die Einbeziehung von Migrationskennziffern in eine Regressionsgleichung, wie sie in ihrer grundsätzlichen Form in Gleichung (24) dargestellt ist, führt bei der Untersuchung von Japan und den USA von Barro und Sala-i-Martin (1992) jedoch zu keinen nennenswerten Auswirkungen auf den negativen Zusammenhang zwischen dem Pro-Kopf-Einkommen zum Zeitpunkt t und der durchschnittlichen Wachstumsrate in den darauffolgenden Jahren ebenso wenig wie auf die Werte für die Konvergenzgeschwindigkeit β.[78]

Die Einführung von Kapitalmobilität in das neoklassische Wachstumsmodell dagegen kann die Kapitalakkumulation einer kapitalärmeren Volkswirtschaft und damit ihren Konvergenzprozess beschleunigen, wie dies von Barro, Mankiw und Sala-i-Martin (1992) gezeigt wird. Der Vorteil internationaler Kapitalmärkte ist dabei, dass die Kapitalakkumulation nicht mehr allein von den lokalen Ersparnissen abhängig ist, sondern zusätzlich noch aus dem Ausland finanziert werden kann.

Die Abläufe werden anhand einer Cobb-Douglas-Produktionsfunktion veranschaulicht, wobei der Output mit Hilfe von Sachkapital, Humankapital und Arbeit produziert wird. Die Pro-Kopf-Produktionsfunktion sieht wie folgt aus:

$$(29) \qquad y = f(k,h) = Ak^{\alpha}h^{\eta}, \text{ mit } 0 < \alpha + \eta < 1.$$ [79]

In einer geschlossenen Volkswirtschaft ergibt sich analog zum Vorgehen in Kapitel 3.2.2.1. bei konstanter Sparquote der Konvergenzkoeffizient β als:

$$(30) \qquad \beta_{closed} = (1 - \alpha - \eta) \cdot (\gamma + n + \delta).$$

Der einzige Unterschied zu Gleichung (19) ist, dass nicht nur die Einkommensquote des Sachkapitals, sondern ebenfalls die des Humankapitals in die Berechnung der Konvergenzgeschwindigkeit mit eingeht.

Es wird nun zunächst eine kleine offene Volkswirtschaft mit perfekter internationaler Kapitalmobilität, jedoch ohne Migration betrachtet. Ist der Kapitalzins dieser kleinen offenen Volkswirtschaft geringer als auf dem Weltmarkt, so wären die Kapitalkosten für einen inländischen Investor bei Kapitalmobilität nun niedriger, als dies in der geschlossenen Volkswirtschaft der Fall wäre. Folglich würde es sofort zu einem Zustrom von ausländischem Kapital kommen.

[78] „The main conclusion is that, even though the process of migration is a potential explanation of the convergence process in the United States and Japan, we do not find evidence of its importance in either case.“ Barro/Sala-i-Martin (1992a), S. 27.

[79] Diese Ungleichung gewährleistet das Vorliegen abnehmender Grenzerträge des Kapitals, wobei hier Kapital im weiteren Sinne verstanden wird, also inkl. Humankapital. Auf die explizite Kennzeichnung der in Effizienzeinheiten gemessenen Kapitalintensitäten mit LA wurde aus Vereinfachungsgründen verzichtet.

Die Kapitalintensität und mit ihr das Pro-Kopf-Einkommen der Volkswirtschaft würden auf einen Schlag ihre Gleichgewichtswerte annehmen.

„[...] the model predicts that a small open economy will jump instantaneously to its steady-state levels of output, physical capital, and human capital per effective worker and will remain there forever."[80]

Für die Konvergenzgeschwindigkeit bedeutet dies, dass die Annahme perfekter Kapitalmobilität zu einem β von Unendlich führen würde, was jedoch nicht mit der Realität und vor allem nicht mit der von Barro und Sala-i-Martin aufgestellten 2-%-Regel in Einklang zu bringen wäre. Um also ein mit den empirischen Daten übereinstimmendes Ergebnis zu erlangen, untersuchen Barro, Mankiw und Sala-i-Martin daraufhin das Modell einer offenen Volkswirtschaft mit partieller Kapitalmobilität.[81]

Es wird dabei angenommen, dass Sachkapital international mobil ist, Humankapital jedoch nicht. Sachkapital dient als Sicherheit im internationalen Kreditgeschäft, Humankapital jedoch nicht. Die Aufnahme von Schulden im Ausland kann somit die Höhe des inländischen Kapitalstocks k nicht übersteigen. Diese Annahmen beschreiben eine Situation, in der der inländische Kapitalstock zum Teil oder sogar vollständig durch die Ausgabe von Anleihen an Ausländer finanziert ist. Wahlweise kann es sich auch um ausländische Direktinvestitionen handeln, wodurch ausländische Investoren anstatt Anleihen sogar Teile des inländischen Kapitalstocks besitzen. Nimmt nun das Inland im Ausland in Höhe seines Kapitalstocks Schulden auf, so muss der Nettoertrag des Kapitals immer dem ausländischen Kapitalzins entsprechen. Die Kapitalakkumulation ist nicht mehr von der inländischen Ersparnis abhängig, sondern kann auf einmal auf dem internationalen Kapitalmarkt finanziert werden. Folge dieser Schuldenaufnahme ist, dass nun das Verhältnis von Sachkapital zu Output (k/y) auch auf dem Weg zum steady state konstant ist und nicht mehr wie in der geschlossenen Volkswirtschaft stetig ansteigt.[82] Das Verhältnis von Humankapital zu Output

---

[80]Barro/Mankiw/Sala-i-Martin (1992), S. 13f. Vgl. ebenfalls Tondl (2001), S. 60.

[81]Kremer und Thomson (1994) liefern einen Erklärungsansatz, warum es auch in einem neoklassischen Modell offener Volkswirtschaften nicht zu einer sofortigen Konvergenz zum Gleichgewicht kommt. Sie führen dies auf die unvollständige Substituierbarkeit von Humankapital alter und junger Menschen zurück. „Under imperfect substitutability, however, convergence is not immediate because it is not optimal to invest too heavily in young human capital or physical capital given a fixed supply of old human capital. [...] Imperfect substitutability can be interpreted as slowing convergence by creating a form of adjustment cost in human capital, since under imperfect substitutability total output depends positively on each generation's human capital, but negatively on the change in human capital between generations." Kremer/Thomson (1994), S. 5.

[82]Barro, Mankiw und Sala-i-Martin (1992) machen in diesem Zusammenhang darauf aufmerksam, dass dies nun mit Kaldors stilisiertem Faktum einer konstanten Kapital-Output-Rate im Entwicklungsprozess übereinstimmt. Vgl. Barro/Mankiw/Sala-i-Martin (1992), S. 10 u. 16.

(h/y) dagegen steigt nach wie vor bis es im steady state seinen Gleichgewichtswert erreicht hat. Die Konvergenzimplikationen des Modells entsprechen somit dem Modell einer geschlossenen Volkswirtschaft mit positiven und abnehmenden Grenzerträgen eines akkumulierbaren Produktionsfaktors – in diesem Fall Humankapital.

Für den Fall, dass der inländische und der ausländische Zinssatz übereinstimmen, wird auch das steady-state-Niveau durch die partielle Kapitalmobilität nicht beeinflusst. Ist der Zinssatz auf dem Weltmarkt jedoch niedriger als im Inland, kann die Volkswirtschaft sogar ein höheres steady-state-Einkommen mit höheren Werten für k und h als ohne Kapitalmobilität erreichen. Auf diesem Weg können arme Volkswirtschaften mit einer hohen Zeit- und Konsumpräferenz und folglich relativ hohen Zinssätzen von internationaler Kapitalmobilität profitieren und ein höheres Einkommen erwirtschaften als es ihnen die inländische Ersparnis sonst erlauben würde.[83]

Die entscheidende Veränderung im Vergleich zum Modell geschlossener Volkswirtschaften zeigt sich jedoch in den Auswirkungen auf den Konvergenzkoeffizienten β. Dieser ergibt sich in einer offenen Volkswirtschaft bei konstanter Sparquote wie folgt:

$$\beta_{open} = (1-\frac{\eta}{1-\alpha})\cdot(\gamma+n+\delta)\,. \tag{31}$$

Man kann nun die beiden Konvergenzgeschwindigkeiten in Gleichung (29) bzw. (31) durch Einsetzen der folgenden Parameterwerte vergleichen.[84] Mit α = 0,3; η= 0,5; γ = 0,02; n= 0,01 und δ = 0,05 ergibt sich ein Konvergenzkoeffizient in der geschlossenen Volkswirtschaft von β_{closed} = 1,6% und in der offenen Volkswirtschaft von β_{open} = 2,3%. Die Konvergenzgeschwindigkeit in der offenen Volkswirtschaft ist somit höher als die einer geschlossenen Volkswirtschaft. Die Ursache dafür liegt darin, dass in der offenen Volkswirtschaft die Akkumulation des Sachkapitals auf dem internationalen Kapitalmarkt relativ schnell stattfinden kann, so dass die Volkswirtschaft schon mit einem hohen Niveau von k in den Konvergenzprozess startet. Im Gegensatz zur geschlossenen Volkswirtschaft bleibt der Quotient aus Sachkapital und Humankapital (k/h) nicht konstant, sondern sinkt im Verlauf des Anpassungsprozesses durch die fortschreitende Akkumulation von h. Die abnehmenden Grenzerträge des Produktionsfaktors Humankapital wirken sich somit schneller aus und führen zu einem Anstieg der Konvergenzgeschwindigkeit.[85]

Eine weitere Möglichkeit, dies deutlich zu machen, erhält man, indem man einen Blick auf die jeweiligen Kapitaleinkommensquoten wirft. In Kapitel 3.2.2.1. wurde hergeleitet, dass die Konvergenzgeschwindigkeit umso höher ist,

[83] Vgl. Tondl (2001), S. 62.

[84] Die Parameterwerte stammen von Barro/Mankiw/Sala-i-Martin (1992), S. 10. Sie beziehen sich auf die US-Volkswirtschaft.

[85] Vgl. Barro/Mankiw/Sala-i-Martin (1992), S. 19.

je niedriger die Kapitaleinkommensquote, also die partielle Produktionselastizität des Kapitals, ist, da dies mit einem schnelleren Einsetzen der abnehmenden Grenzerträge des Kapitals verbunden ist. Vergleicht man nun die beiden Kapitaleinkommensquoten aus Gleichung (29) und (31), so gilt:

$$(32) \qquad \frac{\eta}{1-\alpha} < \alpha + \eta .$$

Die offene Volkswirtschaft arbeitet folglich wie die geschlossene, allerdings mit einer geringeren Einkommensquote aus Sachkapital und Humankapital. Vergleicht man nun nicht nur die Kapitaleinkommensquoten, sondern die beiden Konvergenzkoeffizienten aus Gleichung (29) und (31) im Gesamten, so erkennt man, dass der Unterschied sich sogar lediglich auf die Einkommensquote des mobilen Produktionsfaktors beschränkt:

$$(33) \qquad \frac{\beta_{open}}{\beta_{closed}} = \frac{1-\frac{\eta}{1-\alpha}}{1-\alpha-\eta} = \frac{\frac{1-\alpha-\eta}{1-\alpha}}{1-\alpha-\eta} = \frac{1}{1-\alpha} .$$

Geht man bei Industrieländern von einer Kapitaleinkommensquote von α = 30% aus, so ist die Konvergenzgeschwindigkeit in einer offenen Volkswirtschaft ca. 1,5-mal so hoch wie in einer geschlossenen Volkswirtschaft. Beträgt die Einkommensquote des physischen Kapitals dagegen 60%, wie dies gemäß den Studien von Erich Gundlach für viele Entwicklungsländer der Fall ist, so führt die Offenheit einer Volkswirtschaft sogar zu einem 2,5-mal so hohen Konvergenzkoeffizienten.[86]

Barro, Mankiw und Sala-i-Martin kommen bei der Diskussion ihrer Ergebnisse zu der Schlussfolgerung, dass durch Kapitalmobilität zwar ein Anstieg des Kapitalkoeffizienten zu verzeichnen ist, dieser jedoch quantitativ eher unbedeutend ist.[87] In der Tat liegt sowohl der Konvergenzkoeffizient für die geschlossene Volkswirtschaft von 1,6% als auch derjenige für die offene Volkswirtschaft von 2,3% im Bereich ihrer sogenannten 2-%-Regel. Folgt man jedoch Gundlach und errechnet man die hinter den Konvergenzkoeffizienten steckenden Jahre für die Halbierung der Einkommenslücke zum steady state gemäß Gleichung (23), so kommt die Bedeutung jedes einzelnen Prozentzehntels etwas besser zur Geltung.[88] Während es bei einem Konvergenzkoeffizienten von 1,6% ca. 43 Jahre dauert, bis die Hälfte der Einkommenslücke zum Gleichgewicht erreicht ist, genügen bei einem Koeffizienten von 2,3% schon 30 Jahre. Der kleine Unterschied in der „Halbwertszeit" zwischen einer geschlossenen und einer offenen Volkswirtschaft summiert sich in diesem Fall also auf 13 Jahre.

Kapitalmobilität verändert somit zwar nicht den Konvergenzprozess im neoklassischen Wachstumsmodell, ermöglicht jedoch die Beschleunigung der

[86]Vgl. Gundlach (1997), S. 483f, 486.
[87]Vgl. Barro/Mankiw/Sala-i-Martin (1992), S. 28.
[88]Vgl. Gundlach (1997), S. 484.

Kapitalakkumulation und damit einen Anstieg der Konvergenzgeschwindigkeit. Für die Erweiterung der Europäischen Union um die Länder Mittel- und Osteuropas bedeutet dies, dass die Gewährung von Kapitalmobilität und der Aufbau eines funktionierenden europäischen Kapitalmarktes die Konvergenzzeit der Beitrittskandidaten bis zum Erreichen des durchschnittlichen Pro-Kopf-Einkommens in der bisherigen EU wesentlich verringern könnte.

3.3. Zusammenfassung und Weiterentwicklung

„Initially poor countries will grow faster than initially rich ones". Dieser Satz von Xavier Sala-i-Martin steht stellvertretend für die Konvergenzaussage der neoklassischen Wachstumstheorie. Konvergenz ist möglich und unter den Bedingungen, die in diesem Kapitel dargestellt wurden, sogar unausweichlich. Im Mittelpunkt steht die Kapitalakkumulation, welche in einer offenen Volkswirtschaft mit Kapitalmobilität aufgrund der höheren Grenzproduktivität in kapitalarmen Ländern sogar beschleunigt werden kann. Die einzige Frage, die sich stellt, ist, inwieweit verschiedene Volkswirtschaften tatsächlich zu ein und demselben steady state konvergieren und folglich nicht nur β-Konvergenz, sondern auch σ-Konvergenz und damit eine Abnahme der Einkommensdisparitäten zu erwarten ist. Im Verlauf dieses Kapitels wurden verschiedene empirische Untersuchungen vorgestellt, welche die Möglichkeit aufzeigen, dass es sich bei der Europäischen Union in den letzten Jahrzehnten seit dem Zweiten Weltkrieg tatsächlich um einen Konvergenz-Club gehandelt hat, folglich ursprünglich ärmere Länder schneller gewachsen sind als ursprünglich reichere. Diese empirischen Arbeiten haben aber auch und vor allem gezeigt, dass es sich bei der Angleichung der Lebensstandards um einen längerfristigen Anpassungsprozess handelt, d.h., dass auch für ein erweitertes Europa der Erwartungshorizont für den Konvergenzprozess eher auf Jahrzehnte an Stelle von Jahren ausgerichtet sein sollte.

Um diese Aussage in Zahlen zu veranschaulichen, haben Tito Boeri und Herbert Brücker (2001) unter Zugrundelegung der empirischen Arbeiten von Barro (1991) und Levine/Renelt (1992) die Konvergenzzeit für die zehn mittel- und osteuropäischen Länder geschätzt, die sie benötigen, um an das Pro-Kopf-Einkommen der drei ärmsten EU-Länder (Spanien, Portugal und Griechenland) aufzuschließen. Für die drei südeuropäischen Länder wurde dabei ein jährliches Wachstum von 2% unterstellt.[89] Boeri und Brücker machen darauf aufmerksam,

[89]Die Länderquerschnitts-Regressionen von Barro (1991) und Levine/Renelt (1992) beziehen sich zum einen auf den Zusammenhang zwischen der durchschnittlichen Wachstumsrate und länderspezifischen Ausgangsbedingungen (Pro-Kopf-Einkommen und Bestand an Human-kapital zu Beginn des Betrachtungszeitraums) und zum anderen auf den Einfluss von Instru-menten der Wirtschaftspolitik wie z.B. dem Anteil der Staatsausgaben am BIP. Die Ergeb-nisse dieser Regressionsanalysen wurden von Boeri und Brücker auf die aktuellen Bedingungen der MOEL übertragen. Vgl. Boeri/Brücker (2001).

dass die mit Hilfe der Regressionskoeffizienten von Barro und Levine/Renelt geschätzten Wachstumsraten für die MOEL (mit Ausnahme von Tschechien) durchaus mit der Wachstumsperformance der Beitrittskandidaten seit Mitte der 90er Jahre übereinstimmen. Die Ergebnisse für die geschätzten Konvergenzzeiten können Abbildung 3.7 entnommen werden. Die Abbildung macht nicht nur die voraussichtliche Dauer des Konvergenzprozesses deutlich, sondern veranschaulicht auch die unterschiedlichen Voraussetzungen in den zehn Beitrittskandidaten. Die Konvergenzzeiten entsprechen in etwa der in Kapitel 2 vorgefundenen heterogenen Entwicklung der MOEL, wobei das optimistische Szenario für Tschechien in dieser Schätzung aufgrund einer Abschwächung des Wachstumsprozesses in den letzten Jahren wohl nicht realistisch ist.

Abbildung 3.7: Geschätzte Konvergenzzeit bis zum Erreichen des Pro-Kopf-Einkommens von Spanien, Portugal und Griechenland

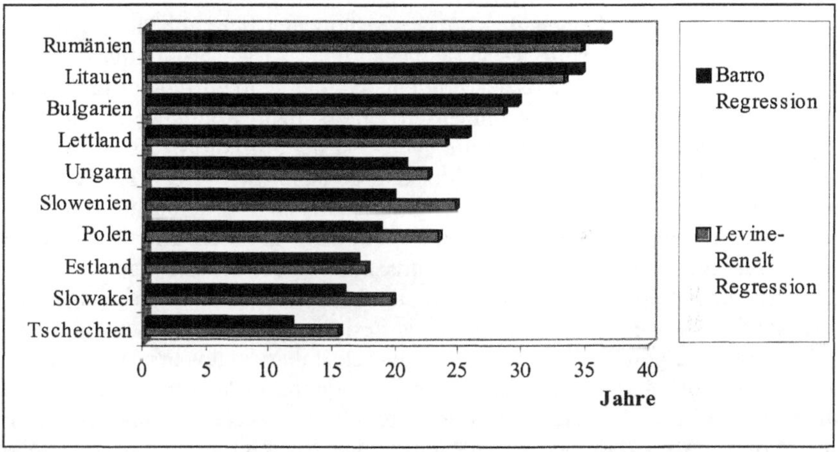

Quelle: Boeri/Brücker (2001), Figure 1.

Ein weiteres Beispiel, das die Dauer eines Konvergenzprozesses verdeutlichen kann, ist der Aufholprozess der fünf neuen Bundesländer in Deutschland. Das durchschnittliche Einkommen eines ostdeutschen Haushaltes lag 1990 bei unter 40% des Westniveaus und dabei in einem vergleichbaren Verhältnis wie das Pro-Kopf-Einkommen der MOEL zum EU-Durchschnitt nach dem Ende der Sowjetunion.[90] Betrachtet man die ersten zehn Jahre nach der Wiedervereinigung, so verlief der Konvergenzprozess in Deutschland zu Beginn der 90er

[90]Vgl. dazu und zum Folgenden Sinn (2000).

Jahre wesentlich schneller als gemäß den Konvergenztheorien zu erwarten war. Im Jahr 2000 lag das durchschnittliche Einkommen eines ostdeutschen Haushaltes schon bei über 80% des Westniveaus. Das Schließen der Einkommenslücke ging folglich wesentlich zügiger voran als dies beispielsweise gemäß der 2% - Regel von Barro und Sala-i-Martin prognostiziert worden war.[91]

Die Ost-West-Konvergenz in Deutschland ist jedoch nicht ganz mit der Ost-West-Konvergenz in Europa zu vergleichen. Ein großer Unterschied ist z.B., dass in Ostdeutschland das marktwirtschaftliche Rechtssystem Westdeutschlands ohne langfristige Übergangsperioden und nationale Gesetzgebungsverfahren übernommen werden konnte. Inwieweit dies ein Vorteil oder Nachteil ist, ist jedoch umstritten. Die direkte Übernahme westdeutscher Standards hat die neuen Bundesländer verschiedener Anpassungsmechanismen beraubt, die den MOEL dagegen zur Verfügung stehen. Entscheidend für die Konvergenzentwicklung Ostdeutschlands sind jedoch die hohen Transferzahlungen aus dem Westen, die sämtliche zu erwartenden Beihilfen der EU im Rahmen der Osterweiterung für die einzelnen MOEL bei Weitem übersteigen. Aus diesem Grund ist das nominale Einkommen als Konvergenzindikator nicht unbedingt geeignet. Betrachtet man dagegen die gesamtwirtschaftliche Arbeitsproduktivität, so hat diese 1996 59% des Westniveaus erreicht, konnte seitdem jedoch nicht mehr verbessert werden. Trotz der immensen Unterstützungszahlungen – im Jahr 2000 lagen sie bei 140 Mrd. DM pro Jahr – ist der Aufholprozess der ostdeutschen Bundesländer folglich ins Stocken geraten. Seit 1997 ist das reale Wachstum in Ostdeutschland geringer als im Westen und damit die Hauptvoraussetzung für einen Konvergenzprozess nicht mehr gegeben. Die Gründe dafür sind vielfältig. So wird neben falschen Investitionsanreizen und einer daraus resultierenden Fehllenkung des Kapitals im Rahmen des Fördergebietsgesetzes insbesondere die verfehlte Lohnpolitik als Erklärung für den Stillstand des Aufholprozesses angeführt.[92] Trotz der unvergleichbar guten Voraussetzungen scheint ein vollständiges Schließen der Einkommenslücke für Ostdeutschland somit wieder in weite Ferne gerückt zu sein. Für die Osterweiterung der EU bedeutet dies, dass zum einen aus Fehlern in Deutschland gelernt werden sollte und zum anderen klar sein muss, dass insbesondere aufgrund politischer, konjunktureller und anderer exogener Störungen ein Konvergenzprozess immer eine längerfristige und vor allem unsichere Angelegenheit ist.

Dass man nicht immer automatisch von einem Konvergenzprozess ausgehen darf, zeigt sich auch bei der Einbeziehung von Entwicklungsländern in globale Konvergenzuntersuchungen. Viele dieser Länder mussten im Vergleich mit führenden Industrieländern in den letzten Jahrzehnten sogar einen Anstieg der Einkommensdisparitäten verzeichnen.[93]

---

[91]Vgl. auch Bröcker (1998), S. 28.
[92]Vgl. Sinn (2000), S. 15ff.
[93]Vgl. z.B. Haug (1998).

Das positive Ergebnis hinsichtlich eines möglichen Konvergenzprozesses in der neoklassischen Wachstumstheorie wurde jedoch nicht nur aufgrund des nicht immer eindeutigen Nachweises in empirischen Untersuchungen kritisiert. In hohem Maße unbefriedigend ist auch das Ergebnis, dass Spar- und Investitionsentscheidungen der Wirtschaftsakteure zwar das Niveau des gleichgewichtigen Pro-Kopf-Einkommens beeinflussen, nicht jedoch dessen langfristige, gleichgewichtige Wachstumsrate. Diese ist einzig und allein von der Rate des technischen Fortschritts abhängig, welche jedoch im Modell nicht endogen bestimmt werden kann. Das Beispiel von Solows Untersuchung der USA im Zeitraum von 1909 – 1949 zeigt, dass 7/8 des Pro-Kopf-Outputwachstums nicht auf Kapitalakkumulation zurückgeführt werden können. 87,5% des Wachstums müssen dem technischen Fortschritt zugerechnet werden und damit einer Größe, die im neoklassischen Wachstumsmodell exogen vorgegeben ist. Die Neue Wachstumstheorie hat es sich deshalb zur Aufgabe gemacht, eben diesen technischen Fortschritt in ihren Modellen zu endogenisieren, um den einzelnen Volkswirtschaften ein weiteres Instrument in die Hand zu geben, ihre internationale Performance zu verbessern. Dabei wird einer der wichtigsten Mechanismen der neoklassischen Konvergenzhypothese außer Kraft gesetzt – die abnehmenden Grenzerträge des Kapitals.

Anhang

Tabelle A.6: Pro-Kopf-Einkommen in Ost- und Westeuropa 1950 – 1990

EU-15	**1950**	**1955**	**1960**	**1965**	**1970**	**1975**	**1980**	**1985**	**1990**
Lux	7.919	-	-	-	-	-	-	-	20.145
D	4.281	6.431	8.463	10.104	11.933	13.034	15.370	16.412	18.685
Dk	6.683	7.115	8.477	10.552	12.204	13.104	14.645	16.724	17.953
F	5.221	6.252	7.472	9.264	11.558	13.101	14.979	15.773	17.777
S	6.738	7.566	8.688	10.815	12.717	14.185	14.935	16.618	17.695
B	5.346	6.147	6.779	8.384	10.410	12.133	14.022	14.565	16.807
A	3.731	5.087	6.561	7.786	9.813	11.724	13.881	14.799	16.792
Fin	4.131	5.047	6.051	7.449	9.302	11.098	12.693	14.282	16.604
Nl	5.850	7.148	8.085	9.560	11.670	13.037	14.326	14.704	16.569
GB	6.847	7.759	8.571	9.668	10.694	11.701	12.777	14.046	16.302
I	3.425	4.575	5.789	7.434	9.508	10.558	13.092	13.859	15.951
E	2.397	3.085	3.437	5.075	7.291	9.151	9.539	9.915	12.170
Irl	3.518	3.995	4.368	5.180	6.250	7.117	8.256	8.784	11.123
P	2.132	2.560	3.095	4.173	5.885	6.790	8.251	8.548	10.685
Gr	1.951	2.560	3.204	3.904	6.327	7.867	9.139	9.479	10.051
MOEL									
Yug	1.546	1.781	2.401	3.008	3.657	4.693	5.876	6.050	5.458
CzSl	3.501	3.922	5.108	5.528	6.460	7.384	7.978	8.343	8.464
Hu	2.480	3.070	3.649	4.409	5.028	5.805	6.307	6.551	6.348
Pl	2.447	2.788	3.218	3.759	4.428	5.799	5.740	5.664	5.113
USSR	2.834	3.304	3.935	4.626	5.569	6.136	6.437	6.715	6.871
Rum	1.182	1.578	1.844	2.386	2.853	3.761	4.122	4.121	3.460
Bul	1.651	2.148	2.912	3.850	4.773	5.831	6.031	6.228	5.764

Quelle: Maddison (1995), S. 193ff.

Anmerkung: Ausweis der Pro-Kopf-Einkommen in 1990 Geary-Khamis Dollars.

Kapitel 4: Divergenzmechanismen in der Theorie endogenen Wachstums

4.1. Ein einfaches Modell endogenen Wachstums

In diesem Kapitel werden nun verschiedene Modelle der sogenannten Neuen Wachstumstheorie vorgestellt. Das Ziel ist es jedoch nicht, einen vollständigen Überblick über die verschiedenen Möglichkeiten zur Erzeugung endogenen Wachstums zu geben, sondern die Konsequenzen dieser Modelle für einen Konvergenzprozess, wie ihn die mittel- und osteuropäischen Länder zur Zeit erfahren, herauszuarbeiten. Es sollen theoretische Argumente geliefert werden, welche beispielsweise sowohl die Zunahme der Einkommensdisparitäten in der Welt als auch die zeitweise divergente Entwicklung im Zuge der Europäischen Integration zu Beginn der 80er Jahre erklären können. Die neoklassische Wachstumstheorie steht dafür wie beschrieben nicht zur Verfügung. Das Zusammenspiel einer weltweit sowohl identischen als auch verfügbaren Technologie mit dem Gesetz des abnehmenden Grenzertrages bei der Kapitalakkumulation führt, wie gezeigt, direkt zur Annahme absoluter bzw. bedingter Konvergenz.

Besonderes Merkmal der Modelle endogenen Wachstums[1] ist es, dass die Pro-Kopf-Wachstumsrate nicht wie im neoklassischen Modell einer exogen gegebenen Größe entspricht, sondern im Modell selbst erklärt wird und somit langfristiges Wachstum auch ohne die Veränderung exogener Größen erreicht werden kann. Im Folgenden soll anhand des sogenannten AK-Modells gezeigt werden, wie eine Endogenisierung des Wachstumsprozesses auf relativ einfache Art und Weise modelliert werden kann.[2]

In diesem Modell wird der Output mit lediglich zwei Inputs produziert, dem Kapital K und dem gegenwärtigen, konstanten Technologieniveau A. Ebenfalls aus Vereinfachungsgründen wird von einer konstanten, exogen gegebenen Sparquote s ausgegangen. Die Produktionsfunktion, die dem Modell den Namen gegeben hat, sieht wie folgt aus:

$$Y = AK, \tag{1a}$$

bzw. in Pro-Kopf-Größen:

$$y = Ak. \tag{1b}$$

[1]Bröcker (1998), S. 26 macht darauf aufmerksam, dass es falsch ist von Endogenen Wachstumsmodellen oder einer Endogenen Wachstumstheorie zu sprechen. Nicht die Modelle oder die Theorie sind endogen, sondern das zu erklärende Wachstum. Ursache der irreführenden Bezeichnung ist eine falsche Übersetzung des englischen Ausdrucks „endogenous growth theory".

[2]Vgl. zum Folgenden Barro/Sala-i-Martin (1995), S. 39ff.

Betrachtet man die erste Ableitung dieser Produktionsfunktion, so ergibt sich ein konstantes Grenzprodukt des Kapitals, das ebenso dem durchschnittlichen Produkt entspricht:

$$(2)\quad \frac{dY}{dK} = A.$$

Im Gegensatz zur neoklassischen Wachstumstheorie führt eine Akkumulation des Produktionsfaktors Kapital nicht zu einer Abnahme des Grenzertrags, sondern jede Einheit Kapital erhöht den Output um den konstanten Betrag A.

Der Wachstumsprozess ist auch in diesem Modell entscheidend durch die Kapitalakkumulation geprägt. Die Wachstumsrate des Kapitals, bzw. bei der Betrachtung von Pro-Kopf-Größen der Kapitalintensität, ergibt sich analog zu Gleichung (11) aus Kapital 3. Substituiert man den Term f(k)/k, das durchschnittliche Produkt des Kapitals, mit dem Technologieparameter A, so ergibt sich die Wachstumsrate der Kapitalintensität aus den Bruttoinvestitionen vermindert um die Summe aus Bevölkerungswachstum n und der Abschreibung δ:

$$(3a)\qquad w_k = sA - (n + \delta).$$

Es wird dabei bewusst auf exogenen technischen Fortschritt verzichtet, um zu zeigen, dass dauerhaftes Pro-Kopf-Wachstum allein durch Kapitalakkumulation möglich ist.

Abbildung 4.1: Die Wachstumsrate der Kapitalintensität

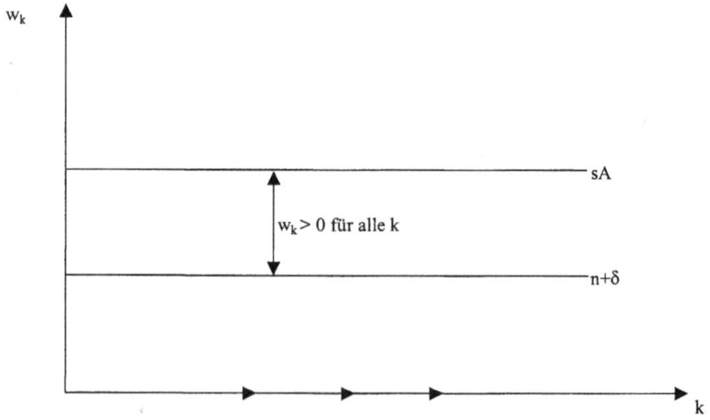

Quelle: Barro/Sala-i-Martin (1995), S. 39.

Ebenfalls wie in Kapitel 3 lässt sich die Wachstumsrate von k in einem Schaubild verdeutlichen. Abbildung 4.1 zeigt, dass für den Fall $sA > n + \delta$ die Wachstumsrate der Kapitalintensität als vertikale Distanz zwischen den beiden horizontalen Geraden sA und n+δ für alle k>0 einen positiven Wert annimmt. Im Gegensatz zu Abbildung 3.2 ist w_k folglich von der Kapitalakkumulation unabhängig. Aufgrund der angenommenen Konstanz von s, A, n und δ wächst die Kapitalintensität immer mit der gleichgewichtigen Rate $w_k^* = sA - (n + \delta)$.

Betrachtet man die Pro-Kopf-Produktionsfunktion in Gleichung (1b), so wird deutlich, dass die Wachstumsrate des Pro-Kopf-Einkommens zu jeder Zeit der Wachstumsrate der Kapitalintensität entspricht. Prüft man als weitere Variable den Pro-Kopf-Konsum mit $c = (1 - s)y$, so zeigt sich, dass c ebenso wie alle anderen Pro-Kopf-Größen des Modells mit ein und derselben Rate wächst:

$$(3b) \qquad w_y = w_k = w_c = sA - (n + \delta).$$

Im AK-Modell wächst eine Volkswirtschaft folglich langfristig auch ohne jeglichen technischen Fortschritt. Neben diesem entscheidenden Unterschied zum neoklassischen Wachstumsmodell zeigt sich zusätzlich, dass nun eine Veränderung der Verhaltensparameter des Modells, wie die Sparneigung oder das Technologieniveau, die Wachstumsrate nicht mehr nur auf dem Anpassungsprozess zum steady state beeinflusst und im Gleichgewicht lediglich zu einem veränderten Einkommensniveau führt, sondern einen permanenten Effekt auf die gleichgewichtige Wachstumsrate des Systems ausübt. Die ökonomischen Entscheidungen der Wirtschaftssubjekte haben damit einen maßgeblichen Einfluss auf den Wachstumsprozess ihrer Volkswirtschaft.

Die Wachstumsrate des Pro-Kopf-Einkommens ist ohne Veränderung der Verhaltensparameter immer konstant und dadurch natürlich auch vom jeweiligen Pro-Kopf-Einkommensniveau unabhängig. Zwei Volkswirtschaften, die identische Werte für die Sparneigung, das Technologieniveau, das Bevölkerungswachstum und die Abschreibungsrate aufweisen und sich lediglich in ihrem Kapitalstock pro Kopf und in Folge dessen im Pro Kopf-Einkommen und im Pro-Kopf-Konsum unterscheiden, wachsen mit einer identischen Rate. Es gilt weder absolute noch bedingte Konvergenz. Die ärmere Volkswirtschaft ist nicht in der Lage, an das Pro-Kopf-Einkommensniveau der reicheren Volkswirtschaft aufzuschließen. Ebenso gilt für zwei Volkswirtschaften, die identische Pro-Kopf-Einkommen aufweisen, sich jedoch beispielsweise im Technologieniveau unterscheiden, dass die Volkswirtschaft mit dem höheren Wert für A immer schneller wächst und es folglich zu einer Divergenz der Pro-Kopf-Einkommen kommen wird.

Die Ursache für diesen Mangel an Konvergenz ist die Abwesenheit abnehmender Grenzerträge des Kapitals. Betrachtet man die Produktionsfunktion aus Gleichung (1a) als Cobb-Douglas-Funktion, so entspricht sie dem Sonderfall mit einer Kapitaleinkommensquote $\alpha = 1$. In den empirischen Studien zur Untersuchung von Konvergenz in Kapitel 3 wurde deutlich, dass die Konvergenztendenzen immer schwächer werden, je weiter sich die Kapitaleinkommensquote dem Wert 1 annähert. Grund war die immer langsamer einsetzende Abnahme der Grenzerträge des Kapitals. Bei einem α von 1 kommt der Konvergenzprozess vollständig zum Erliegen, da jede Einheit investiertes Kapital nach wie vor einen konstanten Ertrag liefert und für die Haushalte der Anreiz zu Sparen und damit zu Investieren nicht verloren geht. Ruft man sich die Gleichung (19) aus Kapitel 3 zur Berechnung des Konvergenzkoeffizienten ins Gedächtnis zurück, mit $\beta = (1-\alpha)\cdot(\gamma + n + \delta)$, so wird sofort deutlich, dass bei einer Kapitaleinkommensquote von 1 der Konvergenzkoeffizient den Wert 0 annimmt.[3]

Das AK-Modell ist somit in der Lage, dauerhaftes, endogenes Wachstum einer Volkswirtschaft ohne exogenen technischen Fortschritt zu generieren. Zu kritisieren ist an diesem Modell jedoch, dass keine Erklärung geliefert wird, warum die Grenzerträge des Kapitals trotz Kapitalakkumulation nicht abnehmen. Dies soll im Folgenden untersucht werden. Eine Möglichkeit liegt beispielsweise darin, den Kapitalbegriff zu erweitern. Schon die für die 2-%-Regel von Barro und Sala-i-Martin errechnete Kapitaleinkommensquote von 0,8 konnte mit einem Kapitalbegriff, der lediglich Sachkapital umfasst, nicht erklärt werden. Umso einleuchtender ist es nun, zur Erklärung konstanter Grenzerträge, den Kapitalbegriff um Humankapital zu erweitern. Dieser sowie weitere Erklärungsansätze für die Nichtabnahme der Grenzproduktivität des Kapitals sollen im Folgenden dargestellt werden.

4.2. Steigende Skalenerträge

Entscheidend für einen endogenen Wachstumsprozess ist also, dass auch bei fortgeschrittener Kapitalakkumulation der Investitionsanreiz aufrechterhalten wird. Eine der ersten Überlegungen dazu stammt von Paul Romer. In seiner Pionierarbeit aus dem Jahre 1986 versucht er, das Gesetz des abnehmenden Grenzertrags durch die Einführung steigender Skalenerträge in der Produktion des Konsumguts außer Kraft zu setzen. Die Produktionsfunktion enthält drei Inputfaktoren, wobei die herkömmlichen Produktionsfaktoren Sachkapital und Arbeit in einem Inputvektor x_i erfasst werden. Die zwei weiteren Inputfaktoren sind zum einen das unternehmensspezifische Wissen k_i und zum anderen der aggregierte Wissensbestand der Volkswirtschaft K, wobei gilt:

$$(4)\quad K = \sum_{i=1}^{N} k_i .$$

Gelingt es also einem Unternehmen seinen eigenen Wissensbestand zu erhöhen, führt dies ebenso zu einem Anstieg des gesamtwirtschaftlichen Wissens.

Die Produktionsfunktion $F(k_i, K, x_i)$ weist im Hinblick auf k_i und x_i konstante Skalenerträge auf, d.h. die Funktion ist bezogen auf diese beiden Inputfaktoren linear homogen vom Grade 1. Das entscheidende Merkmal der Produktionsfunktion von Romer ist jedoch, dass der aggregierte Wissensbestand K durch zunehmende Grenzproduktivitäten charakterisiert ist, die Produktionsfunktion F

[3] Vgl. Barro/Sala-i-Martin (1995), S. 40.

somit steigende Skalenerträge in Bezug auf die Gesamtheit der Inputfaktoren zeigt:

$$(5)\ F(\psi k_i, \psi K, \psi x_i) > F(\psi k_i, K, \psi x_i) = \psi F(k_i, K, x_i).$$ [4]

Mit steigenden Skalenerträgen ergibt sich jedoch die Problematik, dass zum einen bei vollständiger Entlohnung sämtlicher Produktionsfaktoren gemäß ihren Grenzerträgen die Summe der Faktorentgelte das Sozialprodukt übersteigen würde und zum anderen die Annahme der vollständigen Konkurrenz nicht mehr aufrecht gehalten werden kann. Um dies zu verhindern, führt Romer die steigenden Skalenerträge auf einen Faktor zurück, der nicht entlohnt wird. Entscheidend für den endogenen Wachstumsprozess sind in seinem Modell die Externalitäten bei der Investitionstätigkeit der Unternehmen, die dazu führen, dass nicht nur das investierende Unternehmen selbst, sondern die gesamte Volkswirtschaft von der Entstehung neuen Wissens profitiert.

„The creation of new knowledge by one firm is assumed to have a positive external effect on the production possibilities of other firms because knowledge cannot be perfectly patented or kept secret."[5]

Wissen wird folglich zum quasi-öffentlichen Gut, da es z.B. auch trotz eines ausgereiften Patentsystems grundsätzlich nicht möglich ist, neue Erkenntnisse gänzlich vor Mitwettbewerbern geheim zu halten. Spätestens mit der Markteinführung eines neuen Produktes kann die Konkurrenz über Analysevorgänge, die im allgemeinen unter dem Begriff des „reverse engineering" zusammengefasst werden, die Funktionsweise eines Gutes verstehen lernen und das errungene Wissen für eigene Entwicklungen nutzen. Die Imitations- und Verbesserungsstrategie japanischer Unternehmen nach dem Zweiten Weltkrieg wird häufig als Beispiel für derartige Überlegungen angeführt.[6]

Die Erzeugung neuen Wissens findet in einem zweiten Sektor statt, wobei die Veränderungsrate des Wissens eines Unternehmens eine Funktion der durch Konsumverzicht ersparten Investitionen I in den Forschungssektor und des bereits vorhandenen privaten Wissensbestands k darstellt:

---

[4]Romer (1986), S. 1015. Seiter (1994), S. 7 weist auf einen Widerspruch bei der Herleitung steigender Skalenerträge im Zusammenhang von Gleichung (4) und (5) hin. Gilt Gleichung (4), so ist es fraglich, ob die Produktionsfunktion F in Bezug auf k_i tatsächlich konstante Skalenerträge aufweist. Eine ψ–fachung der unternehmensspezifischen Wissensbestände müsste ebenfalls zu einer Vervielfachung des gesamtwirtschaftlichen Wissens mit dem Faktor ψ führen, es sei denn es entstünden bei der Vervielfachung identische Unternehmen mit identischem Wissen. Wäre dies der Fall müsste jedoch aufgrund der Wissensredundanz gelten: $K < \sum_{i=1}^{N} k_i$.

[5]Romer (1986), S. 1003.

[6]Vgl. z.B. Hagemann (1998), S. 6.

$$(6)\ \dot{k} = G(I,k).$$ [7]

Die Produktionsfunktion G ist bei Romer linear homogen, so dass beide Faktoren sinkende Grenzerträge aufweisen. Diese Annahme ist notwendig, um zu verhindern, dass eine Volkswirtschaft in einem endlichen Zeitraum einen unendlichen Wert in der Produktion des Endprodukts erreicht. Die drei Hauptelemente in Romers Modell sind somit die Externalitäten des Wissens, die steigenden Skalenerträge bei der Produktion des Endprodukts und die abnehmenden Grenzerträge bei der Produktion neuen Wissens.[8]

Die externen Effekte der Investitionstätigkeit werden häufig mit dem Konzept des „Learning by Doing" von Kenneth J. Arrow aus dem Jahre 1962 in Verbindung gebracht. Lernen wird dabei als ein Produkt vergangener Erfahrungen beschrieben, wobei Arrow die kumulierten Bruttoinvestitionen als Maß für eben diese Erfahrungen gebraucht.[9] Die Entstehung neuen Wissens findet somit nicht wie bei Romer in einem eigenen Forschungssektor statt, sondern ergibt sich als Nebenprodukt der Sachkapitalakkumulation. Mit jeder Einheit, die zu einem bestimmten Zeitpunkt erzeugt wird, wird der Erfahrungsschatz vergrößert und damit die Effizienz künftiger Produktion gesteigert. Investitionen haben folglich nicht nur einen Einkommens- und Kapazitätseffekt, sondern zusätzlich auch einen Produktivitätseffekt.[10] Aufgrund der gesammelten Erfahrung während des Produktionsprozesses können bei ständiger Wiederholung bestimmter Arbeitsschritte auch ohne die Einführung technologischer Neuerungen Produktivitätsfortschritte erzielt werden. Arrow nennt als Beispiel den negativen Zusammenhang zwischen den Arbeitsstunden zur Produktion eines Flugzeugrahmens und der Anzahl der zuvor produzierten Flugzeugrahmen. Er bezieht sich ebenfalls auf den sogenannten Horndahleffekt, der eine jährliche Steigerung der Arbeitsproduktivität von 2% in den schwedischen Horndahl-Werken beschreibt, obwohl in einem Zeitraum von 15 Jahren keine Investitionen in diese Werke stattfanden.[11]

Die Lerneffekte führen dazu, dass auch im Modell von Arrow die Produktionsfunktion steigende Skalenerträge aufweist.[12] Der entscheidende Unterschied zu Romer liegt jedoch in der Grenzproduktivität der akkumulierbaren Produktionsfaktoren. Während bei Arrow die Kapitalakkumulation durch abnehmende Grenzerträge gekennzeichnet ist und damit der Investitionsanreiz

[7] Romer (1986), S. 1019.
[8] Vgl. Romer ebenda, S. 1003f.
[9] Vgl. Arrow (1962), S. 157.
[10] Vgl. Erber/Hagemann/Seiter (1998), S. 68.
[11] Vgl. Arrow (1962), S. 156.
[12] Die Idee steigender Skalenerträge durch Produktivitätswachstum wurde schon 1928 von Allyn A. Young vertreten. Er bezog sich dabei jedoch eher auf die Effizienzgewinne zunehmender Arbeitsteilung im Sinne von Adam Smith. Auch Romer (1987) greift diese Überlegungen auf und entwickelt ein Modell endogenen Wachstums mit steigenden Skalenerträgen aufgrund verstärkter Spezialisierung.

langfristig verloren geht, ist es Romer gelungen, durch die Modellierung steigender Grenzerträge bei der Produktion des Endprodukts durch fortschreitende Akkumulation des Inputfaktors Wissen, anhaltendes, endogenes Wachstum zu generieren. Das durchschnittliche Produkt des Kapitals steigt bei fortschreitender Kapitalakkumulation an. In Abbildung 4.1. müsste somit statt einer horizontalen sA-Geraden eine ansteigende Kurve eingezeichnet werden. Die Wachstumsrate der Kapitalintensität würde folglich bei Konstanz der restlichen Verhaltensparameter stetig ansteigen, was zu einer dauerhaften Divergenz der Pro-Kopf-Einkommen bei Volkswirtschaften mit unterschiedlichen Kapitalstöcken führen würde. Kapitalreiche Volkswirtschaften könnten den Abstand zu ärmeren Ländern nicht nur konstant halten, wie im AK-Modell, sondern ihren Vorsprung regelmäßig ausweiten.

Der Vergleich mit dem AK-Modell zeigt aber auch, dass für ein Modell endogenen Wachstums steigende Skalenerträge weder eine hinreichende noch eine notwendige Bedingung sind. Entscheidend ist grundsätzlich, dass ein akkumulierbarer Produktionsfaktor existiert, der keine abnehmenden Grenzerträge aufweist. Eine Ausnahme von diesem Grundsatz bilden Modelle, die zwar sinkende Grenzerträge des Kapitals beinhalten, welche jedoch, um endogenes Wachstum zu ermöglichen, nicht gegen Null, sondern asymptotisch gegen einen unteren Grenzwert gehen. Ein Beispiel für ein derartiges Modell ist der Aufsatz von Larry E. Jones und Rodolfo Manuelli aus dem Jahre 1990. Barro und Sala-i-Martin verallgemeinern diese Idee, indem sie eine Produktionsfunktion erzeugen, die eine Kombination aus der AK-Funktion und einer Cobb-Douglas-Produktionsfunktion darstellt[13]:

(7a) $$Y = F(K,L) = AK + BK^{\alpha}L^{1-\alpha}, \text{ mit } A > 0, B > 0 \text{ und } 0 < \alpha < 1,$$

bzw. in Pro-Kopf-Größen:

(7b) $$y = f(k) = Ak + Bk^{\alpha}.$$

Die durchschnittliche Kapitalproduktivität ergibt sich folglich als:

(8) $$\frac{f(k)}{k} = A + Bk^{-(1-\alpha)}.$$

Gleichung (8) demonstriert das Sinken der durchschnittlichen Kapitalproduktivität bei fortschreitender Kapitalakkumulation, macht aber auch deutlich, dass f(k)/k gegen A konvergiert, sobald k gegen Unendlich geht. Veranschaulicht man die Überlegungen in Abbildung 4.2, so wird klar, dass trotz abnehmender Grenzerträge des Kapitals auch bei andauernder Kapitalakkumulation die Wachstumsrate der Kapitalintensität immer einen positiven Wert annimmt, das System folglich auch im steady state eine positive, im Modell endogen bestimmte Wachstumsrate aufweist. Die abnehmenden Grenzerträge des

[13]Vgl. zum Folgenden Barro/Sala-i-Martin (1995), S. 41f.

Kapitals bedeuten nun aber auch, dass, wenn sich zwei Volkswirtschaften lediglich in ihrem ursprünglichen Kapitalstock k(0) unterscheiden, die Volkswirtschaft mit der geringeren Kapitalausstattung pro Kopf schneller wachsen wird als die relativ kapitalreiche Volkswirtschaft. Die Kombination aus dem AK-Modell und dem neoklassischen Wachstumsmodell zeigt also, dass endogenes Wachstum sehr wohl mit bedingter Konvergenz vereinbar ist.

Abbildung 4.2: Die Wachstumsrate der Kapitalintensität bei endogenem Wachstum und bedingter Konvergenz

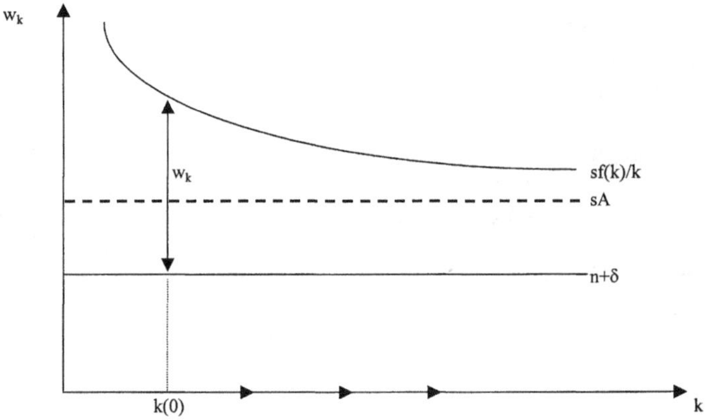

Quelle: Barro/Sala-i-Martin (1995), S. 43.

Auch wenn steigende Skalenerträge also nicht für den Nachweis endogenen Wachstums notwendig sind, so konnten dennoch wertvolle Erkenntnisse für die Frage nach Konvergenz oder Divergenz gewonnen werden. Durch die Modellierung externer Effekte der Investitionstätigkeit wird deutlich, dass die parallele Akkumulation von Wissen und noch wichtiger, die Existenz von Wissensspillovern, das Gesetz der abnehmenden Grenzerträge des Kapitals außer Kraft setzen kann und auch für kapitalreiche Länder der Anreiz zu weiteren Investitionen beibehalten werden kann. Für die Angleichung der Lebensverhältnisse bedeutet dies, dass Konvergenz kein automatischer Prozess ist, sondern, dass der Zugang zu Wissen und Know-how die Chancen nachfolgender Volkswirtschaften auf eine Angleichung der Pro-Kopf-Einkommen entscheidend beeinflusst.

Doch auch innerhalb einer Volkswirtschaft haben die Externalitäten des Wissens weitreichende Konsequenzen. Auch wenn Romer in seinem Modell die Annahme vollständiger Konkurrenz aufrechterhält, führt der beschriebene Investitionsprozess doch dazu, dass das vom Markt erreichte Gleichgewicht nicht mehr Pareto-optimal ist. Da die privaten Unternehmer die externen Effekte ihrer Investitionstätigkeit nicht in ihre Ertragsrechnungen mit einbeziehen, wird das Niveau der gesamtwirtschaftlichen Investitionen relativ zum sozialen Optimum, d.h. unter Berücksichtigung der Externalitäten, zu gering ausfallen. Dieser Unterschied zwischen dem Wettbewerbsgleichgewicht und dem sozial optimalen Gleichgewicht eröffnet Möglichkeiten für wirtschaftspolitisches Handeln. Der Staat kann z.B. durch eine entsprechende Subventionspolitik versuchen, die Investitionstätigkeit auf das sozial optimale Niveau anzuheben. Dies setzt aber natürlich voraus, dass die staatlichen Akteure im Gegensatz zu den privaten Unternehmern über die relevanten Informationen hinsichtlich der externen Effekte der Wissensgenerierung verfügen.

4.3. Die Bedeutung des Humankapitals für den Wachstumsprozess

4.3.1. Humankapital als Produktionsfaktor

Einen weiteren Ansatz im Rahmen der Modelle endogenen Wachstums stellt der Aufsatz von Robert E. Lucas „On the mechanics of economic development" aus dem Jahre 1988 dar. Ausgangspunkt seiner Überlegungen ist erneut das neoklassische Wachstumsmodell und dabei insbesondere dessen Unvermögen, die empirisch nachgewiesenen, weltweiten Disparitäten im Pro-Kopf-Einkommen und im Pro-Kopf-Wachstum verschiedener Länder zu erklären. Sein Ziel ist es, an Stelle des exogenen technischen Fortschritts einen alternativen Wachstumsmotor einzuführen, dessen Quantität und vor allem Qualität entscheidend die gleichgewichtige Wachstumsrate einzelner Länder beeinflusst. Dieser neue Wachstumsfaktor ist das sogenannte Humankapital. Lucas präsentiert in seinem Aufsatz von 1988 zwei Modelle, wobei das erste die Humankapitalakkumulation durch Aus-, Fort- und Weiterbildung behandelt, während das zweite in der Tradition von Romer und Arrow dem „learning by doing" bzw. „on the job training" bei der Ausweitung des Humankapitalbestandes ausschlaggebende Bedeutung beimisst.

Unter Humankapital (h) wird im Folgenden das allgemeine Qualifikationsniveau eines Arbeiters verstanden. Dieser sehr weit gefasste Humankapitalbegriff beinhaltet sämtliche Fähigkeiten und Kenntnisse eines Individuums. Je höher das individuelle Humankapital ist, desto produktiver kann ein Arbeitnehmer in der Produktion eingesetzt werden, wobei die Beziehung zwischen h und der Produktivität proportional ist.[14]

In Lucas' erstem Modell wird der Zusammenhang zwischen dem Humankapital einer einzelnen Person und dessen Auswirkung auf die Produktivität des gesamtwirtschaftlichen Produktionsprozesses konkretisiert. Die Humankapitalakkumulation hat zwei Effekte. Der sogenannte *interne* Effekt bezieht sich auf die direkten Auswirkungen von Bildungsanstrengungen auf das jeweilige, sich

[14]Vgl. Lucas (1988), S. 17.

bildende Individuum, d.h. auf die Verbesserung seiner Kenntnisse und Fähigkeiten ergo auf die Erhöhung seines Humankapitals und seiner Produktivität im Produktionsprozess. Der zweite Effekt, der sogenannte *externe* Effekt, ergibt sich analog zu Romers Externalitäten bei der Sachkapitalakkumulation durch die Auswirkungen individueller Bildungsmaßnahmen auf den durchschnittlichen Humankapitalbestand einer Volkswirtschaft, der wiederum die Produktivität der anderen Produktionsfaktoren positiv beeinflusst. Im Gegensatz zum Modell von Romer ist der *externe* Effekt bei Lucas jedoch keine notwendige Bedingung für die Existenz nachhaltigen Wachstums. Seine Gegenwart erhöht allerdings die Wachstumsrate des Pro-Kopf-Konsums.[15]

Entscheidend für die Existenz nachhaltigen Wachstums ist dagegen die Humankapitalakkumulation durch Aus-, Fort- und Weiterbildung. In Anlehnung an eine Arbeit von Uzawa (1965) formuliert Lucas folgende Akkumulationsgleichung für das Humankapital:

$$(9)\quad \dot{h}(t) = h(t) \cdot \delta[1 - u(t)].$$ [16]

Die Veränderung des Humankapitalbestandes einer Volkswirtschaft ergibt sich folglich als Produkt aus dem bereits vorhandenen Humankapital h(t), einem Effizienzparameter δ und der für Bildungszwecke aufgewendeten Zeit, wenn u(t) Stunden für die Güterproduktion verwendet werden. Engagiert sich ein Arbeiter nur in der Güterproduktion [u(t) = 1], so bleibt das Humankapital unverändert. Nutzt er seine Zeit dagegen vollständig für Bildungszwecke [u(t) = 0], so wächst der Humankapitalbestand mit der maximalen Rate δ. Zwischen diesen beiden Extremfällen ist die Humankapitalproduktion mit konstanten Grenzerträgen verbunden.[17]

Die Produktion des Endproduktes entspricht sodann folgender Produktionsfunktion:

$$(10)\qquad Y = AK(t)^{\alpha} \cdot [u(t)h(t)N(t)]^{1-\alpha} \cdot h_a(t)^{\gamma}.$$ [18]

Die Sachgüterproduktion erfolgt gemäß dem jeweiligen technologischen Niveau A und erfordert den Einsatz von Sachkapital K(t), Arbeitszeit u(t)N(t) – wobei N für die Anzahl der Arbeitskräfte steht – und Humankapital. Letzteres findet sowohl als individuelles Qualifikationsniveau des jeweiligen Arbeiters

[15] Vgl. ebenda, S. 23.

[16] Vgl. ebenda, S. 19.

[17] Vgl. Lucas (1988), S. 19 formuliert dies wie folgt: „A given *percentage* increase in h(t) requires the same effort, no matter what level of h(t) has already been attained."

[18] Vgl. ebenda, S. 18. Es gilt : $h_a = \frac{\int_0^{\infty} hN(h)dh}{\int_0^{\infty} N(h)dh}$

h(t) (*interner* Effekt) als auch als durchschnittlicher Humankapitalbestand $h_a(t)$ (*externer* Effekt) Eingang in die Produktionsfunktion.

Die gleichgewichtige Wachstumsrate des Systems erhält Lucas durch Maximierung einer intertemporalen Nutzenfunktion. Dabei muss nicht nur die Entscheidung zwischen Konsumieren und Sparen und damit Investieren, sondern zusätzlich eine intertemporale Entscheidung zwischen Arbeiten und Lernen getroffen werden, da jede Stunde Ausbildung einen Verzicht auf eine Stunde Güterproduktion und damit späteren Konsum bedeutet.[19]

Es ergibt sich letztendlich bei Berücksichtigung dieser beiden Nebenbedingungen folgende gleichgewichtige Wachstumsrate für den Konsum bzw. das Pro-Kopf-Kapital κ in Abhängigkeit von der Produktionselastizität des Kapitals α, den externen Effekten γ und der Wachstumsrate des Humankapitals ν:

$$(11) \quad \kappa = \left(\frac{1-\alpha+\gamma}{1-\alpha}\right)\cdot \nu \,.^{20}$$

Außer ν sind alle Größen exogen vorgegeben. Entscheidend für endogenes Wachstum ist somit einzig und allein die Humankapitalakkumulation. Aus Gleichung (11) wird sofort deutlich, dass der *externe* Effekt der Humankapitalakkumulation keine notwendige Bedingung für endogenes Wachstum darstellt. Auch bei γ = 0 wächst der Pro-Kopf-Konsum mit einer positiven Rate, die in diesem Fall genau der Wachstumsrate des Humankapitals entspricht. Aus diesem Grund soll im Folgenden die Wachstumsrate des Humankapitals etwas näher betrachtet werden. Dabei wird die Bedeutung der Externalitäten der Humankapitalakkumulation klar, da bei Existenz des *externen* Effekts das private und das optimale Ergebnis auseinanderfallen. Durch Differenzierung der beiden Nebenbedingungen erhält Lucas sowohl eine Lösung für die optimale Wachstumsrate des Humankapitals ν* als auch für die gleichgewichtige Wachstumsrate ν ohne Berücksichtigung der Konsequenzen des externen Effekts:

$$(12a) \quad \nu^* = \sigma^{-1}\left[\delta - \frac{1-\alpha}{1-\alpha+\gamma}(\rho-n)\right]$$

$$(12b) \quad \nu = \frac{[(1-\alpha)(\delta-(\rho-n))]}{[\sigma(1-\alpha+\gamma)-\gamma]}.^{21}$$

In beiden Fällen ist die Wachstumsrate des Humankapitals positiv von δ, der Effizienz der Investitionen in Humankapital, und negativ von der Diskontrate ρ

[19]Vgl. auch Seiter (1994), S. 12.

[20]Vgl. Lucas (1988), S. 22. Die Wachstumsrate des Humankapitals ergibt sich aus Gleichung (9) mit: $\nu = \frac{\dot{h}(t)}{h(t)} = \delta[1-u(t)]$.

[21]Vgl. Lucas (1988), S. 23.

abhängig. Lucas sieht darin einen entscheidenden Unterschied zur neoklassischen Wachstumstheorie, da Sparen einen positiven Einfluss auf die Wachstumsrate des Humankapitals und damit auch auf die Wachstumsrate des Konsums ausübt. *„Here at last is a connection between 'thriftiness' and growth!"*[22] Weitere Bestimmungsgrößen von ν bzw. ν^* sind neben der Produktionselastizität des Kapitals α und der Wachstumsrate der Arbeitsbevölkerung n die externen Effekte γ und der Koeffizient der relativen Risikoaversion σ.[23]

Auch hier wird deutlich, dass die externen Effekte keinen Einfluss auf die Endogenität des Wachstums in diesem Modell haben, da bei $\gamma = 0$ gilt:

$$(13)\quad \kappa = \nu = \nu^* = \frac{\delta - (\rho - n)}{\sigma}.$$

Für $\delta - (\rho - n) > 0$ ergibt sich immer eine positive Wachstumsrate des Humankapitals und damit auch eine positive Wachstumsrate der Volkswirtschaft. Eine Volkswirtschaft wächst folglich umso schneller, je höher die Effizienz ihres Bildungssystems ist, je sparsamer eine Volkswirtschaft ist und je schneller ihre Arbeitsbevölkerung wächst. Die Investition in Humankapital ist somit lohnend und kann einen dauerhaften Wachstumsvorsprung vor anderen Volkswirtschaften bedeuten.

In einem zweiten Modell integriert Lucas die Humankapitalakkumulation in den Produktionsvorgang, indem er unter Rückgriff auf die Überlegungen von Arrow (1962) die Bedeutung des „learning by doing" bzw. „on-the-job-training" in den Mittelpunkt stellt. Sein Ziel ist es, die Auswirkungen der Humankapitalausstattung auf die komparativen Vorteile einer Volkswirtschaft und damit schließlich auf die Wachstumsaussichten darzustellen.[24]

Lucas beschreibt ein Zwei-Güter-Modell, wobei die zwei Konsumgüter c_1 und c_2 ohne den Einsatz von Sachkapital hergestellt werden:

$$(14)\quad c_i(t) = h_{ai}(t) \cdot u_i(t) \cdot N(t), \text{ mit } i=1,2;\; u_i(t) \geq 0 \text{ und } u_1 + u_2 = 1.$$

Der Unterschied zum ersten Modell zeigt sich sofort bei Betrachtung der Akkumulationsgleichung des Humankapitals:

$$(15)\quad \dot{h}_i(t) = h_{ai}(t) \cdot \delta_i \cdot u_i(t).$$

Im Gegensatz zu Gleichung (9) ist nicht der Verzicht auf die Produktion entscheidend, sondern das Humankapital wächst mit der Zeit u(t), die für Produktionszwecke aufgewendet wird. Die Lerneffekte bei den beiden Konsumgütern unterscheiden sich jedoch durch die Annahme, dass gilt: $\delta_1 > \delta_2$. Das Konsumgut c_1 ist folglich das „High-Tech-Gut" mit einer höheren Rate der

---

[22]Ebenda, S. 23.

[23]Der Kehrwert von σ beschreibt dabei die intertemporale Substitutionselastizität. Vgl. Lucas (1988), S. 8, Fußnote 7 bzw. Seiter (1994), S. 13.

[24]Vgl. zum Folgenden Lucas (1988), S. 27 – 35.

„learning by doing“ Effekte. Zusätzlich wird angenommen, dass lediglich der externe Effekt des Humankapitals zur Geltung kommt. Sowohl die Produktion in Gleichung (14) als auch die Humankapitalakkumulation in Gleichung (15) sind vom durchschnittlichen Humankapitalbestand des jeweiligen Sektors $h_{ai}(t)$ abhängig.

Die Humankapitalausstattung sowie die sektorspezifischen Lerneffekte bestimmen nun die sektorale Produktionsstruktur und die Spezialisierung einzelner Volkswirtschaften. Welche Güter in welchem Ausmaβ produziert werden, ist zusätzlich von der Substitutionselastizität der beiden Güter abhängig. Sind die beiden Güter gute Substitute, spezialisiert sich die Volkswirtschaft auf das Gut, dessen Humankapitalakkumulation am weitesten fortgeschritten ist.[25] Die Ausgangsbedingungen bestimmen folglich die gleichgewichtige Produktionsstruktur. Hat ein Land beispielsweise einen hohen durchschnittlichen Humankapitalbestand bei c_1, so wird es sich auf dieses Gut spezialisieren und dadurch weitere Lerneffekte in diesem Sektor erzielen. Das Gut c_2 wird je nach Substituierbarkeit nur noch in geringen Mengen produziert werden.

Auch in diesem Modell führen die externen Effekte des Humankapitals dazu, dass der optimale und der gleichgewichtige Wachstumspfad auseinander fallen. Konnte im ersten Modell eine Subvention des Bildungswesens als Lösungsvorschlag angeführt werden, würde im zweiten Modell eine Wirtschaftspolitik sinnvoll sein, die Industriezweige mit hohen Effizienzraten bei der Humankapitalakkumulation fördert. Erneut stellt sich dabei jedoch das Problem, inwieweit die staatlichen Akteure über die dafür notwendigen Informationen verfügen.

Führt man Freihandel in das Modell ein, so spezialisieren sich zwei kleine, offene Volkswirtschaften gemäβ ihrer Ausgangsausstattung an Humankapital in den beiden Sektoren (h_{a1},h_{a2}). Das Land, welches einen hohen Humankapitalbestand bei c_1 aufweist, wird sich auf die Produktion dieses Gutes spezialisieren und aufgrund der induzierten Lerneffekte die komparativen Vorteile in diesem Sektor weiter ausbauen. Sind die beiden Konsumgüter nach wie vor gute Substitute, so gilt zusätzlich, dass das Land, welches sich auf dieses „High-Tech-Gut“ spezialisiert, überdurchschnittlich hohe Wachstumsraten erzielen wird.[26]

Dieses einfache Modell endogenen Wachstums ist somit in der Lage, Unterschiede in der Wachstumsentwicklung verschiedener Länder zu erklären. Jedes Land produziert die Güter, die zu seiner Humankapitalausstattung passen. Dies bedeutet aber auch, dass das Land, welches einen besseren Mix aus Humanka-

---

[25]Lucas diskutiert auch die Fälle schlechter substituierbarer Güter bei Substitutionselastizitäten von Eins oder kleiner Eins. Er sieht jedoch den Fall gut substituierbarer Güter aufgrund der Realitätsnähe als interessantesten Fall an. Vgl. Lucas (1988), S. 30 und 33.

[26]Bei einer Substitutionselastizität kleiner Eins könnten negative terms of trade Effekte dazu führen, dass das Land mit dem schnellsten technologischen Wandel das geringste reale Wachstum verzeichnet. Diese Überlegungen veranlassen Lucas dazu, weiterhin den Fall gut substituierbarer Güter in den Mittelpunkt seiner Untersuchungen zu stellen. Vgl. Lucas (1988), S. 32 und 33.

pitalausstattung und Effizienzraten aufweist, dauerhaft höhere Wachstumsraten realisieren wird, ein Konvergenzprozess somit ohne exogene Schocks oder wirtschaftspolitisches Eingreifen nicht zu erwarten ist.

Humankapital ist in den beiden Modellen von Lucas der entscheidende Wachstumsmotor, mit dessen Hilfe auch ohne exogenen technischen Fortschritt, endogenes Wachstum möglich ist. In der Realität ist sowohl die Humankapitalakkumulation in den verschiedenen Bildungseinrichtungen, wie Schule oder Universität, von Bedeutung als auch die ständige Weiterentwicklung des eigenen Wissens „on the job" durch Erfahrungen aus der Zusammenarbeit mit Kollegen oder durch die Wiederholung bestimmter Arbeitsschritte.

Barro und Sala-i-Martin zeigen darauf aufbauend, dass es jedoch nicht nur auf die absolute Höhe des Humankapitals, sondern insbesondere auf die Relation zwischen Sach- und Humankapital ankommt. Sie beziehen sich ebenfalls auf das Uzawa-Lucas-Modell, in dem bei der Produktion des Humankapitals kein Sachkapital eingesetzt wird. Abbildung 4.3. zeigt ihre Ergebnisse hinsichtlich der Abhängigkeit des Konsums C, des Güteroutputs Y und des Gesamtoutputs Q von der Kapitalstruktur K/H. Q unterscheidet sich von Y dergestalt, dass neben den Konsumgütern und den Bruttoinvestitionen in Sachkapital auch die Bruttoinvestitionen in Humankapital mit einbezogen werden.

Alle drei Wachstumsraten steigen bei $K/H < K/H^*$, der Kapitalstruktur im steady state, wenn der Anteil des Sachkapitals in der Volkswirtschaft sinkt und der Anteil des Humankapitals steigt. Betrachtet man den Output ohne die Bruttoinvestitionen in Humankapital, so führt rechts vom steady state auch eine Veränderung der Kapitalstruktur zugunsten des Sachkapitals zu einem Anstieg der Wachstumsrate von Y.[27] Grundsätzlich gilt jedoch, dass ein hoher Anteil von Humankapital im Verhältnis zum Sachkapital die Wachstumschancen einer Volkswirtschaft erhöht. Dies bedeutet z.B., dass eine Volkswirtschaft, deren Sachkapital in Folge eines Krieges zerstört wurde sich schneller erholen wird als eine Volkswirtschaft, die aufgrund einer Epidemie ihr Humankapital verloren hat.[28]

[27]Barro und Sala-i-Martin (1995), S. 191 machen darauf aufmerksam, dass das Minimum der Wachstumsrate von Y jedoch nicht unbedingt bei K/H^* liegen muss, sondern auch rechts oder links vom steady state existieren kann. Grund für den Anstieg von w_Y auch im humankapitalarmen Bereich sind die hohen Knappheitskosten des Humankapitals. Ist es zu teuer, in Ausbildung zu investieren, werden die Humanressourcen im Produktionssektor eingesetzt, mit der Folge, dass die Wachstumsrate der Produktion steigt, während die Wachstumsrate des Gesamtoutputs, d.h. incl. der Bruttoinvestitionen in Humankapital, sinkt. Vgl. auch Tondl (2001), S. 244.

[28]Vgl. Barro/Sala-i-Martin (1995), S. 201.

Abbildung 4.3: Wachstumsraten in Abhängigkeit von der Kapitalstruktur

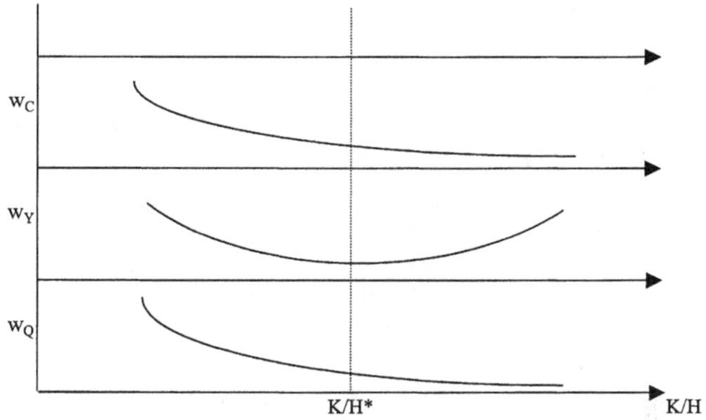

Quelle: Barro/Sala-i-Martin (1995), S. 189.

Die Investition in Humankapital ist folglich eine sinnvolle Strategie, um die Wachstumsperformance einer Volkswirtschaft zu verbessern. Gary Becker, Kevin Murphy und Robert Tamura (1990) betrachten aus diesem Grund die Humankapitalakkumulation aus Sicht der zu erwartenden Investitionsrückflüsse. Sie gehen von der Annahme aus, dass die Ertragsraten von Investitionen in Humankapital positiv von dem bereits vorhandenen Humankapitalbestand abhängig sind. Im Gegensatz zu Sachkapital sind die Rückflüsse von Investitionen in Humankapital also umso größer, je mehr Humankapital bereits akkumuliert wurde. Sie begründen diese Annahme mit der intensiven Nutzung hochqualifizierter Inputfaktoren bei der Humankapitalbildung im Gegensatz zur Produktion von Konsum- bzw. Sachkapitalgütern. Der Einsatz von qualifizierten Lehrern, Professoren etc. im Bildungsbereich führt ihrer Meinung nach zu steigenden Erträgen von Humankapitalinvestitionen.[29] Wissen hat zudem die Eigenschaft, dass komplexe Sachverhalte erst untersucht werden können, wenn die notwendigen Grundlagen dafür vorhanden sind. D.h. je mehr Basiswissen, wie Mathematik, Physik, Sprachen etc. ein Individuum beherrscht, desto komplexere Aufgabengebiete kann es erforschen und desto höher werden die Rückflüsse aus diesen Forschungsanstrengungen sein. Dies gilt jedoch nicht nur für Individuen, sondern insbesondere für die ständige Weiterentwicklung des menschlichen Wissens. Die Automobilindustrie muss beispielsweise nicht für jedes weitere Modell erst das Rad neu erfinden. Je höher der Bestand an Wissen und Humankapital ist, desto höher sind die zu erwartenden Ertragsraten mit der Folge, dass Investitionen in Humankapital ansteigen, die wiederum den Humankapitalbestand erhöhen. Die Folge dieses Kreislaufes ist ein beschleunigtes Wachstum der investierenden Volkswirtschaft. Auch in diesem Modell bestimmt also das

[29] Vgl. Becker/Murphy/Tamura (1990), S. S13.

Humankapital und insbesondere sein Ausgangsbestand die gleichgewichtige Wachstumsentwicklung einer Volkswirtschaft. Sachkapital wird dabei nur eine untergeordnete Rolle zugewiesen.

> „*Given the human capital investment function, the initial level of per capita human capital determines where the economy ends up, regardless of the initial stock of physical capital.*“[30]

Costas Azariadis und Allan Drazen (1990) machen in diesem Zusammenhang darauf aufmerksam, dass sich die positiven Wachstumseffekte der Humankapitalakkumulation jedoch erst ab einem bestimmten Humankapitalbestand auswirken. Erst wenn eine bestimmte Schwelle des Wissens überschritten ist, ergeben sich steigende Ertragsraten bei der Investition in Humankapital und damit höhere Wachstumsraten. Ebenso wie Becker, Murphy und Tamura kommen sie zu dem Ergebnis multipler steady states, je nachdem ob es einer Volkswirtschaft gelingt, die „kritische Masse“ an Humankapital zu erreichen.[31] Befindet sich das Humankapital einer Volkswirtschaft aufgrund eines externen Schocks wie z.B. einer Epidemie oder aufgrund anderer geschichtlicher Ereignisse unterhalb dieser kritischen Schwelle, so ist diese Volkswirtschaft in einem Unterentwicklungsgleichgewicht gefangen. Umgekehrt entwickelt sich eine Volkswirtschaft, die ausreichend Humankapital akkumuliert hat, ständig weiter, es sei denn, Kriege oder andere externe Störungen führen zu einer Reduzierung des Humankapitals unter die kritische Menge. Versäumt ein Land also ausreichend in sein Bildungswesen zu investieren und das Wissen seiner Arbeitskräfte auszubauen, so kann es passieren, dass diese Volkswirtschaft in einen Kreislauf der Dequalifizierung hineinrutscht.[32]

Der Bestand und die Weiterentwicklung von Humankapital bestimmen somit das Wachstum einer Volkswirtschaft. Ohne die Existenz exogener Störungen wird eine Volkswirtschaft, die einen höheren Bestand an menschlichem Wissen aufweisen kann, immer schneller wachsen als Volkswirtschaften mit geringerem Humankapital. Die zunehmenden Ertragsraten des Humankapitals verhindern einen endogenen Konvergenzmechanismus wie er in der neoklassischen Wachstumstheorie aufgrund der abnehmenden Grenzerträge des Sachkapitals beschrieben wurde. Dem Sachkapital selbst wird auf dem gleichgewichtigen Wachstumspfad sogar nur eine Nebenrolle zugeschrieben.

4.3.2. Empirische Überprüfung der Wachstumseffekte des Humankapitals

Es stellt sich nun die Frage, ob die herausragende Rolle des Humankapitals im Wachstumsprozess eines Landes auch empirisch bestätigt werden kann. Das größte Problem, das sich dabei stellt, ist die Operationalisierung des Begriffs

[30]Ebenda, S. S19.
[31]Vgl. Azariadis/Drazen (1990), S. 513 sowie Becker/Murphy/Tamura (1990), S. S18.
[32]Vgl. Erber/Hagemann/Seiter (1998), S. 72.

Humankapital. Was ist Humankapital und wie kann es gemessen werden? Wie in den Modellen von Lucas dargestellt wurde, bezieht sich der Begriff Humankapital sowohl auf die individuelle Qualifikation eines Arbeitnehmers als auch auf das allgemeine Bildungsniveau einer Volkswirtschaft. In den vorliegenden empirischen Studien kommen darum auch viele verschiedene Indikatoren zur Messung des Einflusses von Humankapital auf das Pro-Kopf-Einkommen und das Wachstum einer Volkswirtschaft zum Einsatz.[33] Grundsätzlich wird diskutiert, ob der Humankapitalbestand zu einem bestimmten Zeitpunkt oder die Veränderung desselben herangezogen wird. So verwenden manche Studien die durchschnittlich absolvierten Schuljahre pro Schüler als Maßstab für den Humankapitalbestand, während andere die Einschreibungsraten in Schulen oder Universitäten benutzen, um den Investitionsfluss in Humankapital abbilden zu können. Manchmal werden auch lediglich einzelne Kenngrößen, wie Alphabetisierungsraten oder die Zahl der Hochschulabschlüsse als Maßstab herangezogen. Dieser Weg wird vor allem dann gewählt, wenn ein länderübergreifender Vergleich angestrebt wird, der international vergleichbare und vor allem verfügbare Kenngrößen verlangt. Empirische Untersuchungen des Humankapitals und seiner Auswirkungen sind somit vielen Unsicherheiten und möglichen Fehlerquellen ausgesetzt. Selbst wenn man sich auf einen allgemein anerkannten Indikator einigen könnte, würde dies nicht bedeuten, dass in jedem Land das Gleiche gemessen werden kann. Neben Wissen und Bildung spielen auch andere Faktoren, wie Gesundheit oder Ernährung, eine Rolle. Kulturelle Unterschiede in verschiedenen Ländern hinsichtlich Tradition und Religion bestimmen den Erwerb und den Einsatz von Humankapital. Ein weiteres Problem, das bei den Studien des Humankapitals zu berücksichtigen ist, ist das Zusammenspiel des Humankapitals mit Arbeit und Sachkapital. Interdependenzen zwischen diesen drei Größen können die Ergebnisse von Regressionsanalysen mit nur einem von diesen drei Produktionsfaktoren wesentlich beeinflussen. Im Folgenden sollen nun trotz der dargestellten Probleme einige dieser empirischen Studien vorgestellt werden.

Robert Barro (1991) analysiert in einer empirischen Untersuchung von 98 Ländern im Zeitraum von 1960 – 1985 den Zusammenhang zwischen dem Pro-Kopf-Einkommen im Jahre 1960 und den Pro-Kopf-Wachstumsraten in den darauffolgenden 25 Jahren. Entgegen der neoklassischen Konvergenzhypothese kann er bei dieser großen Anzahl unterschiedlicher Länder keine negative Korrelation zwischen den beiden Größen feststellen. Einen Grund dafür sieht er in den nicht abnehmenden Grenzerträgen des Kapitals, vorausgesetzt der Kapitalbegriff wird um den Produktionsfaktor Humankapital erweitert. Aufgrund der Ergebnisse der Theorie endogenen Wachstums von Lucas (1988), Becker, Murphy und Tamura (1990) und anderen hinsichtlich der spezifischen Rolle des Humankapitals für den Wachstumsprozess untersucht Barro den Zusammenhang

[33]Vgl. dazu auch Erber/Hagemann/Seiter (1998), S. 73.

von Humankapital und der Wachstumsrate des Pro-Kopf-Einkommens für diese 98 Länder. Als Schätzgröße für Humankapital verwendet er die Einschreibungsraten in primäre und sekundäre Schulen im Jahr 1960. Er kommt zu dem Ergebnis, dass die Wachstumsrate des realen Pro-Kopf-Einkommens positiv von diesen Einschreibungsraten – also seiner Maßgröße für die Variable Humankapital – abhängig ist. Barro fügt aber auch hinzu, dass die Einschreibungsraten als Stromgröße eher ein Maß für die Investitionen in Humankapital sind als eine Schätzgröße für den Humankapitalbestand im Jahre 1960. Die Problematik, die sich dabei ergibt, ist, dass die positive Beziehung zwischen dem Wachstum des Pro-Kopf-Einkommens und dem Schulbesuch nicht unbedingt den Einfluss von Ausbildung und Wissen auf das Wachstum abbilden muss, sondern ebenso die Auswirkungen einer hohen Wachstumsrate des Einkommens auf die Investitionen in Ausbildung und damit Humankapital widerspiegeln kann.[34] Um auch die Qualität der Ausbildung zu berücksichtigen, bezieht Barro die Anzahl der Schüler pro Lehrer als weitere Variable in seine Regressionsanalyse mit ein. Seine Ergebnisse bestätigen die Annahme, dass eine höhere Relation von Schülern zu Lehrern die Qualität der Ausbildung verschlechtert und folglich der Humankapitalbestand einer Volkswirtschaft niedriger ist.[35] Grundsätzlich kommt Barro also zu dem Ergebnis, dass der positive Effekt einer höheren Ausbildung und damit eines besseren Humankapitalniveaus zu einem bestimmten Zeitpunkt auf das Wirtschaftswachstum einer Volkswirtschaft auch empirisch nachgewiesen werden kann.

Die Ausweitung des Kapitalbegriffs um die Größe Humankapital war auch der Ausgangspunkt für eine viel beachtete empirische Untersuchung von Gregory Mankiw, David Romer und David Weil (1992). Ihr Ziel war es, durch Erweiterung des Solowschen Wachstumsmodells um eben den Produktionsfaktor Humankapital die Übereinstimmung des neoklassischen Wachstumsmodells mit den empirischen Ergebnissen zu verbessern. Sie kommen zu dem Ergebnis, dass 80% der Einkommensunterschiede ihrer Länderquerschnittsanalyse für den Zeitraum 1960 – 1985 durch dieses erweiterte Solow-Modell erklärt werden können, d.h. insbesondere unter Beibehaltung der Annahme abnehmender Grenzerträge des (erweiterten) Kapitals.[36] Die erweiterte Produktionsfunktion zum Zeitpunkt t sieht dabei wie folgt aus:

$$(16) \qquad Y(t) = K(t)^{\alpha} H(t)^{\eta} (A(t)L(t))^{1-\alpha-\eta},$$

[34] Diese Möglichkeit der „reverse causality“ als Kritik an der Deutung der positiven Korrelation zwischen Ausbildung und Wachstumsrate des Pro-Kopf-Einkommens wird insbesondere in der Arbeit von Mark Bils und Peter Klenow (2000) behandelt.

[35] Vgl. Barro (1991), S. 421.

[36] Vgl. Mankiw/Romer/Weil (1992), S. 408 sowie zum Folgenden S. 416ff. Es werden dabei 121 Länder betrachtet, die in drei Untersuchungsgruppen unterteilt werden. Die erste Gruppe enthält alle Länder außer Ölproduzenten, die zweite Gruppe schließt kleine Länder aus, für die kein ausreichendes Datenmaterial zur Verfügung steht und die dritte Gruppe besteht aus den OECD-Ländern.

wobei sich der Output Y aus dem Zusammenspiel von Sachkapital K, Humankapital H, dem Technologieniveau A und Arbeit L ergibt. A und L wachsen mit den exogen vorgegebenen Raten γ bzw. n. In dem Modell wird weiterhin angenommen, dass ein konstanter Anteil des Outputs, s_K und s_h, jeweils in Sachkapital bzw. Humankapital investiert wird. Betrachtet man die Größen in Relation zu effektiver Arbeit, d.h. y = Y/LA, k = K/LA und h = H/LA, so erhält man die absolute Veränderung des Sachkapitals bzw. des Humankapitals in der Zeit wie folgt:

$$\text{(17a)} \qquad \dot{k}(t) = s_k y(t) - (n + \gamma + \delta)k(t)$$

$$\text{(17b)} \qquad \dot{h}(t) = s_h y(t) - (n + \gamma + \delta)h(t).$$

Es wird angenommen, dass für Humankapital, Sachkapital und für den Konsum dieselbe Produktionsfunktion angewendet wird, so dass sowohl für Humankapital als auch für Sachkapital die Abschreibungsrate δ gilt. Unter der neoklassischen Annahme abnehmender Grenzerträge ($\alpha + \eta < 1$) konvergiert die Volkswirtschaft zu folgenden Gleichgewichtswerten für k und h:

$$\text{(18a)} \qquad k^* = \left(\frac{s_k^{1-\eta} s_h^{\eta}}{n + \gamma + \delta}\right)^{1/(1-\alpha-\eta)}$$

$$\text{(18b)} \qquad h^* = \left(\frac{s_k^{\alpha} s_h^{1-\alpha}}{n + \gamma + \delta}\right)^{1/(1-\alpha-\eta)}.$$

Substituiert man die Gleichungen (18a) und (18b) in die Produktionsfunktion (16) und wendet daraufhin den Logarithmus an, so erhält man eine Gleichung für den Pro-Kopf-Output als Funktion des ursprünglichen Technologieniveaus A(0), der Wachstumsrate des technischen Fortschritts γ, der Wachstumsrate des Arbeitsangebots n, der Abschreibungsrate δ sowie den Investitionsquoten in Sachkapital s_k bzw. Humankapital s_h:

$$\text{(19)} \qquad \begin{aligned} \ln\left(\frac{Y(t)}{L(t)}\right) &= \ln A(0) + \gamma \cdot t - \frac{\alpha + \eta}{1 - \alpha - \eta} \ln(n + \gamma + \delta) \\ &+ \frac{\alpha}{1 - \alpha - \eta} \ln(s_k) + \frac{\eta}{1 - \alpha - \eta} \ln(s_h) \end{aligned}.$$

Mit Hilfe dieser Gleichung ist es möglich, die Abhängigkeit des Pro-Kopf-Einkommens von der Humankapitalakkumulation zu testen.[37] Mankiw, Romer und Weil schätzen s_h mit Hilfe einer Größe, die den Anteil an der Bevölkerung im arbeitsfähigen Alter misst, der in fortführende Schulen geht, d.h. Mädchen und Jungen zwischen 15 und 19 Jahren. Sie kommen zu dem Ergebnis, dass

[37] Als alternativen Weg zur Überprüfung der Rolle des Humankapitals stellen sie zudem eine zweite Gleichung vor, die den Humankapitalbestand als RHS-Variable in das Modell integriert. In empirischen Teil ihrer Arbeit begrenzen sie sich jedoch auf Humankapitalinvestitionen in Form von Ausbildung und schätzen Humankapital folglich mit Hilfe einer Stromgröße. Vgl. Mankiw/Romer/Weil (1992), S. 418.

Sachkapital und Humankapital in etwa den gleichen Beitrag zur Produktion des Outputs leisten. Investitionen in beide Kapitalarten liefern jeweils eine Produktionselastizität von ca. 1/3.[38] Eine Produktionsfunktion, die mit ihren empirischen Ergebnissen übereinstimmt, könnte somit wie folgt aussehen:

$$(20) \qquad Y = K^{1/3} H^{1/3} L^{1/3}.$$ [39]

Der Indikator für Humankapital weist zudem einen positiven und signifikanten Zusammenhang mit dem Pro-Kopf-Einkommen auf. Allerdings ändert auch die Erweiterung des Modells um Humankapital nichts an der Modelleigenschaft abnehmender Grenzerträge des Kapitals. Mankiw, Romer und Weil widersprechen somit den Modellen endogenen Wachstums, die mit Hilfe des Humankapitals und seiner internen und externen Effekte konstante oder sogar zunehmende Grenzerträge der Humankapitalakkumulation annehmen. Für die Diskussion der weltweiten Einkommensdisparitäten bedeutet dies, dass auch gemäß diesem erweiterten neoklassischen Wachstumsmodell bedingte Konvergenz zu erwarten ist.

Erich Gundlach (1995) untersucht die Rolle des Humankapitals für das Pro-Kopf-Einkommen ebenfalls mit Hilfe des Modells von Mankiw, Romer und Weil für 88 Länder im selben Zeitraum von 1960 – 1985. Er verwendet jedoch einen anderen Maßstab für Humankapital. Anstatt der Stromgröße Humankapitalinvestition schätzt er den Humankapitalbestand pro Arbeiter mit Hilfe der durchschnittlich absolvierten Schuljahre in den untersuchten Ländern. Im Gegensatz zu Mankiw, Romer und Weil erhält er eine Produktionselastizität des Humankapitals, die in etwa doppelt so hoch ist wie die Produktionselastizität des Sachkapitals. Einfache Arbeit erhält so gut wie überhaupt keinen Ertrag, so dass sich die Produktionselastizitäten von Sach- und Humankapital zu Eins addieren. Gundlach findet somit in seiner Untersuchung die Annahme konstanter Grenzerträge des Kapitals, d.h. der Summe aus Sach- und Humankapital, bestätigt. Ungeachtet möglicher Messfehler ergeben sich folglich wesentlich unterschiedliche Ergebnisse, je nachdem welcher Maßstab für Humankapital verwendet wird. In Abhängigkeit davon, ob eine Stromgröße oder eine Bestandsgröße verwendet wird, resultieren abnehmende Grenzerträge des Kapitals als Beweis für die neoklassische Wachstumstheorie oder konstante Grenzerträge des Kapitals zur Unterstützung der Theorie endogenen Wachstums. Da jedoch keiner dieser Humankapitalindikatoren als allgemein gültig angenommen werden

[38] Ein α von 1/3 entspricht dabei dem empirischen Wert für die Kapitaleinkommensquote. In Schätzungen des Solow-Modells ohne Humankapital wurde in der Regel ein wesentlich höherer Wert für α errechnet, was einen wesentlichen Kritikpunkt an diesem Modell darstellt. Mankiw, Romer und Weil ist es somit in ihrem Modell gelungen, diesen Widerspruch zwischen Theorie und Empirie aufzulösen.

[39] Vgl. Mankiw/Romer/Weil (1992), S. 432.

kann, können in diesem Zusammenhang keine Schlussfolgerungen für oder gegen eine dieser beiden Theorien gezogen werden.

Unabhängig davon, ob nun abnehmende oder konstante Grenzerträge des Kapitals vorliegen, wird dem Humankapitalniveau einer Volkswirtschaft eine entscheidende Rolle bei der Entschlüsselung der Determinanten des Pro-Kopf-Einkommens mit Hilfe des „growth accounting" zugewiesen. Von besonderem Interesse ist jedoch die Frage, ob auch die Veränderung des Humankapitals eine positive Auswirkung auf das Wachstum einer Volkswirtschaft hat, so wie es nach den Modellen von Lucas (1988) und Becker, Murphy und Tamura (1990) zu erwarten wäre. Barro (1991) hat in seiner Untersuchung zwar nachgewiesen, dass es einen positiven Zusammenhang zwischen den Einschreibungsraten im Jahre 1960 und der Wachstumsperformance in den darauffolgenden 25 Jahren gibt, macht jedoch keine Aussage darüber, ob eine quantitative oder qualitative Verbesserung der Ausbildungssituation einen positiven Einfluss auf die zukünftigen Wachstumsraten hat. Dies ist jedoch genau die Frage, die man sich stellen muss, denkt man an die Diskussion um staatliche Humankapitalinvestitionen, die häufig als wirtschaftspolitisches Mittel zur Verbesserung der Wachstumschancen einer Volkswirtschaft gefordert werden. Die empirischen Arbeiten dazu sind zunächst jedoch eher enttäuschend. So können z.B. Jess Benhabib und Mark Spiegel (1994) keinen signifikanten Beitrag des Humankapitalwachstums zum Einkommenswachstum feststellen. Der Koeffizient der Humankapitalveränderung nimmt in ihren Regressionsanalysen bei Berücksichtigung verschiedener Ländergruppen und unterschiedlicher Datenquellen zur Erfassung des Humankapitals in den meisten Fällen sogar einen negativen Wert an.[40] Auch Lant Pritchett (1996) kommt in seinen Länderquerschnittsanalysen zu dem Ergebnis, dass Zuwächse beim Humankapital durch Verbesserung der Ausbildung der Arbeitskräfte keinen positiven Einfluss auf die Wachstumsrate des Pro-Kopf-Outputs haben. Er stellt deshalb die Frage: „Where has all the education gone?". Diese Frage ist vor allem deshalb interessant, weil für den Einzelnen nachweisbar gilt, dass eine höhere Qualifikation eindeutig mit einem höheren Lohneinkommen verbunden ist.[41] Pritchett stellt drei mögliche Erklärungsansätze vor, warum eine Verbesserung der Ausbildung auf aggregiertem Niveau nicht zu erhöhtem Wachstum führen muss. Erstens hält er es für möglich, dass die Schulausbildung gar kein Humankapital schafft und diskutiert daraufhin, warum es auf der Mikroebene trotzdem einen positiven Zusammenhang zwischen Ausbildung und Löhnen gibt. Pritchett hält es für möglich, dass die Ausbildung für die Arbeitgeber in erster Linie einen Signaleffekt ausübt, der ein gewisses Qualifikationsniveau mit positiven Eigenschaften wie Ehrgeiz und sonstigen Persönlichkeitsmerkmalen verbindet. Als zweite Möglichkeit sieht er einen Angebotsüberschuss an qualifizierter Arbeit als Grund für ein Sinken der

[40] Vgl. Benhabib/Spiegel (1994), S. 147 – 154.
[41] Vgl. Pritchett (1996), S. 30.

Grenzerträge der Humankapitalinvestitionen. Die mangelnde Nachfrage nach Humankapital erklärt er mit einem Rückgang der Innovationstätigkeit. Der dritte Erklärungsansatz bezieht sich auf einen volkswirtschaftlich schädlichen Einsatz des Humankapitals. D.h. Schulausbildung führt sehr wohl zu qualifizierten Arbeitskräften mit höherer Produktivität und auch die Nachfrage nach ausgebildeter Arbeit ist vorhanden, doch diese Nachfrage entsteht nicht im privaten, sondern im öffentlichen Sektor, dessen Aktivitäten das Wirtschaftswachstum sogar vermindern. Als Beispiele nennt er eine aufgeblasene Bürokratie oder ein überbesetztes Staatsunternehmen. Die Löhne der Individuen erhöhen sich zwar entsprechend dem jeweiligen Qualifikationsniveau, der Output dagegen stagniert oder fällt sogar.

Dieses widersprüchliche Ergebnis war der Anlass für Jonathan Temple (2001) eben diese beiden empirischen Untersuchungen von Benhabib und Spiegel (1994) und Pritchett (1996) etwas genauer zu untersuchen. Das negative Ergebnis hinsichtlich des empirischen Zusammenhangs von Humankapitalveränderungen und dem Wachstum einer Volkswirtschaft nennt er der vorgestellten Untersuchung von Lant Pritchett zu Folge auch die „Pritchett-Hypothese“.[42] Temple versucht mit Hilfe eines alternativen empirischen Modells weitere Antworten auf die Frage der Korrelation zwischen Wachstum und Veränderungen des Humankapitals zu finden, um eventuell die „Pritchett-Hypothese“ widerlegen zu können.[43] Er untersucht zu diesem Zweck den Output pro Arbeiter mit Hilfe folgender Gleichung:

$$(21) \qquad \frac{Y}{L} = A\left(\frac{K}{L}\right)^{\alpha}\left[(1-h)+(1+\gamma)h\right]^{1-\alpha},$$

wobei das Verhältnis von Output Y und Arbeit L von dem Technologieniveau A, der Kapitalintensität K/L und dem Anteil ausgebildeter Arbeitskräfte an der Arbeitsbevölkerung h abhängig ist. Der Term (1-h) entspricht demzufolge dem Anteil unqualifizierter Arbeit. Die Besonderheit ist, dass qualifizierte und unqualifizierte Arbeit perfekte Substitute im Verhältnis (1+γ) sind, d.h. dass das Grenzprodukt von h (1+γ)-mal dem Grenzprodukt von (1-h) entspricht. Die Idee, die dahinter steckt, ist, dass Ausbildung die Effizienzeinheiten von Arbeit erhöht. Die mit Hilfe von Ausbildung akkumulierbaren Effizienzeinheiten sind dabei homogen, d.h. sie unterscheiden sich nicht je nach Arbeit und Qualifikationsniveau. Temple führt als Beispiel an, dass eine ausreichend große Anzahl von Universitätsprofessoren einen olympischen Athleten ersetzen könnten. Ziel seiner Untersuchung ist es sodann, die Hypothese zu widerlegen, dass γ = 0 ist, was bedeuten würde, dass qualifizierte und unqualifizierte Arbeitskräfte gleich produktiv wären. Als Maßstab für den Anteil qualifizierter Arbeitskräfte in der Bevölkerung verwendet er in seiner empirischen Untersuchung von 90 Ländern den Anteil der Bevölkerung, der weiterführende Schulen besucht. Als

[42] Temple (2001), S. 906.
[43] Vgl. zum Folgenden Temple (2001), S. 913 – 917.

Ergebnis erhält er einen Wert für γ von 1,52, was bedeutet, dass das Grenzprodukt ausgebildeter Arbeitskräfte 2,52-mal so hoch ist wie das Grenzprodukt unqualifizierter Arbeiter. Humankapitalinvestitionen erhöhen folglich die Arbeitsproduktivität. Die statistischen Parameter dieser Untersuchung wie das Konfidenzintervall und das Signifikanzniveau sprechen jedoch eher für einen schwachen Zusammenhang. Ebenso kommt Temple bei der direkten Analyse der empirischen Arbeit von Pritchett zu dem Ergebnis, dass man auch die „Pritchett-Hypothese" kaum widerlegen kann. Die Schlussfolgerung seiner Arbeit fasst er demzufolge wie folgt zusammen:

> *„The principal message of this paper is that the aggregate evidence on education and growth, for large samples of countries, continues to be clouded with uncertainty."*[44]

Temple macht jedoch auch darauf aufmerksam, dass es nicht richtig ist, die Ergebnisse dahingehend zu interpretieren, dass überhaupt kein Einfluss von Humankapital und Ausbildung auf das Wirtschaftswachstum festzustellen ist. Erstens würde man dabei die Ergebnisse der Studien, die dem Humankapitalniveau eine entscheidende Bedeutung für das Wirtschaftswachstum zuweisen, ignorieren und zweitens muss man sich darüber im Klaren sein, dass die „Pritchett-Hypothese" zwar nicht widerlegt werden kann, es jedoch auch keine empirischen Studien gibt, die sie eindeutig bestätigen.

Für Europa ist es dank dem Datenmaterial von Robert Barro und Jong-Wha Lee (2000) möglich, für einen ersten Überblick den Humankapitalbestand, d.h. die durchschnittlich absolvierten Schuljahre in der Europäischen Union, mit den Schuljahren in den mittel- und osteuropäischen Beitrittsländern im Jahr 2000 zu vergleichen. Leider liegen dabei für Estland, Lettland und Litauen keine Daten vor. Das Ergebnis mit den restlichen MOEL ist in Abbildung 4.4 dargestellt.

Erstaunlicherweise weisen alle Beitrittskandidaten mit Ausnahme von Slowenien im EU-Vergleich überdurchschnittlich hohe Schulzeiten auf. Dieses Ergebnis kann allerdings nicht unbedingt als Beweis für einen positiven Zusammenhang zwischen dem Humankapitalbestand und der Wachstumsperformance herzangezogen werden. Betrachtet man z.B. lediglich die Länder Rumänien, Bulgarien und Slowenien, so wird sofort deutlich, dass hier die Reihenfolge verglichen mit dem wirtschaftlichen Erfolg im Transformationsprozess gerade umgedreht ist. Rumänien und Bulgarien sind die absoluten Schlusslichter im Aufholprozess, wohingegen Slowenien diesbezüglich die absolute Spitzenposition einnimmt. Dass der Zusammenhang von Schuljahren und Pro-Kopf-Einkommen in der Europäischen Union positiv ist, wird jedoch auch in diesem Schaubild deutlich, da die Kohäsionsländer Griechenland, Spanien und Portugal entsprechend ihrer relativen Einkommensposition in der EU auch unterdurchschnittliche Werte für den Humankapitalbestand aufweisen. Weitere Untersuchungen

---

[44]Temple (2001), S. 916.

zur Humankapitalsituation in den mittel- und osteuropäischen Beitrittsländern finden in Kapitel 6 dieser Arbeit statt.

Abbildung 4.4: Vergeich der durchschnittlich absolvierten Schuljahre im gesamten Europa im Jahr 2000

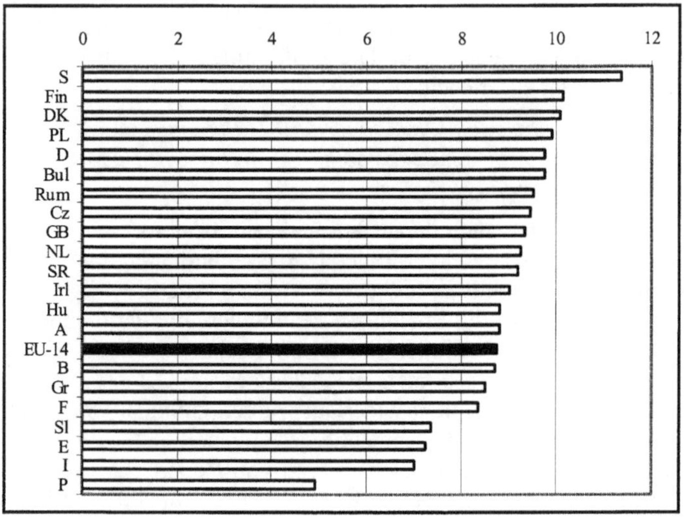

Quelle: Barro/Lee (2000), Appendix.

Anmerkung: Für die EU fehlen Daten für Luxemburg und für die MOEL fehlen Daten für Estland, Lettland und Litauen.

Grundsätzlich gilt für die vorgestellten empirischen Studien, dass sich je nach Humankapitalindikator sehr unterschiedliche Ergebnisse ergeben. Aufgrund dieser Untersuchungen ist folglich keine eindeutige Aussage über die tatsächliche Bedeutung von Ausbildung und damit Humankapital für das Pro-Kopf-Einkommen und die Wachstumsentwicklung einer Volkswirtschaft möglich. Dieses Ergebnis ist auf den ersten Blick etwas enttäuschend, da in den Überlegungen der Theorie endogenen Wachstums dem Humankapital doch eine so herausragende Bedeutung beigemessen wird. Eine mögliche Erklärung für diese unbefriedigenden empirischen Ergebnisse ist, dass durch die direkte Gegenüberstellung eines Humankapitalindikators und der Wachstumsperformance nicht alle Wirkungskanäle des Humankapitals berücksichtigt werden. Die vorgestellten empirischen Arbeiten hatten lediglich zum Ziel, den unmittelbaren Einfluss von Ausbildung und Qualifikation auf Pro-Kopf-Einkommen und Wirtschaftswachstum zu messen. Ein entscheidender Beitrag von Humankapital ergibt sich jedoch nicht nur durch seine Funktion als Produktionsfaktor, sondern insbesondere durch seine unterstützende Rolle in humankapitalintensiven Tätigkeiten. Im

Laufe dieser Arbeit wird gezeigt, dass Humankapital vor allem als Input für F&E fungiert, entscheidend für die Übernahme ausländischen Wissens ist und folglich eine entscheidende Rolle im Catching-Up-Prozess rückständiger Volkswirtschaften spielt. Einer der bedeutendsten indirekten Wirkungskanäle des Humankapitals zeigt sich dabei im Forschungs- und Entwicklungssektor einer Volkswirtschaft. Die Bedeutung von Innovationen und F&E zur Erklärung endogenen Wachstums sowie weitere daraus resultierende Gründe für Divergenz sollen im Folgenden dargestellt werden.

4.4. Die Bedeutung von Forschung und Entwicklung für den Wachstumsprozess

4.4.1. Innovation und Wachstum

Die beiden vorangegangen Ansätze zur Erklärung endogenen Wachstums haben gemeinsam, dass sie in erster Linie versuchen, die Wachstumsbremse der abnehmenden Grenzerträge der Kapitalakkumulation außer Kraft zu setzen. Romer (1986) versucht dies mit Hilfe externer Effekte bei der Investitionstätigkeit durch die Einführung eines quasi ehrenamtlich zur Verfügung stehenden Produktionsfaktors Wissen zu erreichen, während sich Lucas (1988) die Ausweitung des Kapitalbegriffs um den Produktionsfaktor Humankapital zu Nutze macht, um konstante Grenzerträge der (Human-)Kapitalakkumulation und damit endogenes Wachstum zu generieren. Beide Ökonomen versuchen folglich, ohne den in der Neoklassik exogen vorgegeben technischen Fortschritt dauerhaftes Wachstum zu modellieren, indem sie im Bereich der Kapitalakkumulation nach neuen Wachstumsmotoren Ausschau halten.

Ein weiterer Zweig der Neuen Wachstumstheorie dagegen klammert den technischen Fortschritt nicht weiterhin aus den Überlegungen aus, sondern betrachtet ihn ebenso wie die Neoklassische Wachstumstheorie als eigentlichen Wachstumsgarant. Das Hauptziel ist es jedoch, den technischen Fortschritt nicht mehr wie „Manna" vom Himmel regnen zu lassen, sondern ihn im Rahmen der Modelle endogen zu erklären, um die vollständige Analyse eines dauerhaften Wachstumsprozesses zu ermöglichen. Ursprung und Folgen technischer Neuerungen für den Wachstumsprozess stehen somit im Mittelpunkt dieser Ansätze. Auch schon bei Arrow (1962) und Romer (1986) spielt der technische Fortschritt in Form des „learning by doing" oder der externen Effekte des Wissens eine große Rolle. Der Unterschied zu den im Folgenden zu betrachtenden Ansätzen zeigt sich jedoch dadurch, dass der technische Fortschritt nicht mehr nur als Nebenprodukt der Investitionstätigkeit in Erscheinung tritt, sondern dass die Suche nach Neuerungen durch absichtliche Innovationstätigkeit im Rahmen von Forschung und Entwicklung im Vordergrund steht. Die bedeutendsten Arbeiten stammen dabei von Paul Romer (1990), Gene Grossman und Elhanan Helpman (1991) sowie Philippe Aghion und Peter Howitt (1992, 1998a).

Grundlage dieser innovationsorientierten Wachstumsmodelle sind die Arbeiten von Joseph A. Schumpeter und seine Sicht des kapitalistischen Systems.[45] Die wirtschaftliche Entwicklung einer Volkswirtschaft wird nach Meinung des Nationalökonomen entscheidend von sogenannten Pionier-Unternehmern vorangebracht, die von der Möglichkeit getrieben, zumindest vorübergehend Monopolgewinne zu erzielen, neue Innovationen auf den Markt bringen. Durch den Prozess der schöpferischen Zerstörung kann endogenes Wachstum generiert werden, da mit Hilfe von Forschung und Entwicklung immer neue Ideen auf den Markt gebracht werden können, und die Aussicht auf Extraprofite den Investitionsanreiz dauerhaft aufrechterhält. Die Neue Wachstumstheorie verabschiedet sich somit in diesem Bereich von der Annahme der vollkommenen Konkurrenz, um festzustellen, dass gerade unvollkommene Märkte die Voraussetzung für mehr Wachstum und Wohlfahrt darstellen können.

Die Erklärung endogenen Wachstums hat jedoch erneut die Konsequenz, dass im Gegensatz zur Neoklassischen Wachstumstheorie kein automatischer Konvergenzprozess zu erwarten ist. Der dauerhafte Investitionsanreiz aufgrund der möglichen Monopolprofite garantiert unabhängig vom Pro-Kopf-Einkommensniveau einen beständigen Wachstumsprozess. Eine Volkswirtschaft mit hohem Einkommensniveau kann durch die Investition in Forschung und Entwicklung ihre Führungsposition bewahren. Geht man zunächst noch davon aus, dass der Wissensbestand einer Volkswirtschaft im Gegensatz zum Solow-Modell nur national verfügbar ist, so bedeutet dies, dass sich die Einkommenslücke zwischen armen und reichen Volkswirtschaften nicht nur nicht verringert, sondern aufgrund der im Folgenden zu beschreibenden externen Effekte der Wissensakkumulation tendenziell sogar eher vergrößert. Da in diesem Kapitel noch keine internationalen Wissensspillover berücksichtigt werden, verhindert die nationale Investition in Forschung und Entwicklung eine automatische Angleichung der relativen Einkommensposition verschiedener Volkswirtschaften. Jedes Land ist in der Lage, durch seine Innovationstätigkeit eine Abnahme der Grenzerträge bei der Kapitalakkumulation zu verhindern, um damit die Voraussetzung für anhaltendes Wachstum zu schaffen.

Forschung und Entwicklung kann zum einen das Ziel haben, die Produktionsverfahren bereits bestehender Produkte zu vereinfachen, oder zum anderen gänzlich neue Produkte auf den Markt zu bringen. Man unterscheidet in diesem Zusammenhang auch in Prozess- und Produktinnovationen. Während im neoklassischen Wachstumsmodell der exogene technische Fortschritt zu einer allgemeinen Effizienzsteigerung im Produktionsprozess führt, sollen in den Modellen der Neuen Wachstumstheorie die Einführung neuer Produkte und die daraus resultierenden Konsequenzen für das Wachstum einer Volkswirtschaft eingehend untersucht werden. Bei diesen Produktinnovationen wird des Weiteren

---

[45] Seine grundlegenden Thesen sind in seiner *Theorie der wirtschaftlichen Entwicklung* nachzulesen. Vgl. Schumpeter (1934).

danach differenziert, in welcher Beziehung die neuen Güter zu den bereits bestehenden Produkten stehen. Erfüllen sie grundsätzlich neue Funktionen und sind sie folglich mehr oder weniger von bisherigen Produkten unabhängig, so spricht man von horizontalen Produktinnovationen bzw. von einer Erhöhung der Produktvielfalt. Kommt durch die neuen Produkte dagegen ein qualitativ besseres Nachfolgeprodukt eines bereits existierenden Gutes auf den Markt, so handelt es sich um eine vertikale Produktinnovation bzw. eine Verbesserung der Produktqualität. Abbildung 4.5 veranschaulicht den Unterschied zwischen diesen beiden Produktinnovationsarten.

Abbildung 4.5: Horizontale und vertikale Produktinnovationen

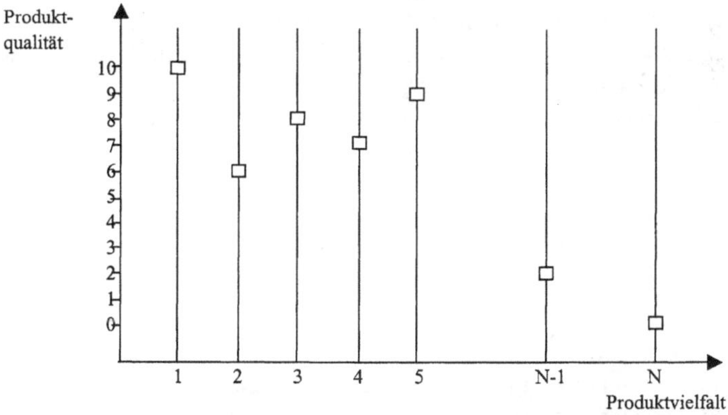

Quelle: Barro/Sala-i-Martin (1995), S. 241.

Auf der Abszisse wird die horizontale Produktinnovation als eine Erhöhung der Güteranzahl N abgebildet. Die Abschnitte auf der Ordinate stehen dagegen für unterschiedliche Qualitätsstufen, welche die Güter durchlaufen. Grossman und Helpman veranschaulichen in diesem Zusammenhang vertikale Produktinnovationen auch mit dem Bild einer Qualitätsleiter, wobei jede Sprosse nach oben für eine Erhöhung der Produktqualität steht.[46] Im Folgenden sollen nun sowohl horizontale als auch vertikale Produktinnovationen sowie die daraus resultierenden Konsequenzen für endogenes Wachstum genauer analysiert werden.

[46]Vgl. z.B. Grossman/Helpman (1991), S. 85.

4.4.1.1. Erhöhung der Produktvielfalt

In den Modellen von Grossman und Helpman (1991) wird Forschung und Entwicklung als eine gewöhnliche wirtschaftliche Tätigkeit angesehen, die Ressourcen als Input benötigt und deren Ziel es ist, Gewinne zu erwirtschaften.[47] In ihrem ersten Modell untersuchen sie private Forschungsanstrengungen von Unternehmen, die in F&E investieren, um das Wissen zur Entwicklung vollkommen neuer Güter zu erlangen. Die Unternehmen sind in der Lage, das so gewonnene Wissen für sich zu behalten, z.B. durch Eintragung eines Patentes, und erhalten ein Monopol mit der Möglichkeit, Extraprofite zu erzielen.

Die Produktionsseite umfasst zwei Sektoren. Im F&E-Sektor besteht der Output aus sogenannten „blueprints", also dem Wissen zur Herstellung neuer Produkte. Diese „blueprints" wiederum fungieren im eigentlichen Produktionssektor neben dem primären Produktionsfaktor Arbeit als Inputs zur tatsächlichen Produktion der bisher entwickelten Güter. Die zugrundeliegende Produktionstechnik unterliegt konstanten Skalenerträgen.

Auf der Nachfrageseite definieren Grossman und Helpman mit Verweis auf die Arbeit von Avinash Dixit und Joseph Stiglitz (1977) einen Konsumindex D mit der Eigenschaft einer konstanten (und gleichen) Substitutionselastizität zwischen jedem Güterpaar:

$$(22) \qquad D = \left[\int_0^n x(j)^\alpha \, dj \right]^{1/\alpha}, \text{ mit } 0<\alpha<1.^{48}$$

Dabei steht x(j) für die Menge des Gutes j, n für die Anzahl der bis zu diesem Zeitpunkt herstellbaren Güter und α ist ein Parameter. Der Nutzen der Haushalte ist somit positiv von der Produktvielfalt, d.h. von der Anzahl der verschiedenen Güter n abhängig. Da in diesem Zusammenhang angenommen wird, dass die neuen Güter im Vergleich zu den alten nur unvollkommene Substitute darstellen, bedeutet dies, dass die neu erfundenen Produkte den alten nicht überlegen sind. In diesem Modell ergeben sich folglich noch keine Produktobsoleszenz und noch keine schöpferische Zerstörung. Die Unternehmer können mit der Aussicht auf ein dauerhaftes Monopol kalkulieren.

Grundlage dieser Kalkulation ist eine einfache Investitionsrechnung, welche die Kosten der Forschungsbemühungen dem Gegenwartswert der zukünftigen Erträge aus einem Monopol gegenüberstellt. Der auf die Gegenwart abdiskontierte Profitstrom entspricht dem Unternehmenswert v. Geht man davon aus, dass es keine Markteintrittsschranken im F&E-Bereich gibt, so erhält ein Unternehmer, der L_n Einheiten Arbeit für Forschung und Entwicklung einsetzt, in einem Zeitintervall dt die Möglichkeit, $dn = (L_n/a)dt$ neue Produkte zu

[47] Vgl. dazu und zum Folgenden Grossman/Helpman (1991), Kap. 3 sowie Helpman (1991), S. 9 – 18.

[48] Grossman/Helpman (1991), S. 45. Die Substitutionselastizität zwischen zwei Gütern beträgt dabei $\varepsilon = 1/(1-\alpha) > 1$.

produzieren. Der Effizienzparameter a wird eingefügt, um eine unendliche Nachfrage nach Arbeit zu verhindern.[49] Die Kosten dieser Forschungsanstrengungen belaufen sich auf $wL_n dt$, wobei w für den Arbeitslohn steht. Unter der Annahme vollkommener Voraussicht kann ein Unternehmer daraufhin mit einer Wertschöpfung in Höhe von vdndt bzw. $v(L_n/a)dt$ rechnen, da jeder weitere „blueprint" einen Marktwert von v besitzt. Übersteigen die Erträge die Kosten, gilt also v/a > w, so ergäbe sich eine uneingeschränkte Arbeitsnachfrage für immer weitere Forschungsanstrengungen. Gilt dagegen v/a < w, so würden Investitionen in F&E zu Verlusten führen. Es handelt sich dabei zwar um ein statisches Gleichgewicht, jedoch wird jeder Unternehmer sein Geld in eine risikolose Kapitalmarktanlage investieren anstatt in F&E. Die Bedingung für einen Eintritt weiterer Unternehmer in den F&E-Sektor bei gleichzeitiger Erhöhung der Produktvielfalt im Gleichgewicht, lautet somit:

$$(23) \qquad v = w \cdot a .$$

Eine weitere Bedingung für ein statisches Gleichgewicht ist die Vollbeschäftigungsannahme. Die in Forschung und Produktion eingesetzten Arbeitskräfte müssen dem verfügbaren Arbeitsangebot entsprechen.[50]

Zur Ableitung der tatsächlichen Profite eines Unternehmens pro Gut verwenden Grossman und Helpman die monopolistische Preissetzung durch Gleichsetzen der Grenzerträge mit den Grenzkosten. Die Grenzerträge ergeben sich aus (22) als $GE = \alpha \cdot p(j)$, wobei p(j) für den Preis des Gutes j steht. Des Weiteren nehmen sie an, dass alle Güter jeweils genau eine Einheit Arbeit für die Produktion eines Gutes benötigen, so dass die Grenzkosten dem Lohnsatz entsprechen, $GK = w$. Da alle Güterarten mit demselben Preis ausgezeichnet werden, ergibt sich der Preis eines jeden Gutes j als

$$(24) \qquad p(j) = p = \frac{w}{\alpha} .$$

Die Profite eines Unternehmers pro Güterart π ergeben sich aus der Differenz von Erlösen und Kosten wie folgt:

$$(25) \qquad \pi = p(j) \cdot x(j) - w \cdot x(j) .$$

Durch Einsetzen von (24) in (25) und unter Einbeziehung des aggregierten Güteroutputs X mit $X = n \cdot x(j)$ ergibt sich der Unternehmerprofit in Abhängigkeit von n als

$$(26) \qquad \pi = (1-\alpha) \cdot \frac{p \cdot X}{n} .$$ [51]

[49] Vgl. Grossman/Helpman (1991), S. 51 in Verbindung mit Helpman (1991), S. 12.
[50] Vgl. Grossman/Helpman (1991), S. 52.
[51] Vgl. Helpman (1991), S. 10.

Gleichung (26) verdeutlicht eindeutig einen negativen Zusammenhang zwischen dem Unternehmerprofit π und der Anzahl der Güterarten n. Grossman und Helpman zeigen daraufhin in ihrer Arbeit, dass, wenn eine bestimmte Güteranzahl $\bar{n}$ überschritten wird, ein Gleichgewicht ohne weitere Produktentwicklung existiert. Beginnt eine Volkswirtschaft dagegen mit einer Güteranzahl, die noch unter dem kritischen Wert $\bar{n}$ liegt, so werden zunächst neue Güter entwickelt. Die Profitrate jedes weiteren neuen Gutes sinkt jedoch mit wachsendem n. Die sinkende Profitrate äußert sich nicht durch sinkende Preise, da nach wie vor Gleichung (24) für alle Güter gilt, dafür nehmen aber die verkauften Mengen aufgrund der begrenzten Anzahl von Käufern mit steigender Gütervielfalt ab. Die Profitrate sinkt so weit, bis sie der Diskontrate der Wirtschaftssubjekte entspricht. An diesem Punkt verschwindet erneut jeglicher private Anreiz, in Forschung und Entwicklung zu investieren. Der Wachstumsprozess kommt zum Erliegen und die Volkswirtschaft befindet sich in einem stationären Gleichgewicht mit $\bar{n}$ Gütern.[52]

Bisher wurde in diesem Modell noch kein Fortschritt im Vergleich zu den Ergebnissen der Neoklassischen Wachstumstheorie erreicht. Analog zur Abnahme der Grenzproduktivität des Kapitals im Solow-Modell führt hier die sinkende Profitrate in Folge eines Anstiegs der Produktvielfalt zu einem Gleichgewicht mit Nullwachstum. Der entscheidende Schlüssel zur Erreichung nachhaltigen Wachstums ergibt sich nun jedoch durch die Betrachtung des Wissens als öffentliches Gut. Analog zu Romer (1986) muss in zwei verschiedene Outputs des F&E-Sektors unterschieden werden. Nach wie vor führt jedes Forschungsprojekt zur Entwicklung eines neuen „blueprints" mit dessen Hilfe ein neues Gut im Produktionssektor hergestellt werden kann. Zusätzlich ergibt sich jedoch ein weiterer Output der privaten Forschungstätigkeit als neuer Beitrag zum allgemeinen Wissensbestand $K_n(t)$. Dieses Wissenskapital steht stellvertretend für eine Sammlung von Ideen und Methoden, die für spätere Generationen von Erfindern nützlich sein wird. $K_n(t)$ fungiert somit als öffentlicher, allgemein zugänglicher Input für zukünftige Forschung und Entwicklung.[53]

Diese externen Effekte der F&E-Tätigkeit führen dazu, dass nun zur Entwicklung eines neuen „blueprints" weniger Ressourcen, d.h. in diesem Modell weniger Arbeit eingesetzt werden muss. Aus $dn=(L_n/a)dt$ wird:

$$(27) \qquad \frac{dn}{dt} = \dot{n} = \frac{L_n K_n}{a}.$$

Die vergangene Forschungstätigkeit hat somit einen positiven Einfluss auf die Produktivität zukünftiger Forschungsanstrengungen. Was die Vergrößerung des allgemeinen Wissens angeht, nehmen Grossman und Helpman an, dass jedes

---

[52]Vgl. Grossman/Helpman (1991), S. 52 – 57.

[53]Vgl. ebenda, S. 57, sowie Romer (1990), S. S84. Romer betont dabei die Auswirkungen des Kapitalsstocks an Wissen auf die Produktivität des Humankapitals im F&E-Sektor. Darauf wird im Folgenden noch eingegangen werden.

Forschungsprojekt einen konstanten Beitrag zum Wissensbestand leistet, unabhängig davon, wie viel Forschung in der Vergangenheit stattgefunden hat. Es ergibt sich folglich ein einfacher Zusammenhang zwischen dem allgemeinen Wissensbestand und der Produktvielfalt:

$$(28) \qquad K_n = n\,.$$

Seiter (1994) vergleicht diese Vorgehensweise mit Arrows Darstellung der Produktivität als Summe aus den akkumulierten Bruttoinvestitionen. Analog dazu bezeichnet er die positiven Auswirkungen der Forschung auf den allgemeinen Wissensbestand auch als „learning by doing der Forschung".[54]

Die Erhöhung der Produktivität bei der Entwicklung neuer „blueprints" gemäß Gleichung (27) bedeutet anders interpretiert, dass die Kosten von F&E mit Zunahme des Wissensbestandes sinken, d.h. Gleichung (23) wird zu

$$(29) \qquad v = \frac{wa}{K_n}\,.$$

Neue Unternehmen treten nur dann in den Forschungsmarkt ein, wenn der erwartete Profitstrom, der dem Unternehmenswert v entspricht, mindestens so groß ist wie die Forschungskosten. Ein Gleichgewicht mit positiver horizontaler Produktinnovation ist folglich nur dann gewährleistet, wenn Gleichung (29) erfüllt ist.

Für die langfristige Entwicklung einer Volkswirtschaft bedeutet dies nun, dass parallel zum Sinken der Grenzerträge bei Zunahme der Produktvielfalt durch den gleichzeitigen Anstieg des allgemeinen Wissensbestandes, die Forschungskosten ebenfalls sinken. Dies wiederum verhindert ein Sinken der Profitrate auf Null und gewährleistet die Bewahrung eines Investitionsanreizes für weitere Forschungsaktivitäten. Die Volkswirtschaft kann dauerhaft wachsen.[55]

Die gleichgewichtige Wachstumsrate der Modellwirtschaft wird durch die Innovationsrate bestimmt, d.h. durch die Geschwindigkeit, in der neue Produkte bei konstanter Allokation des Arbeitsangebots auf den F&E- und den Produktionssektor entwickelt werden. Die Bestimmungsgrößen dieser Innovationsrate g_n können folgender, von Grossman und Helpman hergeleiteter Gleichung entnommen werden:

$$(30) \qquad g_n \equiv \frac{\dot{n}}{n} = (1-\alpha)\cdot\frac{L}{a} - \alpha\cdot\rho\,.$$ [56]

Bei Vorliegen der externen Effekte der Forschungstätigkeit auf den allgemeinen Wissensbestand einer Volkswirtschaft wird das Wachstum der Innovationen und damit auch das Wachstum der Volkswirtschaft umso größer sein, je mehr Ressourcen, in diesem Fall Arbeit L, vorhanden sind, je produktiver die

---

[54] Seiter (1994), S. 16.

[55] Vgl. Grossman/Helpman (1991), S. 57 – 62.

[56] Grossman/Helpman (1991), S. 61.

Ressourcen im Forschungssektor eingesetzt werden, d.h. je geringer der Effizienzparameter a ist, je geringer die Zeitpräferenzrate ρ der Haushalte ist und je geringer α ist, das Maβ für die nachgefragte Produktvielfalt und damit für den Monopolgrad. Ist mehr Arbeit vorhanden, so werden unabhängig von der Aufteilung dieser Arbeit auf den F&E- und den Produktionssektor, in jedem Bereich mehr Arbeitskräfte eingesetzt, d.h. es werden mehr neue Produkte und damit auch mehr Wissen entwickelt, was sich wiederum positiv auf die Innovationsrate und damit die Wachstumsrate des Systems auswirkt. Gröβere Volkswirtschaften, im Sinne von arbeitsreicheren Ökonomien, werden somit tendenziell schneller wachsen. Eine geringe Zeitpräferenzrate der Haushalte bedeutet, dass in der Volkswirtschaft mehr gespart wird, da die Wirtschaftssubjekte eher bereit sind, auf heutigen Konsum zu verzichten. Die erhöhte Ersparnis wiederum verringert die Kapitalkosten der Unternehmen, steigert ihre Profitrate und damit gleichzeitig den Anreiz für weitere Forschung und Innovation. Der Parameter α bestimmt im Konsumindex D aus Gleichung (22) die Vorliebe der Nachfrager für Produktvielfalt. Je geringer α ist, desto weniger wollen die Haushalte auf den Konsum eines Produktes verzichten. Diese unelastische Nachfrage erhöht jedoch die Monopolmacht und damit den Preissetzungsspielraum der Unternehmer. Diese können folglich mit höheren Extraprofiten rechnen, was sich wiederum positiv auf Innovation und Wachstum auswirkt.[57]

Auch Romer (1990) hat ein Wachstumsmodell entwickelt, in dem technischer Fortschritt in Form von horizontalen Produktinnovationen aufgrund privater Investitionen in Forschung und Entwicklung zur Generierung von endogenem Wachstum führt. Der Unterschied zum Modell von Grossman und Helpman liegt jedoch darin, dass die neuen Produkte nicht als Konsumgüter auf den Markt kommen, sondern als Zwischengüter bei der Produktion des Endprodukts eingesetzt werden. Zudem unterscheidet Romer das Wissen einer Volkswirtschaft durch die Einführung des Produktionsfaktors Humankapital H in eine rivalisierende Komponente und in eine nicht-rivalisierende Komponente, dem allgemeinen Technologieniveau A. Ebenso wie bei dem zuvor beschriebenen Modell findet dabei kein Verdrängungswettbewerb statt, da die neuen Zwischengüter additiv in die Produktionsfunktion des Outputs integriert werden. Das Modell besteht aus drei Sektoren.[58]

Im Forschungssektor wird durch den Einsatz von Humankapital H_A und dem jeweiligen, zurzeit aktuellen Wissensbestand A neues Wissen produziert. Dieses neue Wissen besteht aus einem neuen „Design“ zur Herstellung eines weiteren Zwischengutes. Im Zwischengutsektor wiederum wird dieses „Design“ in Verbindung mit Kapital eingesetzt, um eben diese neuen Zwischengüter x_i zu

[57] Vgl. ebenda, S. 63, sowie Erber/Hagemann/Seiter (1998), S. 75.
[58] Vgl. Romer (1990), S. S78 – S88.

produzieren.[59] In der Outputproduktion letztendlich wird mit Hilfe von unqualifizierter Arbeit L, Humankapital H_Y und den Zwischengütern x das Endprodukt hergestellt, welches sowohl konsumiert als auch gespart und damit als Kapital im Zwischengutsektor reinvestiert werden kann. Die Cobb-Douglas-Produktionsfunktion sieht wie folgt aus:

$$(31) \qquad Y(H_Y, L, x) = H_Y^{\alpha} L^{\beta} \sum_{i=1}^{\infty} x_i^{1-\alpha-\beta} .$$ [60]

Gleichung (31) macht deutlich, dass jedes neue Zwischengut unabhängig von den bereits vorhandenen additiv in die Produktionsfunktion integriert wird. Es findet folglich keine Produktobsoleszenz statt.

Endogenes Wachstum ist auch in diesem Modell deshalb möglich, weil Unternehmen, die ein neues „Design" erfunden haben, auf dieses lebenslang ein Patent anmelden können. Sie können durch das Monopol auf die Herstellung des dazugehörigen Zwischenproduktes Extraprofite erwirtschaften. Diese stellen den dauerhaften Anreiz dar, in Forschung und Entwicklung zu investieren und damit nachhaltiges Wachstum der Volkswirtschaft zu garantieren.

Der eigentliche Unterschied zum Modell von Grossman und Helpman außer der Zwischenschaltung eines weiteren Produktionssektors liegt im Zusammenspiel von Wissen bzw. dem Technologieniveau und dem Produktionsfaktor Humankapital. Analog zu den Spillovereffekten bei Grossman und Helpman hat auch in diesem Modell jeder Unternehmer Zugang zum allgemeinen Technologieniveau der Volkswirtschaft. Wissen ist ein nicht-rivalisierender Input, da alle uneingeschränkt vom akkumulierten Wissensbestand A profitieren können. Dieser wiederum vergrößert sich mit jeder weiteren Forschungsaktivität, so dass gilt:

$$(32) \qquad \dot{A} = \delta \cdot H_A \cdot A,$$

wobei δ einen Produktivitätsparameter darstellt.[61] Auch hier ergeben sich somit externe Effekte bei der Investition in Forschung und Entwicklung, da nicht nur neue „Designs" entwickelt werden, sondern zusätzlich auch der allgemeine Wissensbestand der Volkswirtschaft vergrößert wird. Die zwei Outputs der F&E-Tätigkeit bei der Technologie machen deutlich, warum es sich um ein nicht-rivalisierendes, aber nur teilweise ausschließbares Gut handelt. Durch Forschung und Entwicklung wird in erster Linie ein neues „Design" hergestellt. Auf diesen Produktionsentwurf zur Herstellung eines neuen Zwischengutes kann ein

[59] Romer definiert Kapital dabei als Differenz aus dem Output und dem Konsum. Es handelt sich somit um eine Reinvestition des nicht konsumierten Endproduktes. Vgl. Romer (1990), S. S82.

[60] Romer (1990), S. S80. Romer betrachtet später die Anzahl der Zwischengüter als kontinuierliche Variable, so dass aus dem Summenzeichen in Gleichung (31) ein Integral wird.

[61] Vgl. Romer (1990), S. S83.

Unternehmer ein Patent anmelden und damit die Verwendung dieses „Designs“ durch andere Unternehmer verhindern. Ebenso wird aber auch ein weiterer Beitrag zum allgemeinen Wissensbestand A geleistet, wodurch wiederum die Produktivität des Humankapitaleinsatzes im Forschungssektor erhöht wird. Auf diese Auswirkung gibt es jedoch kein Patent, d.h. dieser positive externe Effekt ist nicht ausschließbar. Aus der Verbindung dieser beiden Gesichtspunkte schließt Romer, dass es sich bei der Technologie um ein nur teilweise ausschließbares Gut handelt.

Der Schlüssel für mehr Innovation und damit mehr Wachstum liegt somit bei Romer ganz klar im Einsatz von Humankapital in Forschung und Entwicklung in Verbindung mit einer monopolistischen Struktur im Zwischengutsektor. Der sich selbst verstärkende Kreislauf zwischen der Wissensgenerierung durch Humankapitaleinsatz und der Vergrößerung der Humankapitalproduktivität im F&E-Sektor durch die ständige Wissensakkumulation garantiert einen dauerhaften, endogenen Wachstumsprozess. Dies bedeutet auch, dass Volkswirtschaften, die einen höheren Humankapitalbestand aufweisen, schneller wachsen werden als Volkswirtschaften mit weniger Humankapital. Die Betonung der Bedeutung des Humankapitals für die Wachstumsrate des Systems verbindet das Modell mit den Ergebnissen von Lucas (1988).

Neben den Wachstumseffekten der horizontalen Produktinnovation sind auch die Wohlfahrtseffekte zu beachten, die sich durch eine Erhöhung der Produktvielfalt ergeben. Unabhängig davon, ob nun technologische Spillover von der Forschungstätigkeit auf den allgemeinen Wissensbestand vorliegen, oder nicht, ergeben sich durch die Einführung neuer Produkte zwei Wohlfahrtseffekte. Zum einen erhöht gemäß Gleichung (22) jedes neue Gut den Nutzen der Haushalte aufgrund einer vergrößerten Produktauswahl. Grossman und Helpman bezeichnen dies als Konsumentenrenteneffekt. Auf der Angebotsseite dagegen ergibt sich ein Profitzerstörungseffekt, da jedes neue Gut den bereits vorhandenen Produkten Nachfrage entzieht, so dass die Anbieter dieser Produkte Verluste hinnehmen müssen. Auch wenn in diesem Modell noch keine vollständige Substitution alter Güter durch neue stattfindet, steht der Profitzerstörungseffekt doch schon für die schöpferische Zerstörungskraft von Innovationen à la Schumpeter.

Die beiden Wohlfahrtseffekte haben nun unterschiedliche Auswirkungen auf die Optimalität des Gleichgewichts. Der positive Konsumentenrenteneffekt bedeutet, dass die Innovationsrate in einem Laissez-faire Gleichgewicht im Vergleich zu derjenigen, die sich bei Existenz eines allwissenden Planers ergeben würde, eher zu gering ist. Umgekehrt führt der Profitzerstörungseffekt tendenziell zu einer zu hohen Innovationsrate, da die Unternehmen auch diesen Effekt nicht in ihre Kalkulation miteinbeziehen. Die Nutzenfunktion in Gleichung (22) hat nun jedoch die Eigenschaft, dass sich die beiden entgegengesetzten

Wohlfahrtseffekte aufgrund der konstanten Substitutionselastizität gerade ausgleichen, das Ergebnis somit summa summarum pareto-effizient ist.[62]

Berücksichtigt man nun jedoch die externen Effekte der Forschungstätigkeit auf den Wissensbestand, so muss man feststellen, dass die Unternehmer auch die Auswirkungen ihrer Forschungsbemühungen für zukünftige Innovationen nicht in ihr Investitionskalkül integrieren. Dieser intertemporale Spillovereffekt führt nun neben den beiden zuvor beschriebenen Wohlfahrtseffekten dazu, dass die tatsächliche Innovationsrate im Vergleich zum sozialen Optimum eindeutig zu gering ist.[63]

Auch Romer (1990) betrachtet sein Modell unter Wohlfahrtsgesichtspunkten. Er kommt zu dem Ergebnis, dass im Vergleich zum sozialen Optimum zu wenig Humankapital in Forschung und Entwicklung eingesetzt wird. Dies liegt zum einen daran, dass sich durch die Innovationstätigkeit externe Effekte auf den allgemeinen Wissensbestand der Volkswirtschaft ergeben. Jedes neue „Design" erhöht die Produktivität aller Individuen, die sich in der Zukunft in F&E engagieren. Dieser positive intertemporale Spillover wird jedoch von den Wirtschaftsakteuren in ihrer Investitionsrechnung nicht berücksichtigt. Zudem wird im F&E-Sektor ein Output produziert, der in einem Sektor als Input eingesetzt wird, in dem eine monopolistische Preissetzung erfolgt. Die private Kompensation dieses Inputs wird somit geringer ausfallen als aus Wohlfahrtsgesichtspunkten wünschenswert wäre. Die privaten Unternehmen werden weniger Humankapital in Forschung und Entwicklung einsetzen als ein allwissender Planer. Die Innovationsrate wird zu gering sein.[64]

Jedes Auseinanderfallen von Wettbewerbsgleichgewicht und sozialem Optimum eröffnet einen wirtschaftspolitischen Spielraum. Grossman und Helpman untersuchen in diesem Zusammenhang sowohl die Wirkung einer Subvention der F&E-Tätigkeit als auch der Outputproduktion. In ihrem Modell horizontaler Produktinnovation ergibt sich aus Wohlfahrtsgesichtspunkten wie gezeigt eindeutig eine zu geringe Innovationsrate. Für diesen Fall würde sich eine Subvention der Forschungstätigkeit positiv auf die Wohlfahrt auswirken, da der wirtschaftspolitische Eingriff die Forschungskosten der Unternehmen reduziert und dies wiederum zu einer Erhöhung der Innovationsrate führt. Eine Subvention der Outputproduktion dagegen hat keinen Einfluss auf die Allokation von Arbeit zwischen dem F&E- und dem Produktionssektor. Durch die Subvention der Güterproduktion erhöht sich sowohl die Profitabilität der Forschung als auch der Endproduktion. Die einzige Auswirkung dieser wirtschaftspolitischen Maßnahme ist ein Anstieg des Gleichgewichtslohns bei gleichzeitiger Wirkungslosigkeit auf die tatsächliche Innovationstätigkeit.[65]

---

[62]Vgl. Grossman/Helpman (1991), S. 70, Helpman (1991), S. 18 und Seiter (1994), S. 16, 17.
[63]Vgl. Grossman/Helpman (1991), S. 72 – 74 und Helpman (1991), S. 18.
[64]Vgl. Romer (1990), S. S96.
[65]Vgl. Grossman/Helpman (1991), S. 66, 67 und 73, sowie Helpman (1991), S. 32.

Romer (1990) kommt in seinem Modell zu dem Ergebnis, dass eine Subvention der Humankapitalakkumulation indirekt den Anreiz, in Forschung zu investieren und damit die Innovationsrate erhöhen kann.[66]

4.4.1.2. Verbesserung der Produktqualität

Neben der Entwicklung vollständig neuer Produkte haben viele Innovationsbemühungen das Ziel, bereits auf dem Markt vorhandene Güter weiterzuentwickeln, um neue Konsumentenwünsche zu erfüllen, festgestellte Mängel zu beseitigen, oder die Herstellungskosten eines Gutes zu verringern. So tüftelt beispielsweise die Automobilindustrie an der Garantie von immer mehr Sicherheit und Komfort. Die neuen Modelle sind jedoch nach wie vor Transportmittel, die genau wie die Vorgängermodelle das grundsätzliche Ziel erfüllen, die Insassen von A nach B zu bringen. Grossman und Helpman (1991) sowie Aghion und Howitt (1992) haben jeweils ein Modell entwickelt, wobei diese vertikalen Produktinnovationen die fundamentale Quelle für endogenes Wachstum darstellen. Die grafische Darstellung der Verbesserung der Produktqualität ist in Abbildung 4.5 auf der Ordinate zu sehen. Man kann sich dabei vorstellen, dass jede Güterart – Grossman und Helpman sprechen von Produktlinie – durch eine Art Leiter abgebildet wird, wobei mit jeder höheren Sprosse eine verbesserte Qualität der jeweiligen Produktsorte erreicht wird. Mit jeder neuen Produktinnovation wird ein diskreter Sprung auf die nächste Sprosse, d.h. auf das nächstbessere Qualitätsniveau erreicht. Ein Unternehmer, dem es gelingt, diese Qualitätsverbesserung zu realisieren, erhält ein Monopol auf diesen „state-of-the-art" der jeweiligen Produktgruppe mit der Aussicht auf Extraprofite. Die Unternehmer vergleichen erneut die möglichen Erträge mit den anfallenden Forschungskosten und entscheiden daraufhin, ob sie innovativ tätig werden.

So weit die Übereinstimmung mit dem zuvor beschriebenen Modell. Der entscheidende Unterschied ist nun jedoch, dass das erreichbare Monopol nicht ewig währt. Jeder Unternehmer muss darauf gefasst sein, dass sein entwickeltes Gut durch weitere Forschungsaktivität konkurrierender Unternehmer qualitativ verbessert wird und damit letztendlich obsolet wird. Schumpeters Prozess der schöpferischen Zerstörung äußert sich folglich nicht mehr nur durch den zuvor betrachteten Profitzerstörungseffekt aufgrund der Vergrößerung der Angebotspalette bei konstanter Nachfrage, sondern die Profitmöglichkeiten des bisher führenden Unternehmens werden in den Modellen der vertikalen Produktinnovation vollständig zerstört.[67]

Grossman und Helpman (1991) modellieren die Verbesserung der Produktqualität aufbauend auf ihrem Modell der horizontalen Produktinnovationen. Der

[66]Vgl. Romer (1990), S. S99.

[67]Vgl. Grossman/Helpman (1991), S. 85 und Aghion/Howitt (1992), S. 323, 324.

Nutzen der Haushalte wird nicht mehr von der Produktvielfalt, sondern von der Qualität der dargebotenen Güter bestimmt:

$$(33) \qquad \log D(t) = \int_0^1 \log\left[\sum_m q_m(j) \cdot x_{mt}(j)\right] dj.^{68}$$

Der Konsumindex D ist von der konsumierten Menge x der Gütergruppe j bei erreichter Qualitätsstufe m zum Zeitpunkt t abhängig. Zur Vereinfachung des Modells gehen Grossman und Helpman zunächst von konstanten Abständen zwischen den einzelnen Qualitätsstufen aus. Das Gut auf der nächsten Qualitätssprosse liefert genau λ so viele Dienste wie das Vorgängermodell. Dem ersten Rohentwurf einer Produktlinie j, d.h. ohne Qualitätsverbesserungen (m = 0), wird eine Dienstleistung von einer Einheit zugeordnet. Gilt also $q_0(j) = 1$, so wird nach m Qualitätsverbesserungen eine Qualität von $q_m(j) = \lambda^m$ erreicht.

Die Produktionsseite unterteilt sich erneut in einen F&E-Sektor und einen Produktionssektor, in dem die Endprodukte mit dem im Forschungssektor entwickelten Wissen und den notwendigen Patentrechten zur Ausübung des Monopols mit konstanten Skalenerträgen hergestellt werden. Der entscheidende Unterschied zum Modell der horizontalen Produktinnovationen ist nun jedoch, dass die Unternehmer nur noch mit temporären Extraprofiten rechnen können, welche sie ihren Forschungskosten gegenüberstellen müssen. Der F&E-Prozess ist dabei zusätzlich durch Unsicherheit gekennzeichnet. Jedes Unternehmen, dass in einem Zeitraum dt Ressourcen, in diesem Modell also L_m Einheiten Arbeit, in Forschung und Entwicklung investiert, wird mit einer Wahrscheinlichkeit dm = $(L_m/a)dt$ eine neue Sprosse auf der Qualitätsleiter erreichen. Mit einer Wahrscheinlichkeit von (1-dm) wird dieses Vorhaben jedoch scheitern. Dabei gilt ein positiver Zusammenhang zwischen den aufgewendeten Ressourcen und der Erfolgswahrscheinlichkeit. Ein neues Unternehmen muss somit seine Forschungsintensität so wählen, dass es die Differenz aus Erträgen und Kosten maximiert. Analog zum Modell der Erhöhung der Produktvielfalt ergeben sich mit dem Unternehmenswert v und den Grenzkosten w die möglichen Erträge als $v(L_m/a)dt$ und die Kosten als $wL_m dt$. Ergibt sich die Ungleichung $v < wa$, so wird kein Unternehmer in neue Produktinnovationen investieren, d.h. dm/dt = 0. Gilt dagegen $v > wa$, so führt dies zu einer unendlichen Investition in F&E. Positive, aber endliche Forschung und Entwicklung findet im Gleichgewicht folglich nur statt, wenn erneut gilt:

$$(34) \qquad v = w \cdot a.^{69}$$

Ebenso wie im Modell der horizontalen Produktinnovationen muss auch in diesem Modell der Arbeitsmarkt im Gleichgewicht geräumt sein, d.h. die

[68] Grossman/Helpman (1991), S. 87.

[69] Vgl. Grossman/Helpman (1991), S. 91 – 93.

Arbeitsnachfrage im F&E- und Produktionssektor muss dem gesamtwirtschaftlichen Arbeitsangebot entsprechen.

Einem Unternehmer, dem es gelingt, den „state-of-the-art“ einer neuen Produktlinie zu erfinden, kann einen Preis verlangen, der entsprechend der Qualitätsverbesserung λ mal so hoch ist wie der Preis des Vorgängermodells. Da annahmegemäß nur ein Unternehmen in der Lage ist, das neueste Produkt herzustellen, kann es durch seine Preisfestsetzung über die Nachfrageverteilung entscheiden. Grundsätzlich ist es möglich, dass trotz des Angebots eines qualitativ besseren Gutes das Vorgängermodell weiterhin nachgefragt wird. Entscheidend für den Konsumenten ist dabei der jeweilige Preis pro Qualitätseinheit. Gilt unabhängig von der erreichten Qualitätsstufe, dass genau eine Einheit Arbeit zur Produktion einer Einheit Output notwendig ist, so kann das führende Unternehmen die ganze Nachfrage auf sich ziehen, indem es einen Preis verlangt, der marginal unter dem Produkt aus dem Qualitätssprung λ und den Grenzkosten w liegt. Aus einem bisherigen Oligopol wird somit ein Monopol.

Da für alle Produktlinien dieselben Voraussetzungen gelten, gilt jeweils der Monopolpreis p(j) = p als niedrigster qualitätsangepasster Angebotspreis mit:

(35) $$p = \lambda \cdot w.$$ [70]

Gemäß Gleichung (25) ergeben sich die Profite eines führenden Unternehmens unter Einbeziehung von Gleichung (35) somit wie folgt:

(36) $$\pi = (1 - \frac{1}{\lambda}) \cdot p \cdot X,$$

wobei X = x(j), $j \in [0;1]$, sowohl den allgemeinen Output des „state-of-the-art“ der jeweiligen Produktlinie j als auch den aggregierten Output repräsentiert. Güter mit niedrigerer Qualität werden weder produziert noch konsumiert und die Eigner der minderwertigen Technologie erhalten keinerlei Profite.[71] Der positive Zusammenhang zwischen dem Profit π und den Qualitätsverbesserungen λ verdeutlicht den Anreiz für Unternehmen, durch die Erhöhung der Produktqualität Extraprofite zu erzielen und damit dauerhaftes Wachstum der Volkswirtschaft zu garantieren.

Auch im Modell der vertikalen Produktinnovationen spielen technologische Spillover eine wichtige Rolle. Analog zum Modell der erhöhten Produktvielfalt trägt jede zusätzliche Forschung zur Erweiterung des allgemeinen Wissens bei, welches wiederum die Effizienz zukünftiger Forschung erhöht. Der Unterschied liegt jedoch darin, dass dieses Wissen auf die Unternehmen der jeweiligen Produktlinie beschränkt bleibt. Allerdings kann sich jedes Unternehmen dieses Wissen durch Untersuchung des jeweiligen „state-of-the-art“ zu Eigen machen, ohne

[70] Vgl. Grossman/Helpman (1991), S. 89 – 91 und Helpman (1991), S. 24, 25.
[71] Vgl. Helpman (1991), S. 25.

dass es selbst alle Forschungsstufen der Qualitätsleiter durchlaufen muss. Mit Hilfe der technologischen Spillover bleibt für alle Unternehmen die Möglichkeit bestehen, durch Forschung und Entwicklung zumindest temporär Extraprofite zu erzielen. Diese Aussicht auf eine zeitweilige Monopolstellung garantiert dem System dauerhaftes Wachstum.

Das jeweilige Forschungsergebnis ist, wie zuvor beschrieben, jedoch unsicher, d.h. nicht jede Forschungsanstrengung führt auch tatsächlich zu einem neuen Produkt. Grossman und Helpman integrieren diese Gegebenheit in ihr Modell, indem sie den Forschungserfolg als einen unabhängigen Zufallsprozess mit Poissonverteilung darstellen. Der Zeitpfad für den technischen Fortschritt verläuft somit in jeder einzelnen Produktlinie unregelmäßig und zufällig. Auf aggregiertem Niveau dagegen ergibt sich eine glatte und gerade nicht zufällige technologische Entwicklung, da das Gesetz der großen Zahlen dazu führt, dass zu jedem Zeitpunkt ein konstanter Bruchteil aller vorhandenen Produkte erneuert wird. Dadurch ergibt sich eine konstante Innovationsrate sowie eine konstante Wachstumsrate der Modellwirtschaft. Diese Innovationsrate sieht im Fall vertikaler Produktinnovationen wie folgt aus[72]:

$$(37) \qquad g_m \equiv \frac{\dot{m}}{m} = (1-\frac{1}{\lambda})\cdot\frac{L}{a} - \frac{1}{\lambda}\cdot\rho .$$

Das Wachstum der Innovationen und damit der Volkswirtschaft ist umso größer, je größer das Arbeitsangebot L ist, je größer die Arbeitsproduktivität im F&E-Bereich ist, d.h. je kleiner der Effizienzparameter a ist und je geringer die Zeitpräferenz ρ der Haushalte ist. Dieses Ergebnis stimmt exakt mit den Schlussfolgerungen des Modells zur Erhöhung der Produktvielfalt überein. Statt dem Parameter α aus Gleichung (30) existiert hier die Variable λ als weitere Bestimmungsgröße der Wachstumsrate. Bisher wurde das Maß der Qualitätserhöhung jedoch exogen als konstant vorgegeben. Sind die Unternehmen dagegen in der Lage, den Qualitätszuwachs selbst zu bestimmen, so müssen sie zusätzlich zu ihrer bisherigen Kalkulation die ertragsmaximale Kombination aus Forschungsaufwand und Qualitätsverbesserung herausfinden. D.h. sowohl der Unternehmenswert als Summe der abdiskontierten Profitströme als auch die Forschungskosten werden abhängig von λ, Gleichung (34) wird zu:

$$(38) \qquad v(\lambda) = wa(\lambda).$$ [73]

Der optimale Qualitätssprung für das einzelne Unternehmen ist von der Elastizität des Ressourcenbedarfs gegenüber der gewünschten Innovationsgröße abhängig. Je größer diese Elastizität ist, desto geringer wird jeder Schritt auf der Qualitätsleiter ausfallen.[74]

---

[72]Vgl. Grossman/Helpman (1991), S. 96, 97.
[73]Ebenda, S. 99.
[74]Vgl. ebenda, S. 100.

Gemäß Gleichung (37) ergibt sich dabei ein positiver Zusammenhang zwischen der Innovationsrate und dem Qualitätsmaß. Analog zu α, dem Maß für die nachgefragte Produktvielfalt, ist auch λ ein Indikator für die Monopolmacht bzw. den Preissetzungsspielraum. Je größer der für den Unternehmer optimale Qualitätssprung ist, desto höher sind die möglichen Extraprofite, desto eher wird in Forschung und Entwicklung investiert und desto schneller kann die Volkswirtschaft wachsen.

Analog zu Grossman und Helpman (1991) sehen auch Aghion und Howitt (1992, 1998a) in den vertikalen Produktinnovationen die entscheidende Quelle für endogenes Wachstum. Ihr Modell unterscheidet sich jedoch von dem bisher betrachteten dahingehend, dass die qualitative Verbesserung nicht bei den Endprodukten erfolgt, sondern dass jede Erfindung analog zu Romer (1990) aus einem neuen Zwischengut besteht, welches wiederum die Effizienz der Produktion der Konsumgüter erhöht. Aghion und Howitt sprechen von sogenannten „Input-Innovationen“[75]. Die Folge der Produktinnovationen ist auch in ihrem Modell dieselbe. Die qualitativ besseren Zwischengüter verdrängen die alten vom Markt, so dass Unternehmer nur mit einem temporären Monopol rechnen können, da sie die schöpferische Zerstörung ihrer Extraprofite durch Konkurrenzunternehmen in Kauf nehmen müssen. In dem Modell von Aghion und Howitt werden in die Investitionskalkulation der Forschungsunternehmen insbesondere Überlegungen hinsichtlich des Verhaltens eben dieser Konkurrenzunternehmen mit einbezogen. Die Wachstumsrate der Volkswirtschaft ist wie bei Grossman und Helpman von den Forschungsanstrengungen abhängig. Dabei gilt auch hier ein positiver Zusammenhang zwischen den für Forschungszwecke aufgewendeten Ressourcen und der Erfolgswahrscheinlichkeit, ein neues Produkt zu entwickeln. Aghion und Howitt unterscheiden drei Kategorien des einzigen Produktionsfaktors Arbeit. Erstens gibt es unqualifizierte Arbeit, die nur zur Produktion des Konsumgutes eingesetzt wird. Zweitens benötigt man qualifizierte Arbeit, die sowohl in der Forschung als auch in der Produktion der Zwischengüter beschäftigt werden kann und drittens wird zusätzlich in spezialisierte Arbeit unterschieden, die ausschließlich im Forschungssektor zum Einsatz kommt. Das Gleichgewicht wird somit wesentlich von der Allokation der qualifizierten Arbeit zwischen dem Zwischengutsektor und dem F&E-Sektor bestimmt. Aghion und Howitt leiten eine Gleichgewichtsbedingung her, in welcher der Einsatz der qualifizierten Arbeit zu Forschungszwecken in der Periode t vom zu erwartenden Einsatz in der Periode t+1 abhängig ist.[76] Die Kurzform davon lautet:

$$(39) \qquad n_t = F(n_{t+1}), \text{ mit } F: [0, N) \to R_+ .$$

[75] Aghion/Howitt (1992), S. 328.

[76] Eine Periode ist dabei als der Zeitraum zwischen zwei erfolgreichen Innovationen definiert.

Der heute in der Forschung eingesetzte Strom qualifizierter Arbeit n_t ist eine negative Funktion F des morgen zu erwartenden Arbeitseinsatzes n_{t+1}.[77] Aghion und Howitt führen dieses Ergebnis auf zwei Effekte zurück.

Der erste Effekt resultiert aus dem schon mehrfach betonten Prozess der schöpferischen Zerstörung. Der Ansporn zu heutiger Forschungstätigkeit ist die Aussicht auf Extraprofite durch ein temporäres Monopol in der Zukunft. Diese Extraprofite fallen jedoch nur so lange an, bis ein neues Modell auf den Markt kommt, das den bisherigen „state-of-the-art" mitsamt seiner Profite verdrängt. Das Auftreten weiterer Innovationen ist zwar auch bei Aghion und Howitt durch einen Zufallsprozess mit Poissonverteilung modelliert, jedoch erhöht sich die Eintrittswahrscheinlichkeit der nächsten Innovation mit der Menge der eingesetzten Ressourcen in F&E. Die Forschungsanstrengungen jedes Unternehmens sind somit negativ von den Erwartungen über den zukünftigen Forschungseinsatz der Konkurrenz abhängig.

Der zweite Effekt spiegelt die Rückwirkung der erwarteten Forschungstätigkeit auf den Arbeitsmarkt wider. Die entscheidende Variable ist der erwartete Lohn der qualifizierten Arbeit, die sowohl in der Forschung als auch im Zwischengutsektor eingesetzt werden kann. Geht ein Unternehmer von hohen Forschungsinvestitionen in der Zukunft aus, so impliziert dies aufgrund der hohen Nachfrage nach qualifizierter Arbeit einen Anstieg der Reallöhne dieser Arbeitskategorie. Die Reallöhne qualifizierter Arbeit stellen jedoch für den Inhaber des temporären Monopols einen entscheidenden Kostenfaktor bei der Produktion des von ihm erfundenen Zwischengutes dar. Ein erwarteter Anstieg dieser Reallöhne mindert die möglichen Extraprofite und senkt dementsprechend den Anreiz, überhaupt in Forschung und Entwicklung zu investieren. Auch hier gilt also, dass die Erwartung hoher F&E-Ausgaben in der Zukunft negativ auf die gegenwärtigen Forschungsbemühungen wirkt.

Ein analoger Effekt ergibt sich aus der Befürchtung, dass die Forschungsproduktivität in Zukunft zunimmt. Eine Vergrößerung der Qualitätsschritte bzw. ein Anstieg der Innovationsgeschwindigkeit hätte unweigerlich die Folge, dass der erwartete Zeitraum einer Monopolposition wahrscheinlich wesentlich verkürzt wird, mit den direkten und indirekten Konsequenzen für Extraprofite und Forschungsinvestitionen.

Die beschriebenen Effekte können nun im Extremfall dazu führen, dass überhaupt nicht mehr in F&E investiert wird. Aghion und Howitt sprechen dann von einer sogenannten „Nullwachstumsfalle". Die Erwartung, dass auf die eigene Innovation eine Periode sehr hoher Forschungstätigkeit folgt, kann unter Umständen dazu führen, dass die Unternehmer in der Gegenwart vollständig auf F&E-Investitionen verzichten und das gesamte Angebot an qualifizierter Arbeit im Zwischengutsektor eingesetzt wird. Eine Volkswirtschaft in so einem Gleichgewicht würde auf kurz oder lang aufhören zu wachsen, weil ohne

[77] Vgl. Aghion/Howitt (1992), S. 331.

Forschung der entscheidende Wachstumsmotor zum Erliegen kommt. Definiert man eine Periode als die Zeit zwischen zwei erfolgreichen Innovationen, so würde eine solche Periode der Stagnation ohne Forschungsbemühungen unendlich andauern.[78]

Auch in diesem Modell führt eine Innovation dazu, dass die Produktivität – in diesem Fall bei der Produktion der Zwischengüter – dauerhaft erhöht wird. Analog zum Modell von Grossman und Helpman (1991) sind die Innovationen voneinander unabhängig, so dass jedes Folgeunternehmen zu jedem Zeitpunkt aufbauend auf der gegenwärtig geltenden Technologie in Forschung und Entwicklung investieren kann. Diese intertemporalen Spillover führen dazu, dass die Profitabilität zukünftiger Forschung durch die in der Vergangenheit stattgefundene Forschungstätigkeit erhöht wird, die Externalitäten damit die Voraussetzung für dauerhaftes, endogenes Wachstum darstellen.[79]

Die entscheidende Variable im Modell von Aghion und Howitt ist die Verteilung der qualifizierten Arbeit auf den F&E-Sektor und den Zwischengutsektor. Die eingesetzte Menge qualifizierter Arbeit in Forschung und Entwicklung bestimmt auf der einen Seite die Innovationsrate und damit die Wachstumsmöglichkeiten der Volkswirtschaft, während auf der anderen Seite durch den produktiven Einsatz der qualifizierten Arbeit die Herstellung der Zwischengüter und damit letztendlich auch der Konsumgüter garantiert wird. Im Mittelpunkt steht somit ein Vergleich der Grenzerträge der Forschung in Form der zukünftigen Profite aus zukünftigen Innovationen mit den Grenzkosten der Forschung, die sich direkt aus einem Produktionsverlust bei den Zwischen- und Konsumgütern und indirekt aus einem Rentenverlust der Monopolisten durch den Prozess der schöpferischen Zerstörung ergeben. Aghion und Howitt kommen in diesem Zusammenhang zu dem Ergebnis, dass die Menge der qualifizierten Arbeit, die in der Forschung zum Einsatz kommt, von vier Größen abhängig ist.

Die Anzahl qualifizierter Arbeiter in F&E ist zum einen negativ vom Zinssatz abhängig. Dies ist einleuchtend, da ein höherer Zinssatz einen niedrigeren Gegenwartswert der zukünftigen Extraprofite impliziert, was sich wiederum negativ auf die Investitionen in Forschung und Entwicklung und damit auf die Nachfrage nach qualifizierter Arbeit im F&E-Sektor auswirkt.

Zweitens wird umso mehr Forschung betrieben, je größer die zu erwartende Qualitätsverbesserung ist, d.h. je mehr die Produktivität im Zwischengutsektor durch die Innovationen erhöht wird, da dadurch höhere Extraprofite erwartet werden können.

Ebenso positiv auf die Forschungstätigkeit und damit auf den relativen Einsatz qualifizierter Arbeit in F&E wirkt sich ein Anstieg des volkswirtschaftlichen Angebots an qualifizierter Arbeit aus, da dadurch die Lohnkosten gesenkt werden.

---

[78]Vgl. Aghion/Howitt (1992), S. 324, 325.
[79]Vgl. Aghion/Howitt (1992), S. 330.

Viertens beeinflusst die Eintrittswahrscheinlichkeit der Innovationen den Einsatz qualifizierter Arbeit im Forschungssektor. Zwar führt eine Erhöhung dieser Wahrscheinlichkeit auf der einen Seite zu einem Anstieg der Forschungseffizienz und damit der Nachfrage nach qualifizierter Arbeit, auf der anderen Seite erhöht sich dadurch aber auch die Gefahr der schöpferischen Zerstörung, was sich negativ auf die erwarteten Extraprofite und damit auf die gegenwärtige Forschungstätigkeit auswirkt. Aghion und Howitt gehen jedoch davon aus, dass der erste Effekt überwiegt, eine Erhöhung der Eintrittswahrscheinlichkeit der Innovationen somit zu einem Anstieg der Nachfrage nach qualifizierter Arbeit im F&E-Sektor führt.[80]

Diese vier Determinanten bestimmen die Menge der qualifizierten Arbeit, die in Forschung und Entwicklung eingesetzt wird und damit die Größe, die maßgeblich für die Innovationstätigkeit der Modellwirtschaft zuständig ist. Die Existenz ständiger Produktinnovationen ist jedoch in diesem Modell die conditio sine qua non des Wirtschaftswachstums, was sich eindeutig bei der Beschreibung der Nullwachstumsfalle gezeigt hat. Die Wachstumsrate der Volkswirtschaft ist somit von denselben vier Größen abhängig wie die Beschäftigungsmenge der qualifizierten Arbeit im Forschungssektor.

Es zeigt sich, dass in den Modellen von Romer, Grossman/Helpman und Aghion/Howitt der Wachstumsprozess positiv von den Größen abhängig ist, die entweder den zu erwartenden Monopolgewinn erhöhen oder die Kosten der Forschungsinvestitionen senken. In allen Modellen wird zudem die Existenz monopolistischer Strukturen als notwendige Bedingung für wirtschaftliches Wachstum betont.[81]

Aufgrund der diversen externen Effekte müssen neben den Wachstumseffekten auch bei den Modellen der vertikalen Produktinnovation die Wohlfahrtseffekte berücksichtigt werden. Grossman und Helpman identifizieren die gleichen Effekte wie bei der Erhöhung der Produktvielfalt. Der Konsumentenrenteneffekt repräsentiert einen positiven Wohlfahrtseffekt für die Nachfrager, da sie bei steigender Qualität der Güter zum gleichen Preis einen höheren Nutzen aus den Gütern ziehen können. Die Nichtbeachtung dieses Effekts führt dazu, dass die tatsächliche Innovationsrate im Vergleich zur sozial optimalen zu gering ist. Dagegen steht erneut der Profitzerstörungseffekt durch den Schumpeterschen Prozess der schöpferischen Zerstörung mit der Folge, dass die Innovationsrate über ihrem optimalen Ergebnis liegt. Im Gegensatz zum Modell horizontaler Produktinnovation kann hier keine Aussage darüber gemacht werden, inwieweit sich diese Effekte gegeneinander aufwiegen. Da die Unternehmen erneut die positiven Auswirkungen ihrer Forschungstätigkeit nicht in ihre Investitionsrechnung mit einbeziehen, führt auch der intertemporale Spillovereffekt dazu, dass die Innovationsrate im laissez-faire Gleichgewicht im Vergleich

[80]Vgl. Aghion/Howitt (1992), S. 334, 335 und Seiter (1994), S. 22.

[81]Vgl. Aghion/Howitt (1992), S. 336 und Erber/Hagemann/Seiter (1998), S. 77.

zu einem Gleichgewicht mit allwissendem Planer zu gering ist. Diese drei Effekte können also dazu führen, dass die Innovationsrate entweder zu gering, oder bei Dominanz des Profitzerstörungseffektes auch zu hoch sein kann im Vergleich zu dem, was aus Wohlfahrtsgesichtspunkten wünschenswert wäre. Welcher Effekt überwiegt, ist gemäß den Untersuchungen von Grossman und Helpman von der Größe der Qualitätssprünge λ abhängig. Der Anreiz in Forschung und Entwicklung zu investieren und damit die Innovationsrate ist demnach zu hoch, wenn die Stufen auf der Qualitätsleiter sehr groß oder sehr klein sind. Umgekehrt wird ein suboptimales Ergebnis erreicht, also zu wenig Forschung betrieben, wenn die Qualitätssprünge von mittlerem Ausmaß sind.[82]

Aghion und Howitt identifizieren in diesem Zusammenhang insgesamt vier verschiedene Effekte, die ebenfalls dazu führen, dass die laissez-faire Innovationsrate letztendlich größer oder kleiner sein kann als die optimale Rate.

Der erste Effekt ist eine Folge der Ignoranz des intertemporalen Spillovereffekts durch die Unternehmen. Dies führt dazu, dass die private Diskontrate, mit der die Unternehmer ihre erwarteten Gewinne abzinsen höher ist als die soziale Diskontrate. Die privat erwarteten Extraprofite sind folglich kleiner als sie unter der Berücksichtigung des Wohlfahrtseffekts wären, was dazu führt, dass im Vergleich zum sozialen Optimum zu wenig Forschung betrieben wird.

Ebenfalls auf die egozentrische Sicht der Unternehmen zurückzuführen ist der zweite Effekt, der sich dadurch äußert, dass die Unternehmen lediglich ihre individuellen Profite in ihrer Investitionsrechnung berücksichtigen und nicht das gesamte Outputniveau der Volkswirtschaft. Dies führt analog zum intertemporalen Spillovereffet dazu, dass ein suboptimales Ergebnis erreicht wird.

Zu viel Forschungstätigkeit ist dagegen die Konsequenz der zwei folgenden Effekte. Analog zum Profitzerstörungseffekt von Grossman und Helpman beziehen auch Aghion und Howitt den Prozess der schöpferischen Zerstörung in ihre Wohlfahrtsuntersuchung mit ein. Die Tatsache, dass Investoren zwar ihre zukünftigen Profite, nicht aber die gleichzeitigen Verluste des vorherigen Monopolisten berücksichtigen, bezeichnen sie als „business-stealing Effekt“. Ebenso sind die privaten Kosten des Arbeitseinsatzes in Forschung und Entwicklung geringer als die sozialen Lohnkosten, so dass die Unternehmen aus Wohlfahrtsgesichtspunkten zu viel in F&E investieren.[83]

Die Innovationsrate kann somit in beiden Modellen im laissez-faire Gleichgewicht sowohl größer als auch kleiner sein als bei Existenz eines allwissenden Planers. Dies verhindert jedoch die Möglichkeit einer eindeutigen Handlungsempfehlung für die Wirtschaftspolitik. Je nach Wohlfahrtslage kann beispielsweise eine Subvention oder eine Besteuerung der Forschungstätigkeit die optimale Anreizwirkung auslösen.

[82]Vgl. Grossman/Helpman (1991), S. 105.
[83]Vgl. Aghion/Howitt (1992), S. 338, 339.

4.4.2. Empirische Überprüfung der Wachstumseffekte von F&E

4.4.2.1. Der Skaleneffekt

Zu untersuchen ist nun, ob auch empirisch ein positiver Zusammenhang zwischen der Forschungstätigkeit einer Volkswirtschaft und ihrer Produktivität bzw. ihrem Wirtschaftswachstum nachgewiesen werden kann. Ebenso wie bei der Größe Humankapital ergibt sich auch hier in erster Linie ein Problem der Operationalisierung des nationalen Engagements in Forschung und Entwicklung. Entsprechend vielfältig sind aus diesem Grund die verwendeten Ansätze. Allgemein wird in Inputs und Outputs der F&E-Tätigkeit unterschieden, wobei auf der einen Seite beispielsweise Ausgaben für Forschung und Entwicklung, oder die Anzahl der Wissenschaftler als Inputgrößen fungieren und auf der anderen Seite die Anzahl der Patente häufig als Maßgröße für den Forschungsoutput verwendet wird.[84]

Eine der ersten empirischen Untersuchungen in diesem Bereich wurde von Jan Fagerberg schon 1987 durchgeführt und damit noch vor der Entwicklung der F&E-Modelle der neuen Wachstumstheorie. Fagerberg bezieht sich in seiner Studie auf den Ansatz der technologischen Lücke, der auf die Arbeit von Alexander Gerschenkron (1962) zurückgeht. Bei diesem Ansatz werden u.a. Unterschiede im Technologieniveau als Ursache für Unterschiede im Pro-Kopf-Einkommen verschiedener Volkswirtschaften angesehen. Darauf Bezug nehmend untersucht Fagerberg den Zusammenhang zwischen dem Niveau der wirtschaftlichen Entwicklung, gemessen durch das Pro-Kopf-Einkommen, und dem Niveau der technologischen Entwicklung, sowohl gemessen durch F&E-Ausgaben als auch mit Hilfe von Patentstatistiken, für 25 Industrieländer – davon 19 OECD Länder – für den Zeitraum 1960 – 1983. Bei Korrelationen mit beiden Indikatoren für das technologische Niveau ergibt sich jeweils ein starker positiver Zusammenhang zwischen dem jeweiligen Indikator und dem Pro-Kopf-Einkommen.[85] Doch auch Unterschiede in den jeweiligen Wachstumsraten der verschiedenen Länder werden von Fagerberg untersucht. Der Ansatz der technologischen Lücke bezieht sich insbesondere auf die Fähigkeit ärmerer Länder, durch Imitation der Entwicklung des technologisch führenden Landes auch in Bezug auf die wirtschaftliche Entwicklung aufzuholen. Der sogenannte „advantage of backwardness" generiert einen negativen Zusammenhang zwischen dem Niveau des Pro-Kopf-Einkommens und den Wachstumsraten des jeweiligen Landes, da die Wachstumsmöglichkeiten unter bestimmten Voraus-

[84]Es ist jedoch einleuchtend, dass diese Indikatoren kein vollständiges Bild der Forschungs- und Innovationstätigkeit von Unternehmen darstellen können. Jacques Mairesse und Pierre Mohnen beschäftigen sich aus diesem Grund mit der Entwicklung besserer Innovationsindikatoren durch die Auswertung europaweit durchgeführter Unternehmensbefragungen. Vgl. dazu z.B. Mairesse/Mohnen (2001).

[85]Vgl. Fagerberg (1987), S. 88 – 92.

setzungen umso größer sind, je größer die technologische Lücke ist. Es handelt sich somit um einen ähnlichen Zusammenhang wie beim Konzept der β-Konvergenz. Darauf aufbauend entwirft Fagerberg ein einfaches Modell, in dem die Wachstumsrate als eine Funktion des Pro-Kopf-Einkommensniveaus, des Wachstums der Patentierungstätigkeit und der Investitionsrate dargestellt wird. Im Gegensatz zum negativen Zusammenhang zwischen der Wachstumsrate und dem Einkommensniveau wird von einer positiven Beziehung zwischen der Wachstumsrate und den Patenten bzw. Investitionen ausgegangen. Dieses Modell wird erneut an den 26 Industrieländern im Zeitraum 1960 – 1983 getestet. Fagerberg kommt dabei zu dem Ergebnis, dass ein großer Teil der tatsächlichen Differenzen in den Wachstumsraten der Länder durch das beschriebene Modell erklärt werden kann. Die Innovationstätigkeit, hier gemessen durch die Outputvariable Patente, wird somit als entscheidende Erklärungsvariable des Wirtschaftswachstums bestätigt.[86]

In einer weiteren Studie untersucht Frank Lichtenberg (1992) den Einfluss von Investitionen in Forschung und Entwicklung auf die Arbeitsproduktivität. Aufbauend auf der Erweiterung des Solow-Modells durch Mankiw, Romer und Weil (1992) erachtet er es als notwendig, nicht nur Investitionen in Sach- und Humankapital zu betrachten, sondern zusätzlich die Akkumulation von „Forschungskapital“ in die Produktionsfunktion einzubauen. Er begründet dies u.a. mit den externen Effekten der F&E-Tätigkeit, welche die soziale Profitrate der Forschungsinvestitionen weit über die Profitrate von Investitionen in Sachkapital steigen lassen. „The number of R&D “bucks“ is much smaller, but the mean “bang per buck“ may be much greater.“[87]

Ziel Lichtenbergs ist es, durch die Erweiterung der Produktionsfunktion Schätzungen für die Produktionselastizitäten von Sachkapital, Humankapital und insbesondere auch für den durch private F&E-Investitionen aufgebauten Wissensbestand, das sogenannte Forschungskapital, vorzunehmen. Die erweiterte Produktionsfunktion sieht analog zu Mankiw, Romer und Weil (1992) wie folgt aus:

$$(40) \qquad Y(t) = K(t)^{\alpha} H(t)^{\eta} R(t)^{\theta} (A(t)L(t))^{1-\alpha-\eta-\theta},$$ [88]

wobei sich der Output Y aus dem Zusammenspiel von Sachkapital K, Humankapital H, Forschungskapital R, dem Technologieniveau A und Arbeit L ergibt. A und L wachsen entsprechend dem neoklassischen Wachstumsmodell mit den exogen vorgegebenen Raten γ bzw. n. Die Investitionen in die jeweiligen Kapitalarten werden durch die Investitionsquoten s_K, s_H und s_R

[86]Vgl. Fagerberg (1987), S. 92 – 96.
[87]Lichtenberg (1992), S. 4.
[88]Vgl. ebenda, S. 6.

dargestellt.[89] Lichtenberg leitet daraufhin zwei Gleichungen her, mit denen sowohl das Niveau der Arbeitsproduktivität als auch ihre Wachstumsrate geschätzt werden können.[90]

$$
\begin{aligned}
(41) \qquad \ln\left(\frac{Y(t)}{L(t)}\right) &= const. + [\alpha/(1-\alpha-\eta-\theta)] \cdot \ln(s_K) \\
&\quad + [\eta/(1-\alpha-\eta-\theta)] \cdot \ln(s_H) \\
&\quad + [\theta/(1-\alpha-\eta-\theta)] \cdot \ln(s_R) \\
&\quad - x
\end{aligned}
$$

Gemäß Gleichung (41) ergibt sich das Niveau der Arbeitsproduktivität als Funktion der Logarithmen der drei Investitionsquoten gewichtet mit den jeweiligen Produktionselastizitäten. Die Wachstumsrate der Arbeitsproduktivität erhält Lichtenberg, indem er in Gleichung (41) auf beiden Seiten die Arbeitsproduktivität zum Zeitpunkt t = 0 subtrahiert. Daraus folgt:

$$
\begin{aligned}
(42) \qquad \ln\left(\frac{Y(t)}{L(t)}\right) - \ln\left(\frac{Y(0)}{L(0)}\right) &= (1-e^{-\mu t}) \cdot \{[\alpha/(1-\alpha-\eta-\theta)] \cdot \ln(s_K) \\
&\quad + [\eta/(1-\alpha-\eta-\theta)] \cdot \ln(s_H) \\
&\quad + [\theta/(1-\alpha-\eta-\theta)] \cdot \ln(s_R) \\
&\quad - x \\
&\quad - \ln\left(\frac{Y(0)}{L(0)}\right)\} \quad .
\end{aligned}
$$

Die Wachstumsrate der Arbeitsproduktivität ist somit von den drei Investitionsquoten und der Ausgangsproduktivität abhängig.

Zur Schätzung der beiden Gleichungen verwendet Lichtenberg die Daten für 98 Länder aus dem Anhang von Mankiw, Romer und Weil (1992). Die zusätzlichen Daten für die F&E-Investitionen stammen aus den Statistischen Jahrbüchern der UNESCO. Die Investitionsquote von Forschungskapital wurde als durchschnittlicher Anteil der nominalen F&E-Investitionen am nominalen Einkommen über den Zeitraum 1969 – 1989 definiert. Wenigstens ein jährlicher Wert war dabei für 74 Länder verfügbar. Entsprechend Gleichung (41) wird das Niveau der Arbeitsproduktivität im Jahr 1985 durch eine nicht-lineare Funktion der durchschnittlichen Investitionsquote in F&E, der Investitionsquoten in Sach- und Humankapital sowie des Bevölkerungswachstums im Zeitraum von 1960 –

[89]Die Investitionsquote s steht für den Anteil der gesamten Forschungsinvestitionen in Relation zum Output. Lichtenberg unterscheidet im Laufe seiner Arbeit verschiedene Arten von Forschung, so z.B. private vs. staatliche F&E. Er kommt zu dem Ergebnis, dass das soziale Grenzprodukt staatlicher Forschungsinvestitionen wesentlich geringer ist als dasjenige privater F&E. Vgl. Lichtenberg S. 24.

[90]Vgl. Lichtenberg (1992), S. 10. Dabei gilt: $x = [(\alpha+\eta+\theta)/1-\alpha-\eta-\theta)] \cdot \ln(n+0{,}05) + u$, wobei u ein Störterm ist.

1985 ausgedrückt. Die geschätzte Produktionselastizität des Forschungskapitals ist positiv und eindeutig signifikant. Die Summe aus den Produktionselastizitäten von Sach- und Forschungskapital entspricht in etwa dem Wert für α in der Arbeit von Mankiw, Romer und Weil (1992). Dies bedeutet, dass in empirischen Schätzungen des Solow-Modells der Beitrag der Sachkapitalakkumulation zum Output nicht nur im Hinblick auf eine mangelnde Beachtung von Humankapital überschätzt wurde, sondern in den errechneten Werten für α ebenso der Beitrag der Investitionen in Forschung und Entwicklung enthalten war.[91]

Schätzungen von Gleichung (42) ergeben, dass Investitionen in F&E nicht nur positiv auf das Niveau der Arbeitsproduktivität wirken, sondern zusätzlich einen signifikant positiven Einfluss auf deren Wachstumsrate ausüben. Insgesamt kommt Lichtenberg zu dem Ergebnis, dass die soziale Ertragsrate privater Forschung und Entwicklung in etwa sieben Mal so groβ ist wie die Ertragsrate von Sachkapital.[92]

Die Idee der Innovationen als Wachstumsmotor wurde in Folge der endogenen Wachstumsmodelle von Romer, Grossman und Helpman sowie Aghion und Howitt auch empirisch verstärkt unter die Lupe genommen. So untersuchen beispielsweise David Coe und Elhanan Helpman (1995) aufbauend auf den Modellen von Grossman und Helpman (1991) den Zusammenhang zwischen der totalen Faktorproduktivität (TFP) und dem Engagement in Forschung und Entwicklung. Sie kommen zu dem Ergebnis, dass sowohl nationale als auch internationale F&E positive Auswirkungen auf die nationale Produktivität haben.[93]

Bisher wurden nur geschlossene Volkswirtschaften betrachtet, d.h. es wurden noch keine Wissensspillover zwischen verschiedenen Volkswirtschaften in die Untersuchung mit einbezogen. Über welche Wege auch ausländische Forschung und Entwicklung die nationale Produktivität beeinflussen kann, wird Gegenstand von Kapitel 5 sein. Was die nationale F&E-Tätigkeit betrifft, so untersuchen Coe und Helpman die Auswirkungen kumulierter F&E-Ausgaben als Näherungsgröβe für den nationalen Wissensbestand auf die Produktivität anhand von 21 OECD Ländern sowie Israel für den Zeitraum 1971 – 1990. Die Koeffizienten des nationalen Wissensbestandes sind in allen Regressionen signifikant positiv. Die Forschungsbemühungen einer Volkswirtschaft werden somit auch in dieser Untersuchung als produktivitätsfördernd bestätigt.

Doch nicht alle empirischen Untersuchungen führen zu einer Bestätigung der auf F&E basierenden endogenen Wachstumsmodelle. Von zentraler Bedeutung sind dabei die Arbeiten von Charles Jones (1995a,b). Er kritisiert insbesondere die Schlussfolgerung in den Wachstumsmodellen vom Romer, Grossman/

---

[91] Vgl. Lichtenberg (1992), S. 20.

[92] Der Quotient der Produktionselastizitäten von Forschungskapital und Sachkapital (θ/α) ist dabei zwischen sieben und acht Mal so groβ wie der Quotient der entsprechenden Investitionsquoten (s_R/s_H). Vgl. Lichtenberg (1992), S. 21.

[93] Vgl. Coe/Helpman (1995), S. 860.

Helpman und Aghion/Howitt, dass ein vermehrter Einsatz von Ressourcen im F&E-Sektor über eine Erhöhung der Produktivität zu einem Anstieg der gleichgewichtigen Wachstumsrate führen soll. Jones (1995a) testet diese These durch die Gegenüberstellung von zwei Zeitreihen, wobei die erste den Forschungsinput repräsentiert und die zweite die Wachstumsraten der totalen Faktorproduktivität abbildet.[94] Stellvertretend für den Forschungsinput betrachtet er die Entwicklung der in Forschung und Entwicklung engagierten Anzahl von Wissenschaftlern und Ingenieuren in den Ländern Frankreich, Deutschland und Japan seit 1965 und in den USA seit 1950. Für jedes dieser Länder ergibt sich diesbezüglich bis zum Ende der 80er Jahre ein starker Aufwärtstrend. In den USA hat sich die Anzahl der Wissenschaftler und Ingenieure von 1950 bis Ende der 80er Jahre z.B. in etwa verfünffacht und in Japan kam es im Zeitraum von 1965 – 1987 zu einem Anstieg von über 300%. Die Zeitreihen sehen entsprechend aus, wenn statt den Wissenschaftlern die realen Ausgaben für Forschung und Entwicklung als Forschungsinput betrachtet werden. Stellt man diesem Trend die Entwicklung der Wachstumsraten der TFP in den vier Ländern gegenüber, so stellt man fest, dass entgegen der Aussage der endogenen Wachstumsmodelle keine positive Entwicklung festzustellen ist. Während in Deutschland und den USA das Wachstum der TFP keinem eindeutigen Trend folgt, nehmen die Wachstumsraten der totalen Faktorproduktivität in Frankreich und Japan sogar einen negativen Verlauf. Der positive Zusammenhang zwischen den in F&E eingesetzten Ressourcen und dem Anstieg der Produktivität, d.h. der sogenannte Skaleneffekt wird von Jones durch diesen Zeitreihentest entkräftet. Die Widerlegung des Skaleneffektes bedeutet nun, da im Wachstumsgleichgewicht der Modelle endogenen Wachstums die Wachstumsrate der Produktivität und des Outputs den gleichen Wert annehmen, dass nicht mehr davon auszugehen ist, dass größere Volkswirtschaften, d.h. Länder mit einer größeren Bevölkerung und damit auch einer höheren absoluten Anzahl an Wissenschaftlern und Forschern, schneller wachsen als kleinere Volkswirtschaften.

Diese Arbeiten von Jones waren Ausgangspunkt für die Modifizierung der sogenannten endogenen F&E-basierten Modelle der ersten Generation in Modelle ohne Skaleneffekt, d.h. in Modelle, die erklären können, warum es bei einem Anstieg des aggregierten Forschungsinputs nicht zu einem entsprechenden Anstieg der Wachstumsraten der Produktivität und des Outputs kommen muss. Jones (1995b) selbst entwickelt im Anschluss an seine empirische Falsifizierung des Skaleneffekts ein solches Modell. Ausgangspunkt seiner Überlegungen ist eine Gleichung der Wissensakkumulation im Forschungssektor, in der die Veränderung des Wissens der Anzahl der in F&E eingesetzten Arbeiter multipliziert mit einer Rate, zu der neue Ideen entwickelt werden, entspricht[95]:

[94] Vgl. Jones (1995a), S. 514 – 519.

[95] Das Modell folgt dabei vor allem der Arbeit von Romer (1990). Jones verzichtet lediglich auf die Unterscheidung in qualifizierte und unqualifizierte Arbeit. Vgl. dazu und zum Folgenden Jones (1995b), S. 764 – 769.

$$(43) \qquad \dot{A} = \widetilde{\delta} \cdot L_A \,.$$

Nun gibt Jones zu bedenken, dass es plausibel ist, die Entstehungsrate neuen Wissens in Abhängigkeit vom Wissensbestand der Volkswirtschaft zu modellieren. Dieser Idee folgend ergibt sich:

$$(44) \qquad \widetilde{\delta} = \delta \cdot A^{\phi} \,.$$

Die Rate, mit der neues Wissen entsteht, ist somit von der partiellen Produktionselastizität der Technologie ϕ in der Produktion neuen technologischen Wissens abhängig. Ist der Bestand an sinnvollen Innovationen begrenzt und würden die offensichtlichen Ideen zuerst entdeckt, so ergebe sich ein „fishing out", es gelte $\phi < 0$. Eine positive Produktionselastizität ($\phi > 0$) formalisiert hingegen die Idee positiver intertemporaler Spillovereffekte. Demnach ist ein heutiger Forscher bei gleichen individuellen Fähigkeiten produktiver als sein Kollege aus früheren Jahrzehnten. ϕ misst somit den Grad der Externalitäten im F&E-Prozess. Des Weiteren berücksichtigt Jones die Möglichkeit von Duplikationen und überlappenden Forschungsanstrengungen, welche die Anzahl der Innovationen, die von L_A Einheiten Arbeit produziert werden, reduzieren. Mit der Einführung einer Variablen L_A^{λ} mit $0 < \lambda \leq 1$ in die F&E-Gleichung erfasst er eben diese externen Effekte der Duplikationsgefahr mit Hilfe der partiellen Produktionselastizität der Arbeit λ. Durch Einbeziehung von Gleichung (44) und den Duplikationsexternalitäten wird Gleichung (43) zu:

$$(45) \qquad \dot{A} = \delta \cdot L_A \cdot A^{\phi} \cdot L_A^{\lambda-1}.$$ [96]

Mit $\phi = 1$ und $\lambda = 1$ reduziert sich Gleichung (45) zur Wissensakkumulationsgleichung (32) von Romer (1990). Die Annahme positiver intertemporaler Spillover ist dabei durchaus plausibel, denkt man nur beispielsweise an die Weiterentwicklung der mathematischen Methoden. Die Gleichsetzung der partiellen Produktionselastizität der Technologie mit dem Wert 1 erscheint Jones willkürlich, ist jedoch gleichzeitig für die Entstehung des Skaleneffekts im Modell von Romer verantwortlich. Dies wird deutlich, wenn man die Wachstumsraten des Technologiebestandes A in dem Modell von Romer (46a) und Jones (46b) gegenüberstellt:

$$(46a) \quad \frac{\dot{A}}{A} = \delta \cdot L_A$$

$$(46b) \quad \frac{\dot{A}}{A} = \delta \cdot \frac{L_A^{\lambda}}{A^{1-\phi}} \,.$$

Warum es bei Romer zu einem Skaleneffekt kommt und bei Jones nicht, liegt nun zusätzlich daran, dass der Arbeitskräftebestand bei Romer konstant ist,

[96] Es gilt: $L_A^{\lambda} = L_A \cdot L_A^{\lambda-1}$. Vgl. Jones (1995b), S. 765.

während er bei Jones mit einer konstanten Rate n wächst. Die Wissensakkumulation und damit die Produktivität ist bei Romer gemäß Gleichung (46a) vom konstanten Arbeitsangebot L_A abhängig. Größere Volkswirtschaften mit mehr Wissenschaftlern und Forschern wachsen folglich schneller. Im Modell von Jones ergibt sich die Wachstumsrate der Technologie dagegen durch Logarithmierung und Differenzierung nach der Zeit von Gleichung (46b), wobei die Wachstumsrate der Technologie w_A als konstant gilt:

$$(47) \qquad w_A = \frac{\lambda \cdot n}{1-\phi}.$$

Die Wissensakkumulation und damit die Wachstumsrate der Volkswirtschaft ist somit nicht mehr von dem Niveau der Arbeitsbevölkerung abhängig, sondern ähnlich wie im neoklassischen Wachstumsmodell von deren Wachstumsrate. Im Modell von Jones werden dabei nach wie vor positive intertemporale Spillover angenommen, doch es gilt: $0 < \phi < 1$.[97] Das Wachstumsmodell kann deshalb als endogen bezeichnet werden, da der technische Fortschritt aus dem Modell heraus erklärt wird. Allerdings ist die langfristige Wachstumsrate nun von solchen Größen abhängig, die normalerweise als exogen angesehen werden. Aus diesem Grund bezeichnet Jones sein Modell auch als „semi-endogenes" F&E-basiertes Wachstumsmodell.[98] Für die Wirtschaftspolitik bedeutet dies, dass es bezogen auf die lang-fristige Wachstumsrate keine Ansatzpunkte mehr für wirtschaftsfördernde Maßnahmen gibt. Subventionen wirken sich nur noch auf das Wachstum während des Anpassungspfades zum steady state und damit – ähnlich wie im neoklassischen Modell – auf das Niveau des langfristigen Wachstumspfades aus.

Diese Kritik an den F&E-basierten Modellen der ersten Generation ging natürlich an deren Verfassern nicht ungehört vorüber. So geht Peter Howitt (1999) explizit auf die Arbeiten von Jones ein und präsentiert ein weiteres Modell endogenen Wachstums, in dem ein Gleichgewicht mit einer konstanten Wachstumsrate existiert, während gleichzeitig die Bevölkerung und die Inputs in F&E wachsen. Seine Arbeit baut auf den Überlegungen von Alwyn Young (1998) auf, der ein Modell endogenen Wachstums ohne Skaleneffekt entwirft, in dem er sowohl horizontale als auch vertikale Produktinnovationen integriert.[99] Die entscheidende Annahme ist, dass bei Verbesserung der Produktqualität von Zwischengütern intertemporale Wissensspillover auftreten, wohingegen die Erhöhung der Produktvielfalt keine intertemporalen Wissensspillover generiert.

[97] Vgl. Jones (1995b), S. 767f.

[98] Vgl. ebenda, S. 764.

[99] Neben Jones (1995) und Young (1998) präsentiert auch Paul Segerstrom (1998) ein Modell endogenen Wachstums ohne Skaleneffekte. Seiner Arbeit liegt die Idee zugrunde, dass Forschung und Entwicklung im Zeitverlauf immer schwieriger wird, da die offensichtlichen Ideen in jedem Industriesektor zuerst verwirklicht werden („fishing-out-Effekt"). Die langfristige Wachstumsrate ist dabei grundsätzlich von den gleichen Größen abhängig wie in den beiden anderen Wachstumsmodellen ohne Skaleneffekt.

Das Modell kombiniert somit zwei Formen innovativer Tätigkeit, wobei eine zu dauerhaftem endogenen Wachstum führen kann (vertikale Produktinnovation), die andere dagegen nicht (horizontale Produktinnovation). Eine größere Bevölkerung erhöht nach wie vor die Anzahl der Wissenschaftler, die im F&E-Sektor eingesetzt werden können und bedeutet gleichzeitig eine Erhöhung der Nachfrage. Diese beiden Effekte haben in den bisherigen Modellen endogenen Wachstums dazu geführt, dass Unternehmer durch den Anreiz neuer Profite verstärkt in Forschung und Entwicklung investiert haben. Im Modell von Young wird diese finanzielle Belohnung jedoch durch die horizontale Produktinnovation konterkariert. Die Erhöhung des Produktangebots führt dazu, dass im Hinblick auf die vertikale Produktinnovation mehr Forscher eingesetzt werden müssen, um eine konstante Produktivität bezogen auf die durchschnittliche Verbesserung der Qualität aufrechtzuerhalten, da nun eine größere Anzahl von Produkten verbessert werden muss. D.h. eine Erhöhung des Forschungsinputs ist schon allein deshalb notwendig, um die bisherige Produktivität im wachstumsgenerierenden Bereich der vertikalen Produktinnovationen weiter zu garantieren. Eine F&E-Subvention hat die gleichen Auswirkungen, da durch die Anregung der horizontalen Produktinnovation erneut mehr Forscher zur Erhöhung der Produktqualität eingesetzt werden müssen, um eine konstante Produktivität und damit konstantes Wachstum zu gewährleisten. Der positive Automatismus zwischen der Vergrößerung des Arbeitsangebots und der Produktivität bzw. dem Wachstum ist außer Kraft gesetzt, der Skaleneffekt aus dem Modell verbannt.

Howitt (1999) baut die Idee von Young in das Modell von Aghion und Howitt (1992) ein, indem er ebenfalls sowohl horizontale als auch vertikale Produktinnovationen integriert. Jede vertikale Produktinnovation schafft eine produktivere Version eines bestehenden Gutes, die es dem innovierenden Unternehmer erlaubt, bis zur nächsten Innovation in diesem Sektor die Stellung des bisherigen Monopolisten einzunehmen. Jede horizontale Innovation ermöglicht dem Unternehmer ein temporäres Monopol durch die Schaffung eines vollkommen neuen Zwischengutes bis die erste Qualitätsverbesserung dieses Gutes auf den Markt kommt. Jedes Zwischengut wird mit dem einzigen Input Arbeit hergestellt, wobei das Arbeitsangebot mit einer exogen gegebenen Rate wächst. Die anfallenden F&E-Ausgaben sowohl für horizontale als auch für vertikale Innovationen werden mit einer proportionalen Rate subventioniert. Dabei wird jedoch angenommen, dass die Ausgaben für die Erhöhung der Produktvielfalt abnehmende Grenzerträge aufweisen, wohingegen bei der vertikalen Produktinnovation konstante Grenzerträge erwirtschaftet werden. Ähnlich wie bei Young (1998) resultiert das Wachstum der Produktivität der Zwischengüter aus den Wissensspillovern (σ/Q), die sich durch die Verbesserung der Produktqualität ergeben. D.h. die Produktivität g wächst proportional zur aggregierten Rate der vertikalen Produktinnovationen. Letztere wiederum ergibt sich als Produkt aus der Anzahl der Sektoren (Q) und dem Strom der vertikalen Innovationen pro Sektor, welcher von einem Produktivitätsparameter (λ) und den F&E-Ausgaben pro

Zwischengut im Bereich der Qualitätsverbesserungen (E_v) abhängig ist. Die Wachstumsrate des technischen Fortschritts und damit die Wachstumsrate des Pro-Kopf-Outputs sieht somit bei Howitt wie folgt aus:

(48) $g = \sigma \cdot \lambda \cdot E_v$.[100]

Im steady state sind der Arbeitseinsatz pro Zwischengut, die Ausgaben für vertikale Innovationen pro Zwischengut und der Anteil der Ausgaben zur Entwicklung neuer Produkte am Einkommen konstant. Die Konstanz des Arbeitseinsatzes pro Zwischengut bedeutet, dass die Anzahl neuer Produkte mit derselben Rate wächst wie die Arbeitsbevölkerung. Dadurch wird ein Skaleneffekt über den Nachfragekanal ausgeschlossen.

Gleichung (48) zeigt, dass die Wachstumsrate des Modells genauso wie im Modell von Aghion und Howitt (1992) von der Stärke der vertikalen Innovationstätigkeit abhängt. Im Gegensatz zu dem früheren Modell wird jedoch ein positiver Zusammenhang zwischen einer Erhöhung der F&E-Ressourcen und der Wachstumsrate dadurch verhindert, dass durch die gleichzeitige Erhöhung der Güteranzahl und damit der Sektoren (Q) die Wissensspillover (σ/Q) – also der Wachstumsmotor des Modells – reduziert werden. Die Möglichkeit eines Skaleneffekts ist somit auch von der Angebotsseite her unterbunden.[101]

Letztendlich ist die steady-state-Wachstumsrate in diesem Modell positiv abhängig von der Subventionsrate, dem Bevölkerungswachstum, der Produktivität der vertikalen Qualitätsverbesserungen sowie der Größe der vertikalen Produktinnovationen, d.h. der Wissensspillover und negativ abhängig vom Zinssatz. Die Wachstumsdeterminanten sind somit dieselben wie im Originalmodell schöpferischer Zerstörung von Aghion und Howitt (1992) mit dem zusätzlichen positiven Effekt des Bevölkerungswachstums.[102] Dieses Ergebnis stimmt mit den Arbeiten von Jones (1995b) und Young (1998) dahingehend überein, dass es nicht mehr das Niveau der Bevölkerung, sondern dessen Wachstumsrate ist, die sich positiv auf das Wachstum einer Volkswirtschaft auswirkt. Im Modell von Howitt ist jedoch auch eine Subvention des Forschungssektors wachstumsfördernd und eröffnet somit nach wie vor einen Spielraum für wirtschaftspolitisches Handeln. Eine Erhöhung der Subvention führt grundsätzlich zu einer Stimulation beider Innovationstätigkeiten. Die horizontale Forschungsintensität kann jedoch langfristig nicht ansteigen, da ihr Wert durch eine Bedingung determiniert ist, die im steady state das Grenzwertprodukt der beiden Innovationsarten ausgleicht. Da gilt, dass horizontale Forschung und Entwicklung abnehmende Grenzerträge aufweist, wohingegen vertikale F&E konstante Grenzerträge garantiert, muss die Anpassungsreaktion auf veränderte Rahmenbedingungen folglich im Bereich der Qualitätsverbesserungen erfolgen.

[100] Vgl. Howitt (1999), S. 721.
[101] Vgl. ebenda, S. 722f.
[102] Vgl. Howitt (1999), S. 724.

Die Aussicht auf Extraprofite bei einer Erhöhung der Subventionsrate im Gleichgewicht führt somit zu verstärkter vertikaler Produktinnovation bis erneut ein Gleichgewicht zwischen den erwarteten Extraprofiten und der befürchteten schöpferischen Zerstörung eintritt. Dies führt dazu, dass mit Hilfe der zusätzlich generierten Wissensspillover Produktivität und Output der Volkswirtschaft wachsen.[103]

Das Modell von Howitt stimmt auch mit den empirischen Untersuchungen von Jones (1995a, b) überein, da im steady state der F&E-Input kontinuierlich wachsen muss, um eine konstante Wachstumsrate der Produktivität und des Outputs zu garantieren. Dies bedeutet gleichzeitig, dass der Anteil der F&E-Ausgaben am Einkommen im Zeitablauf in etwa konstant bleiben müsste. Howitt zeigt anhand der USA, dass dies im Zeitraum von 1957 – 1996 eindeutig der Fall war. Die Ausgaben für Forschung und Entwicklung beliefen sich jedes Jahr zwischen 2,2% und 2,9% des GDP.[104]

Die theoretischen und empirischen Arbeiten haben gezeigt, dass die Innovationstätigkeit durch Forschung und Entwicklung einen hohen Stellenwert für Wachstum und Entwicklung einer Volkswirtschaft darstellt. In Kapitel 6 wird im Rahmen der Länderstudien ein detaillierter Überblick über die Forschungstätigkeit in Europa und den MOEL gegeben. Um jedoch schon einmal einen ersten Eindruck über das F&E-Engagement in der EU und den Beitrittskandidaten zu gewinnen, zeigt Abbildung 4.6 einen Vergleich der Ausgaben für Forschung und Entwicklung in Prozent des Bruttoinlandsprodukts der fünfzehn EU-Länder und der zehn osteuropäischen Staaten. Dabei wird deutlich, dass sowohl zwischen den Ländern der Europäischen Union als auch zwischen den MOEL beträchtliche Unterschiede bestehen. Alle zehn Beitrittskandidaten weisen F&E-Ausgaben aus, die eindeutig unter dem Durchschnitt der EU-15 liegen. Slowenien und Tschechien investieren jedoch einen höheren Anteil ihres BIPs in Forschung und Entwicklung als die EU-Mitglieder Irland, Italien, Spanien, Griechenland und Portugal, was entsprechend den F&E-basierten Wachstumsmodellen vor allem mit der überdurchschnittlichen Wachstumsperformance Sloweniens übereinstimmt. Für Rumänien und Bulgarien auf der anderen Seite zeigt sich erneut, dass auch in diesem Bereich die Voraussetzungen für einen raschen Aufholprozess nicht die Besten sind.

[103] Vgl. ebenda, S. 724.
[104] Vgl. ebenda, S. 725.

Abbildung 4.6: F&E-Ausgaben in % des BIP in Europa im Jahr 2000

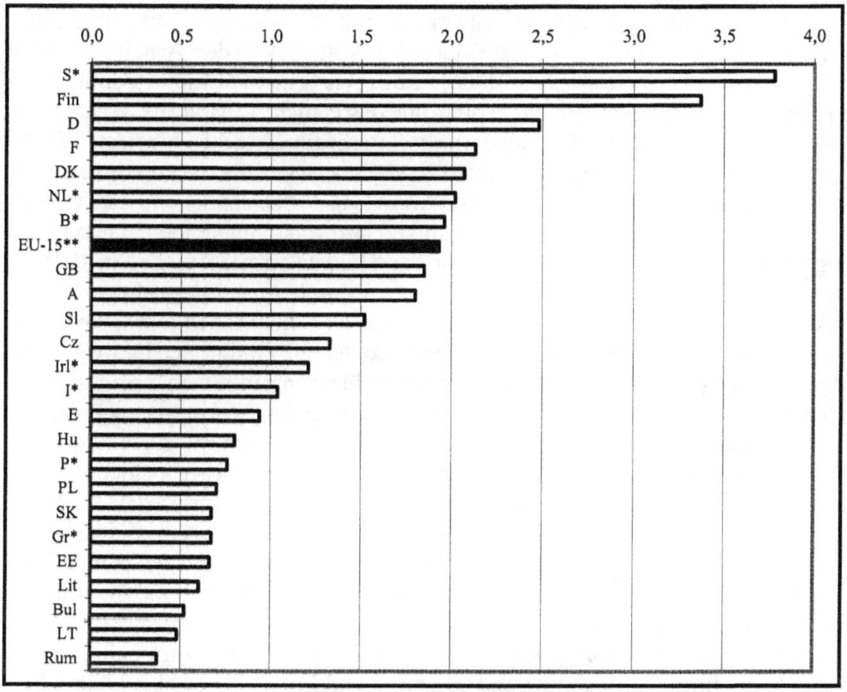

Quelle: Eurostat (2003c), S. 2.

Anmerkungen: * 1999 statt 2000. ** Eurostat Schätzung.

4.4.2.2. Die Bedeutung von Humankapital für Forschung und Entwicklung

Die empirischen Arbeiten zur Überprüfung des direkten Einflusses von Humankapital auf das Wachstum einer Volkswirtschaft in Kapitel 4.3.2. haben kein eindeutiges Ergebnis geliefert. Wurde zum einen zwischen dem Humankapitalniveau und der Wachstumsrate grundsätzlich ein positiver Zusammenhang festgestellt, so konnte dagegen kein signifikanter Einfluss des Humankapitalwachstums auf das Wirtschaftswachstum festgestellt werden, wie man es eigentlich gemäß den theoretischen Arbeiten à la Lucas (1988) erwartet hätte. Die Studien im Rahmen der F&E-basierten Wachstumsmodelle eröffnen nun jedoch eine weitere Möglichkeit, der tatsächlichen Bedeutung von Humankapital im Wachstumsprozess gerecht zu werden. Besonders deutlich wird dies im Modell von Romer (1990), in dem die Allokation des Produktionsfaktors Humankapital zwischen dem F&E-Sektor und dem Produktionssektor entscheidend für Innovation und Wachstum ist. Dabei wird insbesondere die Interaktion zwischen

Humankapital und dem allgemeinen Wissensbestand betont, wobei sich diese gegenseitig positiv beeinflussen.

Das Zusammenspiel von Humankapital und technischem Fortschritt durch Forschung und Entwicklung steht auch im Mittelpunkt der Arbeit von Huw Lloyd-Ellis und Joanne Roberts (2000). Ihr Ziel ist es, ein Modell zu entwickeln, in dem Investitionen in Humankapital und F&E nicht separat als Wachstumsmotoren identifiziert werden, sondern die Interdependenz dieser beiden Wachstumsfaktoren im Vordergrund steht. Lloyd-Ellis und Roberts unterscheiden in zwei Arten von Wissen. Mit „frontier knowledge" bezeichnen sie das Wissen, welches sich durch die Innovationstätigkeit profitmaximierender Unternehmer ergibt. Die zweite Art von Wissen ist das Humankapital, welches in den Arbeitskräften steckt und im Laufe ihres Lebens durch Ausbildung und Arbeitserfahrung angesammelt wurde. Das Besondere an dem Modell von Lloyd-Ellis und Roberts ist nun, dass die neuen Technologien als Output der Innovationstätigkeit und das Humankapital der Arbeitsbevölkerung in einem begrenzt komplementären Verhältnis stehen. Sowohl technischer Fortschritt als auch die Zunahme von Humankapital sind notwendige Bedingungen für dauerhaftes Wachstum des Pro-Kopf-Einkommens, jedoch keiner dieser beiden Wachstumsmotoren allein ist langfristig in der Lage, den Wachstumsprozess aufrechtzuerhalten. Dies liegt daran, dass die Grenzproduktivität eines der beiden Wachstumsfaktoren letztendlich durch das jeweilige Niveau des anderen Faktors begrenzt ist. Nur das gleichzeitige Wachstum beider Faktoren ermöglicht dauerhaftes Wirtschaftswachstum. Die komplementäre Beziehung zwischen Humankapital und der Innovationstätigkeit zeigt sich dadurch, dass zum einen technischer Fortschritt als Ergebnis von Forschung und Entwicklung eine höhere Entlohnung des Produktionsfaktors Humankapital ermöglicht, was sich wiederum positiv auf die Investitionen in Aus- und Weiterbildung auswirkt. Auf der anderen Seite verbessert die Akkumulation von Humankapital jedoch auch die Machbarkeit und Profitabilität von Innovationen und erhöht damit den Anreiz für profitmaximierende Unternehmer, in Forschung und Entwicklung zu investieren. Beide Effekte gemeinsam wirken sich eindeutig positiv auf die Wachstumsrate der Modellwirtschaft aus.

Die Akkumulation von Humankapital hat also nicht nur einen direkten Effekt auf das Wachstum wie im Modell von Lucas (1988), sondern wirkt auch indirekt durch den Einsatz als Produktionsfaktor im F&E-Sektor auf die Wachstumschancen einer Volkswirtschaft.

Empirisch gilt es nun, sowohl den Zusammenhang zwischen dem Humankapital und der Innovationstätigkeit als auch die gemeinsame Wirkung auf Produktivität und Output zu testen. Einen ersten Ansatz dazu stellt die Arbeit von Kevin Murphy, Craig Riddell und Paul Romer (1998) dar, in welcher die Entwicklung der Relation zwischen dem Lohneinkommen unterschiedlich qualifizierter Arbeit als Indikator für den zugrundeliegenden technischen Wandel angesehen wird. Untersucht wird das Verhältnis der Löhne von Universitätsabsolventen im Gegensatz zu Arbeitern mit High-School Abschluss für die USA und Kanada. Murphy, Riddell und Romer kommen zu dem Ergebnis, dass trotz festgestellten dauerhaften Anstiegs des Angebots höher qualifizierter Arbeit, d.h. in diesem Fall des Arbeitsangebots von Universitätsabsolventen, kein entsprechendes Absinken der Lohnrelation zu verzeichnen ist. Gleichzeitig zur Erweiterung des relativen Anteils höher qualifizierter Arbeitskräfte muss es folglich eine entsprechende Erhöhung der relativen Nachfrage gegeben haben. Das Fazit der Untersuchungen in den USA und Kanada lautet, dass der kumulative Effekt andauernden technologischen Wandels den Anstieg der relativen Nachfrage nach besser ausgebildeter Arbeit ausgelöst hat. Dieses Ergebnis ist jedoch nur ein indirekter Beweis für den engen Zusammenhang zwischen dem Humankapital und dem technischen Fortschritt.

Die Untersuchung von Dirk De Clercq und Mourad Dakhli (2003) versucht dagegen direkt, die Interaktion zwischen Humankapital und der Innovationstätigkeit am Beispiel von 59 Ländern zu verdeutlichen. Ziel ihrer Arbeit ist der Test der Hypothese, dass ein höheres Niveau an Humankapital in einem Land mit einer höheren Innovationstätigkeit in diesem Land verbunden ist. Als Maßgröße für Humankapital verwenden sie den Human Development Index (HDI) des United Nations World Development Program. Dieser Index setzt sich aus drei Komponenten zusammen. Das Humankapital eines Landes wird durch das Ausbildungsniveau, gemessen durch die durchschnittlich absolvierten Schuljahre und die Alphabetisierungsrate, das durchschnittliche Einkommen als Indikator für den Lebensstandard und die Lebenserwartung repräsentiert. Auch die Innovationstätigkeit der Länder wird durch den internationalen Vergleich von drei Indikatoren gemessen. Die Daten dazu stammen von der Weltbank. Die innovative Aktivität wird mit Hilfe der Anzahl der Patente, die in einem Land pro Jahr registriert werden, den Ausgaben für Forschung und Entwicklung als prozentualer Anteil am BIP und dem Anteil der Exporte von hochtechnologischen Gütern am gesamten Export des Produktionssektors dargestellt. Der dritte Indikator ist dabei von besonderem Interesse, da nicht nur der nationale Input und Output der Innovationstätigkeit betrachtet wird, sondern auch berücksichtigt wird, inwieweit die Innovationen zu internationaler Wettbewerbsfähigkeit beigetragen haben. Der Zusammenhang von Humankapital und Innovationen wird sodann durch Regressionsanalysen mit den Daten von 59 Ländern getestet, wobei 30 Länder aus Europa, 12 Länder aus Amerika, 3 Länder aus Afrika, 13 Länder aus Asien sowie Australien untersucht werden.

Das Ergebnis von Clercq und Dakhli ist eindeutig. Der Humankapitalindex ist mit allen drei Innovationsindikatoren signifikant positiv korreliert. Die Untersuchung bestätigt somit die wichtige Rolle des Humankapitals als Katalysator für die Innovationstätigkeit und damit die Wachstumsaussichten eines Landes.

Für die Studien der Wachstums- und Produktivitätseffekte des Humankapitals bedeutet dies, dass die empirische Überprüfung der direkten Auswirkungen des Humankapitals als Produktionsfaktor nicht unbedingt der tatsächlichen Wirkungskette gerecht wird. Benhabib und Spiegel (1994) ziehen eben diese Schlussfolgerung, nachdem sie in einer ersten Untersuchung feststellen, dass das Humankapitalwachstum einen insignifikanten und häufig sogar negativen Effekt auf die Wachstumsrate des Pro-Kopf-Einkommens ausübt. Sie stellen daraufhin ein zweites Modell vor, in dem das Humankapitalniveau die Produktivität indirekt durch seine Rolle bei der Bestimmung der Innovationsfähigkeit einer Volkswirtschaft beeinflusst. Dabei wird deutlich, dass das Wachstum des Pro-Kopf-Einkommens in der Tat positiv vom durchschnittlichen Niveau des Humankapitals abhängt, wenn das vorhandene Humankapital für innovative Zwecke genutzt wird.

Diesem Gedankengang folgend untersuchen Aurora Teixeira und Natércia Fortuna (2003) den Zusammenhang von Humankapital und Wirtschaftswachstum am Beispiel von Portugal im Zeitraum 1960 – 2001. Ihr Ziel ist es, die direkte und indirekte Bedeutung des Humankapitals für das Wachstum Portugals hervorzuheben. Sie schätzen dazu die langfristige Beziehung zwischen der totalen Faktorproduktivität als Maßstab für den technischen Fortschritt, dem Humankapitalbestand (ausgedrückt durch die durchschnittlich absolvierten Schuljahre), der nationalen Innovationsfähigkeit (gemessen durch die akkumulierten Unternehmensausgaben für F&E) und einer Variable, welche die positive Beziehung zwischen dem vorhandenen Humankapital und der Innovationstätigkeit berücksichtigt. Sie kommen zu dem Ergebnis, dass der Humankapitalbestand für die portugiesische Produktivität im betrachteten Zeitraum wichtiger war als die Innovationsbemühungen. Die Produktivitätselastizität des Humankapitalindikators beträgt 0,42 Prozentpunkte, während die entsprechende Elastizität des Innovationsindikators lediglich 0,30 Prozentpunkte aufweist. Die Bedeutung des Humankapitals wird zusätzlich unterstrichen, wenn man das Ergebnis für den indirekten Effekt des Humankapitals auf die TFP betrachtet. Dabei ergibt sich eine Produktivitätselastizität von 0,40 Prozentpunkten über den Weg der Stimulierung der Innovationstätigkeit durch den Humankapitalbestand.

Sowohl Benhabib und Spiegel als auch Teixera und Fortuna weisen nun darauf hin, dass sich der indirekte Effekt des Humankapitals nicht nur durch die positive Auswirkung auf die nationale Innovationstätigkeit auswirkt, sondern auch die Fähigkeit einer Volkswirtschaft unterstützt, die im Ausland entwickelten Technologien im eigenen Land einzuführen und umzusetzen. Für eine kleine Volkswirtschaft wie Portugal ist dieser Wirkungskanal sogar von größerer Bedeutung als für große Volkswirtschafen wie z.B. die USA, in denen die nationale Innovationstätigkeit einen wesentlich höheren Stellenwert einnimmt. Dieser Gedankengang wurde bisher noch nicht berücksichtigt, da die nationale Volkswirtschaft im Mittelpunkt stand. Der zusätzliche Effekt, der auf die Arbeit von Richard Nelson und Edmund Phelps (1966) zurückgeht und allgemein unter dem Stichwort der Technologiediffusion diskutiert wird, steht u.a. im Mittelpunkt von Kapitel 5. Dem Humankapital wird dabei zusätzlich eine wichtige Rolle im Catch-Up-Prozess zugewiesen.

Die bisherigen theoretischen und empirischen Untersuchungen haben auf jeden Fall ergeben, dass sowohl das Humankapitalniveau als auch die Innovationstätigkeit einer Volkswirtschaft einen entscheidenden Beitrag für die jeweilige Wachstumsperformance leisten. Betrachtet man lediglich geschlossene Volkwirtschaften, so ist es für jedes Land möglich, durch Ausbildung seiner Arbeitsbevölkerung in Verbindung mit verstärkter Innovationstätigkeit, dauerhaft positive Wachstumsraten zu erzielen. Ein automatischer Konvergenzprozess zwischen den Volkswirtschaften wie er in der neoklassischen Wachstumstheorie dargestellt wurde, ist in den Modellen der Theorie endogenen Wachstums folglich nicht eingebaut.

4.5. Zusammenfassung und Weiterentwicklung

Die in diesem Kapitel vorgestellten Modelle endogenen Wachstums haben gemeinsam, dass sie nachhaltiges Wachstum des Pro-Kopf-Einkommens ohne die Einführung eines exogen gegeben technischen Fortschritts generieren können. Dieser entscheidende Unterschied zum neoklassischen Wachstumsmodell von Solow wirkt sich auch auf die Aussage der Modelle im Hinblick auf die Frage nach der Konvergenz von Volkswirtschaften mit unterschiedlichem Einkommensniveau aus. Am Beispiel des AK-Modells wird die Logik der Modelle endogenen Wachstums sofort deutlich. Aufgrund der konstanten Grenzerträge des Kapitals als einzigem akkumulierbaren Input ist nicht mehr davon auszugehen, dass Volkswirtschaften mit einem geringeren Pro-Kopf-Einkommen schneller wachsen als reichere Volkswirtschaften. Die Voraussetzungen für das Konzept der sogenannten β-Konvergenz sind nicht mehr gegeben, da der Investitionsanreiz auch bei steigendem Einkommen erhalten bleibt. Ziel der vorgestellten Modelle endogenen Wachstums war es im Folgenden, diese Aussage des AK-Modells zu konkretisieren und zu erklären, warum es nicht zu einer Abnahme der Grenzerträge eines akkumulierbaren Produktionsfaktors kommt.

Romer (1986) und Lucas (1988) konzentrieren sich dabei weiterhin auf die Kapitalakkumulation als entscheidenden Wachstumsmotor. Im Modell von Romer (1986) wird die Abnahme der Grenzerträge des Kapitals durch Externalitäten bei der Investitionstätigkeit der Unternehmen verhindert. Investitionen haben neben einem Einkommens- und einem Kapazitätseffekt zusätzlich einen Produktivitätseffekt aufgrund der Wissensspillover von unternehmensspezifischem auf das gesamtwirtschaftliche Wissen. Durch die externen Effekte der Investitionstätigkeit entsteht in Form des neuen Wissens ein weiterer Produktionsfaktor, der jedoch nicht entlohnt wird. Romer gelingt es somit, weiterhin an der Annahme vollständiger Konkurrenz festzuhalten.

Lucas (1988) sieht dagegen im Humankapital den entscheidenden Wachstumsmotor. Durch die proportionale Beziehung zwischen dem Humankapital und der gesamtwirtschaftlichen Produktivität des Produktionsprozesses führt eine fortschreitende (Human-) Kapitalakkumulation dazu, dass dauerhaft eine positive Wachstumsrate des Systems garantiert werden kann. Die Vergrößerung des Humankapitalbestandes durch Aus-, Fort- und Weiterbildung sowie durch Sammeln von Erfahrung im Berufsleben durch „learning by doing“ wirkt sich sowohl auf das Humankapital der Individuen (interner Effekt) als auch auf den durchschnittlichen Humankapitalbestand der Volkswirtschaft (externer Effekt) aus. Die Wachstumsrate des Humankapitals bestimmt die Wachstumsrate der Volkswirtschaft; Investitionen in Humankapital sind folglich lohnend und ermöglichen dauerhaftes, endogenes Wachstum.

Beiden Modellen ist gemeinsam, dass reichere Volkswirtschaften durch Investitionen in Sach- bzw. Humankapital ihren Einkommensvorsprung gegenüber ärmeren Volkswirtschaften aufrechterhalten können. Ein Konvergenzautomatismus, wie ihn die neoklassische Wachstumstheorie beschreibt, ist nicht vorhanden.

Die neuesten Modelle endogenen Wachstums stellen nicht mehr die Kapitalakkumulation in den Mittelpunkt, sondern setzen direkt am technischen Fortschritt an. Im Gegensatz zu den Modellen von Romer (1986) und Lucas (1988) ergibt sich der technische Fortschritt in Form neuen Wissens nicht mehr nur als Nebenprodukt der Investitionstätigkeit, sondern steht die Wissensgenerierung durch die Suche nach neuen Innovationen im Rahmen von Forschung und Entwicklung im Vordergrund. Private F&E als gewöhnliche wirtschaftliche Tätigkeit führt zu neuen Innovationen und schafft dadurch, ebenfalls mit Hilfe von Wissensspillovern, die Voraussetzung für dauerhaftes Wachstum. Der Investitionsanreiz für die Unternehmen zeigt sich in Form von möglichen Extraprofiten aus temporären Monopolen. Die Aufgabe der vollkommenen Konkurrenz wird in diesen Modellen zur notwendigen Bedingung für dauerhaftes Wachstum. Die auf Schumpeter zurückgehende Idee der wirtschaftlichen Entwicklung führt zu den sogenannten F&E-basierten Wachstumsmodellen, deren wichtigste Vertreter Romer (1990), Grossman und Helpman (1991) sowie Aghion und Howitt (1992, 1998a) sind. Auch in diesen Modellen ist die Wachstumsrate des Pro-Kopf-Einkommens vom Einkommensniveau unabhängig. Reichere Volkswirtschaften können somit mit Hilfe von Forschungsanstrengungen ihren relativen Einkommensvorsprung gegenüber ärmeren Volkswirtschaften aufrechterhalten oder sogar vergrößern.

Alle Modelle endogenen Wachstums haben gemeinsam, dass im Gegensatz zum neoklassischen Wachstumsmodell die Spar- und Investitionsentscheidungen der Wirtschaftssubjekte nicht mehr nur das gleichgewichtige Einkommensniveau, sondern insbesondere auch die langfristige Wachstumsrate beeinflussen. Weitere Bestimmungsgrößen der Wachstumsrate sind die Effizienz des Bildungssystems, die Produktivität des Ressourceneinsatzes im F&E-Sektor (diese ist von den Wissensspillovern vorangegangener Innovationstätigkeit abhängig), der Monopolgrad sowie die Größe einer Volkswirtschaft gemessen an der Arbeitsbevölkerung bzw. dem Anteil qualifizierter Arbeit. Der positive Zusammenhang zwischen dem quantitativen Arbeitseinsatz und der gleichgewichtigen Wachstumsrate wurde jedoch durch empirische Überprüfung widerlegt. Die Folge waren Modelle endogenen Wachstums ohne den sogenannten Skaleneffekt, die dazu führten, dass die langfristige Wachstumsrate nicht mehr vom Bevölkerungsniveau, sondern deren Wachstumsrate abhängig ist.

In allen Modellen wird dem Produktionsfaktor Kapital lediglich eine untergeordnete Rolle zugestanden. Der entscheidende Wachstumsmotor ist dagegen die Akkumulation von Wissen bzw. der endogene technische Fortschritt. Aghion und Howitt (1998) widersprechen dieser Sichtweise jedoch. Sie zeigen durch die Erweiterung ihres Modells der schöpferischen Zerstörung von 1992 um Elemente der neoklassischen Kapitalakkumulation, dass Innovation und Kapitalakkumulation komplementäre Prozesse darstellen, die beide eine entscheidende Rolle für das Wirtschaftswachstum spielen.[105] Der Unterschied zu anderen Modellen endogenen Wachstums liegt darin, dass Aghion und Howitt den Produktionsfaktor Kapital explizit als Input der F&E-Tätigkeit einführen. Dies hat zur Folge, dass die gleichgewichtige Wachstumsrate nun zusätzlich positiv von der Kapitalakkumulation abhängig ist. Der positive Zusammenhang zwischen Kapitalakkumulation und Innovationstätigkeit bzw. Wachstum ergibt sich dabei durch zwei Effekte. Erstens führt ein höherer Kapitalstock zu einem Anstieg des Einkommens und damit zu vermehrter Nachfrage für neu erfundene Produkte. Dies verbessert die Gewinnaussichten der Unternehmen und erhöht den Innovationsanreiz. Zweitens reduziert die Kapitalakkumulation die langfristigen Kapitalkosten und damit auch die Forschungskosten bezogen auf den in F&E eingesetzten Produktionsfaktor Kapital. Die empirischen Ergebnisse, welche die wichtige Rolle der Investitionen in Sachkapital für das langfristige Wachstum betonen, können auf diesem Wege mit der Theorie endogenen Wachstums in Einklang gebracht werden. Die Einbeziehung des Kapitals als Produktionsfaktor für Forschung und Entwicklung führt nun ebenfalls dazu, dass ein großer Kapitalstock eine positive Bestimmungsgröße für die Innovationstätigkeit und das Wirtschaftswachstum darstellt. Reiche Volkswirtschaften, die bereits einen höheren Kapitalstock aufgebaut haben, neigen somit eher dazu, in Forschung und Entwicklung zu investieren. Die daraus resultierenden verbesserten Wachstumschancen ergeben folglich einen positiven Zusammenhang zwischen dem Pro-Kopf-Einkommen und der Wachstumsrate. Nicht ß-Konvergenz, sondern ß-Divergenz ist die Folge.

Die bisher vorgestellten Modelle endogenen Wachstums liefern somit eher Argumente für eine Zunahme der Einkommensdisparität zwischen armen und reichen Volkswirtschaften denn für einen Konvergenzprozess. Betrachtet man die MOEL und die EU als zwei geschlossene Volkswirtschaften, so wäre langfristig nicht mit einer Angleichung der Einkommensniveaus in Ost- und Westeuropa zu rechnen.

[105]Vgl. Aghion/Howitt (1998), S. 112.

Dieses Ergebnis steht jedoch im Widerspruch zu den empirischen Arbeiten von Barro und Sala-i-Martin oder Ben-David, die sehr wohl eine Konvergenzentwicklung innerhalb Europas bzw. zwischen verschiedenen miteinander handelnden Volkswirtschaften feststellen können. Die Offenheit von Volkswirtschaften bzw. die Bereitschaft zu wirtschaftlicher Integration wurde jedoch in den bisherigen Modellen endogenen Wachstums noch nicht berücksichtigt. Im Folgenden ist somit zu untersuchen, inwieweit sich die dargestellten Divergenzmechanismen abschwächen bzw. sogar in Konvergenzmechanismen verwandeln, wenn offene Volkswirtschaften und ihre wechselseitigen Beziehungen betrachtet werden. Im Mittelpunkt steht somit die Frage, inwieweit der Austausch von Gütern, Ideen und Produktionsfaktoren die Divergenzaussage der Modelle endogenen Wachstums vor allem im Hinblick auf die Wachstums- und Konvergenzentwicklung im erweiterten Europa modifiziert.

Kapitel 5: Wachstums- und Konvergenzeffekte durch Integration

5.1. Handel, Innovation und Wachstum

5.1.1. Der empirische Zusammenhang von Handel und Wachstum

In Kapitel 2.3. dieser Arbeit wurde bereits auf den möglichen Zusammenhang zwischen der (Handels-) Integration von Volkswirtschaften und den daraus resultierenden Konsequenzen für einen Konvergenzprozess zwischen diesen Ländern aufmerksam gemacht. Im Mittelpunkt stand die positive Korrelation zwischen der Zunahme der Handelsvolumina zwischen den osteuropäischen Beitrittskandidaten und der Europäischen Union und der Verbesserung der relativen Einkommenspositionen der MOEL im Anschluss an die Handelsliberalisierung. Ziel dieses Kapitels ist es nun, aufbauend auf den bisherigen theoretischen Abhandlungen der Kapitel 3 und 4, Mechanismen zu identifizieren, welche die positive Korrelation zwischen Handel bzw. Integration und Konvergenz erklären und damit die Frage nach der zugrunde liegenden Kausalität beantworten können.

Gerade der Europäische Integrationsprozess seit dem Zweiten Weltkrieg hat immer wieder die Frage nach den Auswirkungen der zunehmenden Integration auf Wachstum und Wohlfahrt der beteiligten Länder aufkommen lassen. Schon in den 50er Jahren wurden dazu im Rahmen der Zollunionstheorie aufbauend auf der Arbeit von Jakob Viner (1950) die Wohlfahrtswirkungen der Bildung einer Zollunion für die beteiligten Länder untersucht. Diese sind demzufolge von den sogenannten statischen Integrationseffekten der Handelsschaffung (trade creation) und der Handelsumlenkung (trade diversion) abhängig, wobei ein positiver Wohlfahrtseffekt dann eintreten wird, wenn die Bildung einer Zollunion dazu führt, dass teure inländische Güter durch billigere Importe aus anderen Mitgliedern der Union ersetzt werden (Handelsschaffung). Die Auswirkungen auf die Wohlfahrt eines Landes sind jedoch negativ, wenn durch die Abschaffung der Zölle innerhalb der Zollunion nicht mehr die effizienter und damit günstiger produzierten Güter aus Nicht-Mitgliedsländern, sondern stattdessen die lediglich in Folge des Freihandelsvorteils preiswerteren Güter aus Ländern der Union importiert werden (Handelsumlenkung). Diese kurzfristigen, statischen Effekte werden in der Neuen Außenhandelstheorie durch die explizite Berücksichtigung steigender Skalenerträge und unvollkommener Konkurrenz ergänzt. So ergibt sich eine gewisse Dynamisierung der Integrationseffekte, da nun auch Effizienzgewinne in Folge der verstärkten Wettbewerbsintensität und der möglichen Ausnutzung von economies of scale in Folge der Vergrößerung des Absatzmarktes im Integrationsraum berücksichtigt werden.[1]

[1] Für einen Überblick über die Entwicklung der Integrationstheorie vgl. auch Hebler/Neimke (2000).

Im Rahmen der Diskussion etwaiger Konvergenzeffekte einer (Handels-) Integration steht jedoch die Frage im Vordergrund, inwieweit der wirtschaftliche Zusammenschluss verschiedener Volkswirtschaften die langfristigen Wachstumsaussichten im Integrationsraum beeinflusst. Richard Baldwin (1989) untersucht in diesem Zusammenhang die Wachstumseffekte im Zuge der Gründung des EU-Binnenmarktes im Jahr 1992. Sein Ziel ist es, explizit die dynamischen Wachstumseffekte der vertieften Integration für die Europäische Union zu analysieren. Er unterscheidet zum einen in einen mittelfristigen Wachstumsbonus, der sich entsprechend einem neoklassischen Wachstumsmodell durch das Erreichen eines höheren Wachstumspfades ergibt und zum anderen in einen Anstieg der langfristigen Wachstumsrate im Rahmen eines Modells endogenen Wachstums à la Romer. Baldwin kommt zu dem Ergebnis, dass die Gründung des Europäischen Binnenmarkts eindeutig einen positiven Wachstumseffekt bewirkt, der die statischen Integrationseffekte bei weitem übersteigt. Was den Wachstumsbonus der Integration anbelangt, so ermittelt er für die EU in etwa eine Verdoppelung des statischen Effizienzgewinns. Zusätzlich dazu errechnet er im Rahmen des Modells endogenen Wachstums einen Anstieg der langfristigen Wachstumsrate um 0,28 bis 0,92 Prozentpunkte, was einem Anstieg des abdiskontierten Bruttoinlandsprodukts der EU von 9 bis 29% entspricht.[2]

Die empirische Untersuchung der langfristigen Wachstumseffekte der Europäischen Integration steht ebenfalls im Mittelpunkt der Arbeit von Magnus Henrekson, Johan Torstensson und Rasha Torstensson (1997). Sie führen Regressionsanalysen durch, in denen die Mitgliedschaft in der EG bzw. der EFTA als Dummyvariable eingeführt wird. In verschiedenen Länderquerschnittsanalysen ergibt sich im Zeitraum von 1975 – 1990 jeweils ein signifikant positiver Wachstumseffekt für Länder, die entweder Mitglied der EU oder der EFTA sind. Unterschiede im Hinblick auf diese beiden Länderzusammenschlüsse konnten nicht festgestellt werden. Die Größe des Regressionskoeffizienten der Dummyvariablen deutet daraufhin, dass die Mitgliedschaft in der Europäischen Gemeinschaft bzw. der EFTA die langfristige Wachstumsrate um ca. 0,6 bis 0,8 Prozentpunkte erhöht hat.[3] Die Hauptursache für dieses Ergebnis sehen Henrekson et al. im Technologietransfer zwischen den Mitgliedsländern des Europäischen Integrationsraumes.

Doch nicht alle Studien kommen zu einem positiven Resultat hinsichtlich der langfristigen Wachstumseffekte der Europäischen Integration. Patrick Vanhoudt (1999) untersucht ebenfalls mit Hilfe einer Dummyvariablen anhand von 23 OECD Ländern, ob die Tatsache und die jeweilige Dauer der Mitgliedschaft in der Europäischen Gemeinschaft einen positiven Einfluss auf das Wirtschaftswachstum ausgeübt haben. Untersuchungszeitraum sind die Jahre 1950 – 1990, wobei Berechnungen an fünf Zeitpunkten durchgeführt werden, die jeweils mit

[2] Vgl. Baldwin (1989), S. 31 und 34 sowie Hebler/Neimke (2000), S. 15 und 25.
[3] Vgl. Henrekson/Torstensson/Torstensson (1997), S. 1550.

dem Beitritt weiterer Länder zur EG übereinstimmen. Das Ergebnis ist eindeutig negativ, da weder die Dauer noch die EG-Mitgliedschaft an sich einen dauerhaft positiven Wachstumseffekt bewirken.[4] Vanhoudt deutet dieses Ergebnis als eine Bestätigung des neoklassischen Wachstumsmodells, welches im Gegensatz zur Theorie endogenen Wachstums als Konsequenz der Integrationsbemühungen allenfalls eine temporäre, jedoch keine langfristige Abkehr vom gleichgewichtigen, durch die exogene Rate des technischen Fortschritts vorgegebenen Wachstumspfad zulässt.

Ausgehend von diesen empirischen Untersuchungen lassen sich folglich noch keine Schlussfolgerungen über einen allgemeinen Zusammenhang zwischen Integration und Wachstum ziehen. Dabei muss zusätzlich berücksichtigt werden, dass es sich bei einem Integrationsbündnis im Allgemeinen und bei der Europäischen Integration im Besonderen um eine spezielle Form der Offenheit von Volkswirtschaften handelt. Ein erster Schritt nach Betrachtung geschlossener Volkswirtschaften ist im Allgemeinen zunächst die teilweise oder vollständige Öffnung gegenüber ausländischen Märkten und dabei in erster Linie die Aufnahme von Außenhandel. Der Zusammenhang von Handel bzw. der jeweiligen Handelspolitik und Wirtschaftswachstum ist aus diesem Grund ebenfalls Bestandteil vieler empirischer Untersuchungen. Dazu sind beispielhaft die Arbeiten von Dan Ben-David (1993, 1996) sowie Jeffrey Sachs und Andrew Warner (1995) zu nennen. Darauf aufbauend und insbesondere die Arbeit von Sachs und Warner (1995) erweiternd untersuchen Romain Wacziarg und Karen Horn Welch (2003) den empirischen Zusammenhang zwischen Handelsliberalisierung und Wirtschaftswachstum. Die grundlegende Idee ist es, mit Hilfe verschiedener Indikatoren, den Offenheitsgrad eines Landes zu messen. Zu diesen Indikatoren zählen u.a. Daten über Zölle, nicht-tarifäre Handelshemmnisse, verschiedene Exportindizes sowie die sogenannte Schwarzmarktprämie auf dem Devisenmarkt. Wacziarg und Horn Welch (2003) haben es sich zum Ziel gemacht, die Datenbasis für diese Indikatoren von Sachs und Warner (1995) zu aktualisieren und insbesondere den Untersuchungszeitraum von 1970 – 1989 auf 1970 – 1999 auszuweiten. Mit Hilfe der Indikatoren werden insgesamt 118 Länder entsprechend ihres Offenheitsgrades eingeordnet und daraufhin wird unter Anwendung einer Länderquerschnittsanalyse der Zusammenhang zwischen Offenheit und Wachstum getestet. Das Ergebnis der Analyse von Sachs und Warner (1995) hinsichtlich einer positiven Korrelation zwischen der Handelsliberalisierung und dem Wirtschaftswachstum wurde von Francisco Rodriguez und Dani Rodrik (2000) jedoch aufgrund statistischer Messprobleme kritisiert. Auch Wacziarg und Horn Welch (2003) kommen zu dem Ergebnis, dass die Übertragung der Vorgehensweise von Sachs und Warner (1995) auf die 90er Jahre keine Bestätigung des positiven Zusammenhangs zwischen Offenheit und Wachstum liefert, die Ergebnisse folglich in der Tat in hohem Maße vom gewählten Zeitraum

[4]Zum gleichen Ergebnis kommt auch Landau (1995).

abhängen. Wacziarg und Horn Welch (2003) nehmen dieses Resultat zum Anlass, mit Hilfe des Datenmaterials die möglichen Konsequenzen der Handelsliberalisierung eines Landes für seine Wachstumsperformance auf andere Art zu testen. Sie untersuchen für jedes Land an sich, inwieweit sich das Wirtschaftswachstum im Anschluss an eine Politik der Handelsliberalisierung entwickelt hat. Für den Zeitraum von 1950 – 1998 kommen sie zu dem Ergebnis, dass Länder, die sich für eine offene Handelspolitik entschieden haben, jährliche Wachstumsraten realisieren konnten, die durchschnittlich in etwa 1,5% höher waren als zur Zeit vor der Liberalisierung.[5] Bei separater Betrachtung der einzelnen Jahrzehnte stellen sie zusätzlich fest, dass gerade in den 90er Jahren, in denen zuvor im Rahmen der Länderquerschnittsanalyse keine Wachstumseffekte der Liberalisierung festgestellt werden konnten, von Ländern, die sich in diesem Jahrzehnt für eine offene Handelspolitik entschieden haben, im Anschluss daran besonders hohe Wachstumsraten erzielt werden konnten.

Die vorgestellten Studien machen deutlich, dass trotz berechtigter Kritikpunkte an der jeweiligen Vorgehensweise[6] und trotz teilweise anderslautender Forschungsergebnisse ein positiver Zusammenhang zwischen der Öffnung einer Volkswirtschaft und ihrer Wachstumsperformance durchaus möglich ist. Ein positiver Effekt auf das Wirtschaftswachstum ist dabei gleichzeitig eine notwendige Bedingung für die Verbesserung der relativen Einkommensposition ärmerer Volkswirtschaften. Kapitel 4 hat Mechanismen aufgezeigt, die nicht dafür sprechen, dass es zwischen unterschiedlich entwickelten Volkswirtschaften zu einem Konvergenzprozess kommt. Im Folgenden soll dieses Ergebnis noch einmal daraufhin untersucht werden, ob durch die Öffnung der Volkswirtschaften nicht zusätzliche Kräfte ins Spiel kommen, die zu einer Widerlegung oder zumindest zu einer Einschränkung der Divergenzhypothese der Modelle endogenen Wachstums führen und folglich auch einen positiven Zusammenhang zwischen der Integration von Volkswirtschaften und ihrer Wachstumsperformance erklären können.

5.1.2. Endogenes Wachstum bei Güterhandel und Technologiediffusion

Die unterschiedlichen Ergebnisse der empirischen Untersuchungen im vorangegangenen Kapitel haben gezeigt, dass für eine detaillierte Untersuchung des Zusammenhangs zwischen internationaler Integration und Wachstum ein geeigneter theoretischer Rahmen notwendig ist. Dieser wurde bereits mit den in Kapitel 4.4. dargestellten Modellen endogenen Wachstums zur Verfügung gestellt, wobei der endogene technische Fortschritt in Folge der Forschungsbemühungen profitmaximierender Unternehmer im Mittelpunkt der Analyse steht. Mit Hilfe der Arbeiten von Aghion und Howitt (1992, 1998a), Grossman und Helpman

[5] Vgl. Wacziarg/Horn Welch (2003), S. 28.

[6] Zur Kritik an den Länderquerschnittsanalysen vgl. insbesondere Levine/Renelt (1992).

(1991) und Romer (1990) kann nun auch der Einfluss von Außenhandel auf Innovation und Wachstum untersucht werden. Die Wachstumsdynamik in Folge einer Integration ist sowohl vom internationalen Wissenstransfer als auch von der Veränderung der sektoralen Ressourcenallokation nach Aufnahme der internationalen Wirtschaftsbeziehungen abhängig.

Die Auswirkungen der Integration von Volkswirtschaften auf das Wirtschaftswachstum werden aufbauend auf dem Modell der horizontalen Produktinnovationen von Romer (1990) in den Arbeiten von Luis Rivera-Batiz und Paul Romer (1991) und Luis Rivera-Batiz und Danyang Xie (1993) untersucht.[7] Während Rivera-Batiz und Romer (1991) den Fall der Integration identischer Länder betrachten, analysieren Rivera-Batiz und Xie (1993) die Integration zwischen ungleichen Volkswirtschaften. Vor dem Hintergrund der EU-Osterweiterung ist sicherlich die Betrachtung von Volkswirtschaften, die sich in ihrer Größe und ihrer Ressourcenausstattung unterscheiden, von größerer Bedeutung. Aufgrund der Interdependenz der beiden Arbeiten soll jedoch auch auf den Fall identischer Volkswirtschaften eingegangen werden, um die jeweiligen Unterschiede im Hinblick auf die Integration ungleicher Volkswirtschaften herausarbeiten zu können.

Im Mittelpunkt der Arbeit von Rivera-Batiz und Romer (1991) steht der Austausch von Gütern und Ideen zwischen zwei identischen Ländern, die sich weder in ihrer Faktorausstattung, noch in ihrer Produktionstechnologie oder in den Präferenzen der Haushalte unterscheiden. Analog zum Modell von Romer (1990) stellt sich der Output in der Modellökonomie als eine Funktion aus dem im Produktionssektor eingesetzten Humankapital H_Y, unqualifizierter Arbeit L und dem Einsatz von Kapitalgütern x dar. A, der allgemeine Wissensbestand, bezeichnet einen Index der bisher erfundenen Kapitalgüter:

$$(1)\quad Y(H_Y, L, x) = H_Y^{\alpha} L^{\beta} \int_0^A x(i)^{1-\alpha-\beta}\, di\,.$$

Endogenes Wachstum ist die Folge der Erfindung neuer „Designs" im F&E-Sektor, welche von profitmaximierenden Monopolisten zur Produktion immer neuer Zwischengüter eingesetzt werden, die wiederum der Produktion des Endproduktes dienen. Die Wissensakkumulation im F&E-Sektor und damit die ständige Vergrößerung des allgemeinen Wissensbestandes A aufgrund externer Effekte der Forschungsbemühungen ergibt sich wie folgt:

$$(2)\quad \dot{A} = \delta \cdot H_A \cdot A,$$

[7]Für eine entsprechende Untersuchung des Einflusses internationalen Handels auf die langfristige Wachstumsperformance offener Volkswirtschaften vgl. auch Grossman/Helpman (1991), Kapitel 9.

wobei δ einen Produktivitätsparameter und H_A das im F&E-Sektor eingesetzte Humankapital darstellt.[8] Rivera-Batiz und Romer bezeichnen diese Form der Wissensakkumulation als „knowledge-driven specification of R&D“.[9]

Der erste Schritt ist die Herleitung des gleichgewichtigen Wachstumspfads der beiden identischen Volkswirtschaften, um daraufhin die Effekte einer vollständigen Integration auf die im Folgenden gemeinsame Wachstumsrate zu untersuchen. Im Anschluss daran wird überprüft, inwieweit die Ergebnisse variieren, wenn entweder nur der Austausch von Ideen bzw. nur der Austausch von Gütern zugelassen wird, oder wenn stattdessen beides erlaubt ist.

Die Herleitung der gleichgewichtigen Wachstumsrate erfolgt bei Rivera-Batiz und Romer (1991) über die Berechnung des Zusammenhangs zwischen der Wachstumsrate der Modellökonomie und dem Zinssatz und zwar sowohl für die Produzenten als auch für die Konsumenten. Dabei gilt im Produktionssektor, dass die Wachstumsrate eine negative Funktion des Zinssatzes darstellt. Dies ergibt sich durch den negativen Zusammenhang zwischen dem Zinssatz und dem Wert des Patentes über die Produktion eines neuen Kapitalgutes, welcher der mit dem Zinssatz abdiskontierten Profite entspricht. Die Aussicht auf einen verringerten Monopolgewinn aus der Patentierung eines neuen „Designs“ führt jedoch zu einem geringeren Einsatz des Humankapitals im Forschungssektor und damit zu einer Verringerung der Innovations- bzw. Wachstumsrate. Entsprechend der Herleitung von Rivera-Batiz und Romer (1991) ergibt sich der negative Zusammenhang zwischen dem angebotsseitigen Zinssatz r_A und der Wachstumsrate g wie folgt:

(3a) $$r_A = (\delta H - g)/\Lambda.$$[10]

Die Relation zwischen dem Zinssatz und der Wachstumsrate aus Sicht der Konsumenten ist dagegen positiv. Um ein höheres Wachstum zu ermöglichen, müssen Haushalte einen größeren Teil ihres Konsums in die Zukunft verlagern und auf heutigen Konsum verzichten. Der Zinssatz muss folglich ausreichend hoch sein, um für die Konsumenten trotz ihrer Zeitpräferenz einen ausreichenden Sparanreiz zu liefern. Da im Gleichgewicht die Wachstumsrate des Konsums der allgemeinen Wachstumsrate der Volkswirtschaft entspricht, ergibt sich für den nachfrageseitigen Zinssatz r_N folgende Gleichung in Abhängigkeit von

[8]Vgl. dazu Gleichungen (31) und (32) in Kapitel 4.4.1.1.

[9]Im Gegensatz dazu untersuchen sie ein zweites Modell, in dem im F&E-Sektor neben Humankapital auch die Produktionsfaktoren unqualifizierte Arbeit und Kapitalgüter eingesetzt werden, also die gleichen Produktionsfaktoren wir zur Herstellung des Endprodukts. Diese Variante erhält dabei die Bezeichnung als „lab equipment specification of R&D“. Da die fundamentalen Ergebnisse beider Modellvarianten übereinstimmen, wird im Folgenden lediglich die „knowledge-driven specification“ dargestellt. Vgl. Rivera-Batiz/Romer (1991), S. 536 u. 537.

[10]Mit $\Lambda = \alpha(\alpha+\beta)^{-1}(1-\alpha-\beta)^{-1}$. Vgl. Rivera-Batiz/Romer (1991), S. 538.

der Zeitpräferenzrate ρ und σ, dem Kehrwert der intertemporalen Substitutionselastizität:

(3b) $r_N = \rho + \sigma \cdot g$.[11]

Mit Hilfe der Gleichungen (3a) und (3b) kann nun die gleichgewichtige Wachstumsrate wie folgt dargestellt werden, die sich jeweils in den zwei identischen, jedoch noch völlig voneinander isolierten Volkswirtschaften ergibt:

(4) $g = (\delta H - \Lambda\rho)/(\Lambda\sigma + 1)$.[12]

Geht man davon aus, dass sich beide Länder vollständig zu einer einzigen Volkswirtschaft integrieren, so führt die daraus resultierende Verdoppelung des Humankapitals dazu, dass sich gemäß Gleichung (3a) und (4) sowohl der angebotsorientierte Zinssatz als auch die gleichgewichtige Wachstumsrate erhöhen. Da im Gleichgewicht die Wachstumsrate des Outputs der Wachstumsrate des allgemeinen Wissensbestandes A entspricht, vereinfacht sich Gleichung (4) unter Berücksichtigung von Gleichung (2) zu:

(5) $g = \delta \cdot H_A$.[13]

Die Wachstumsrate einer isolierten oder integrierten Volkswirtschaft ist somit von der Menge des in Forschung und Entwicklung eingesetzten Humankapitals abhängig. Der Wachstumseffekt der vollständigen Integration aufgrund der Verdoppelung des zur Verfügung stehenden Humankapitals ist eindeutig positiv.

Um den tatsächlichen Wachstumseffekt genauer spezifizieren zu können, wird der Integrationsprozess im Folgenden unterteilt, indem sukzessive erst der Austausch von Ideen und daraufhin die zusätzliche Liberalisierung der Gütermärkte betrachtet wird.[14] Der internationale Austausch von Wissen zwischen zwei Volkswirtschaften ist dabei gleichbedeutend mit der Integration der beiden F&E-Sektoren. Der allgemeine Wissensbestand A, der nun den Forschern beider Länder zur Verfügung steht, wird größer mit einem positiven Effekt auf die Produktivität von Forschung und Entwicklung. Ob dieser Skaleneffekt im F&E-Sektor zu einem Anstieg der allgemeinen Wachstumsrate führt, ist jedoch davon

[11] Vgl. ebenda, S. 540 sowie Tondl (2001), S. 136.

[12] Vgl. Rivera-Batiz/Romer (1991), S. 540.

[13] Vgl. ebenda, S. 543 sowie Tondl (2001), S. 136.

[14] Walz (1999) weist daraufhin, dass bei der Integration identischer Volkswirtschaften im Gegensatz zur Vorgehensweise von Rivera-Batiz/Romer (1991) erst die Liberalisierung der Ideen und dann der freie Güterhandel betrachtet werden müssen, da es ansonsten zu Stabilitätsproblemen kommt. Die Integration der Gütermärkte von identischen Volkswirtschaften ohne den internationalen Austausch von Wissen führt zu einer Asymmetrie zwischen den beiden Ländern. Innovationen finden nur noch in einem Land statt. Welches Land das sein wird, ist insbesondere von der F&E-Geschichte der Länder abhängig. Vgl. Walz (1999), S. 53 sowie Grossman/Helpman (1991), Kapitel 8.

abhängig, welche Innovationen mit Hilfe des vergrößerten Wissenspools in beiden Ländern stattfinden. Da die Gütermärkte noch nicht liberalisiert sind, ist es theoretisch immer noch möglich, dass in beiden Ländern die gleichen Güter erfunden, produziert und angeboten werden. Geht man jedoch davon aus, dass aufgrund der Zufälligkeit im Forschungsprozess keine vollständige Übereinstimmung in der Angebotspalette und damit im vorhandenen Wissen besteht, ist zu erwarten, dass der internationale Austausch von Wissen zu einem Anstieg der weltweiten Wachstumsrate führen wird.

Die Gefahr der Hervorbringung identischer Innovationen ist nicht mehr vorhanden, sobald zusätzlich zum internationalen Wissenstransfer auch der Austausch von Gütern zwischen beiden Ländern erlaubt ist. Der sogenannte Redundanzeffekt der Handelsliberalisierung führt dazu, dass sich die Monopolisten in beiden Ländern jeweils auf neue Produkte spezialisieren, die bisher in keinem der beiden Länder angeboten werden. Für den Fall, dass keine identische F&E stattfindet und der vollständige internationale Wissenstransfer gewährleistet ist, verdoppelt sich der effektive Wissensbestand im Integrationsraum:

$$(6) \qquad \dot{A} = \dot{A}^* = \delta \cdot H_A(A + A^*) = 2 \cdot \delta \cdot H_A \cdot A.$$ [15]

Ein weiterer Effekt in Folge der Handelsliberalisierung ist ein Skaleneffekt im Produktionssektor. Internationaler Handel vergrößert die zur Verfügung stehende Anzahl an Kapitalgütern, die im Produktionssektor als Zwischenprodukte eingesetzt werden. Dies führt zu einer Erhöhung der Produktivität und damit letztendlich auch zu einem vergrößerten Angebot an Konsumgütern. Parallel dazu ergibt sich eine Vergrößerung des Absatzmarktes für die Produzenten. Dabei wird jedoch die höhere Anzahl an Konsumenten von einer ebenfalls ansteigenden Anzahl an Konkurrenten begleitet. Im Fall identischer Volkswirtschaften gleichen sich diese beiden Effekte gerade aus, so dass in Folge der Marktexpansion kein Nettoeffekt auf die langfristige Wachstumsrate verbleibt. Der Beitrag internationalen Güterhandels zum Wachstum beschränkt sich in diesem Fall folglich auf die Eliminierung der Redundanz in Forschung und Entwicklung. Dennoch ergibt sich selbstverständlich ein Wohlfahrtseffekt durch die Vergrößerung des Marktes, da den Konsumenten in beiden Volkswirtschaften die gesamte Angebotspalette an Konsumgütern zur Verfügung steht.[16]

Der simultane Austausch von Wissen und Gütern führt folglich im Fall identischer Volkswirtschaften zu einem positiven Wachstumseffekt entsprechend einer vollständigen Integration der beiden Länder. Die Zulassung von Faktormobilität hätte keinen zusätzlichen Wachstumseffekt. Entscheidend für den Wachstumsimpuls sind gemäß Rivera-Batiz und Romer (1991) steigende Skalenerträge in der Gleichung, die den Wachstumsmotor in der Modellökonomie

[15] Vgl. Rivera-Batiz/Romer (1991), S. 545. Die mit einem Stern gekennzeichneten Variablen stehen für das Ausland.

[16] Vgl. Grossman/Helpman (1991), S. 245 und 246 sowie Walz (1999), S. 54.

repräsentiert, d.h. in Gleichung (2). Die Effizienz eines integrierten F&E-Sektors ist folglich höher als die addierte Effizienz der F&E-Sektoren in den zwei isolierten Volkswirtschaften. Dies gilt jedoch nur unter zwei Voraussetzungen. Erstens dürfen keine identischen Forschungsbemühungen angestellt werden. Diese Gefahr der Redundanz wird jedoch durch die Aufnahme von Güterhandel verhindert. Zweitens muss gewährleistet sein, dass neu entstandenes Wissen in Folge der Innovationstätigkeit unmittelbar den Forschern in beiden Ländern zur Verfügung steht.[17]

An dieser Stelle sei an die Diskussion des Skaleneffektes in den Modellen endogenen Wachstums in Kapitel 4.4.2.1. erinnert. Charles Jones (1995) hatte in Folge seiner empirischen Arbeiten die Modelle von Romer, Grossman und Helpman sowie Aghion und Howitt dahingehend kritisiert, dass er keinen positiven Zusammenhang zwischen der Größe eines Landes - und damit insbesondere seiner Ausstattung an Forschern - und der jeweiligen Wachstumsrate feststellen konnte. Nun wird jedoch der Skaleneffekt auch im Hinblick auf die Wachstumseffekte einer Integration betont, da auch hier die theoretische Basis das Modell endogenen Wachstums von Romer (1990) darstellt. Ebenso wurde in den vorgestellten empirischen Arbeiten zum Zusammenhang von Wachstum und Integration auf einen positiven Wachstumsbonus in Folge der internationalen Öffnung von Volkswirtschaften hingewiesen. Nun kann dies daran liegen, dass nicht der Skaleneffekt, sondern beispielsweise der Redundanzeffekt der Integration den positiven Wachstumsimpuls verursacht. Eine andere Erklärung ist, dass zwar gemäß den semi-endogenen Wachstumsmodellen à la Jones die Wachstumsrate der Bevölkerung und nicht die absolute Größe der Bevölkerung an sich das Ausmaß der langfristigen Wachstumsrate determiniert, mittelfristig, d.h. auf dem Anpassungspfad an ein neues Gleichgewicht, jedoch ein positiver Wachstumseffekt in Folge des vergrößerten Integrationsraums zu verzeichnen ist, der in den verschiedenen empirischen Untersuchungen gemessen wird.[18]

Im Folgenden sollen die Skaleneffekte der Modelle endogenen Wachstums durchaus berücksichtigt werden. Zusätzlich liegt das Augenmerk jedoch auch auf weiteren Integrationseffekten, die einen Anstieg der gleichgewichtigen

[17]Vgl. Rivera-Batiz/Romer (1991), S. 549 und 550.

[18]Diese Erklärung ist analog zu den Wachstumseffekten einer Veränderung der Sparneigung im neoklassischen Wachstumsmodell. Die Wachstumsrate erhöht sich zwar auf dem Anpassungspfad an das neue Gleichgewicht, kehrt im langfristigen Gleichgewicht jedoch wieder auf das ursprüngliche Niveau zurück. Aus wirtschafts-politischer Sicht kann jedoch der Anpassungspfad sehr wohl von Bedeutung sein, da es sich nicht selten um einen jahrzehntelangen Vorgang handelt. Vgl. auch Bretschger (2002), S. 71. Zu einem Vergleich temporärer und permanenter Wachstumseffekte der Europäischen Integration s. auch Badinger (2001). In seinen empiri-schen Untersuchungen kommt er zu dem Ergebnis, dass zwar keine langfristigen Wachstumseffekte zu erkennen sind, ohne Integration in Europa aufgrund des Niveaueffekts der Integration die Wachstumsrate jedoch durchschnittlich zwischen 1950 und 2000 um etwa 0,4 Prozentpunkte geringer ausgefallen wäre. Vgl. Badinger (2001), S. 26 und 27.

Wachstumsrate in Folge der außenwirtschaftlichen Öffnung von Volkswirtschaften verursachen können. So ein Effekt stellt beispielsweise der sogenannte Allokationseffekt dar, der sich durch die sektorale und internationale Veränderung der Ressourcenallokation in Folge einer Integration ergibt. Der Allokationseffekt spielt insbesondere im Fall der Integration ungleicher Volkswirtschaften eine große Rolle, die im Folgenden untersucht wird.

Der von Rivera-Batiz und Romer (1991) untersuchte Fall der Integration identischer Volkswirtschaften ist in der Realität eher selten anzutreffen. Ein Beispiel dafür wäre eventuell ein Integrationsraum, der ausschließlich aus Frankreich und Deutschland besteht, zwei Länder, die sich in ihrer Größe, Faktorausstattung und Produktionstechnologie nicht wesentlich unterscheiden. Betrachtet man jedoch die Europäische Integration seit dem Zweiten Weltkrieg, so wird deutlich, dass es sich bei den jeweiligen Erweiterungsrunden verstärkt um eine Integration ungleicher Volkswirtschaften handelt. Besonders die Süderweiterung und die nun folgende Osterweiterung der EU können in diesem Zusammenhang als geeignete Beispiele herangezogen werden. Aus diesem Grund soll nun aufbauend auf der Arbeit von Rivera-Batiz und Xie (1993) die Integration ungleicher Partner betrachtet werden, wobei insbesondere Unterschiede in der Humankapitalausstattung der an der Integration beteiligten Volkswirtschaften im Vordergrund stehen. Dazu werden zwei verschiedene Integrationssituationen unterschieden. Im ersten Fall handelt es sich um eine Integration von zwei Volkswirtschaften, die beide in Forschung und Entwicklung investieren, wobei jedoch aufgrund der unterschiedlichen Ausstattung mit Humankapital die Größe der F&E-Sektoren voneinander abweicht. Dabei gilt, dass das Land mit dem größeren F&E-Sektor in Isolation schneller wächst. Im zweiten Fall steht die Untersuchung von zwei sehr asymmetrischen Ländern im Mittelpunkt, wobei nur eines der beiden Länder überhaupt Forschung und Entwicklung betreibt. Dies führt dazu, dass vor der Integration das innovierende Land wächst, während das nicht-innovierende Land stagniert.

Das Modell, mit dessen Hilfe diese beiden Fälle analysiert werden, baut erneut auf dem Modell endogenen Wachstums von Romer (1990) auf. Der Output im Produktionssektor ergibt sich analog zu Gleichung (1) im Modell von Rivera-Batiz und Romer (1991) aus dem Zusammenspiel von Humankapital H_Y, unqualifizierter Arbeit L und dem Einsatz von Zwischengütern, mit dem einzigen Unterschied, dass explizit in im Inland produzierte Kapitalgüter x und importierte Kapitalgüter m unterschieden wird. A bzw. A* repräsentieren den allgemeinen Wissensbestand im In- bzw. Ausland:

$$(7) \qquad Y = H_Y^{\alpha} \cdot L^{\beta} \cdot \left[\int_A x(a)^{1-\alpha-\beta} da + \int_{A^*} m(a)^{1-\alpha-\beta} da \right].^{19}$$

Für die Wissensakkumulation im F&E-Sektor gilt erneut die „knowledge-driven specification of R&D“. Der Einsatz von Humankapital in Forschung und

[19] Vgl. Rivera-Batiz/Xie(1993), S. 340.

Entwicklung H_A verbunden mit der Existenz externer Wissenseffekte bei der Erfindung neuer Kapitalgütervarianten ergibt die bekannte Gleichung für den technischen Fortschritt als Wachstumsrate des allgemeinen Wissensbestandes A:

$$\dot{A} = \delta \cdot H_A \cdot A. \quad (8)$$

Auch hier gilt wieder, dass die Wachstumsrate der Volkswirtschaft im Gleichgewicht der Wachstumsrate des Wissensbestandes entspricht, d.h., $g = \delta \cdot H_A$ bzw. $g^* = \delta \cdot H_A^*$. Der Einsatz von Humankapital im Forschungssektor ist somit erneut entscheidend für das Wachstum.

Wie viel Humankapital nun tatsächlich im F&E-Sektor respektive im Produktionssektor eingesetzt wird, ist von der sektoralen Lohnstruktur $\phi \equiv W_{HA} / W_{HY}$ abhängig. Ein $\phi = 1$ bedeutet, dass Humankapital sowohl im F&E-Sektor als auch im Produktionssektor zum Einsatz kommt und im Gleichgewicht keine Reallokation von Humankapital zwischen den beiden Sektoren stattfindet. Bei $\phi < 1$ liegt dagegen kein Anreiz für qualifizierte Arbeiter vor, eine Beschäftigung in Forschung und Entwicklung einzugehen, so dass der F&E-Sektor in dieser Volkswirtschaft schrumpft. Ein expandierender Forschungssektor ist dagegen die Folge von $\phi > 1$. Die Lohnstruktur und dementsprechend die sektorale Allokation von Humankapital ist zusätzlich vom gleichgewichtigen Zinssatz abhängig, der analog zu Rivera-Batiz und Romer (1991) die Konsumentscheidung der Nachfrager auf der einen Seite und die Profitabilität der Erfindung neuer „Designs" auf der anderen Seite zum Ausgleich bringt.

Im Folgenden soll die erste Integrationssituation näher untersucht werden, d.h. die Integration von zwei Forschung betreibenden Volkswirtschaften, die sich jedoch in ihrer Humankapitalausstattung und damit in der Größe ihres F&E-Sektors unterscheiden.[20]

Aufgrund der Abhängigkeit der Wachstumsrate vom Humankapitaleinsatz in Forschung und Entwicklung wird in Isolation das Land mit dem größeren F&E-Sektor schneller wachsen als das Land mit weniger Humankapitalressourcen. Rivera-Batiz und Xie (1993) unterscheiden zusätzlich in die Aufnahme von Güterhandel und den Austausch von Wissen. Ohne die Möglichkeit der Technologiediffusion sind allein die Auswirkungen auf die nationale Allokation des Humankapitals zwischen dem Forschungssektor und dem Produktionssektor für die Bestimmung der weltweiten Wachstumsrate entscheidend. Auslöser dieser Allokationseffekte sind Veränderungen der Lohnstruktur und des Zinssatzes in Folge der Vergrößerung des Absatzmarktes und bei Gültigkeit internationaler Kapitalmobilität. Die Möglichkeit von Güterhandel bedeutet, dass beide Volkswirtschaften sowohl die Kapitalgüter des Inlands als auch die importierten Kapitalgüter des Auslands für Produktionszwecke einsetzen können. Eine Veränderung der Rahmenbedingungen ergibt sich in erster Linie durch die internationale Kapitalmobilität und die daraus resultierende Angleichung des Zinsniveaus. Da

[20]Vgl. zum Folgenden Rivera-Batiz/Xie (1993), S. 344 – 349.

der Zinssatz sowohl angebotsseitig als auch nachfrageseitig von der Wachstumsrate und damit vom Humankapitaleinsatz in F&E abhängig ist, bedeutet ein einheitlicher Zinssatz im Integrationsraum, dass der Forschungssektor in beiden Ländern gleich groß ist, d.h. in beiden Ländern die gleiche absolute Menge an Humankapital im F&E-Sektor eingesetzt wird, beide Länder folglich gleich schnell wachsen. Relativ gesehen heißt das, dass das geringer mit Humankapital ausgestattete Land in Folge der Integration einen größeren relativen Anteil seines Humankapitals in F&E einsetzt als das humankapitalreiche Land. Die Wachstumsrate der integrierten Volkswirtschaft ist somit geringer als die Wachstumsrate des isolierten humankapitalreichen Landes, jedoch höher als zuvor im humankapitalarmen Land.

Dieses Ergebnis ist nur dann möglich, wenn sich die Lohnstruktur im humankapitalreichen Land so verändert hat, dass Humankapital aus dem Forschungssektor abgezogen und für Produktionszwecke eingesetzt wird, d.h. im Anpassungsprozess gilt $\phi < 1$. Die verstärkte Konzentration auf den Produktionssektor geht mit der Tatsache einher, dass mehr Kapitalgüter exportiert als importiert werden, das humankapitalreiche Land folglich einen Handelsbilanzüberschuss aufweist. Für das humankapitalarme Land ergibt sich dementsprechend ein Handelsbilanzdefizit an Kapitalgütern und eine Lohnsstruktur von $\phi > 1$, die einer Expansion des F&E-Sektors und damit einem Anstieg der Wachstumsrate entspricht.

Betrachtet man nun neben dem Austausch von Gütern auch die Möglichkeit internationaler Wissensspillover, so bedeutet dies, dass die Kapitalgüter nun in jedem Land produziert werden können, unabhängig vom Ort der Erfindung des entsprechenden „Designs“. Trotz einheitlichen Zinssatzes in Folge der internationalen Kapitalmobilität kommt es nicht mehr grundsätzlich zu einer Angleichung der Größe der F&E-Sektoren. Das Verhältnis der in Forschung und Entwicklung engagierten qualifizierten Arbeiter entspricht dem Verhältnis der erfundenen „Designs“ in jedem Land, d.h.:

$$\frac{H_R}{H_R^*} = \frac{A}{A^*}. \quad (9)$$

Die für beide Länder gültige aggregierte Wachstumsrate lautet:

$$g = \delta \cdot (H_A + H_A^*). \quad (10)$$

Die Wachstumsrate ist folglich von der nationalen Ausstattung der Länder mit Humankapital unabhängig. Einzig und allein der aggregierte Humankapitalbestand ist entscheidend. Für den Fall, dass beide Ländern wenigstens einen kleinen Anteil an qualifizierten Arbeitskräften vorweisen können, führt eine Integration bei Güterhandel und Technologiediffusion für beide Länder zu einer Beschleunigung des Wirtschaftswachstums. Es zeigt sich, dass bei der Integration ungleicher Volkswirtschaften der internationale Austausch von Wissen eine notwendige Bedingung für länderübergreifende, positive Wachstumseffekte darstellt. Neben dem Allokationseffekt treten dadurch erneut der Skaleneffekt sowie der Redundanzeffekt der Integration in Erscheinung.

Ein vergleichbares Ergebnis der Integration ungleicher Volkswirtschaften ergibt sich, wenn eines der beiden Länder überhaupt keine Forschung betreibt.[21] Die Ursache dafür, dass ein Land auch in Folge der Integration keine Innovationsanstrengungen betreibt und folglich als „chronically non-innovating“ bezeichnet wird, sehen Rivera-Batiz und Xie (1993) in einem Mangel an ausreichend qualifizierten Arbeitskräften, so dass die Aufnahme von Forschung und Entwicklung trotz internationaler Wissensdiffusion für die Unternehmen nicht ausreichend profitabel ist. Durch die Aufnahme von Güterhandel und die damit einhergehende Vergrößerung des Absatzmarktes erhöht sich auf der anderen Seite jedoch der Anreiz für das bereits innovierende Land, verstärkt in F&E zu investieren. Im Falle einer Integration mit internationaler Technologiediffusion erhöht sich dadurch jedoch nicht nur die Wachstumsrate der innovierenden Volkswirtschaft, sondern die Wachstumsrate des gesamten Integrationsraums. Die internationale Diffusion von Wissen erlaubt es folglich auch einem nicht-innovierenden Land, durch die Integration mit einem reichlich mit Humankapital ausgestatteten Land am allgemeinen Wachstumsprozess teilzunehmen. Entscheidend ist in diesem Fall der sektorale Allokationseffekt im humankapitalreichen Land, der durch den Skaleneffekt im Produktionssektor hervorgerufen wird. Da das humankapitalarme Land jedoch keine F&E betreibt, ergibt sich kein Skaleneffekt im Forschungssektor und auch kein Redundanzeffekt.

Eine Untersuchung der Integration ungleicher Volkswirtschaften muss jedoch neben dem Austausch von Gütern und Wissen auch die Konsequenzen der internationalen Reallokation der Produktionsfaktoren, d.h. in diesem Fall die Migration der Arbeitskräfte zwischen den Volkswirtschaften betrachten. Die Migration unqualifizierter Arbeit vom humankapitalarmen zum humankapitalreichen Land hat im Modell von Rivera-Batiz und Xie (1993) folgenden Effekt. Der Anstieg unqualifizierter Arbeit führt im reichlich mit qualifizierter Arbeit ausgestatteten Land zu einem Anstieg der Grenzproduktivität des Humankapitals im Produktionssektor dieser Volkswirtschaft, d.h. der Produktionsfaktor Humankapital wird teurer ($\phi < 1$). Dies wiederum impliziert einen Anstieg der Kosten für Forschung und Entwicklung und damit ein Sinken der Innovations- und Wachstumsrate im gesamten Integrationsraum. Rivera-Batiz und Xie halten diesen negativen Wachstumseffekt in ihrem Modell jedoch für relativ gering im Vergleich zum grundsätzlich positiven Wachstumseffekt der Integration. Für eine weitere Analyse der möglichen Konsequenzen der Einbeziehung von Faktormobilität in Modelle endogenen Wachstums wird auf Kapitel 5.1.3. verwiesen.

Das Modell von Rivera-Batiz und Xie (1993) hat gezeigt, dass durch die internationale Öffnung trotz Unterschieden in der Faktorausstattung verschiedener

[21]Vgl. zum Folgenden Rivera-Batiz/Xie (1993), S. 349 – 353.

Volkswirtschaften, die in einem geschlossenen Modell endogenen Wachstums zu unterschiedlichen Raten des technischen Fortschritts und damit zu unterschiedlichen Wachstumsraten führen, ein Divergenzprozess vermieden werden kann. Unter der Voraussetzung internationaler Kapitalmobilität und vor allem internationaler Wissens- und Technologiediffusion kommt es langfristig zu einer Konvergenz der Wachstumsraten im Integrationsraum. Eine Voraussetzung für die Angleichung der Lebensverhältnisse, nämlich die Verringerung der technologischen Lücke zwischen unterschiedlich ausgestatteten Volkswirtschaften, wird dadurch erfüllt.

Michael Frenkel und Thomas Trauth (1997) haben es sich zur Aufgabe gemacht, die Analyse von Rivera-Batiz und Romer (1993) dahingehend zu erweitern, dass sie nicht nur Volkswirtschaften betrachten, die sich in ihrer Humankapitalausstattung unterscheiden, sondern insbesondere die Wachstumseffekte einer Integration von Ländern studieren, die sich einerseits in ihrer Zeitpräferenz und andererseits in ihrer Forschungsproduktivität unterscheiden. Sie verwenden ebenfalls ein Modell endogenen Wachstums, das auf der Arbeit von Romer (1990) aufbaut. Für den Fall differierender Forschungsproduktivitäten, d.h. zwei Länder unterscheiden sich im Produktivitätsparameter δ von Gleichung (2), kommt es nach der Integration zu unterschiedlichen Spezialisierungsmustern, wobei das Land mit der höheren Produktivität in F&E verstärkt in die Entwicklung neuer „Designs" investiert, die Volkswirtschaft mit der geringeren Produktivität sich dagegen auf die Produktion des Endgutes spezialisiert. Trotz dieser (allerdings unvollständigen) Spezialisierung erreichen beide Volkswirtschaften aufgrund der internationalen Technologiediffusion eine Angleichung der Innovations- und Wachstumsraten auf höherem Niveau als vor der Integration. Auch bei unterschiedlichem Konsumverhalten aufgrund unterschiedlicher Zeitpräferenzen erhöht sich in Folge einer Integration die gesamtwirtschaftliche Wachstumsrate, da beide Länder verstärkt in Forschung und Entwicklung investieren. Die Wachstumsrate des Konsums unterscheidet sich in beiden Ländern jedoch nach wie vor. Durch die außenwirtschaftliche Öffnung können die Nachfrager allerdings über das jeweilige nationale Produktionsniveau hinaus konsumieren, so dass es in Folge der Integration zu einer besseren Erfüllung der Konsumentenpräferenzen bei gleichzeitiger Verbesserung der allgemeinen Wachstumsperformance kommt.[22]

Außenwirtschaftliche Öffnung führt somit in den bisher betrachteten Modellen endogenen Wachstums langfristig grundsätzlich zu positiven Wachstumseffekten für die beteiligten Volkswirtschaften. Wie wichtig die Rolle der internationalen Technologiediffusion dabei ist, zeigen beispielsweise die Arbeiten von Alwyn Young (1991) und Robert Feenstra (1996). Young (1991) untersucht die dynamischen Effekte des Freihandels mit Hilfe eines Modells endogenen Wachstums mit learning-by-doing. Er betrachtet die Aufnahme von Handel zwi-

[22] Vgl. Frenkel/Trauth (1997), S. 121 – 126 sowie Hebler/Neimke (2000), S. 20.

schen einem entwickelten und einem weniger entwickelten Land, wobei das Ausgangsniveau an Wissen das Unterscheidungskriterium darstellt. Das Ergebnis seiner Arbeit lautet, dass das unterentwickelte Land durch Handelsintegration Raten des technischen Fortschritts und des Einkommens aufweist, die geringer oder höchstens gleich groß sind wie in Isolation. Das entwickelte Land realisiert dagegen mindestens gleich große oder eventuell sogar größere Fortschritts- und Wachstumsraten wie vor der Aufnahme von Freihandel. Den fehlenden Wachstumseffekten für das unterentwickelte Land stehen jedoch statische Handelsgewinne entgegen, so dass sich netto trotzdem ein positiver Wohlfahrtseffekt für die weniger entwickelte Volkswirtschaft ergeben kann.[23] Feenstra (1996) sieht den Hauptgrund für die ungleichen Wachstumsgewinne unterschiedlich entwickelter Länder in der Arbeit von Young (1991) in der Tatsache, dass Wissensspillover in seinem Modell nur national zwischen den Industrien, nicht jedoch international zwischen den Ländern auftreten. Dies veranlasst Feenstra (1996) zu der Schlussfolgerung, dass die Konvergenz der Wachstumsraten in den Modellen endogenen Wachstums nur dann eintritt, wenn parallel zur Aufnahme von Handel die internationale Diffusion des Wissens gewährleistet ist. Findet die internationale Technologiediffusion dagegen nicht statt, so stellt Feenstra fest, dass Freihandel allein sogar zu einer Divergenz der Wachstumsraten führen kann.[24]

Grossman/Helpman (1991) machen im Gegensatz zu Rivera-Batiz und Xie (1993) darauf aufmerksam, dass trotz internationaler Wissensdiffusion die Öffnung von Volkswirtschaften negative Wachstumseffekte haben kann, wenn sich die Länder in ihrer Faktorausstattung sehr stark unterscheiden. Zum einen kann das Land, welches einen großen Anteil unqualifizierter Arbeit aufweist, aufgrund der Spezialisierung auf den traditionellen Produktionssektor entsprechend seiner komparativen Vorteile negative Wachstumswirkungen erfahren, da es im Innovations- und Wachstumssektor nicht ausreichend wettbewerbsfähig ist. Für die Integration eines humankapitalreichen Landes mit einer reichlich an unqualifizierter Arbeit ausgestatteten Volkswirtschaft kann es im schlimmsten Fall sogar zu einer Spezialisierung des gesamten Integrationsraums auf die Sektoren kommen, welche den Produktionsfaktor unqualifizierte Arbeit intensiv nutzen. Aufgrund einer Reallokation der Ressourcen aus dem wachstumsintensiven F&E-Sektor in den traditionellen Produktionssektor ist somit trotz internationaler Wissensspillover eine Verringerung der Innovations- und Wachstumsrate in Folge einer Handelsintegration möglich.[25]

Internationale Technologiediffusion wird in allen Modellen endogenen Wachstums als entscheidender Faktor für Wachstum und folglich auch als notwendige Bedingung für Konvergenz angesehen. Die theoretische Frage ist

[23] Vgl. Young (1991), S. 401, 402.
[24] Vgl. Feenstra (1996), S. 230
[25] Vgl. Grossman/Helpman (1991), S. 253.

lediglich, ob die Integration mit einer forschungsintensiven Volkswirtschaft bedeutet, dass eigene Forschungsanstrengungen aufgrund mangelnder komparativer Vorteile unterlassen werden können und trotzdem vom allgemeinen Wachstumsimpuls profitiert werden kann, oder ob die Technologiediffusion nicht eher ein Mittel zum Zweck darstellt, die technologische Lücke zum Integrationspartner zu schließen und durch eigene Forschungsbemühungen das Wachstum der eigenen Volkswirtschaft und des Integrationsraums voranzubringen. Im Hinblick auf diese Frage wird in Kapitel 5.2. untersucht, inwieweit die Spezialisierung von offenen Volkswirtschaften auf traditionelle, arbeitsintensive oder moderne, forschungsintensive Sektoren die jeweilige Wachstumsperformance beeinflussen kann.

Was den empirischen Zusammenhang zwischen internationalen Wissensspillovern und Wachstum betrifft, so stellen beispielsweise Coe und Helpman (1995) fest, dass die totale Faktorproduktivität eines Landes nicht nur, wie schon in Kapitel 4.4.2.1. dargestellt, von nationalen Forschungsbemühungen abhängig ist, sondern insbesondere von Forschung und Entwicklung der Handelspartner. Die Bedeutung ausländischer F&E ist umso entscheidender, je offener eine Volkswirtschaft ist. Vor allem kleine Volkswirtschaften profitieren in der Untersuchung von Coe und Helpman (1995) in besonderem Maße von der internationalen Technologiediffusion.

Um den Zusammenhang zwischen Technologiediffusion und Wirtschaftswachstum sowohl theoretisch als auch empirisch genauer zu untersuchen, ist es jedoch notwendig, die verschiedenen Kanäle zu identifizieren, durch die es zu einem internationalen Austausch von Wissen kommt. Neben Güterhandel zählen sowohl die Migration von Arbeitskräften als auch die internationale Mobilität von Kapital beispielsweise via ausländische Direktinvestitionen zu diesen Kanälen. Im Folgenden soll aus diesem Grund die Veränderung der bisherigen Ergebnisse durch die Einbeziehung von Faktormobilität in die Modelle endogenen Wachstums betrachtet werden.

5.1.3. Endogenes Wachstum mit Faktormobilität

5.1.3.1. Migration

Neben der Aufnahme von Güterhandel stellt die Öffnung der Faktormärkte für ausländische Produktionsfaktoren eine weitere entscheidende Stufe bei der Integration von Volkswirtschaften dar. Insbesondere die Mobilität des Produktionsfaktors Arbeit führt sowohl im wirtschaftlichen als auch im politischen und sozialen Leben zu starken Anpassungsreaktionen im jeweiligen Integrationsraum. Die Motive für eine Migration von Arbeitskräften wurden bereits in Kapitel 3.2.3.2. dargestellt. Neben dem Lohndifferenzial zeigt u.a. die ökonomische Migrationstheorie vielfältige Push- und Pull-Faktoren auf, welche die Wahl des Arbeitsortes durch den Arbeitnehmer beeinflussen. In diesem Abschnitt soll nun untersucht werden, inwieweit sich die internationale Mobilität des Produktionsfaktors Arbeit in den Modellen endogenen Wachstums auf Wachstum und Konvergenz auswirkt.

Die Mobilität von Arbeit ist insbesondere dann zu beachten, wenn es sich bei diesem Produktionsfaktor um den entscheidenden Wachstumsmotor handelt. Dies ist vor allem im Modell von Lucas (1988, 1990) der Fall, wobei das Humankapital, also der Produktionsfaktor qualifizierte Arbeit, im Mittelpunkt steht. Führt man die Mobilität der qualifizierten Arbeitskräfte in das Modell von Lucas ein, so wird insbesondere die Unterscheidung in den sogenannten internen und den externen Effekt des Humankapitals wichtig. Lucas geht davon aus, dass qualifizierte Arbeiter dorthin wandern, wo höhere Löhne bezahlt werden. Dies ist nach der neoklassischen Theorie jedoch dort der Fall, wo weniger Humankapital vorhanden ist, d.h. in der Regel in ärmeren Volkswirtschaften. Aufgrund des Faktorpreisausgleiches müsste sich langfristig durch die Migration ein einheitliches Lohnniveau einstellen. Dieser Mechanismus, der grundsätzlich die Einkommenskonvergenz offener Volkswirtschaften unterstützt, ist im Modell von Lucas allerdings nicht anzutreffen. Aufgrund des externen Effekts der Humankapitalakkumulation der Wirtschaftssubjekte ergibt sich ein positiver Zusammenhang zwischen dem Qualifikationsniveau einer Volkswirtschaft und dem Lohn für qualifizierte Arbeit. Die Wissensspillover führen dazu, dass die Grenzproduktivität des Produktionsfaktors Arbeit mit jeder weiteren qualifizierten Arbeitskraft ansteigt, folglich immer höhere Löhne gezahlt werden können und das Humankapital schließlich aus den armen Volkswirtschaften in die reichen Länder wandert.[26] Dies hat zur Folge, dass im Falle einer Integration die reichere Volkswirtschaft ihr Wirtschaftswachstum ständig verbessern kann, es dadurch zwischen unterschiedlich ausgestatten Volkswirtschaften zu einer Vergrößerung der Einkommenslücke und damit zu Divergenz kommt. In den Arbeiten von Lucas (1988, 1990) werden die Wissensspillover lediglich als national betrachtet, d.h. es gibt noch keine internationale Technologiediffusion.[27] Die Annahme von rein nationalen Wissensspillovern ist jedoch insofern widersprüchlich, da durch die Einwanderung von qualifizierten Arbeitskräften sehr wohl ausländisches Wissen ins Inland gelangt. Dies ist vor allem dann der Fall, wenn man Arbeitskräfte als Träger der Technologiediffusion ansieht. Geht man dagegen z.B. davon aus, dass neues Wissen erst durch externe Effekte bei der Zusammenführung der qualifizierten Arbeitskräfte entsteht, so findet selbstverständlich keine grenzüberschreitende Technologiediffusion statt.

Der letzte Gedankengang findet sich bei Assaf Razin und Chi-Wa Yuen (1997, 1999) wieder, die das endogene Wachstumsmodell von Lucas (1988) als Ausgangspunkt nehmen, um die Rolle der Faktormobilität für die Möglichkeit der Einkommenskonvergenz in einer Wirtschaftsunion zu untersuchen. Auch sie

[26]Vgl. Lucas (1988), S. 40.
[27]Vgl. Lucas (1990), S. 94.

sehen im externen Effekt der Humankapitalakkumulation von Lucas in der geschlossenen Volkswirtschaft grundsätzlich ein Faktum, welches zunächst einmal Divergenz verursacht, da es dem Faktorpreisausgleich entgegensteht. Die Löhne in zwei Volkswirtschaften werden sich so lange unterscheiden, wie die Qualifikationsniveaus ihrer Arbeitskräfte differieren. Im Gegensatz zu Lucas ergibt sich in ihrem Modell jedoch durch Faktormobilität die Möglichkeit der Einkommenskonvergenz. Nach Öffnung der Grenzen sowohl für Güter als auch für den Produktionsfaktor Arbeit werden die Arbeitskräfte aus dem humankapitalarmen Niedriglohnland in das humankapitalreiche Hochlohnland wandern. Eine Angleichung der Löhne ergibt sich bei Razin und Yuen (1997) nun wie folgt. Die eingewanderten Arbeitskräfte erhalten im Hochlohnland ein höheres Entgelt für ihre Arbeit. Ein Arbitragemechanismus durch internationalen Handel führt daraufhin dazu, dass auch die zurückgebliebenen Arbeiter im Niedriglohnland einen Anstieg ihrer Lohneinkommen verzeichnen. Dies wiederum hat gemäß Razin und Yuen zur Folge, dass in der humankapitalarmen Volkswirtschaft ein größerer Anreiz besteht, in die Humankapitalakkumulation zu investieren. Auf Dauer führt dieser Transmissionsmechanismus dazu, dass sich die Humankapitalniveaus in beiden Ländern angleichen und es sowohl zu einer Konvergenz der Wachstumsraten als auch zu einer Konvergenz der Einkommensniveaus der beiden Volkswirtschaften kommt.[28] Die entscheidende Rolle in diesem Konvergenzprozess wird dabei dem Humankapitaltransfer durch die Arbeitskräfte zugerechnet:

> „*In this sense, workers from the home country* (das humankapitalarme Land, Anm. d. Verf.) *enjoy the fruits of the knowledge externality (i.e. higher pay) while working with the more skilled workers in the rest of the world, and these fruits will get transmitted to their countrymen. It is in this sense that these workers can be viewed as 'messengers' of technological progress.*"[29]

Es bestätigt sich somit auch in diesem Modell, dass die Technologiediffusion, hier ermöglicht durch die Mobilität des Wachstumsmotors Humankapital, den entscheidenden Mechanismus für einen Konvergenzprozess darstellt. Razin und Yuen (1999) untersuchen darauf aufbauend, inwieweit sich die bisherigen Ergebnisse verändern, wenn zusätzlich Unterschiede in den nationalen Steuersystemen berücksichtigt werden. Sie kommen zu der Schlussfolgerung, dass eine unterschiedliche Besteuerung den Konvergenzmechanismen der Arbeits-

[28]Umgekehrt bedeutet der Zustrom geringer qualifizierter Arbeitskräfte in das humankapitalreiche Land jedoch auch, dass dort das Lohnniveau sinkt. Dies führt analog zu einem geringeren Anreiz zur Humankapitalakkumulation. Vor diesem Hintergrund müssen wirtschaftspolitische Maßnahmen von Volkswirtschaften gesehen werden, welche die Zuwanderung ausländischer Arbeitskräfte beschränken wollen. Vgl. Razin/Yuen (1997), S. 234 – 240.

[29]Razin/Yuen (1997), S. 234.

mobilität entgegenwirkt, wobei gilt, dass Volkswirtschaften mit geringeren Steuern höhere Wachstumsraten aufweisen. Sie identifizieren folglich zwei Bedingungen, die beispielsweise die Einkommensdisparität innerhalb der Europäischen Union verringern können: (1) Harmonisierung der Einkommensteuersätze und (2) Zulassung von Arbeitsmobilität zur Erleichterung von Wissensspillovern.[30]

Weder im Modell von Lucas (1988) noch in den Modellen von Razin und Yuen (1997, 1999) wird jedoch in unterschiedliche Produktionssektoren unterschieden, so dass mögliche Wachstumseffekte aufgrund einer sektoralen Reallokation der Produktionsfaktoren nicht betrachtet werden können. Dies ist aber im Modell von Uwe Walz (1998) der Fall. Er betrachtet aufbauend auf den Innovationsmodellen von Romer (1990) sowie Grossman und Helpman (1991) explizit die Erweiterung eines aus den Ländern A und B bestehenden Integrationsraumes um das Land C. Walz zeigt analog zu Rivera-Batiz und Xie (1993), dass sich durch Aufnahme von Außenhandel mit einer dritten, weniger entwickelten Volkswirtschaft ein positiver Effekt sowohl auf die Innovations- als auch auf die Wachstumsrate des neuen Integrationsraums ergibt, folglich alle Mitglieder von der Handelsliberalisierung profitieren.[31] Als weiteren Integrationsschritt untersucht er daraufhin die Folgen einer Liberalisierung der Faktormärkte, genauer gesagt die Migration qualifizierter und unqualifizierter Arbeit, wobei er davon ausgeht, dass unqualifizierte Arbeitskräfte höhere natürliche Migrationskosten haben als qualifizierte Arbeitskräfte. Jede der drei Volkswirtschaften hat zwei Produktionssektoren, in denen ein traditionelles und ein modernes Gut hergestellt werden. Zusätzlich gibt es einen F&E-Sektor, der Zwischengüter produziert, die bei der Herstellung des modernen Gutes eingesetzt werden. Beide Produktionssektoren verwenden sowohl qualifizierte als auch unqualifizierte Arbeit, wohingegen im F&E-Sektor nur qualifizierte Arbeit eingesetzt wird. Sind vor der Liberalisierung der Arbeitsmärkte die Löhne in A und B höher als in C, so ergibt sich in Folge dessen ein Einwanderungsstrom von qualifizierten Arbeitskräften in den ehemaligen Integrationsraum. Sowohl in Land A als auch in Land B steht von nun an mehr Humankapital für innovative Tätigkeiten zur Verfügung. Die Löhne für qualifizierte Arbeit sinken, Forschung und Entwicklung wird billiger und es findet eine allgemeine Erhöhung der Innovations- und Wachstumsrate im neuen Integrationsraum statt. Walz (1998) betont jedoch, dass der positive Wachstumseffekt nur dann eintritt, wenn Land C in Isolation eine höhere Humankapitalintensität im traditionellen Sektor aufweist als der Integrationsraum der Länder A und B. Durch die Wanderung qualifizierter Arbeitskräfte nach A und B ergibt sich sowohl eine intensivere Nutzung unqualifizierter Arbeit im traditionellen Sektor von C als auch ein verstärkter Einsatz von Humankapital in den F&E-Sektoren von A und B. Diese effizientere Allokation

[30] Vgl. Razin/Yuen (1999), S. 24.
[31] Vgl. Walz (1998), S. 312.

des Produktionsfaktors Arbeit verbessert die Wachstumsperformance des gesamten Integrationsraums.[32] Die Migration unqualifizierter Arbeitskräfte ist dagegen nicht wachstumsfördernd. Durch die Zuwanderung unqualifizierter Arbeit von C nach A und B ergibt sich im Modell von Walz (1998) eine Reallokation der qualifizierten Arbeitskräfte vom F&E-Sektor in den traditionellen Produktionssektor im bisherigen Integrationsraum. Die Löhne für Humankapital steigen und damit die Kosten für Forschung und Entwicklung. Der Anreiz für innovative Tätigkeit sinkt und mit ihm die Wachstumsrate.[33] Entscheidend für die Wachstumseffekte der Erweiterung eines Integrationsraums ist folglich im Modell von Walz (1998) die resultierende Effizienz einer integrationsinduzierten Reallokation des Produktionsfaktors Arbeit zwischen den vorhandenen Sektoren. Dabei ist zu beachten, dass eine Verbesserung der Wachstumsperformance des gesamten Integrationsraums nach wie vor entscheidend von der Annahme der internationalen Technologiediffusion abhängig ist.

Zusammenfassend ergibt sich, dass die Wachstums- und Konvergenzeffekte der Migration in erster Linie davon abhängig sind, welche Auswirkungen auf die Lohnniveaus der beteiligten Volkswirtschaften zu erwarten sind. Dabei gilt analog zur Diskussion im Rahmen der neoklassischen Theorie, dass eine Tendenz zum Faktorpreisausgleich, d.h. die Annäherung der Lohnverhältnisse grundsätzlich wachstums- bzw. konvergenzfördernd wirkt. Notwendige Bedingung dafür ist jedoch in allen Modellen endogenen Wachstums, dass es zu einem internationalen Austausch von Wissen kommt, da im Gegensatz zur Neoklassik, nicht von abnehmenden Grenzerträgen bei der Faktorakkumulation auszugehen ist. Zu berücksichtigen ist, dass der Produktionsfaktor Humankapital selbst als Träger der Wissensdiffusion agieren kann. Aus diesem Grund und in Anbetracht möglicher Reallokationseffekte in Folge einer internationalen Mobilität der Arbeitskräfte ergeben sich je nach Qualifikationsniveau der Migranten unterschiedliche Wachstumseffekte.

Vor dem Hintergrund der Osterweiterung der Europäischen Union stellt sich nun die Frage nach Quantität und Qualität möglicher Arbeitskräftewanderungen zwischen Ost- und Westeuropa. Zahlreiche Studien haben es sich deshalb zur Aufgabe gemacht, das Migrationspotenzial in Folge der EU-Osterweiterung zu ermitteln. Einen sehr guten Überblick über diese Arbeiten bieten Belke und Hebler (2002), wobei sowohl Schätzungen auf Grundlage von Plausibilitätsüberlegungen und Befragungen als auch ökonometrisch fundierte Schätzungen vorgestellt werden. Stellvertretend für die letzte Kategorie stehen u.a. die Studien von Tito Boeri und Herbert Brücker (2000) sowie Hans-Werner Sinn et al. (2001).

Die Studie von Boeri und Brücker (2000) basiert auf einer Zeitreihenanalyse der Migration nach Deutschland im Zeitraum von 1967 – 1998 aus insgesamt

---

[32]Vgl. Walz (1998), S. 315.
[33]Vgl. ebenda, S. 314.

achtzehn Herkunftsländern. Die wichtigsten Variablen des Modells sind das Wohlstandsgefälle, ausgedrückt durch Unterschiede in den Pro-Kopf-Einkommen, sowie die jeweilige Beschäftigungssituation in den Ziel- und Herkunftsländern. Für die wirtschaftliche Entwicklung wird angenommen, dass die Pro-Kopf-Einkommen zwischen der EU und den zehn Beitrittskandidaten mit einer Rate von 2% p.a. konvergieren, während die Arbeitslosenraten in allen Ländern konstant gehalten werden. Boeri und Brücker gehen in ihrer Arbeit von der Einführung der Arbeitnehmerfreizügigkeit für die zehn mittel- und osteuropäischen Länder im Jahre 2002 aus und erwarten daraufhin einen jährlichen Netto-Einwanderungsstrom in die EU-15 von 335.000 Personen, der sich nach zehn Jahren auf unter 150.000 Personen p.a. reduziert. Dabei wird angenommen, dass zwei Drittel der mittel- und osteuropäischen Immigranten nach Deutschland wandern, während sich das letzte Drittel auf den Rest der Europäischen Union verteilt. Etwa dreißig Jahre nach Einführung der Freizügigkeit wird in dieser Schätzung in der EU das Maximum der ausländischen Wohnbevölkerung aus den MOEL erreicht. Dies entspricht einem Anteil an der Bevölkerung der EU-15 von 1,1%. Der Anteil der osteuropäischen Wohnbevölkerung in Deutschland wird im gleichen Zeitraum auf 3,5% geschätzt.

Die Auswirkungen der EU-Osterweiterung auf die Arbeitsmärkte und die öffentlichen Finanzen in Deutschland sind auch der Ausgangspunkt für die Studie von Sinn et al. (2001). Das Institut für Wirtschaftsforschung in München erstellt in Zusammenarbeit mit dem Max-Planck-Institut für ausländisches und internationales Sozialrecht eine Studie zur Abschätzung des Migrationspotenzials in Folge der EU-Erweiterung mit Hilfe ökonometrisch fundierter Simulationsrechnungen. Das Modell stützt sich auf Daten der Süderweiterung der Europäischen Union um Griechenland, Spanien und Portugal sowie auf Wanderungsbewegungen aus der Türkei nach Deutschland im Zeitraum von 1974 – 1997. Die Modellsimulationen gelten für die zu erwartende Migration aus Polen, Rumänien, der Slowakei, Tschechien und Ungarn nach Deutschland bei sofortiger Einführung der Arbeitnehmerfreizügigkeit mit dem EU-Beitritt. Diese fünf bevölkerungsstärksten Länder entsprechen 82% der Bevölkerung aller zehn mittel- und osteuropäischen Beitrittskandidaten. Das Migrationspotenzial wird anhand von zwei Szenarien geschätzt, wobei im ersten Fall von einer kontinuierlichen Verringerung der relativen Einkommenslücke entsprechend der 2-%-Regel ausgegangen wird, im zweiten Fall dagegen ein relatives Einkommenswachstum von 0% angenommen wird. Sinn et al. schätzen die Nettozuwanderung aus den fünf MOEL nach Deutschland in den ersten fünfzehn Jahren nach dem EU-Beitritt bei einer Konvergenzrate von 2% auf 3,2 Millionen Personen und bei mangelnder Konvergenz sogar auf 4 Millionen Personen. Dies entspricht in etwa einer Migrationsrate zwischen 4 und 5%. In den ersten Jahren nach einem EU-Beitritt würden demzufolge jährlich zwischen 200.000 und 250.000 Personen aus den MOEL-5 bzw. hochgerechnet zwischen 250.000 und 300.000 Personen aus den MOEL-10 allein nach Deutschland einwandern. Zur besseren Vergleichbarkeit werden diese Zahlen in der Studie der EU-Kommission (2001a) an die Rahmenbedingungen von Boeri und Brücker (2000) angepasst. Dabei kommt man zu dem Ergebnis, dass in den ersten zehn Jahren nach Einführung der Freizügigkeit entsprechend dem Modell von Sinn et al. (2001) netto 380.000 Personen aus den zehn mittel- und osteuropäischen Ländern in die EU einwandern, wobei sich dieser Einwanderungsstrom in den Folgejahren auf ca. 200.000 Personen p.a. reduziert.[34] Zusätzliche Plausibilitätsüberlegungen führen dazu, dass Sinn et al. (2001) ihre doch wesentlich höheren Schätzungen für das Migrationspotenzial in den MOEL als in anderen Studien sogar als Untergrenze ansehen. Die Vergleichbarkeit mit der Süderweiterung der EU und den Wanderungsströmen aus der Türkei ist ihrer Meinung nach eingeschränkt. Aufgrund des noch größeren Wohlstandsgefälles zwischen Ost- und Westeuropa in Verbindung mit einem aufgestauten Migrationsdruck und geringer räumlicher Distanz zur Europäischen Union müssen die vorgestellten Zahlen ihrer Meinung nach als Mindestwerte betrachtet werden.

Trotz der teilweise großen Unterschiede in den Schätzungen der Wanderungsbewegungen in Folge der EU-Osterweiterung werden die wirtschaftlichen Folgen der Arbeitskräftemigration allgemein eher als gering bezeichnet. Gemäß den Untersuchungen der EU-Kommission (2001a) beläuft sich das langfristige Migrationspotenzial der Kandidatenländer lediglich auf ca. 1% der gegenwärtigen Bevölkerung in den EU-15. Dabei ergeben sich grundsätzlich positive wirtschaftliche Konsequenzen für die jeweiligen Einwanderungsländer, da der Lohn im Zielland in der Regel unter dem Gewinn an zusätzlicher Wertschöpfung in diesem Land liegt.[35] Auch die Auswirkungen für die Arbeitsmärkte in der Europäischen Union werden eher als gering eingeschätzt, da einwanderungswillige Arbeitskräfte grundsätzlich in solche Regionen wandern, die sich durch eine geringe Arbeitslosigkeit und eine hohe Arbeitsnachfrage auszeichnen.[36] Negative Anpassungsreaktionen werden höchstens in Grenzregionen der EU-15 erwartet, in denen nach den Berechnungen der EU-Kommission (2001a) in Abhängigkeit von bestimmten regionalen Gegebenheiten wie Lohngefälle, Transportkosten und geografische Nähe von Agglomerationszentren aufgrund möglicher Pendlerbewegungen ein Anteil von 1% bis 8% ausländischer Arbeitskräfte aus Mittel- und Osteuropa möglich ist. Aufgrund des hohen Anteils an Grenzregionen mit den neuen EU-Ländern und der hohen Attraktivität für mittel- und osteuropäische Einwanderer befürchten vor allem Deutschland und Österreich negative Auswirkungen auf die regionalen Arbeitsmärkte.

Grundsätzlich wird die Wanderungsbereitschaft von Arbeitskräften als umso größer angesehen, je höher die jeweilige Qualifikation des Arbeiters ist. Neben dem Lohngefälle tragen jedoch Umverteilungseffekte beispielsweise des deut-

[34] Vgl. EU-Kommission (2001a), S. 34.
[35] Vgl. Sinn et al. (2001), S. xxvi.
[36] Vgl. Belke/Hebler (2002), S. 171.

schen Sozialstaats dazu bei, dass sich der Wanderungsanreiz auch für geringer qualifizierte Arbeitskräfte erhöht. Dies bedeutet zum einen, dass sich die Konkurrenz auf dem Arbeitsmarkt für niedrig qualifizierte Beschäftigung erhöht und zum anderen negative Reallokationseffekte entsprechend den zuvor beschriebenen Modellen endogenen Wachstums möglich sind. Sinn et al. (2001) kommen jedoch zu dem Ergebnis, dass die Einwanderer aus den MOEL im Vergleich zu früheren Einwanderungswellen durchschnittlich höher qualifiziert sind.[37]

Um dennoch kurzfristige negative Arbeitsmarkteffekte in bestimmten Regionen im direkten Anschluss an den EU-Beitritt der mittel- und osteuropäischen Beitrittskandidaten zu vermeiden und um insbesondere auch im Hinblick auf die öffentliche Meinung zum Erweiterungsprozess auf mögliche Ängste vor allem gering qualifizierter Arbeitskräfte hinsichtlich einer Verdrängung vom Arbeitsmarkt durch Arbeiter aus den MOEL einzugehen, werden, wie auch schon bei der Süderweiterung der EU, vor allem auf Drängen von Deutschland und Österreich Übergangsregelungen eingeführt. D.h. die Freizügigkeit der Arbeitskräfte erfolgt nicht unmittelbar mit dem EU-Beitritt, sondern erst nach Ablauf einer bestimmten Frist. Bei den Verhandlungen über den Erweiterungsprozess wurde dabei für die Erweiterungsrunde im Mai 2004 beschlossen, dass außer für Malta und Zypern für alle anderen mittel- und osteuropäischen Beitrittskandidaten bestimmte Übergangsregelungen gelten. Diese Übergangsregelungen für die Freizügigkeit der Arbeitnehmer bedeuten im Wesentlichen, dass die Bürger der EU-Beitrittsländer auch nach dem EU-Beitritt weiterhin eine Arbeitserlaubnis benötigen, um in der EU arbeiten zu können. Dabei gilt jedoch eine sogenannte Präferenzregel, nach der die Bürger der neuen Mitgliedsstaaten bei Arbeitsplätzen, die Ausländern angeboten werden, Vorrang vor Bürgern aus Drittstaaten erhalten.

In den ersten zwei Jahren nach der Erweiterung wird in den einzelnen Mitgliedsstaaten die Zuwanderung aus den MOEL nach Maßgabe der nationalen Rechtsvorschriften und nicht der Gemeinschaftsvorschriften über die Freizügigkeit geregelt. Nach Ablauf dieser zwei Jahre legt die EU-Kommission einen Bericht über die allgemeine Lage vor, in Folge dessen die Mitgliedsstaaten erklären müssen, welches Verfahren sie ab diesem Zeitpunkt anwenden wollen. Entscheiden sich die Mitgliedsstaaten für die Aufrechterhaltung der Beschränkung der Arbeitserlaubnisse, so werden sie nach weiteren drei Jahren erneut aufgefordert, ihren Arbeitsmarkt voll zu öffnen. Nur wenn sie dann nachweisen können, dass auf dem Arbeitsmarkt erhebliche Störungen bestehen oder drohen, kann die Übergangsperiode für weitere zwei Jahre verlängert werden. In jedem Fall darf jedoch kein Mitgliedsstaat nach Ablauf der maximal sieben Jahre mehr Arbeitserlaubnisse von den Arbeitnehmern der neuen EU-Beitrittsländer verlangen.[38]

---

[37]Vgl. Sinn et al. (2001), S. xxx.
[38]Vgl. EU-Kommission (2003), S. 6.

Mögliche Wachstums- bzw. Konvergenzeffekte durch Migration treten folglich nicht direkt im Anschluss an den EU-Beitritt der acht MOEL im Jahr 2004 ein. Nach Ablauf der jeweiligen Übergangsfristen wird es darauf ankommen, inwieweit es zu einer Angleichung der Löhne und der Pro-Kopf-Einkommen in Ost- und Westeuropa kommt. Entscheidend dafür ist gemäß den Modellen endogenen Wachstums ein Ausgleich der Humankapitalausstattung, die insbesondere durch die Migration qualifizierter Arbeitskräfte stattfinden kann. Aufgabe der mittel- und osteuropäischen Länder ist es folglich, in die Humankapitalakkumulation ihrer Bevölkerung zu investieren, um einerseits einen Trend zum Faktorpreisausgleich zu ermöglichen und andererseits negative Reallokationseffekte durch die Migration unqualifizierter Arbeitskräfte zu verhindern.

Die bisherigen EU-Mitgliedsstaaten müssen dagegen die Vor- und Nachteile der Migration aus Osteuropa gegeneinander abwiegen. Wer als erstes seine Grenzen für die Arbeitnehmer der neuen Mitgliedsstaaten öffnet, kann damit rechnen, vor allem die hochqualifizierten Arbeitskräfte der MOEL im eigenen Land willkommen zu heißen, da diesen im allgemeinen die höchste Migrationsbereitschaft attestiert wird. Bisher sind es jedoch lediglich Groß-Britannien, Irland und Schweden, in denen die neuen EU-Bürger sofort ohne Restriktionen nach Arbeit suchen können. Vor allem Deutschland und Österreich, die negative Auswirkungen durch die Einwanderung osteuropäischer Arbeitskräfte für die regionalen Arbeitsmärkte erwarten, müssen somit einkalkulieren, dass ihnen bei Ausschöpfung der Übergangsregelungen die positiven Effekte der Zuwanderung des osteuropäischen Humankapitals für die eigene Volkswirtschaft teilweise entgehen.

Für positive Wachstums- und Konvergenzeffekte gilt nach wie vor die internationale Technologiediffusion als notwendige Bedingung. Die Migration von qualifizierten Arbeitskräften ist zwar ein Weg, um Wissen international verfügbar zu machen, doch gerade für die MOEL ist eine Abwanderung von Humankapital aufgrund der negativen Auswirkungen des sogenannten „brain drain“ für den Aufholprozess nicht wünschenswert. So kann es zwar sinnvoll sein, Arbeitskräfte für Studium und Ausbildung ins Ausland zu senden, mit der Hoffnung, dass sie zur Anwendung des Gelernten wieder zurückkehren. Dies wird jedoch nur dann der Fall sein, wenn auch in Osteuropa entsprechende Arbeitsplätze sowie ausreichend qualifizierte Mitarbeiter zur Verfügung stehen. Es muss das Ziel der mittel- und osteuropäischen Beitrittsländer sein, die Übergangszeit bis zur vollständigen Arbeitnehmerfreizügigkeit dahingehend zu nutzen, sowohl Anreize für die eigenen hochqualifizierten Arbeitskräfte wie Wissenschaftler und Forscher zur Rückkehr in die MOEL zu schaffen, als auch westliche Arbeitskräfte anzulocken, damit sich statt dem befürchteten „brain drain“ für die EU-Beitrittsländer ein „brain gain“ ergibt. Eine der wichtigsten

Bedingungen dafür ist die Annäherung der Pro-Kopf-Einkommen und Lebensverhältnisse in Ost- und Westeuropa.[39]

Eine Alternative zur Arbeitskräftewanderung stellt die internationale Mobilität des Produktionsfaktors Kapital dar, da damit nicht nur die materiellen Kapitalgüter zur Verfügung gestellt werden, sondern zusätzlich z.B. technologisches Know-How und Erfahrungen transferiert werden können. Mögliche Kanäle dieser Wissensdiffusion stellen vor allem ausländische Direktinvestitionen sowie die Entstehung multinationaler Unternehmen dar. Die daraus resultierenden Konsequenzen internationaler Kapitalmobilität in den Modellen endogenen Wachstums werden im folgenden Abschnitt diskutiert.

5.1.3.2. Kapitalmobilität

In einer neoklassischen Welt mit internationaler Kapitalmobilität fließt der Produktionsfaktor Kapital immer in die Regionen, in denen er am effizientesten zum Einsatz kommt. Aufgrund des Gesetzes der abnehmenden Grenzerträge ist die Grenzproduktivität des Kapitals in der Volkswirtschaft am größten, die am geringsten mit diesem Produktionsfaktor ausgestattet ist. Durch die internationale Kapitalmobilität finden folglich neue Investitionen in kapitalarmen Volkswirtschaften statt, was langfristig zu einem internationalen Ausgleich der Grenzproduktivitäten und damit des Zinssatzes führt. Diese Tendenz zum internationalen Faktorpreisausgleich erleichtert die Angleichung der Lebensverhältnisse und beschleunigt den Konvergenzprozess. Barro, Mankiw und Sala-i-Martin (1992) kommen dementsprechend, wie in Kapitel 3.2.3.2. beschrieben, zu dem Ergebnis, dass offene Volkswirtschaften bei Gültigkeit internationaler Kapitalmobilität eine höhere Konvergenzgeschwindigkeit erreichen können.

Die verschiedenen Modelle im Rahmen der Theorie endogenen Wachstums haben jedoch gezeigt, dass steigende, oder zumindest konstante Grenzerträge des Kapitals durchaus möglich sind. Im Mittelpunkt stehen dabei insbesondere externe Effekte bei der Kapitalakkumulation, die ein Sinken der Grenzerträge bei fortschreitender Kapitalakkumulation und damit einen automatischen Konvergenzprozess verhindern.

Lucas (1990) versucht in diesem Zusammenhang, weitere Erklärungen dafür zu finden, warum Kapital in der Realität nicht immer von reichen zu armen Volkswirtschaften fließt. Eine seiner Antworten lautet, dass die Grenzproduktivität des Kapitals zusätzlich vom vorhandenen Humankapital abhängig ist. Der

[39]Nach einem Bericht der Süddeutschen Zeitung vom 30. April 2004 ist es in den MOEL jedoch nur vereinzelt gelungen, wissenschaftliche Zentren aufzubauen, die sowohl für Wissenschaftler und Forscher Osteuropas als auch für ihre Kollegen aus dem Westen attraktiv sind. Als ein erfolgreiches Beispiel dafür, wie es gehen könn-te, wird das „International Institute of Molecular and Cell Biology" (IIMCB) in Warschau genannt, dass nicht nur Exil-Polen, sondern auch deutsche Forscher anlockt. Vgl. Süddeutsche Zeitung (2004).

externe Effekt der Humankapitalakkumulation verhindert, dass Investitionen in einer kapitalreichen Volkswirtschaft unrentabel werden. Humankapital ist somit eine notwendige Bedingung für die Investitionsbereitschaft in- und ausländischer Kapitalgeber. Der Mangel an Humankapital, der in kapitalarmen Volkswirtschaften häufig anzutreffen ist, verhindert den Zufluss ausländischen Kapitals und damit die Möglichkeit für Faktorpreisausgleich und Konvergenz. Dabei muss man jedoch erneut darauf hinweisen, dass die externen Effekte der Humankapitalakkumulation im Modell von Lucas nur national zur Verfügung stehen, folglich keine internationale Technologiediffusion stattfindet.

Razin und Yuen (1996, 1999) gehen dagegen nicht davon aus, dass eine geringe Humankapitalausstattung dazu führt, dass wenig oder sogar gar kein Kapital in diese Volkswirtschaft fließt. In ihrem Modell bestimmen nach wie vor die Grenzproduktivitäten die Richtung der Kapitalströme, nämlich von kapitalreichen Volkswirtschaften mit geringer Grenzproduktivität des Kapitals in kapitalarme Volkswirtschaften, die einen effizienteren Einsatz des Kapitals ermöglichen. Sie gehen zusätzlich davon aus, dass es aufgrund abnehmender Grenzerträge zu einem Ausgleich der Grenzproduktivitäten und der Zinssätze kommt, was dazu führt, dass letztendlich die Wachstumsraten der Volkswirtschaften konvergieren. Eine unterschiedliche Ausstattung mit Humankapital führt jedoch dazu, dass es insbesondere aufgrund des externen Effekts der Humankapitalakkumulation von Lucas nicht zu einem Ausgleich der Löhne kommt und somit grundsätzlich keine Konvergenz der Pro-Kopf-Einkommensniveaus stattfindet.[40]

Eine ausreichende nationale Ausstattung mit Humankapital ist demzufolge auch hinsichtlich der Mobilität des Produktionsfaktors Kapital eine notwendige Bedingung für Konvergenz. Folgt man der Ansicht von Lucas, so verhindert mangelhaftes nationales Wissen dabei nicht nur die Konvergenz der Einkommensniveaus, sondern sogar die Konvergenz der Wachstumsraten aufgrund fehlender Investitionsanreize für ausländisches Kapital. Wenn es jedoch zur Aufnahme internationaler Kapitalströme kommt, so wird deren egalisierende Wirkung insbesondere auf die Wachstumsraten nicht bestritten.

Im Folgenden soll eine besondere Art der internationalen Kapitalmobilität näher betrachtet werden. Neben sogenannten Portfolioinvestitionen nehmen ausländische Direktinvestitionen (FDI) einen besonderen Stellenwert ein, da sie neben der rein finanziellen Unterstützung weitere Möglichkeiten der Einflussnahme auf inländische Unternehmen bieten und damit gesamtwirtschaftlich die Wachstumsperformance der Empfänger von FDI beeinflussen können. Während im neoklassischen Wachstumsmodell der Zufluss ausländischen Kapitals analog zu einer inländischen Erhöhung der Sparneigung angesichts der abnehmenden Grenzerträge des Kapitals nur kurzfristig zu einer Erhöhung der Wachstumsrate führt, ist in den Modellen endogenen Wachstums dagegen ein permanenter

[40]Vgl. Razin/Yuen (1996), S. 232 sowie Razin/Yuen (1999), S. 8.

Wachstumseffekt möglich. Aufgrund der Endogenität des technischen Fortschritts kommt ausländischen Direktinvestitionen eine besondere Rolle bei der internationalen Diffusion von Wissen zu, welche eine notwendige Bedingung für positive Konvergenzeffekte darstellt. FDI ermöglichen weniger entwickelten Volkswirtschaften den Zugang zu neuen Technologien und geben ihnen die Gelegenheit, ebenfalls von den externen Effekten der Wissensakkumulation zu profitieren. Ausländische Direktinvestitionen gehen zudem in vielen Fällen mit der Schulung inländischer Arbeitskräfte durch multinationale Unternehmen einher, so dass sich ebenfalls ein positiver Effekt auf das inländische Humankapital ergibt. Aufgrund der hohen Bedeutung der internationalen Technologie- und Wissensdiffusion im Rahmen der Modelle endogenen Wachstums stehen im Folgenden die Auswirkungen ausländischer Direktinvestitionen auf die wirtschaftliche Entwicklung in den kapitalimportierenden Volkswirtschaften im Mittelpunkt.

In der Arbeit von Borensztein, De Gregorio und Lee (1998) wird empirisch die Rolle von Kapitalströmen in Form von FDI aus Industrieländern auf das Wirtschaftswachstum von Entwicklungsländern untersucht. Theoretische Grundlage ist, aufbauend auf den Arbeiten von Romer (1990) sowie Grossman und Helpman (1991), ein Modell endogenen Wachstums, in dem technischer Fortschritt die Folge horizontaler Produktinnovationen im Zwischengutsektor ist.[41] Die Herstellung des Konsumguts erfolgt entsprechend folgender Produktionsfunktion:

$$(11) \qquad Y_t = AH_t^{\alpha} K_t^{1-\alpha},$$

wobei A den als exogenen gegebenen Status aller Variablen repräsentiert, die das Wirtschaftswachstum beeinflussen können.[42] H steht für das Humankapital und K für das Sachkapital. Das Sachkapital setzt sich aus verschiedenen Varianten von Zwischengütern x(j) zusammen, deren Akkumulation mit Hilfe von Gleichung (12) beschrieben wird:

$$(12) \qquad K = \left[\int_0^N x(j)^{1-\alpha} dj \right]^{\frac{1}{(1-\alpha)}}.$$

Die Gesamtheit der Zwischengüter, dargestellt durch die Variable N, kann sowohl von inländischen Unternehmen (n) als auch mittels Direktinvestitionen von ausländischen Unternehmen (n*) im Inland produziert werden:

$$(13) \qquad N = n + n^*.$$

41 Vgl. zum Folgenden Borensztein/DeGregorio/Lee(1998), S. 118 – 122.

42 Diese Variablen umfassen u.a. die Staatsausgaben, die Schwarzmarktprämie auf dem Devisenmarkt, die politi-sche Stabilität, die Inflationsrate, die Qualität der Institutionen etc.

Die Besonderheit ist, dass horizontale Produktinnovationen im Zwischengutsektor die Anwendung von Technologien erfordern, die in ausländischen, weiter entwickelten Volkswirtschaften zum Einsatz kommen. Dieser Vorgang erfordert eine bestimmte Höhe an Fixkosten F, welche zur Imitation ausländischer Technologie aufgewendet werden müssen. Diese Fixkosten wiederum sind negativ von der Anzahl ausländischer Unternehmen im Inland (n*/N) abhängig, da angenommen wird, dass durch die FDI bereits ausländische Technologien zur Produktion inländischer Zwischengüter angewendet werden. Ausländische Direktinvestitionen sind in diesem Modell folglich das entscheidende Vehikel des technischen Fortschritts. Zusätzlich sind die Fixkosten F positiv vom Verhältnis der im Inland produzierten Kapitalgüter N und der im weiter entwickelten Ausland produzierten Kapitalgüter N* abhängig. D.h. je geringer das Verhältnis N/N* ist, desto größer sind die Imitationsmöglichkeiten und desto geringer die Fixkosten F bei der Produktion neuer Zwischengüter. Dieser Aussage liegt die Idee zu Grunde, dass es in der Regel einfacher und vor allem günstiger ist, bereits existierende Güter zu imitieren als neue Güter zu erfinden. Borensztein, De Gregorio und Lee (1998) sprechen in Anlehnung an das Prinzip der technologischen Lücke von Nelson und Phelps (1966) von einem „Catch-Up-Effekt“ des technischen Fortschritts. Zusammenfassend ergeben sich die Fixkosten F somit als folgende Funktion:

$$(14) \qquad F = F(n^*/N, N/N^*),$$

$$\text{mit } \frac{\delta F}{\delta(n^*/N)} < 0 \text{ und } \frac{\delta F}{\delta(N/N^*)} > 0.$$

Unter der Voraussetzung, dass im steady state die Wachstumsrate des Konsums der Wachstumsrate des Outputs entspricht, erhalten Borensztein, De Gregorio und Lee (1998) im Anschluss an die Bestimmung der angebots- und nachfrageseitigen Bedingungen folgende Gleichung für die Wachstumsrate der Modellwirtschaft:

$$(15) \qquad g = \frac{1}{\sigma}\left[A^{1/\alpha}\phi \cdot F(n^*/N, N/N^*)^{-1} H - \rho\right].$$

Ausländische Direktinvestitionen, gemessen an dem Anteil ausländischer Firmen an der inländischen Produktion der Zwischengüter (n*/N), senken die Kosten der Anwendung neuer Technologien, erhöhen die Geschwindigkeit der Einführung neuer Zwischengüter und damit die Wachstumsrate der Volkswirtschaft. Dabei zeigt sich erneut der „advantage of backwardness“, da weniger entwickelte Volkswirtschaften aufgrund eines geringeren Verhältnisses N/N* durch die Imitation ausländischer Technologie geringere Kosten bei der Produktion neuer Zwischengüter aufwenden müssen, so dass sich letztlich ein negativer Zusammenhang zwischen Entwicklungsniveau und Wachstumsrate ergibt. Ärmere Volkswirtschaften wachsen schneller, es resultiert eine Art β-Konvergenz.

Der Zusammenhang zwischen der Wachstumsrate der Modellwirtschaft und den ausländischen Direktinvestitionen wird in Gleichung (15) noch um einen weiteren Faktor ergänzt. Je höher das Niveau des Humankapitals H in der inländischen Volkswirtschaft ist, desto stärker ist der Effekt der FDI auf die Wachstumsrate. Analog zu den Ausführungen von Lucas (1990) spielt das Humankapital somit auch hier eine wichtige Rolle für die wirtschaftlichen Konsequenzen internationaler Kapitalmobilität.

Dieses Modell wird sodann von Borensztein, De Gregorio und Lee (1998) empirisch getestet. Sie untersuchen für 69 Entwicklungsländer den Zusammenhang zwischen den erhaltenen Direktinvestitionen aus Industrieländern und der Wachstumsrate des Pro-Kopf-Einkommens.[43] Verschiedene Länderquerschnittsanalysen für die Zeiträume von 1970 – 1979 und 1980 – 1989 führen zu dem Ergebnis, dass ausländische Direktinvestitionen insbesondere durch ihre Funktion als Vehikel der Technologiediffusion positiv auf die Wachstumsrate der kapitalimportierenden Entwicklungsländer wirken, die Wachstumseffekte von FDI sogar relativ größer sind als diejenigen inländischer Investitionen. Entscheidend für diesen positiven Zusammenhang ist jedoch ein ausreichendes Niveau an Humankapital im Inland. Das bedeutet, dass die Verfügbarkeit neuer Technologien durch ausländische Direktinvestitionen sich nur dann positiv auf die Wachstumsrate auswirkt, wenn das Inland über genügend Humankapital verfügt, diese Technologie auch anwenden zu können. Man spricht in diesem Zusammenhang auch von der sogenannten „absorptive capability" einer Volkswirtschaft. Analog zu Azariadis und Drazen (1990) ermitteln Borenzstein, De Gregorio und Lee hinsichtlich der Ausstattung mit Humankapital eine kritische Schwelle, die überschritten werden muss, damit ausländische Direktinvestitionen tatsächlich positive Wachstumseffekte aufgrund internationaler Technologiediffusion erzeugen können. In den Regressionsanalysen zeigt sich jedoch, dass diese Schwelle mit durchschnittlich 0,52 Schuljahren sekundärer Ausbildung relativ gering ist. Als ein mögliches Ergebnis folgt beispielsweise bei einem durchschnittlichen Humankapitalbestand von 0,91 Schuljahren, dass ein Anstieg des Anteils ausländischer Direktinvestitionen am Bruttoinlandsprodukt um 0,005 die Wachstumsrate des Inlands um 0,3% p.a. erhöht.[44]

Des Weiteren zeigt sich in dieser Studie, dass FDI nicht zu einer Verdrängung inländischer Investitionen führt, sondern stattdessen sogar eher ein „crowding-in" stattfindet. Die zugrundeliegenden Mechanismen dieses Ergebnisses, werden von Borenzstein, De Gregorio und Lee jedoch nicht untersucht.

Doch nicht alle empirischen Untersuchungen des Zusammenhangs von ausländischen Direktinvestitionen und Wirtschaftswachstum kommen zu einem positiven Ergebnis.[45] Nauro Campos und Yuko Kinoshita (2002) sehen eine

[43]Vgl. zum Folgenden Borensztein/DeGregorio/Lee (1998), S. 123 – 128.
[44]Vgl. Borensztein/DeGregorio/Lee (1998), S. 125.
[45]Für einen Überblick über verschiedene Studien s. Hanson (2001).

mögliche Erklärung dafür in der Problematik, dass in empirischen Studien im Gegensatz zur ökonomischen Theorie FDI-Ströme nicht nur den gewünschten Technologietransfer repräsentieren, sondern zusätzlich durch viele verschiedene Faktoren motiviert sind. Gerade im Hinblick auf Entwicklungsländer, die eine protektionistische Handelspolitik betreiben, sind ausländische Direktinvestitionen möglicherweise der einzige Weg, Zugang zu diesem Markt zu erhalten. Ohne Handelshemmnisse würde der inländische Markt wahrscheinlich durch Importe aus dem Ausland versorgt werden.[46] Um nun tatsächlich die wirtschaftlichen Auswirkungen von FDI im Sinne von reinem Technologietransfer empirisch testen zu können, wählen Campos und Kinoshita (2002) die mittel- und osteuropäischen Länder sowie die Länder der ehemaligen Sowjetunion im Zeitraum von 1990 – 1998 als Untersuchungsrahmen.[47] Diese 25 Volkswirtschaften bieten sich ihrer Meinung nach deswegen besonders an, da sie sich zwar auf der einen Seite zu Beginn der Transformation weit entfernt von der internationalen Technologiegrenze befanden, auf der anderen Seite jedoch im Gegensatz zu Entwicklungsländern bereits über eine vollständige Industriestruktur sowie über relativ gut ausgebildete Arbeitskräfte verfügten. Die Nähe zu den westeuropäischen Märkten vervollständigt gemäß Campos und Kinoshita das Bild der Geeignetheit dieser Länder für eine empirische Untersuchung des Einflusses ausländischer Direktinvestitionen auf ihre Wachstumsperformance.

Als theoretische Basis verwenden sie u.a. das Modell von Borensztein, De Gregorio und Lee (1998) und kommen zu dem Ergebnis, dass ausländische Direktinvestitionen in den Transformationsländern, ersichtlich durch einen positiven und signifikanten Korrelationskoeffizienten von FDI, einen wichtigen Beitrag für das Wirtschaftswachstum in diesen Ländern leisten. Im Unterschied zu Borensztein, De Gregorio und Lee ist ihr Ergebnis jedoch nicht von einem Mindestbestand an Humankapital abhängig. In den meisten Transformationsländern liegt das Humankapital über der kritischen Schwelle, so dass sich ein unkonditioniert positiver Wachstumseffekt ausländischer Direktinvestitionen ergibt. Allein betrachtet zeigt sich in den verschiedenen Regressionen sogar häufig ein negativer Koeffizient für die Variable Humankapital. Campos und Kinoshita bieten dafür zwei Erklärungsansätze an. Der negative Zusammenhang zwischen Humankapital und Wachstum in den Transformationsländern ist möglicherweise die Folge eines Rückgangs der staatlichen finanziellen Unterstützung der Ausbildung im Anschluss an den Zusammenbruch der Zentralverwaltungswirtschaften, so dass sich die zunächst sehr hohe Anzahl der durchschnittlich absolvierten Schuljahre in den Jahren 1990 – 1998 reduziert hat, während gleichzeitig ein Anstieg der Wachstumsraten zu verzeichnen war. Eine andere Möglichkeit

[46] Vgl. Borensztein/DeGregorio/Lee (1998), S. 134.

[47] Diese Länder sind: Bulgarien, Estland, Lettland, Litauen, Polen, Rumänien, Slowakei, Slowenien, Tschechien, Ungarn, Albanien, Kroatien, Mazedonien, Moldawien, Russland, Ukraine, Weißrussland, Armenien, Aser-baidschan, Georgien, Kasachstan, Kirgistan, Tadschikistan, Turkmenistan und Usbekistan.

sehen sie in der Tatsache, dass das Humankapital in den ehemaligen Ostblockstaaten möglicherweise nur künstlich hoch war und dementsprechend in der Realität weniger zur wirtschaftlichen Entwicklung beigetragen hat, als man unter Berücksichtigung der durchschnittlich absolvierten Schuljahre grundsätzlich erwarten würde.[48]

Zu beachten ist ebenfalls, dass der gewählte Zeitraum erstens sehr kurz ist und zweitens durch einen bedeutenden Strukturwandel gekennzeichnet war. Trotz dieser Einschränkungen kommen Campos und Kinoshita zu dem Ergebnis, dass sich für die betrachteten 25 Transformationsländer der in der theoretischen Debatte vorgefundene positive Zusammenhang zwischen ausländischen Direktinvestitionen und Wirtschaftswachstum eindeutig bestätigt. Da dieses Ergebnis unabhängig vom vorhandenen Humankapital gilt, kann man daraus schließen, dass, trotz statistischer Ungereimtheiten hinsichtlich der Variable Humankapital, zumindest im Hinblick auf die durchschnittliche Qualifikation der Arbeitskräfte in den betrachteten Ländern ausreichend „absorptive capability" vorhanden ist, welche sich positiv auf die Wachstums- und Konvergenzaussichten dieser Länder auswirkt.

Nun gilt es zu untersuchen, welche Mechanismen dem positiven Zusammenhang zwischen ausländischen Direktinvestitionen und Wirtschaftswachstum tatsächlich zugrunde liegen. Ein möglicher Effekt wurde bereits vorgestellt, indem im Modell von Borensztein, De Gregorio und Lee (1998) explizit darauf hingewiesen wurde, dass die Entwicklungskosten neuer Zwischengüter umso geringer sind, je größer die Imitationsmöglichkeiten einer Volkswirtschaft sind. Der erleichterte Zugang zu ausländischer Technologie aufgrund von FDI wird häufig auch als Demonstrationseffekt bezeichnet und äußert sich empirisch in einer Erhöhung der Produktivität inländischer Unternehmen sowie deren Exportperformance.

James Markusen und Anthony Venables (1999) konzentrieren sich dagegen auf die Auswirkungen ausländischer Direktinvestitionen in Verbindung mit dem Markteintritt multinationaler Unternehmen auf die Angebots- und Nachfragestruktur der jeweiligen Industrie in der kapitalimportierenden Volkswirtschaft. Im Mittelpunkt stehen Wettbewerbseffekte sowie Verflechtungseffekte zu vor- bzw. nachgelagerten Industrien. Sie erarbeiten dazu ein Modell, in dem drei unterschiedliche Arten von Unternehmen vorhanden sind. In der heimischen Volkswirtschaft haben sich sowohl inländische als auch multinationale Unternehmen niedergelassen, wohingegen zusätzlich ausländische Unternehmen den inländischen Markt durch Exporte versorgen. Dabei wird angenommen, dass alle Unternehmen der jeweiligen Gruppierung symmetrisch aufgebaut sind und sich lediglich dadurch unterscheiden, dass sie jeweils leicht differenzierte Güter anbieten, mit der Folge, dass jedes Unternehmen eine Monopolstellung einnimmt. Die betrachtete inländische Volkswirtschaft besteht aus zwei mono-

[48]Vgl. Campos/Kinoshita (2002), S. 14, 15.

polistischen Sektoren, einem Konsumgutsektor und einem Zwischengutsektor, wobei das Zwischengut nicht handelbar ist und lediglich von den inländischen Unternehmen angeboten wird, während das Konsumgut von allen drei Unternehmenstypen zur Verfügung gestellt wird. Des Weiteren wird von steigenden Skalenerträgen ausgegangen, so dass eine Veränderung der Nachfrage, z.B. durch die beschaffungsmäßige Verflechtung (backward linkages), die Profitaussichten im Zwischengutsektor verändert und damit die Anzahl der Unternehmen in diesem Sektor beeinflusst. Dies wiederum kann sich durch die absatzmäßige Verflechtung (forward linkages) auf die Preise der angebotenen Zwischengüter und somit auf den nachgelagerten Konsumgutsektor auswirken.[49]

Markusen und Venables leiten ein Gleichgewicht mit der Existenz inländischer und ausländischer Unternehmen her, um darauf aufbauend die Auswirkungen eines Markteintritts multinationaler Unternehmen im Konsumgutsektor der heimischen Volkswirtschaft analysieren zu können. Dabei wird die Anzahl der multinationalen Unternehmen zunächst exogen vorgegeben.[50] Der Eintritt weiterer Unternehmen in den Konsumgutsektor im Inland führt zu einer Verschärfung des Wettbewerbs, mit der Folge, dass die Preise für das Konsumgut sinken und damit die Erlöse der inländischen Unternehmen, die nun teilweise aus dem Markt gedrängt werden. Diesem Wettbewerbseffekt steht jedoch ein Verflechtungseffekt zum vorgelagerten Zwischengutsektor entgegen, da sich eine zusätzliche Nachfrage nach Zwischengütern durch die multinationalen Unternehmen und damit eine Outputexpansion der inländischen Zwischengutproduzenten ergibt. Dabei kommt es natürlich darauf an, inwieweit sich multinationale und inländische Unternehmen in der Intensität des Einsatzes von Zwischengütern unterscheiden. Der positive Verflechtungseffekt ist umso größer, je intensiver die inländischen Zwischengüter in den multinationalen Unternehmen in Relation zu den inländischen Konsumgutproduzenten zum Einsatz kommen. Die zusätzliche Nachfrage nach Zwischengütern führt im günstigsten Fall zu einem weiteren Eintritt inländischer Unternehmen in den Zwischengutsektor. Das größere Angebot an Zwischengütern wirkt sich nun jedoch wiederum positiv auf die Konsumgüterproduktion aus und ermöglicht es neuen, inländischen Unternehmen, in den Konsumgutsektor einzutreten. Die Interdependenz von backward und forward linkages kann folglich dazu führen, dass multinationale Unternehmen zum Katalysator der Entwicklung einer nationalen Industrie werden. Dies ist insbesondere dann der Fall, wenn multinationale Unternehmen Güter anbieten, die bis dato noch nicht im Inland produziert werden. Die sich selbst verstärkenden Verflechtungseffekte können zur Entstehung eines völlig neuen Industriesektors beitragen.

Markus und Venables endogenisieren daraufhin die Entscheidung multinationaler Unternehmen, sich in der inländischen Volkswirtschaft niederzulassen.[51]

---

[49]Vgl. Markusen/Venables (1999), S. 338.
[50]Vgl. zum Folgenden Markus/Venables (1998), S. 342 – 347.
[51]Vgl. zum Folgenden Markusen/Venables (1999), S. 347 – 351.

Dies ist vor allem deshalb von Bedeutung, da insbesondere für den Fall, dass ein Konsumgut im Inland noch nicht angeboten wird, die Frage zu beantworten ist, warum sich der Markteintritt für ein multinationales Unternehmen im Gegensatz zu den inländischen Unternehmen lohnt. Der Eintritt multinationaler Unternehmen in den inländischen Markt folgt im Modell nun einer Entscheidungsregel, welche die Profite eines Unternehmens vergleicht, je nachdem ob es als multinationales Unternehmen im Inland produziert, oder den inländischen Markt als ausländisches Unternehmen durch Exporte versorgt. Entscheidend sind jeweils die anfallenden Kosten in Verbindung mit dem erzielbaren Absatzpreis. Im Folgenden soll der Fall untersucht werden, in dem es sich für ein multinationales Unternehmen lohnt, sich im Inland niederzulassen und ein Konsumgut anzubieten, welches aufgrund ungünstiger Parameterkonstellation noch von keinem inländischen Unternehmen angeboten wird. Dies ist vor allem dann möglich, wenn das bis zu diesem Zeitpunkt lediglich im Ausland tätige Unternehmen eine Technologie verwendet, die eine kostengünstigere Produktion erlaubt. Durch die Nachfrage der multi-nationalen Unternehmen nach Zwischengütern im Inland können sich daraufhin, wie bereits dargestellt, Verflechtungseffekte ergeben, die zunächst die Entstehung eines neuen Zwischengutsektors vorantreiben und letztendlich auch den Eintritt inländischer Unternehmen im neuen Konsumgutsektor ermöglichen. Markusen und Venables gehen in ihrem Modell sogar so weit, dass die neue inländische Industrie so stark werden kann, dass sie die relative und sogar absolute Stellung der multinationalen Unternehmen im Markt reduziert.

Das Modell zeigt Mechanismen auf, die dazu führen, dass ausländische Direktinvestitionen respektive die Existenz multinationaler Unternehmen als Katalysator einer industriellen Entwicklung fungieren und damit die Wachstumsaussichten einer Volkswirtschaft entscheidend beeinflussen können. Der tatsächliche Wachstumseffekt ist dabei natürlich von der wirtschaftlichen Bedeutung des jeweiligen Industriesektors abhängig.

Inwieweit multinationale Unternehmen wirklich die industrielle Entwicklung einer Volkswirtschaft beeinflussen können, testen Carlo Altomonte und Laura Resmini (2001), indem sie das Modell von Markusen und Venables (1999) auf den Fall des osteuropäischen Beitrittskandidaten Polen anwenden. Die Wahl Polens ist nicht nur deshalb gerechtfertig, weil es sich um das größte Beitrittsland handelt und im Transformationsprozess bereits relativ gute Fortschritte erzielt hat, sondern weil es außerdem zu den Ländern zählt, welche die meisten ausländischen Direktinvestitionen anziehen. So flossen beispielsweise im Jahr 2001 mehr als vier Fünftel der insgesamt in die Beitrittskandidaten strömenden Direktinvestitionen nach Polen, in die Slowakische Republik, die Tschechische Republik und nach Ungarn.[52]

[52]Vgl. Eurostat (2003a), S. 2.

Tabelle 5.1: Zufluss ausländischer Direktinvestitionen in die MOEL in den Jahren 2000 und 2001(in Mio. EUR zu MP)

	2000	2001
Estland	425	603
Lettland	445	198
Litauen	410	497
Polen	**10133**	**6377**
Slowakische Republik	2317	1647
Slowenien	492	486
Tschechische Republik	5405	5489
Ungarn	1785	2730

Quelle: Eurostat (2003a), S. 1. Eigene Darstellung.

Tabelle 5.1. beinhaltet für einen Vergleich die in den Jahren 2000 und 2001 geflossenen Direktinvestitionen in die acht mittel- und osteuropäischen Beitrittskandidaten der ersten Runde.

Altomonte und Resmini (2001) untersuchen nun, ob multinationale Unternehmen, in erster Linie aus Westeuropa, eine Katalysatorfunktion für die industrielle Entwicklung in Polen eingenommen haben, bzw. inwieweit Wettbewerbs- bzw. Verflechtungseffekte festgestellt werden können. Sie modifizieren zu diesem Zweck das Modell von Markusen und Venables (1999) dahingehend, dass multinationale Unternehmen nicht nur im Konsumgutsektor, sondern ebenfalls im Zwischengutsektor aktiv werden können. Im Mittelpunkt steht ebenso die Frage, inwieweit es zu Agglomerationseffekten kommt, d.h., ob die Standort- und Sektorwahl der multinationalen Unternehmen vom Standort bzw. der Spezialisierung inländischer bzw. anderer multinationaler Unternehmen abhängig ist.

Die Anwendung des Modells auf Polen führt zu dem Ergebnis, dass durch den Eintritt multinationaler Unternehmen positive Verflechtungseffekte sowohl zu vorgelagerten als auch zu nachgelagerten Sektoren festzustellen sind. Der zusätzliche Wettbewerb durch die parallele Existenz inländischer und multinationaler Unternehmen im gleichen Sektor dagegen scheint in den letzten Jahren der Transformation die Präsenz inländischer Unternehmen nicht mehr stark zu tangieren, es findet also kein Verdrängungswettbewerb statt. Der Markteintritt der ersten multinationalen Unternehmen zu Beginn der 90er Jahre hat jedoch dazu geführt, dass die bisher vorhandenen Geschäftsbeziehungen zerstört wurden. Inländische Unternehmen mussten sich restrukturieren, was letztendlich auch ein dafür Grund war, dass es zu einer u-förmigen Entwicklung des Outputs in den ersten Jahren der Transformation gekommen ist. Neue positive Verflechtungsbeziehungen zwischen inländischen und multinationalen Unternehmen haben daraufhin dazu beigetragen, dass die wirtschaftliche Entwicklung wieder in Schwung gekommen ist, so dass tatsächlich von einer Katalysatorfunktion ausländischer Direktinvestitionen gesprochen werden kann. Im Gegensatz zum Modell von Markusen und Venables (1999) sind jedoch noch keine neuen Verflechtungsbeziehungen zwischen inländischen Unternehmen entstanden, die dazu führen würden, dass Polen seine industrielle Entwicklung auch ohne multinationale Unternehmen vorantreiben kann. Der kontinuierliche Markteintritt multinationaler Unternehmen ist somit in Polen noch eine notwendige Bedingung für positive Wachstumseffekte.[53]

Was die Agglomerationseffekte anbelangt, so scheint die Verteilung der inländischen Unternehmen in Polen die Standortwahl der multinationalen Unternehmen zu beeinflussen, nicht jedoch so sehr die Gegenwart anderer multinationaler Unternehmen. Die Berechnung eines Spezialisierungskoeffizienten in Anlehnung an Paul Krugman (1991) führt zu dem Ergebnis, dass sich ausländische Direktinvestitionen nach anfänglicher Konzentration auf die polnischen Industriezentren, wie z.B. den Großraum Warschau, verstärkt homogen verteilt haben. Auch die geografische Nähe zu Westeuropa scheint keinen Einfluss auf die Standortentscheidung multinationaler Unternehmen zu haben. Dieses Ergebnis variiert jedoch je nach Industriezweig. Während ausländische Direktinvestitionen im Produktionssektor eher durch eine homogene Verteilung in Polen charakterisiert sind, scheint sich im Dienstleistungssektor eine verstärkte Konzentration auf wenige Regionen und Branchen zu entwickeln.[54]

Als letzter Effekt ausländischer Direktinvestitionen soll nun nach der Darstellung des Demonstrationseffekts, sowie der Wettbewerbs- und Verflechtungseffekte die Auswirkung dieser speziellen Form der internationalen Kapitalmobilität auf die Qualifikation der inländischen Arbeitskräfte vorgestellt werden. Der sogenannte Trainingseffekt von FDI steht im Modell von Andrea Fosfuri, Massimo Motta und Thomas Rønde (2001) im Mittelpunkt. Multinationale Unternehmen stehen vor der Entscheidung, den ausländischen Markt durch Exporte zu versorgen, oder mit Hilfe ausländischer Direktinvestitionen im Zielland ein Unternehmen zu gründen. Letzteres erfordert jedoch den Transfer der Technologie und des Wissens dieses Unternehmens zum Tochterunternehmen. Zu Beginn werden dazu in der Regel zunächst eigene Mitarbeiter mit dem Aufbau des neuen Unternehmens beauftragt, die dafür sorgen, dass das entsprechende Know-How in Bezug auf die Technologie und das Management vorhanden sind. Im Laufe der Zeit werden diese, nicht zuletzt aus Kostengründen, jedoch häufig durch inländische Arbeiter ersetzt. Im Modell von Fosfuri, Motta und Rønde wird davon ausgegangen, dass, wenn sich das Unternehmen für die Direktinvestition in einem anderen Land entscheidet, der Technologietransfer vor Ort das Training eines inländischen Arbeiters erfordert und nur so eine erfolgreiche Führung des Tochterunternehmens möglich ist. Nach erfolgreichem Training beschränkt sich der Wissenstransfer folglich zunächst auf den geschulten

[53]Vgl. Altomonte/Resmini (2001), S. 15.
[54]Vgl. ebenda, S. 8 und 9.

Mitarbeiter. Im Anschluss daran besteht jedoch die Möglichkeit, dass dieser Mitarbeiter von anderen Unternehmen in diesem Land abgeworben wird. In diesem Zusammenhang sprechen Fosfuri, Motta und Rønde von zwei verschiedenen Spillovereffekten. Technologische Spillover ergeben sich, wenn es einem anderen Unternehmen gelingt, den geschulten Mitarbeiter und mit ihm das technologische Wissen abzuwerben. Dagegen ergibt sich (nur) ein pekuniärer Spillovereffekt, wenn das multinationale Unternehmen den Mitarbeiter halten kann, weil es bessere Bedingungen bzw. in erster Linie einen höheren Lohn bietet.

Die Umstände, unter denen ein von multinationalen Unternehmen geschulter Mitarbeiter zu einem inländischen Unternehmen wechselt bzw. unter denen es für ein inländisches Unternehmen sinnvoll ist, diesen Arbeiter abzuwerben, sind in erster Linie von der Art der übermittelten Technologie bzw. des Wissens abhängig. Je spezifischer die Technologie des multinationalen Unternehmens ist, desto geringer ist die Wahrscheinlichkeit, dass andere Unternehmen damit etwas anfangen können, desto geringer sind aber auch die möglichen Spillovereffekte. Die beste Voraussetzung für eine schnelle und für alle Beteiligten günstige Technologiediffusion ist dann gegeben, wenn die Profite sowohl des multinationalen als auch des inländischen Unternehmens am höchsten sind, wenn beide Unternehmen dieselbe Technologie nutzen. Davon ist grundsätzlich jedoch nur dann auszugehen, wenn die beiden Unternehmen keine direkten Konkurrenten sind. Dies ist beispielsweise der Fall, wenn das inländische Unternehmen in einem Markt aktiv ist, deren Güter in indifferenter oder komplementärer Beziehungen zu den Produkten des multinationalen Unternehmens stehen. Profitiert das multinationale Unternehmen dagegen am meisten von einer Monopolstellung, so wird es versuchen, eine Abwanderung seiner Mitarbeiter weitgehend zu verhindern. In dieser Situation ergeben sich zwar pekuniäre, jedoch keine für die wirtschaftliche Entwicklung des industriellen Standorts entscheidenden technologischen Spillover.

Eine weitere Voraussetzung für eine erfolgreiche Technologiediffusion sehen Fosfuri, Motta und Rønde in der Fähigkeit der inländischen Unternehmen, die Technologie des multinationalen Unternehmens auch anwenden zu können. Es handelt sich erneut um eine Art „absorptive capablity“, die eine notwendige Bedingung für technologische Spillovereffekte darstellt. Je höher das nationale Niveau der „absorptive capability“ ist, desto effizienter kann das neue Wissen, welches durch das Abwerben inländischer Arbeiter von multinationalen Unternehmen gewonnen wurde, im Inland zur Förderung der nationalen wirtschaftlichen Entwicklung eingesetzt werden.

Der gesamte Prozess der Technologiediffusion setzt in diesem Modell jedoch zunächst einmal voraus, dass sich multinationale Unternehmen auch tatsächlich für die Option einer ausländischen Direktinvestition entscheiden. Dies erfordert, dass sich die Kosten, die sich durch die Schulung einheimischer Arbeitskräfte im Zielland der FDI ergeben, auch rechnen, d.h., nicht sofort eine Abwerbung dieses Mitarbeiters durch andere Unternehmen befürchtet werden muss. Regelungen zum Schutz des geistigen Eigentums im Zielland können in diesem Zusammenhang z.B. den entscheidenden Ausschlag für eine Investitionen multinationaler Unternehmen geben und damit den ersten Schritt für einen positiven Wachstumsimpuls dieser FDI ebnen.

Ausländische Direktinvestitionen wirken sich somit über verschiedene Kanäle auf den Produktionsprozess und die Wachstumsperformance in den Empfängerländern aus. Es zeigt sich, dass FDI eine ganz entscheidende Rolle bei der Technologiediffusion spielen und damit die Voraussetzung einer Annäherung der Einkommensniveaus in den Empfänger- und den Geberländern schaffen. Die vorgestellten Studien haben aber auch gezeigt, dass die Entscheidung ausländischer Unternehmen, in weniger entwickelte Länder zu investieren, allein nicht ausreicht, um einen positiven Wachstumsprozess in Gang zu bringen. Der Ausdruck der „absorptive capability" wird in diesem Zusammenhang stellvertretend für die Fähigkeit einer Volkswirtschaft genannt, tatsächlich von den Wissensspillovern, die zusammen mit dem jeweiligen Kapital importiert werden, zu profitieren. Diese Fähigkeit setzt vor allem ausreichend qualifizierte Arbeitskräfte voraus, die einen effizienten Einsatz der neuen Technologie ermöglichen. Fehlt das nötige Humankapital, so versiegen die Kapitalströme wie im Modell von Lucas (1990) entweder vollständig, oder multinationale Unternehmen investieren zwar in diese Volkswirtschaft, die positiven externen Effekte der Wissensakkumulation bleiben jedoch auf dieses Unternehmen beschränkt und die möglichen Konvergenzeffekte internationaler Kapitalmobilität treten nicht in Erscheinung.

Überträgt man dieses Ergebnis auf die F&E basierten Wachstumsmodelle aus Kapitel 4.4., so zeigt sich, dass die Aufnahme von Forschung und Entwicklung nicht nur zur Stärkung der eigenen Innovationskraft dient, sondern ebenfalls zu der Entwicklung einer „absorptive capability" beitragen kann. Diese zwei Seiten von F&E stehen im Mittelpunkt der Arbeit von Rachel Griffith, Stephen Redding und John Van Reenen (2001). Neben der direkten Stimulierung neuer Innovationen trägt die Investition in Forschung und Entwicklung insbesondere dazu bei, die Fähigkeit der Volkswirtschaft zu verbessern, von den neuesten technologischen Entwicklungen anderer Ländern zu lernen und diese imitieren zu können. Yuko Kinoshita (2000) kombiniert diesen indirekten Lerneffekt von F&E mit der Funktion ausländischer Direktinvestitionen als Vehikel für internationale Technologiediffusion. In seinem Modell ist die totale Faktorproduktivität eines Unternehmens demzufolge von den eigenen F&E-Investitionen, der Präsenz ausländischer Direktinvestitionen und der „absorptive capability" dieses Unternehmens abhängig. Der empirische Test seines Modells erfolgt anhand von Unternehmensdaten des Produktionssektors der Tschechischen Republik im Zeitraum von 1995 – 1998.

Allein betrachtet ergibt sich für Forschungsinvestitionen ein jährlicher Rückfluss von ungefähr 3%. Wird jedoch, wie zuvor dargestellt, in einen direkten

Innovationseffekt und einen indirekten Lerneffekt von F&E unterschieden, so wird das Ergebnis hinsichtlich der Auswirkung des direkten F&E-Effekts auf die Produktivität insignifikant. Bei der darauf folgenden Untersuchung des Zusammenhangs zwischen Forschungsinvestitionen und der Präsenz ausländischer Direktinvestitionen ergibt sich dagegen eine signifikant positive Korrelation. Kinoshita interpretiert dieses Ergebnis dahingehend, dass F&E dazu beiträgt, die intraindustriellen Spillover, d.h. von multinationalen zu inländischen Unternehmen, durch eine Verbesserung der „absorptive capability" zu verstärken.[55] Der indirekte Lerneffekt ist in seiner Untersuchung des Produktionssektors der Tschechischen Republik dabei wesentlich größer als der direkte Innovationseffekt von Forschung und Entwicklung. Dieses Ergebnis variiert jedoch je nach Industriesektor, wobei in Sektoren mit oligopolistischer Konkurrenz die technologischen Spillover ausländischer Direktinvestitionen wesentlich höher sind als in Sektoren mit höherer Wettbewerbsintensität.[56]

Internationale Kapitalmobilität kann also dazu beitragen, die technologische Lücke zwischen verschiedenen Volkswirtschaften zu verringern und damit, im Gegensatz zu den Modellen endogenen Wachstums in geschlossenen Volkswirtschaften, einen Konvergenzprozess ermöglichen. Voraussetzung sowohl für die Anziehung als auch für die effektive Nutzung der Kapitalimporte, insbesondere in Form ausländischer Direktinvestitionen, ist jedoch die Fähigkeit, neue Technologien schnell und effizient anwenden zu können. Die Ausbildung dieser „absorptive capability" kann durch eine ausreichende Qualifizierung der inländischen Arbeitskräfte und durch die Investition in Forschung und Entwicklung gewährleistet werden und damit einen technologischen und wirtschaftlichen Aufholprozess einleiten.

Güterhandel, Migration und Kapitalmobilität sind also grundsätzlich in der Lage, positive Wachstums- und Konvergenzeffekte zwischen unterschiedlich entwickelten Volkswirtschaften zu ermöglichen. Die Divergenzmechanismen der Modelle endogenen Wachstums werden unwirksam bzw. zumindest abgemildert, sobald sich eine Volkswirtschaft öffnet. Notwendige Bedingung für dieses Ergebnis ist jedoch nicht der Handel mit Gütern und der Austausch von Produktionsfaktoren an sich, sondern die Tatsache, dass die Zulassung von Güterhandel und Faktormobilität grundsätzlich von Wissensspillovern begleitet wird und dadurch im Idealfall das weltweit vorhandene Wissen allen offenen Volkswirtschaften zur Verfügung steht. Externe Effekte der nationalen Forschungsbemühungen führen nicht mehr nur zu einem Anstieg der nationalen Wachstumsrate, sondern verbessern die Wachstumsentwicklung in allen Ländern, die in einem Austauschverhältnis mit dieser Volkswirtschaft stehen. Je tiefer die Integration ist, desto größer ist die Wahrscheinlichkeit der Technologie- und Wissensdiffusion und desto größer ist der zu erwartende Wachstumsimpuls. Dieser

[55] Vgl. Kinoshita (2000), S. 14.
[56] Vgl. ebenda, S. 20.

Prozess ist jedoch kein Automatismus. Dass es zu einer Technologiediffusion kommt, ist von vielen Bedingungen abhängig. So müssen zum einen die technologisch führenden Volkswirtschaften einen Anreiz erhalten, ihr Wissen zu teilen und zum anderen die nachfolgenden Volkswirtschaften in der Lage sein, das neueste Wissen anwenden und imitieren zu können. Doch selbst wenn beide Bedingungen erfüllt sind, sind die Wachstumseffekte zusätzlich davon abhängig, in welchem Bereich der Wissensaustausch erfolgt. Grossman und Helpman (1991) haben in diesem Zusammenhang darauf aufmerksam gemacht, dass eine Spezialisierung auf weniger wachstumsintensive Sektoren z.B. aufgrund der Integration mit einem humankapitalarmen Land sogar zu negativen Wachstumseffekten führen kann. Ob und inwieweit eine Volkswirtschaft von einer Integration mit anderen Ländern profitiert, ist somit zusätzlich davon abhängig, in welchem Bereich der Austausch von Gütern und Produktionsfaktoren und damit die Technologiediffusion stattfindet. Die möglichen Auswirkungen der jeweiligen Spezialisierung auf Wachstum und Konvergenz werden im folgenden Kapitel untersucht.

5.2. Spezialisierung und technologisches Catching-Up

In den bisherigen theoretischen und empirischen Studien wurde Konvergenz bzw. Divergenz grundsätzlich auf das Einkommensniveau oder die Wachstumsrate der untersuchten Volkswirtschaften bezogen. Im Folgenden soll nun ein weiterer Ansatz vorgestellt werden, der sich auf die technologischen Möglichkeiten von Volkswirtschaften und ihrer industriellen Entwicklung konzentriert. Untersuchungsgegenstand ist, inwieweit die Spezialisierung einer Volkswirtschaft auf Industrieebene den Aufholprozess zu technologisch weiter entwickelten Volkswirtschaften beeinflusst. Im Mittelpunkt stehen die Arbeitsproduktivität, die Löhne und Lohnstückkosten und damit die internationale Wettbewerbsfähigkeit.

Die Gestaltung des internationalen Handels und der internationalen Spezialisierung wird entscheidend durch die komparativen Vorteile geprägt. In der traditionellen Handelstheorie werden diese auf Technologieunterschiede (Ricardianisches Modell) oder auf Unterschiede in der internationalen Faktorausstattung (Heckscher-Ohlin-Handel) zurückgeführt. Bezogen auf die Faktorausstattung wurde schon mehrmals betont, dass z.B. die Humankapitalausstattung eines Handelspartners einen entscheidenden Einfluss auf die Spezialisierung und folglich die Wachstumsperformance eines Integrationsraums ausübt. Im Gegensatz zu Kapitel 5.1. steht im Folgenden jedoch nicht die jeweilige Spezialisierung im Anschluss an die Bildung eines Integrationsraumes im Vordergrund, sondern die Folgen der nationalen Spezialisierung eines Landes und damit seiner Handelsstruktur für seine internationale Wettbewerbsfähigkeit und den Catching-Up-Prozess im Hinblick auf die internationale Produktivitätsgrenze. Eine theoretische Basis stellt folglich das Ricardianische Modell dar. Die allgemeine Hypothese lautet, dass der mögliche Produktivitätsfortschritt und damit das Catching-Up-Potenzial in High-Tech-Industrien größer ist als in Low-Tech-Industrien.

Dieser Ansatz wird vor allem in den Arbeiten von Michael Landesmann, Robert Stehrer und Julia Wörz vom Wiener Institut für Internationale Wirtschaftsvergleiche (WIIW) vertreten. Für Länder wie die mittel- und osteuropäischen Beitrittskandidaten, die im Vergleich zu den Ländern der EU-15 hohe Produktivitätslücken aufweisen, gilt demnach „that positioning oneself at the lower end in the spectrum of high tech industries is more favourable to a country's long term development than aiming at the upper end of low tech industries.“[57] Dieser Aussage liegt die Annahme zugrunde, dass das potenzielle Produktivitätswachstum in den Sektoren am höchsten ist, in denen die Lücke zwischen dem technologisch führenden Land und der Catching-Up-Volkswirtschaft am größten ist. Es handelt sich somit um eine Anwendung der sogenannten Gerschenkron-Hypothese auf disaggregierter Industrieebene. Aufgrund des hohen Lernpotenzials in Verbindung mit technologischen Spillovern ergibt sich ein positiver Zusammenhang zwischen der sektoralen Produktivitätslücke und dem möglichen Produktivitätswachstum. Dieser „advantage of backwardness“ auf Industrieebene weist dabei eine Analogie zum Konzept der β-Konvergenz in den aggregierten Wachstumsstudien von Barro und Sala-i-Martin (1995) auf.

Gefragt wird nach der Art des Aufholprozesses bei der Handelsintegration verschiedener Volkswirtschaften. Robert Stehrer und Julia Wörz (2001) unterscheiden grundsätzlich drei mögliche Catching-Up-Prozesse. Der erste Ansatz geht davon aus, dass der Aufholprozess eines Landes im Vergleich zu einer technologisch weiter entwickelten Volkswirtschaft in allen Industriesektoren gleich schnell vonstatten geht und wird dementsprechend als „continuous convergence approach“ bezeichnet. Mit „climbing up the ladder“ wird dagegen ein Aufholprozess beschrieben, der dadurch charakterisiert ist, dass die technologische Lücke zunächst in Low-Tech-Industriesektoren geschlossen wird, in denen ursprünglich komparative Vorteile vorliegen. Erst wenn diese Lücke geschlossen ist, wird der Aufholprozess Schritt für Schritt in technologieintensiveren Sektoren angegangen. Der Entwicklungsprozess verläuft somit nicht wie im ersten Ansatz simultan in allen Industriesektoren, sondern sukzessive entsprechend dem stufenweisen Aufstieg auf einer imaginären Technologieleiter. Der dritte Ansatz dagegen entspricht der Idee des „advantage of backwardness“ von Gerschenkron, da davon ausgegangen wird, dass der Catching-Up-Prozess trotz komparativer Nachteile zuerst in High-Tech-Industriesektoren stattfindet, da dort das höchste Lernpotenzial vorhanden ist. Dieser „jumping-up approach“ setzt voraus, dass es einer Volkswirtschaft gelingt, durch die Ausnutzung des Lernpotenzials in Verbindung mit einer günstigen Lohnstruktur und eventuell

[57] Stehrer/Wörz (2003), Abstract.

Unterstützung durch ausländische Direktinvestitionen komparative Vorteile in den High-Tech-Sektoren zu gewinnen, um wettbewerbsfähig zu werden.

Stehrer und Wörz (2001) untersuchen daraufhin empirisch die sektoralen Aufholprozesse unterschiedlicher Ländergruppen in Relation zu den USA, der technologisch führenden Volkswirtschaft, durch Berechnung der jeweiligen technologischen Lücke mit Hilfe der Arbeitsproduktivität, der Löhne und der daraus resultierenden Lohnstückkosten für den Zeitraum von 1981 – 1997. Die untersuchten Ländergruppen sind OECD-Nord (Australien, Dänemark, Finnland, Frankreich, Groß-Britannien, Italien, Japan, Kanada, Niederlande, Neuseeland, Norwegen, Österreich, Schweden und West-Deutschland), OECD-Süd (Griechenland, Island, Portugal und Spanien) und Ostasien (Hong-Kong, Indonesien, Korea, Malaysia, Singapur und Thailand). Die Industriesektoren werden in vier Klassen unterteilt: low-tech, medium low-tech, medium high-tech und high-tech.

Das Ergebnis der Untersuchung von Stehrer und Wörz ist, dass die OECD-Länder im betrachteten Zeitraum grundsätzlich durch einen Aufholprozess gegenüber den USA gekennzeichnet sind, der dem Prinzip des „climbing up the ladder" entspricht. Der Catching-Up-Prozess der ostasiatischen Staaten dagegen folgt i.d.R. dem „jumping-up-approach". Während beispielsweise die Länder der Gruppe OECD-Süd sich eher auf traditionelle Low-Tech-Industriesektoren spezialisiert haben und dementsprechend eine schwache Weltmarktposition in hochtechnologischen Sektoren aufweisen, ist es den ostasiatischen Ländern gelungen, eine Wettbewerbsfähigkeit in mehreren High-Tech-Sektoren zu entfalten. Diese Entwicklung wird durch die Tatsache begleitet, dass diese Länder im Gegensatz zu den Ländern der OECD ihren anfänglichen Kostenvorteil aufgrund geringerer Löhne als in den USA bewahren konnten, da die Löhne mit einer geringeren Rate gewachsen sind als die Arbeitsproduktivität.

Ein zweites wichtiges Ergebnis dieser Arbeit ist, dass auch die Handelsstruktur der verschiedenen Länder mit dem jeweiligen Catching-Up-Muster in Einklang ist. Den ostasiatischen Ländern ist es z.B. gelungen, im betrachteten Zeitraum von Nettoimporteuren hochtechnologischer Güter zu Nettoexporteuren zu werden, wohingegen die Länder der Gruppe OECD-Süd nach wie vor mehr hochtechnologische Güter importieren als exportieren.[58] Die Handelsstruktur entspricht somit dem Profil der Wettbewerbsfähigkeit und kann neben dem Spezialisierungsmuster der Volkswirtschaften als Indikator für den jeweiligen Catching-Up-Prozess verwendet werden.

Die Aufholszenarien verschiedener Länder unterscheiden sich folglich, so dass nicht von einem allgemein gültigen Catching-Up-Prozess auszugehen ist. Das Beispiel der ostasiatischen Länder hat jedoch gezeigt, dass der „jumping-up approach" zu einem erfolgreichen Aufholprozess bezogen auf die Schließung der technologischen Produktivitätslücken in hochtechnologischen Sektoren

[58]Vgl. Stehrer/Wörz (2001), S. 18.

führen kann, auch wenn anfänglich in Industriezweige investiert werden muss, die komparative Nachteile aufweisen. Durch Ausnutzung des Lernpotenzials kann es zu einem „switchover" in den komparativen Vorteilen kommen, so dass eine Volkswirtschaft in hochtechnologischen Sektoren wettbewerbsfähig wird, die aufgrund der technologischen Spillovereffekte und der internationalen Technologiediffusion langfristig größere Wachstums- und Entwicklungschancen bieten als weniger technologieintensive Sektoren.

Aufbauend auf diesen empirischen Untersuchungen soll im Folgenden mit Hilfe eines Ricardianischen Modells komparativer Vorteile unter Einbeziehung der Gerschenkron-Hypothese ein möglicher Erklärungsansatz geliefert werden, warum sich der Aufholprozess der mittel- und osteuropäischen Länder in den ersten Jahren der Transformation teilweise so stark unterscheidet. Die Ursache dafür wird in der jeweiligen industriellen Spezialisierung und der daraus folgenden Handelsstruktur der Beitrittskandidaten gesucht. Entsprechend der bisher dargestellten Argumentationskette müssten Länder, die sich auf diejenigen Sektoren spezialisieren, in denen sie die größte Produktivitätslücke aufweisen, d.h. im allgemeinen in den High-Tech-Sektoren, eine bessere Konvergenzperformance aufweisen als Länder, die sich entsprechend ihrer ursprünglichen komparativen Vorteile eher auf traditionelle Sektoren spezialisieren, in denen die technologische Lücke zwar kleiner ist, dementsprechend aber auch das Aufholpotenzial geringer ausfällt. Die relevanten Arbeiten dazu stammen von Landesmann und Stehrer (2002) sowie Landesmann (2003).

Im Mittelpunkt des Modells steht ein einfacher Catching-Up-Prozess zur Verringerung der Produktivitätslücke eines aufholenden Landes C im Industriesektor i in Relation zur technologisch führenden Volkswirtschaft F:

$$(16)\quad \dot{a}_i^C = \gamma_i \cdot (a_i^C - a_i^F).$$ [59]

Die linke Seite von Gleichung (16) bezeichnet die Veränderung des Arbeitskoeffizienten a im Sektor i des Landes C. Diese ergibt sich aus der Differenz der Arbeitskoeffizienten im Sektor i in den Ländern C und F multipliziert mit dem Konvergenz- bzw. Lernparameter γ im jeweiligen Sektor i.

Zur Beschreibung der möglichen Aufholprozesse unterscheidet Landesmann (2003) in einen schwachen und einen starken Gerschenkroneffekt, wobei aus Vereinfachungsgründen von zwei Industriesektoren ausgegangen wird und angenommen wird, dass die Wachstumsrate der Produktivität im führenden Land F in beiden Sektoren gleich groß ist. Geht man zunächst davon aus, dass der Konvergenzparameter γ in beiden Industriesektoren den gleichen Wert annimmt, so unterscheidet sich der Aufholprozess des Landes C in den jeweiligen Sektoren lediglich entsprechend der sektoralen Produktivitätslücke $(a_i^C - a_i^F)$ zur führenden Volkswirtschaft F. Der schwache Gerschenkroneffekt besagt nun, dass das Produktivitätswachstum im Land C in dem Sektor am größten ist, in dem die

[59]Vgl. dazu und zum Folgenden Landesmann (2003), S. 3 – 7.

Produktivitätslücke zu Land F am größten ist. Dieser Effekt entspricht auf aggregiertem Niveau dabei dem Konzept der β-Konvergenz. Abbildung 5.1 veranschaulicht den Aufholprozess.

Abbildung 5.1: Der schwache Gerschenkroneffekt

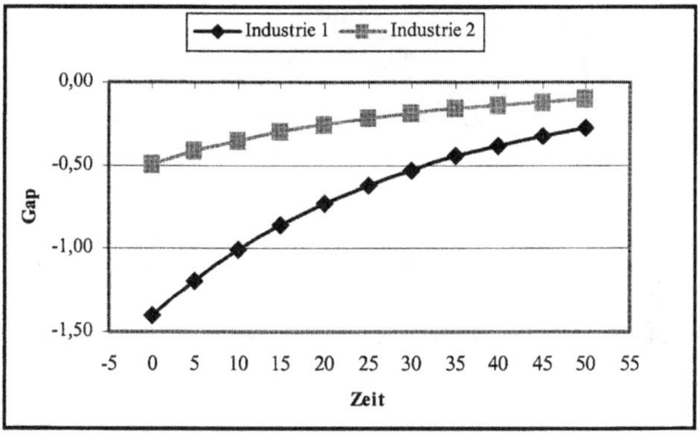

Quelle: Landesmann (2003), S. 5.

In beiden Sektoren ergibt sich langfristig eine Angleichung an das Produktivitätsniveau im technologisch führenden Land F. Das Produktivitätswachstum ist im Industriesektor 1 allerdings größer als im Sektor 2, da in diesem Wirtschaftszweig die ursprüngliche technologische Lücke größer ist. Da der Konvergenzparameter in beiden Industriesektoren gleich ist, ergibt sich keine Veränderung in der relativen Produktivitätsposition der beiden Sektoren, d.h. Land C bleibt im Industriesektor 2 immer wettbewerbsfähiger als im Industriesektor 1.

Die Differenzierung in einen schwachen und einen starken Gerschenkroneffekt wird deutlich, wenn man nun den zweiten Fall betrachtet, in dem sich die beiden Sektoren zusätzlich durch unterschiedliche Konvergenzparameter auszeichnen. Diesen Fall verdeutlicht Abbildung 5.2.

Nach wie vor erfolgt der Aufholprozess im Industriesektor 1 schneller als im Sektor 2, da auch hier der schwache Gerschenkroneffekt wirkt. Da jedoch im Sektor 1 zusätzlich zur größeren Produktivitätslücke auch ein höherer Konvergenzparameter vorliegt, ergibt sich im Laufe des Catching-Up-Prozesses eine Veränderung in der relativen Wettbewerbsfähigkeit der beiden Wirtschaftszweige. Landesmann (2003) spricht in diesem Zusammenhang bei Gültigkeit des starken Gerschenkroneffekts von einem „switchover in comparative advantage".[60]

[60] Landesmann (2003), S. 5.

Abbildung 5.2: Der starke Gerschenkroneffekt

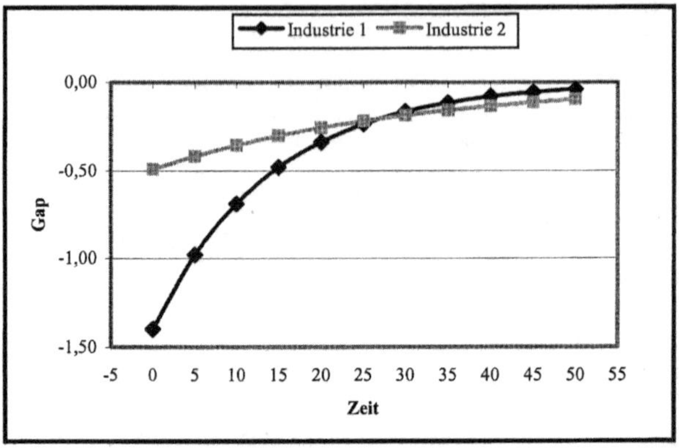

Quelle: Landesmann (2003), S. 5.

Welche Mechanismen diesen beiden Effekten zugrunde liegen, wird durch die vollständige Darstellung des Modells deutlich. Im Mittelpunkt steht zunächst die Dynamik der relativen Lohnkosten. Mit w_i^C als dem Lohnsatz im Sektor i des Landes C ergeben sich die Lohnstückkosten u_i^C mit:

$$(17) \qquad u_i^C = a_i^C \cdot w_i^C .$$

Definitionsgemäß werden die Lohnstückkosten in dem Sektor fallen, in dem die Produktivität (1/a) relativ schneller wächst als der Lohnsatz, wobei die Entlohnung des Produktionsfaktors Arbeit von den sektoralen Profitmöglichkeiten ebenso wie von gesamtwirtschaftlichen Bedingungen wie der Arbeitslosenrate und der Tendenz zum Faktorpreisausgleich zwischen den einzelnen Sektoren der Volkswirtschaft abhängig ist. Der Anstieg der Löhne wird zwar aufgrund der sektoralen Profitmöglichkeiten in den Sektoren mit dem höchsten Produktivitätswachstum größer sein als in anderen Sektoren, unter Berücksichtigung der gesamtwirtschaftlichen Größen der Lohnbestimmung wird die Wachstumsrate der Löhne jedoch geringer ausfallen als die Wachstumsrate der sektoralen Produktivität. Betrachtet man zusätzlich den positiven Zusammenhang zwischen der sektoralen Produktivitätslücke zum gleichen Sektor der Volkswirtschaft F und dem daraus resultierenden Produktivitätswachstum, so werden die Lohnstückkosten in den Sektoren, in denen die größten Produktivitätslücken vorhanden sind, tendenziell fallen mit der Konsequenz, dass sich die relative Wettbewerbsfähigkeit dieses Wirtschaftszweiges verbessert.[61] Unter der Annahme einer Mark-up-Preisbildung mit den Lohnstückkosten als Bezugsbasis und eines

[61]Vgl. Landesmann (2003), S. 5.

Time-Lags bei der Anpassung der Preise an die Kosten ergeben sich in diesen Industriesektoren folglich temporäre Profitmöglichkeiten, die sich im Modell wiederum positiv auf die Investitionstätigkeit im Allgemeinen und auf die Anziehung ausländischer Direktinvestitionen (FDI) im Besonderen auswirken. Unter Berücksichtigung der möglichen Spillovereffekte von FDI in Folge der internationalen Technologiediffusion und der externen Effekte des Lernprozesses kommt es zu einer weiteren Verbesserung der internationalen Wettbewerbsfähigkeit in den jeweiligen Sektoren. Die Interdependenz zwischen der ursprünglichen Produktivitätslücke als Bestimmungsgröße des schwachen Gerschenkroneffekts, den sinkenden Lohnstückkosten und der Entstehung temporärer Profitmöglichkeiten für inländische und vor allem ausländische Investoren führt zu einer Endogenisierung des Konvergenzparameters γ der unterschiedlichen Sektoren und ermöglicht die Generierung eines starken Gerschenkroneffekts. Gleichung (16) wird zu:

$$(18) \qquad \dot{a}_i^C = \gamma_i(FDI) \cdot (a_i^C - a_i^F),$$

wobei FDI stellvertretend für die positiven Effekte der internationalen Technologiediffusion auf die wirtschaftliche Entwicklung und auf die internationale Wettbewerbsfähigkeit der jeweiligen Industriesektoren steht.

Mit diesem Modell als Grundlage sollen im Folgenden die Spezialisierungsmuster einiger mittel- und osteuropäischer Länder im Anschluss an die Transformation untersucht werden. Dabei ist zu überprüfen, inwieweit die jeweilige Spezialisierung Aufschluss über die Konvergenzperformance dieser Länder gibt.

Landesmann und Stehrer (2002) vergleichen zu diesem Zweck zunächst einmal die sektorale Veränderung der Beschäftigung und des Outputs für die sieben MOEL Tschechien, Ungarn, Polen, Slowakei, Slowenien, Bulgarien und Rumänien im Jahr 1993 und im Jahr 2000. Sie teilen dazu 14 verschiedene Industriesektoren in die folgenden drei Kategorien ein: (1) Low-Tech- und arbeitsintensive Sektoren, (2) ressourcenintensive Sektoren und (3) Medium- bis High-Tech-Sektoren.[62]

Abbildung 5.3 veranschaulicht die Zahlen für die Beschäftigung bzw. den Output in den Jahren 1993 und 2000 für die Low-Tech- und die Medium- bis High-Tech-Industriesektoren, wobei jeweils die Abweichungen in Prozentpunkten von den entsprechenden Werten in Österreich dargestellt sind.[63]

Während in Tschechien, Ungarn, Polen und Slowenien der Anteil der Beschäftigung in Low-Tech-Sektoren gemessen an der Situation in Österreich tendenziell abgenommen hat, ist er in der Slowakei leicht, in Bulgarien und Rumä-

[62]In der Realität ist vor allem die Einteilung der Industriesektoren in diese Kategorien problematisch. Für eine mögliche Abgrenzung vgl. Landesmann/Stehrer (2002), S. 8.

[63]Landesmann und Stehrer (2002) machen darauf aufmerksam, dass die Verwendung des EU-Durchschnitts als Benchmark zu bevorzugen gewesen wäre, Österreich aus Gründen der Verfügbarkeit des Datenmaterials gewählt wurde. Vgl. Landesmann/Stehrer (2002), S. 9.

nien sogar drastisch gestiegen. Was die Beschäftigung in Medium- bis High-Tech-Sektoren betrifft, so konnte Tschechien geringe Zuwächse verzeichnen, während Ungarn in den technologieintensiveren Industriesektoren seit 1993 einen starken Anstieg der Beschäftigung vorweisen kann und im Jahr 2000 ebenso wie Tschechien relativ mehr Arbeiter in diesen Wirtschaftszweigen beschäftigt als Österreich. Die anderen fünf MOEL haben 2000 alle einen geringeren Beschäftigungsanteil in den Medium- bis High-Tech-Sektoren als 1993 und liegen deutlich unter den Referenzwerten in Österreich. Bezogen auf den Output ergibt sich im Großen und Ganzen das gleiche Bild. Sind auf der einen Seite Bulgarien und Rumänien die einzigen zwei Länder, die im Jahr 2000 wesentlich mehr Output in den Low-Tech-Sektoren produzieren als im Jahr 1993, ist es auf der anderen Seite lediglich Tschechien, Ungarn und der Slowakei gelungen im gleichen Zeitraum im Vergleich mit Österreich den relativen Outputanteil der technologieintensiveren Wirtschaftszweige zu erhöhen.

Abbildung 5.3: Veränderung der sektoralen Beschäftigung und des sektoralen Outputs in den MOEL in Relation zu Österreich

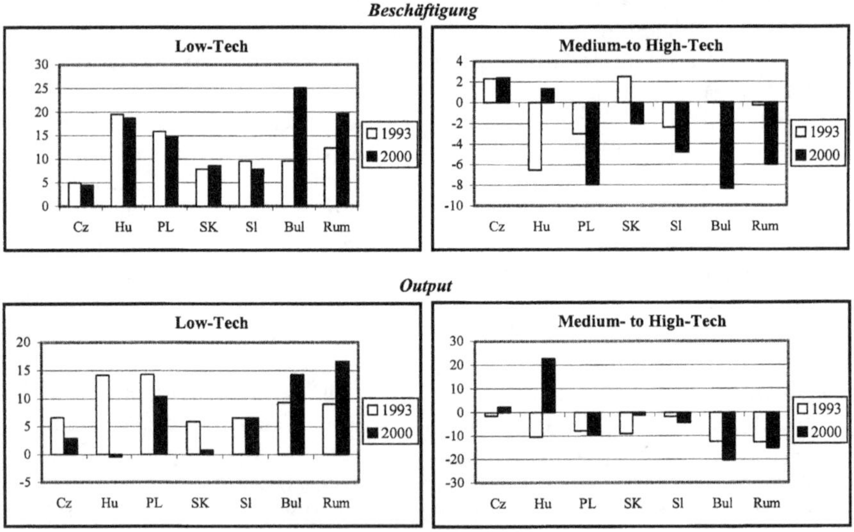

Quelle: Landesmann/Stehrer (2002), S. 11.

Die Output- und Beschäftigungsstrukturen der sieben MOEL sind folglich sehr unterschiedlich. Für Tschechien und Ungarn kann man jedoch jetzt schon sagen, dass sie am ehesten einen Aufholprozess verfolgen, der mit dem „jumping-up approach" in Verbindung gebracht werden kann. Die verstärkte Spezialisierung auf Medium- bis High-Tech-Sektoren deutet erkennbar auf die

Gerschenkronhypothese hin. Bulgarien und Rumänien dagegen können aufbauend auf den bisherigen Indizien noch nicht von den Spillover- und den Lerneffekten in den hochtechnologischen Wirtschaftszweigen profitieren, da sich beide Länder bisher verstärkt in Richtung der arbeitsintensiven Low-Tech-Sektoren orientieren.

Damit tatsächlich von Gerschenkroneffekten gesprochen werden kann, muss zusätzlich untersucht werden, in welchen Sektoren die MOEL zu Beginn der Transformation ihre größten Produktivitätslücken aufweisen. Für die weitere Analyse der Wettbewerbsfähigkeit muss zudem die Entwicklung der Löhne und der Lohnstückkosten betrachtet werden.

Abbildung 5.4 zeigt aufbauend auf den Daten von Landesmann und Stehrer (2002) die Produktivitätslücken der MOEL im Vergleich zu Österreich im Jahr 1993.[64] Alle sieben mittel- und osteuropäischen Länder weisen in den Medium- bis High-Tech Sektoren (MHT) wesentlich größere Produktivitätslücken auf als in den Low-Tech-Sektoren (LT). Slowenien ist dabei das Land, das in beiden Wirtschaftszweigen die geringsten Produktivitätslücken offenbart, während Bulgarien und Rumänien erneut die Schlusslichtpositionen einnehmen.

Abbildung 5.4: Produktivitätslücken der MOEL 1993 im Vergleich zu Österreich

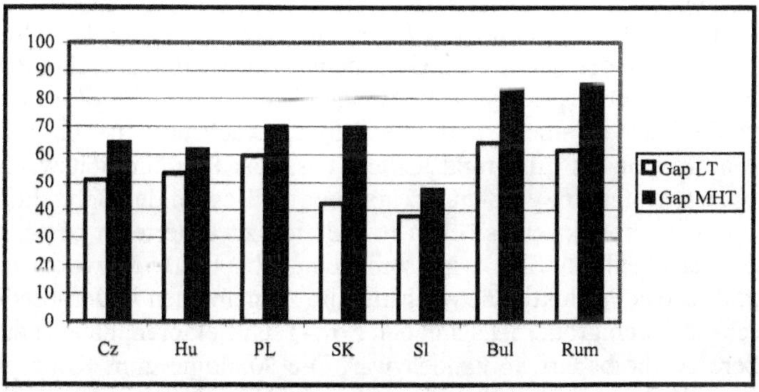

Quelle: Landesmann/Stehrer (2002), S. 15.

Bei Gültigkeit des schwachen Gerschenkroneffekts müsste sich nun ein positiver Zusammenhang zwischen den ursprünglichen Produktivitätslücken, d.h. hier im Jahr 1993, und dem nachfolgenden Produktivitätswachstum ergeben.

[64] Landesmann und Stehrer (2002) geben jeweils das Produktivitätsniveau der MOEL in Relation zu Österreich an, wobei das Produktivitätsniveau von Österreich gleich 100 gesetzt wird. Die Produktivitätslücken ergeben sich folglich durch die Subtraktion des jeweiligen Produktivitätsniveaus von 100. Die Zahlen sind dabei auf der Basis von Kaufkraftparitäten.

Abbildung 5.5: Der schwache Gerschenkroneffekt am Beispiel der MOEL

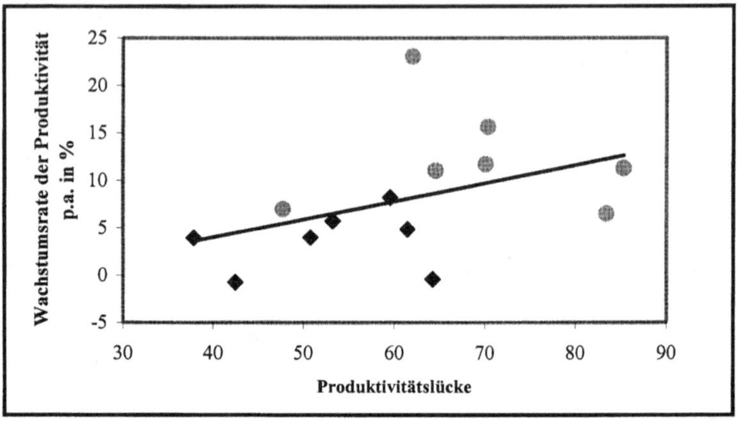

Quelle: Landesmann/Stehrer (2002), S. 10 und 15.

Abbildung 5.5 veranschaulicht diese Regression, wobei auf der Abszisse die Produktivitätslücken der MOEL in den Low- Tech- und Medium- bis High-Tech-Sektoren dargestellt sind und auf der Ordinate das jährliche Produktivitätswachstum in den jeweiligen Sektoren bis zum Jahr 2000.[65] Die runden Datenpunkte heben den schwachen Gerschenkroneffekt in den technologieintensiveren Sektoren hervor, während die eckigen Datenpunkte den Zusammenhang zwischen Produktivitätslücke und Produktivitätswachstum in den Low-Tech-Sektoren aufzeigen. Es gilt grundsätzlich, dass das Produktivitätswachstum in den Industriesektoren am größten ist, in denen zu Beginn der Betrachtungsperiode die größten Produktivitätslücken in Relation zu Österreich bestanden. Der schwache Gerschenkroneffekt wird somit eindeutig bestätigt, wobei erneut zu sehen ist, dass das Produktivitätswachstum im Allgemeinen in den Medium- bis High-Tech-Sektoren größer ist als in den Low-Tech-Sektoren, da dort zu Beginn der größere Aufholbedarf vorhanden war. Die Analogie zum Konzept der β-Konvergenz wird deutlich.

Inwieweit neben dem schwachen auch ein starker Gerschenkroneffekt aufgetreten ist, soll im Folgenden anhand der Betrachtung der Löhne und Lohnstückkosten untersucht werden. Landesmann und Stehrer (2002) ermitteln das Lohnniveau der sieben MOEL im Vergleich zu Österreich für die Jahre 1993 und 1999 in Kaufkraftparitäten. Das Ergebnis veranschaulicht Abbildung 5.6. Es zeigt sich, dass auch im Jahr 1999 trotz eines generellen Aufholprozesses der Beitrittsländer das Lohnniveau immer noch wesentlich geringer ist als im EU-

[65] Die Wachstumsrate der Produktivität wurde dabei als Differenz aus der Wachstumsrate des Outputs und der Wachstumsrate der Beschäftigung berechnet.

Land Österreich. Während Slowenien sowohl im Low-Tech- als auch im Medium- bis High-Tech-Sektor das höchste Lohnniveau erreicht, liegen Bulgarien und Rumänien in beiden Wirtschaftszweigen teilweise deutlich unter 20% des österreichischen Niveaus. Die restlichen MOEL liegen mit Werten zwischen 25% und 40% mehr oder weniger einheitlich im Mittelfeld.

Abbildung 5.6: Das Lohnniveau der MOEL im Vergleich zu Österreich (A=100)

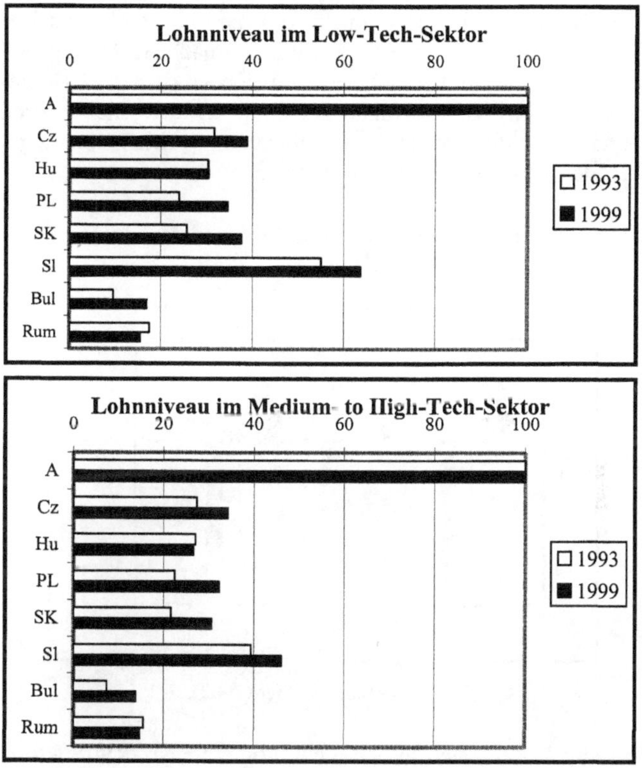

Quelle: Landesmann/Stehrer (2002), S. 15.

Entscheidend für die Wettbewerbsfähigkeit der einzelnen Industriesektoren ist jedoch nicht das Lohnniveau an sich, sondern sind die Lohnstückkosten, die sich aus dem Verhältnis zwischen der Lohn- und Produktivitätsentwicklung ergeben. Wie zuvor im Modell von Landesmann (2003) beschrieben, sind sinkende Lohnstückkosten die ausschlaggebende Voraussetzung für einen Anstieg in- und ausländischer Investitionen, die in Verbindung mit Spillovereffekten durch die internationale Technologiediffusion zu einem starken Gerschenkroneffekt führen können.

Abbildung 5.7 zeigt die Veränderung der relativen Lohnstückkosten der sieben Beitrittsländer zwischen 1993 und 1999 sowohl für die Low-Tech-Sektoren (LT) als auch für die Medium- bis High-Tech-Sektoren (MHT) diesmal ausgedrückt in den jeweiligen Wechselkursen. Bezugsgröße ist auch hier der Referenzwert von Österreich, der mit 100 gleichgesetzt wird. In dem Modell von Landesmann (2003) führt der schwache Gerschenkroneffekt dazu, dass die Produktivität in den Sektoren mit der größten Produktivitätslücke schneller wächst als die Löhne, so dass sinkende Lohnstückkosten und damit eine Verbesserung der Wettbewerbsfähigkeit die Folge sind. Gemäß Abbildung 5.7 ist dies eindeutig in den beiden Wirtschaftssektoren von Ungarn und Bulgarien sowie im High-Tech-Sektor der Slowakei der Fall. In den Industriesektoren der restlichen Länder kommt es dagegen entweder zu einem Anstieg der Lohnstückkosten, oder diese bleiben in etwa konstant.

Abbildung 5.7: Veränderung der Lohnstückkosten der MOEL in Relation zu Österreich

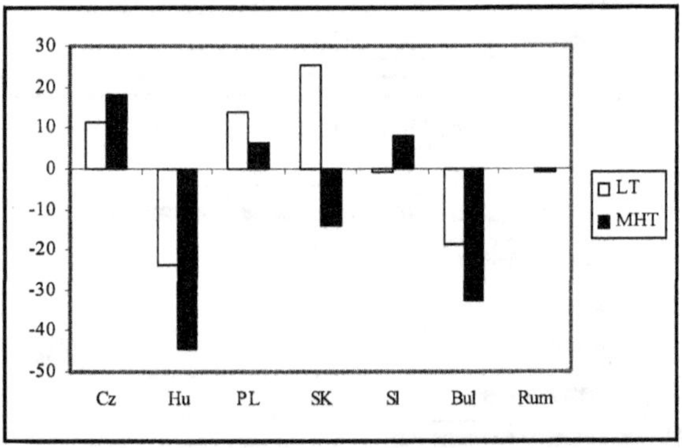

Quelle: Landesmann/Stehrer (2002), S. 15.

Sowohl in Ungarn als auch in den technologieintensiveren Sektoren der Slowakei sind die sinkenden Lohnstückkosten eindeutig eine Folge der starken Produktivitätsperformance in Relation zu Österreich. Während die Slowakei ihre Produktivität im Medium- bis High-Tech-Sektor von 9,28 auf 19,39 Prozentpunkte verbessern konnte, ist es Ungarn in diesem Sektor sogar gelungen, seine relative Produktivität von 14,07 auf 48,40 Prozentpunkte zu erhöhen. Im Low-Tech-Sektor gab es immerhin noch eine Steigerung von 17,34 auf 19,35 Prozentpunkte. Die Löhne stiegen in beiden Ländern dagegen nur sehr wenig, wobei sie in Ungarn sogar nahezu konstant blieben. In Bulgarien ergibt sich dagegen ein vollständig anderes Bild, da die Produktivität in beiden Sektoren in Relation zu Österreich 1999 niedrigere Werte aufweist als 1993. Sie sank im Low-Tech-Sektor von 7,65 auf 5,28 und im Medium- bis High-Tech-Sektor von 3,55 auf 3,23 Prozentpunkte. Die gesunkenen Lohnstückkosten sind somit nicht die Folge einer herausragenden Produktivitätsverbesserung, sondern ergeben sich lediglich deshalb, weil das Lohnniveau im betrachteten Zeitraum noch stärker zurückgegangen ist. Dies ergab sich vor allem aufgrund einer starken Abwertung des bulgarischen Lew.[66]

Tabelle 5.2 zeigt die sektorale Verteilung ausländischer Direktinvestitionen im Produzierenden Gewerbe für Tschechien, Ungarn, Polen, die Slowakei und Slowenien für das Jahr 2000. Entsprechend der Arbeit von Landesmann und Stehrer (2002) werden sowohl für den Low-Tech- als auch für den Medium- bis High-Tech-Sektor stellvertretend jeweils drei Industriezweige aufgeführt und deren prozentualer Anteil an der Gesamtheit der FDI angegeben.

Tabelle 5.2: Sektorale Verteilung der ausländischen Direktinvestitionen in den MOEL

in %	**Tschechien**	**Ungarn**	**Polen**	**Slowakei**	**Slowenien**
Food products; beverages and tobacco	16,6	24,9	25,5	12,1	3,4
Textiles and textile products	3,0	3,9	1,3	1,1	1,1
Leather and leather products	0,1	0,6	0,1	0,8	1,1
Low-Tech gesamt	**19,6**	**29,4**	**26,9**	**14,1**	**5,6**
Machinery and equipment	3,2	5,4	1,6	4,3	12,7
Electrical and optical equipment	9,8	18,5	8,1	4,2	10,7
Transport equipment	14,6	9,9	26,6	6,5	11,7
Medium- to High-Tech gesamt	**27,6**	**33,8**	**36,3**	**15,0**	**35,1**
FDI in Manufacturing in Mill. USD	6.786,7	3.688,4	19.462,8	1.885,4	1.142,7

Quelle: Landesmann/Stehrer (2002), S. 37.

In allen fünf Ländern ist der Anteil der ausländischen Direktinvestitionen in den technologieintensiveren Sektoren höher als in den Low-Tech-Sektoren trotz ursprünglich sehr großer Produktivitätslücken in diesen Sektoren, wobei der Unterschied insbesondere in Slowenien sehr groß ist. In den anderen Ländern ist vor allem der Nahrungsmittelsektor dafür verantwortlich, dass die FDI im Low-Tech-Bereich doch recht stark vertreten sind. Dies ist auf den nach wie vor hohen Anteil der Landwirtschaft in den MOEL im Vergleich zu den bisherigen EU-Ländern zurückzuführen.

Diese Zahlen erlauben keine abschließende Beurteilung des Modells von Landesmann (2003) über den Zusammenhang von Lohnstückkosten und FDI und insbesondere keine Aussage darüber, ob ein starker Gerschenkroneffekt vorhanden ist, da sie zum einen lediglich einen kleinen Ausschnitt aus der Viel-

[66]Vgl. Landesmann/Stehrer (2002), S. 17.

zahl der Industriesektoren zeigen und zweitens keine Daten für die Entwicklung der ausländischen Direktinvestitionen seit 1993 vorliegen. Dennoch zeigt sich, dass es diesen fünf Ländern gelungen ist, einen sehr hohen Anteil der FDI in Sektoren zu lenken, in denen aufgrund des vorhandenen Lernpotenzials und in Verbindung mit der internationalen Technologiediffusion die höchsten Produktivitätszuwächse zu erwarten sind. Der Unterschied zwischen den Low-Tech- und den Medium- bis High-Tech-Sektoren ist jedoch (noch) nicht so groß, dass man von einem starken Gerschenkroneffekt sprechen kann.

Zu diesem Ergebnis kommt auch Landesmann (2003), der den sektoralen Aufholprozess der MOEL im Hinblick auf die Produktivität anhand einer Regressionsanalyse untersucht, die dem Konzept der β-Konvergenz auf Industrieniveau entspricht. Es ergeben sich dabei für alle Sektoren zur Bestätigung der schwachen Gerschenkronhypothese signifikant negative Konvergenzkoeffizienten, die auf eine Halbwertszeit von 15 Jahren schließen lassen. Die Koeffizienten unterscheiden sich jedoch je nach Industriesektor nur geringfügig, so dass der starke Gerschenkroneffekt bisher kein allgemein gültiges Phänomen für die MOEL darzustellen scheint.[67] In Anbetracht der kurzen Betrachtungsperiode muss jedoch berücksichtigt werden, dass die in dieser Arbeit vorgestellten positiven externen Effekte der internationalen Technologiediffusion Zeit brauchen, um die Entwicklung einer Volkswirtschaft merklich zu beeinflussen.

Die bisherigen Ergebnisse zeigen, dass Tschechien, Ungarn, Polen, die Slowakei und Slowenien in unterschiedlichem Ausmaß eine Spezialisierung in den technologieintensiveren Sektoren forcieren. Die Beschäftigungs- und Outputstruktur von Bulgarien und Rumänien deutet dagegen eindeutig auf eine Spezialisierung auf Sektoren hin, in denen die Produktivitätslücken am geringsten sind, mit der Folge, dass die Produktivitätsperformance der beiden Länder im betrachteten Zeitraum schlechter ausfällt als bei den Beitrittsländern der ersten Runde. Der schwache Gerschenkroneffekt wird somit durch das vorhandene Datenmaterial unterstützt. Von einem „switchover in comparative advantage" kann jedoch (noch) nicht gesprochen werden.

Im Folgenden soll untersucht werden, inwieweit sich das Spezialisierungsmuster der MOEL in ihrer Handelsstruktur widerspiegelt, d.h. inwieweit es ihnen gelungen ist, den Exportanteil technologieintensiver Güter als Zeichen für eine erhöhte Wettbewerbsfähigkeit in diesen Sektoren zu erhöhen.

Abbildung 5.8 veranschaulicht zu diesem Zweck die prozentualen Anteile arbeitsintensiver und technologieintensiver Güter an der Exportstruktur der MOEL für 1995 und 2000. Als Vergleichsmaßstab werden die entsprechenden Werte der Europäischen Union (EU-Nord) dargestellt, wobei die Kohäsionsländer Spanien, Portugal und Griechenland als Gruppe EU-Süd separat aufgeführt werden.

---

[67]Vgl. Landesmann (2003), S. 21.

Abbildung 5.8: Anteile arbeitsintensiver und technologieintensiver Güter an den Exporten der MOEL in %

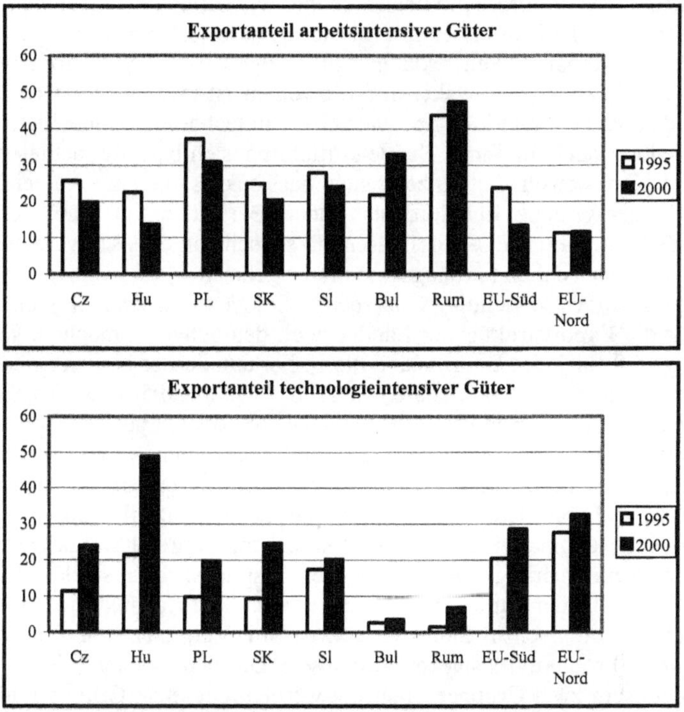

Quelle: Landesmann/Stehrer (2002), S. 23.

Es zeigt sich deutlich, dass alle mittel- und osteuropäischen Länder nach wie vor einen wesentlich höheren Exportanteil arbeitsintensiver Güter aufweisen als die Länder der Europäischen Union. Dies gilt grundsätzlich auch im Vergleich mit den drei Kohäsionsländern. Dabei ist auffällig, dass in allen Ländern mit Ausnahme von Bulgarien und Rumänien der relative Anteil arbeitsintensiver Güter am Export zwischen 1995 und 2000 abgenommen hat. Die Spezialisierung von Bulgarien und Rumänien auf Low-Tech-Sektoren wird ebenso deutlich, wenn man die Anteile technologieintensiver Güter ihrer Exporte betrachtet. Diese haben zwar im Jahr 2000 im Vergleich zu 1995 zugenommen, liegen jedoch deutlich unter den Werten der anderen Beitrittsländer, ganz abgesehen von den Werten der EU-Länder.
Besonders hervorzuheben ist der Exportanteil technologieintensiver Güter in Ungarn. Während dieser im Jahr 1995 noch deutlich unter dem Vergleichswert

der Gruppe EU-Nord lag, ist es Ungarn gelungen im Jahr 2000 einen Exportanteil technologieintensiver Güter von 48,94% zu erreichen, der damit um 16,35% über dem Wert der EU-Nord-Länder liegt. Ungarn scheint somit eindeutig das Land zu sein, das die Produktivitätslücke und das damit verbundene Lernpotenzial in den High-Tech-Sektoren am meisten genutzt hat, um in diesem Bereich seine Wettbewerbsfähigkeit eklatant zu verbessern. Die Performance von Tschechien, Polen, der Slowakei und Slowenien ist zwar weniger augenfällig, der Trend zu einer verstärkten Spezialisierung in technologieintensiveren Sektoren ist jedoch auch in ihren Handelsstrukturen sichtbar. Betrachtet man die Werte der Kohäsionsländer, so zeigt sich, dass sukzessive eine Angleichung an die Werte der Gruppe EU-Nord stattfindet. Berücksichtigt man jedoch den langen Zeitraum ihrer EU-Mitgliedschaft, so scheint der Konvergenzprozess dieser Länder tatsächlich nur langsam voranzugehen.

Um die relative Gewichtung der arbeitsintensiven und technologieintensiven Güter für die Exportstruktur der Länder noch deutlicher zu machen, vergleicht Abbildung 5.9 für jedes Beitrittsland die Exportanteile der beiden Industriesektoren für die Jahre 1995 und 2000. Während im Jahr 1995 in allen sieben Ländern der Exportanteil arbeitsintensiver Güter (AI) denjenigen technologieintensiver Güter (TI) übertraf, ist es im Jahr 2000 Tschechien, Ungarn und der Slowakei gelungen, dieses Verhältnis umzudrehen. Insbesondere für Ungarn kann man aufgrund dieser Daten folglich – zumindest tendenziell – doch von einem „switchover in comparative advantage“ sprechen, während Bulgarien und Rumänien in ihrem ursprünglichen Spezialisierungsmuster festzustecken scheinen.

Alle Beitrittsländer hatten zu Beginn der 90er Jahre gemeinsam, dass sie in den hochtechnologischen Industriesektoren im Vergleich zur Europäischen Union große Produktivitätslücken aufwiesen. Die betrachteten MOEL können nun eindeutig in zwei Gruppen unterteilt werden. Die erste Gruppe bilden Bulgarien und Rumänien, die sowohl hinsichtlich ihres Spezialisierungsmusters als auch ihrer Handelsstruktur einen Konvergenzprozess beschreiben, der mit „Climbing up the ladder“ bezeichnet werden kann. Beide Länder zeichnen sich durch eine Konzentration auf traditionelle Sektoren aus, in denen die Produktivitätslücken im Vergleich zu Europa am geringsten sind. Dieses Vorgehen ist bisher jedoch nicht von Erfolg gekrönt, da sich auch in den Low-Tech-Sektoren der Produktivitätsnachteil nicht wesentlich reduziert hat. Bulgariens Produktivitätsniveau gegenüber Österreich hat sich im Low-Tech-Sektor zwischen 1995 und 2000 sogar von 35,78% des österreichischen Niveaus auf 24,73% verringert.[68] Die technologische Performance von Bulgarien und Rumänien verläuft dabei parallel zu ihrer Konvergenzperformance bezogen auf die relative Einkommensposition. Der Abstand zu den EU-Beitrittsländern der ersten Runde ist beträchtlich und rechtfertigt folglich die Entscheidung für den späteren Beitrittstermin der beiden Länder.

[68]Vgl. Landesmann/Stehrer (2002), S. 15.

Abbildung 5.9: Veränderung der komparativen Vorteile der MOEL

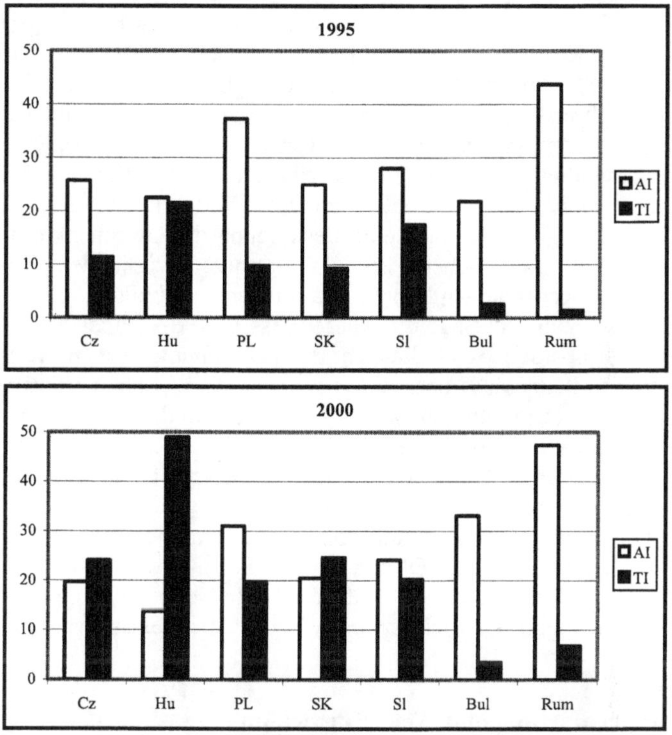

Quelle: Landesmann/Stehrer (2002), S. 23.

Die zweite Gruppe der betrachteten Länder bilden demnach Tschechien, Ungarn, Polen, die Slowakei und Slowenien. Trotz unterschiedlicher Ergebnisse hinsichtlich der Entwicklung der sektoralen Beschäftigung und des sektoralen Outputs in Verbindung mit großen Variationen bezogen auf die Lohnentwicklung, die Lohnstückkosten und damit die sektorale Wettbewerbsfähigkeit haben alle diese Länder gemeinsam, dass eindeutig ein Trend hin zu einer verstärkten Spezialisierung auf technologieintensivere Industriesektoren auszumachen ist. Vor allem auf Ungarn kann der „jumping-up approach" angewendet werden und es ergibt sich durchgängig eine Bestätigung der Gerschenkronhypothese. Bezogen auf die allgemeine Konvergenzperformance dieser Länder gilt grundsätzlich eine Übereinstimmung zwischen dem dargestellten technologischen Aufholprozess und der Entwicklung ihrer relativen Einkommenspositionen. Lediglich für Slowenien scheint diese Rechnung nicht ganz aufzugehen. Der Spitzenreiter der mittel- und osteuropäischen Beitrittsländer bezogen auf das erreichte Pro-Kopf-Einkommensniveau zeigt eine wesentlich schwächere Tendenz zur Spezialisierung in hochtechnologische Wirtschaftszweige als beispielsweise Ungarn oder auch Tschechien. Dies macht zum einen deutlich, dass der hier vorgestellte Ansatz nur eine mögliche Erklärung für das unterschiedliche Abschneiden verschiedener Länder im Aufholprozess darstellt. Betrachtet man die Daten für Slowenien noch mal genauer, so zeigt sich zum anderen aber auch, dass Slowenien schon zu Beginn der 90er Jahre selbst in den technologieintensiveren Sektoren wesentlich geringere Produktivitätslücken aufweist als die anderen Länder. Dass Slowenien also relativ geringere Produktivitätsfortschritte vorzuweisen hat, ist folglich ebenfalls eine Bestätigung der Gerschenkronhypothese, da bereits ein wesentlich höheres Produktivitätsniveau vorhanden war, was sich beispielsweise auch im hohen Lohnniveau Sloweniens abbildet.

Die Untersuchung bestätigt die These, dass eine Spezialisierung auf High-Tech-Sektoren positive Auswirkungen auf den technologischen Aufholprozess hat und ebenso Aufschluss über die allgemeine Konvergenzperformance einer Volkswirtschaft geben kann. Ursache dafür ist das in diesem Kapitel mehrfach betonte Lernpotenzial, das eine Folge der internationalen Technologiediffusion und der verschiedenen Möglichkeiten für Wissensspillover ist. Warum dieses Lernpotenzial jedoch nicht von allen Ländern in gleichem Maße ausgenutzt wird, liegt an unterschiedlichen Rahmenbedingungen, die bestimmen, inwieweit eine Volkswirtschaft von der Öffnung gegenüber internationalen Märkten und vor allem internationalem Wissen profitiert. Diese Bedingungen, die von nun an unter der Bezeichnung „social capability“ zusammengefasst werden, sind Gegenstand von Kapitel 6.

5.3. Zusammenfassung und Weiterentwicklung

In einem neoklassischen Wachstumsmodell sind Volkswirtschaften mit geringerem Pro-Kopf-Einkommen in der Lage, ihre relative Einkommensposition gegenüber weiter entwickelten Volkswirtschaften zu verbessern, da sie aufgrund der abnehmenden Grenzerträge der akkumulierbaren Produktionsfaktoren höhere Wachstumsraten aufweisen. Dieser Konvergenzhypothese liegt die Annahme einer weltweit verfügbaren, exogen vorgegebenen Technologie zugrunde. Wird dagegen wie in den Modellen endogenen Wachstums davon ausgegangen, dass der technische Fortschritt nicht exogen gegeben ist und folglich Unterschiede in der vorhandenen nationalen Technologie bestehen, sind konstante oder sogar steigende Grenzerträge in der jeweiligen Akkumulationsgleichung die Folge, so dass reichere Volkswirtschaften ihren relativen Einkommensvorsprung aufrecht erhalten bzw. sogar erweitern können. Entscheidet sich eine Volkswirtschaft jedoch zur Aufnahme von Außenhandel oder schließen sich mehrere Volkswirtschaften sogar zu einem Integrationsraum zusammen, so besteht die Möglichkeit, dass sich die externen Effekte des technischen

Fortschritts nicht nur positiv auf die Wachstumsrate derjenigen Volkswirtschaft auswirken, die z.B. durch nationale Forschung und Entwicklung den technischen Fortschritt generiert, sondern durch internationale Technologiediffusion ebenso auf die Volkswirtschaften, die in einer außenwirtschaftlichen Beziehung zu der innovierenden Volkswirtschaft stehen. Die Diffusion des Wissens erfolgt sowohl durch den Austausch von Gütern als auch durch die internationale Mobilität der Produktionsfaktoren Arbeit und Kapital. Im Idealfall der vollständigen Diffusion der international vorhandenen Technologie und Wissensbestände ergibt sich auch in den Modellen endogenen Wachstums eine Konvergenz der Wachstumsraten zwischen den Volkswirtschaften.

Mit der Aneignung des Wissens durch die Aufnahme von Handel in Verbindung mit der Einwanderung hochqualifizierter Arbeitskräfte und der Katalysatorfunktion ausländischer Direktinvestitionen versetzen sich ärmere Volkswirtschaften in die Lage, nicht nur die gleichen Wachstumsraten aufzuweisen wie höher entwickelte Volkswirtschaften, sondern zusätzlich eigene Forschungsbemühungen anzustreben, die zum einen die Anwendung ausländischer Technologien erleichtern und zum anderen die Möglichkeit eröffnen, in bestimmten Sektoren selbst zum technologischen Führer zu werden. Dabei hat sich gezeigt, dass die Spezialisierung in technologieintensive Industriesektoren wesentlich größere Chancen zur Ausnutzung des Lernpotenzials bietet als die Orientierung an traditionellen Produktionsstrukturen gemäß ursprünglich vorhandenen komparativen Vorteilen. Die Voraussetzung dafür, dass es nicht nur zu einer Konvergenz der Wachstumsraten kommt, sondern tatsächlich ein Aufholprozess hinsichtlich des Pro-Kopf-Einkommensniveaus eingeleitet wird, ist die Ausnutzung der konstanten bzw. steigenden Grenzerträge in der Gleichung des akkumulierbaren Produktionsfaktors mit Hilfe der externen Effekte aus den Modellen endogenen Wachstums. Die internationale Technologiediffusion durch die verschiedenen Wissensspillover zwischen den Volkswirtschaften ist eine Hilfe zur Selbsthilfe ärmerer Volkswirtschaften. Sobald eine Volkswirtschaft nicht mehr nur imitiert, sondern durch eigene Forschung und Entwicklung auch innoviert und sich neue komparative Vorteile erarbeitet, ist ein „Catching-Up“ bzw. sogar ein „Forging ahead” möglich.

Doch auch bei der vollständigen Verfügbarkeit des internationalen Wissens ist ein Konvergenzprozess im Gegensatz zu den neoklassischen Wachstumsmodellen keine automatische Konsequenz. Die internationale Technologiediffusion und die Wissensspillover führen lediglich zur Etablierung eines Catching-Up-Potenzials. Voraussetzung zur Ausnutzung dieses Leistungsvermögens ist das Zusammenspiel verschiedener nationaler Rahmenbedingungen, die erstens den Anreiz für den Zufluss ausländischer Technologien über die verschiedenen Transmissionskanäle schaffen, zweitens zur Anwendung des neuen Wissens befähigen und drittens die Umsetzung des Lernpotenzials zur Entwicklung nationaler Stärken beispielsweise in Form neuer Innovationen ermöglichen. Die

Fähigkeit zur Anwendung des Gelernten wurde dabei in verschiedenen Studien als „absorptive capability“ bezeichnet.

Die Frage nach der Möglichkeit der Konvergenz des Pro-Kopf-Einkommens der MOEL mit dem Niveau der EU-15 wird also eindeutig bejaht. Im nächsten Kapitel werden nun einige Rahmenbedingungen vorgestellt, welche die tatsächliche Konvergenzperformance der Beitrittsländer im Vergleich zum hergeleiteten Konvergenzpotenzial beeinflussen. Ausgangspunkt ist das Konzept der sogenannten „social capability“ von Abramovitz, anhand dessen der Catching-Up-Prozess verschiedener MOEL verglichen werden soll und welches weitere Antworten auf die Frage liefern kann, warum sich die Entwicklung der osteuropäischen Beitrittsländer teilweise so stark unterscheidet.

Bevor dies geschieht, soll jedoch noch auf einen weiteren Beitrag zur theoretischen Konvergenz- bzw. Divergenzdebatte aufmerksam gemacht werden. Während in dieser Arbeit die Entwicklung von Wachstum und Konvergenz von Ländern im Mittelpunkt steht, beschäftigt sich ein großer Teil der Literatur mit der wirtschaftlichen Entwicklung auf Regionalebene. Im Vordergrund steht dabei die (Neue) Wirtschaftsgeografie, die vor allem mit den Arbeiten von Paul Krugman verbunden ist. Erklärungsgegenstand ist die Entwicklung von Agglomerationszentren bzw. die Herausbildung von Zentrum-Peripherie-Strukturen in Folge der wirtschaftlichen Integration von Volkswirtschaften.[69] Bezogen auf die Untersuchung von Konvergenz bzw. Divergenz stellt sich zum einen die Frage, welche Kräfte zu einer Konzentration der wirtschaftlichen Aktivität in einer Region (Zentrum) führen und zum anderen, inwieweit die Region mit Agglomerationsnachteilen (Peripherie) in der Lage ist, Anreize zu schaffen, welche die Ansiedlung von Unternehmen nach sich zieht und damit ein Catching-Up der Peripherie ermöglicht. Die Hauptkräfte, die in den Modellen der Wirtschaftsgeografie zu der Entstehung von Agglomerationszentren führen, sind Externalitäten, Skaleneffekte, Transportkosten und monopolistische Konkurrenz.[70] Am Beispiel der Transportkosten zeigen Paul Krugman und Anthony Venables (1995), wann es zu einer Divergenz bzw. Konvergenz zwischen Regionen kommen kann. Sie gehen von zwei Regionen aus, die beide aufgrund zunächst sehr hoher Transportkosten lediglich für den eigenen Markt produzieren. Daraufhin wird angenommen, dass die Kosten der Raumüberwindung Schritt für Schritt sinken. Zudem wird davon ausgegangen, dass sich in Folge eines kumulativen Prozesses, beispielsweise aufgrund eines größeren Produktionssektors in einer Region, durch die Entstehung von Verbundeffekten in Verbindung mit den nun geringer gewordenen Transportkosten die gesamte Produktion in dieser Region, dem Zentrum, konzentriert. Die Folge ist ein Anstieg der Reallöhne im Zentrum und ein Sinken der Reallöhne in der Peripherie, so dass sich eine divergente Entwicklung ergibt. Fallen die Transportkosten jedoch noch weiter, so steigt erneut

---

[69]Vgl. z.B. Krugman (1991a).

[70]Vgl. Tondl (2001), S. 154.

die Wettbewerbsfähigkeit der Peripherie, da sich nun verstärkt der Lohnkostenvorteil auswirkt und den Nachteil der geografischen Entfernung vom Zentrum aufwiegt. Die Unternehmen erhalten einen Anreiz, wieder in der Peripherie zu produzieren, was sich durch einen Anstieg der Arbeitsnachfrage positiv auf die Reallöhne in der Peripherie auswirkt und dadurch einen Konvergenzprozess ermöglicht.[71] Die Reduktion der Transportkosten als Teil der allgemeinen Transaktionskosten steht in diesem Modell stellvertretend für die schrittweise Abschaffung von Handelsbeschränkungen. Ein Ergebnis der Modelle der Wirtschaftsgeografie lautet demzufolge, dass die Integration von Regionen zunächst zu der Herausbildung einer Zentrum-Peripherie-Struktur führt, bei fortschreitender Integration jedoch eine erneute Dezentralisierung der wirtschaftlichen Aktivität in Verbindung mit einer konvergenten Entwicklung der Regionen möglich ist.[72]

Vor diesem Hintergrund muss der Europäische Integrationsprozess auch im Hinblick auf seine Folgen für die regionale Entwicklung betrachtet werden. Theoretische Grundlagen dafür bietet beispielsweise das Modell von Richard Baldwin, Philippe Martin und Gianmarco Ottaviano (2001), in welchem das Grundmodell der Wirtschaftsgeografie um Elemente der Modelle endogenen Wachstums erweitert wird. Sie kommen ebenfalls zu dem Ergebnis, dass eine Handelsliberalisierung begleitet durch die Reduktion von Transaktionskosten zunächst verstärkt zu einer Divergenz der Realeinkommen führt, langfristig jedoch einem relativen Konvergenzprozess förderlich ist. Sie betonen dabei die größere Bedeutung des Austausches von Ideen im Vergleich zum Austausch von Gütern.[73] Auch Uwe Walz (1998) untersucht die wirtschaftlichen Folgen der regionalen Integration, indem er nicht nur die Vertiefung der Integrationsbemühungen einer vorgegeben Anzahl von Volkswirtschaften untersucht, sondern explizit die Erweiterung eines bestehenden Integrationsraumes modelliert.

Die theoretische Analyse der Auswirkungen der EU-Osterweiterung auf die verschiedenen Regionen der MOEL und der EU sowie die empirische Überprüfung derselben bietet also ausreichend Stoff für eine eigenständige Arbeit und soll aus diesem Grund zukünftigen Forschungsanstrengungen überlassen werden. Im Folgenden steht nach wie vor die wirtschaftliche Entwicklung der mittel- und osteuropäischen Länder als Ganzes im Mittelpunkt.

[71]Vgl. Krugman/Venables (1995), S. 860 – 862.
[72]Vgl. Tondl (2001), S. 150.
[73]Vgl. Baldwin/Martin/Ottaviano (2001), S. 34.

Teil C:

Schlussfolgerungen für die Konvergenzperformance der MOEL

Kapitel 6: Die Social Capability der MOEL

6.1. Definition der Sozialen Fähigkeiten einer Volkswirtschaft

Die Diskussion über die Frage nach Konvergenz oder Divergenz in Teil B hat als ein gemeinsames Resultat aller Theorieansätze ergeben, dass das sogenannte Konvergenzpotenzial u.a. vom jeweiligen Entwicklungsstand einer Volkswirtschaft abhängig ist. Während im neoklassischen Wachstumsmodell die Entfernung vom steady state ausschlaggebend ist, entscheidet in den Modellen endogenen Wachstums die technologische Lücke zur international führenden Volkswirtschaft über die Imitationsmöglichkeiten und unter der Voraussetzung einer internationalen Technologiediffusion über das Catching-Up-Potenzial. Da empirisch keine absolute β-Konvergenz festgestellt werden konnte, d.h. ärmere Volkswirtschaften nicht immer höhere Wachstumsraten aufweisen als reichere Volkswirtschaften, wurde die neoklassische Konvergenzhypothese aufbauend auf dem Konzept der bedingten β-Konvergenz formuliert. Neben der Spar- bzw. Investitionsquote, der Wachstumsrate der Bevölkerung und den intertemporalen Präferenzen gelten die Ausstattung mit Humankapital, die jeweilige Infrastruktur sowie die makroökonomischen Rahmenbedingungen als mögliche Kriterien zur Unterscheidung verschiedener steady states.[1] Dadurch, dass lediglich bei Gültigkeit identischer Voraussetzungen davon auszugehen ist, dass zwei Volkswirtschaften langfristig dasselbe Pro-Kopf-Einkommensniveau erreichen, wird die hohe Bedeutung der nationalen Rahmenbedingungen für die Wachstums- und Konvergenzperformance einer Volkswirtschaft deutlich. Während im neoklassischen Wachstumsmodell der Konvergenzprozess an sich jedoch nicht tangiert wird und die Rahmenbedingungen lediglich darüber entscheiden, welches Gleichgewichtseinkommen langfristig erreicht werden kann, bestimmen die nationalen Voraussetzungen in den Modellen endogenen Wachstums, ob überhaupt ein Konvergenzprozess initiiert und aufrechterhalten werden kann. Bezogen auf die Anwendung der durch internationale Wissensspillover zugänglichen Technologie wurde in diesem Zusammenhang von der „absorptive capability" einer Volkswirtschaft gesprochen.

Die Überlegung, dass Rückständigkeit in Bezug auf das Pro-Kopf-Einkommen oder die Produktivität anderer Volkswirtschaften allein keine hinreichende Bedingung für einen Aufholprozess ist, bildet den Ausgangspunkt der Arbeiten des Wirtschaftshistorikers Moses Abramovitz (1989, 1994). Neben den positiven Wachstumsmöglichkeiten, die sich durch die Modernisierung des Kapital-

[1]Für die jeweiligen Konvergenzdefinitionen vgl. Kapitel 3.2.1. sowie Erber/Hagemann/Seiter (1998), S. 47-52.

stocks, investitionsinduzierten technischen Fortschritt, die Existenz von economies of scale sowie eine effizientere (Re-) Allokation der Produktionsfaktoren bei Vorliegen einer technologischen Lücke ergeben, müssen zur tatsächlichen Ausnutzung dieser Möglichkeiten gemäß Abramovitz (1989) auch gewisse soziale Qualifikationen vorhanden sein. Er spricht in diesem Zusammenhang in Anlehnung an die Arbeit von Kazushi Ohkawa und Henry Rosovsky (1972) von der „social capability" einer Volkswirtschaft. Der Grund dafür, dass es manchen rückständigen Ländern gelingt, auf den höheren Wachstumspfad einer technologisch führenden Volkswirtschaft aufzuschließen und anderen nicht, liegt seiner Meinung nach in eben diesen sozialen Charakteristika, die letztendlich über ein „catching up", „forging ahead", oder „falling behind" entscheiden. Dabei wird die Interdependenz zwischen den technologischen und den sozialen Möglichkeiten einer Volkswirtschaft deutlich, da davon auszugehen ist, dass mit einem Anstieg der Produktivität und einer verbesserten wirtschaftlichen Entwicklung auch ein positiver Einfluss auf die sozialen Fähigkeiten eines Landes verbunden ist. Umgekehrt liegt die Ursache für die geringe Produktivität häufig in einem Mangel an „social capability". Die größte Wahrscheinlichkeit für einen positiven Aufholprozess ist folglich dann gegeben, wenn eine Volkswirtschaft zwar technologische Lücken aufweist, jedoch ausreichend soziale Fähigkeiten besitzt, um diese Lücken zu schließen. „One should say, therefore, that a country's potential for rapid growth is strong not when it is backward without qualification, but rather when it is technologically backward but socially advanced".[2]

Abramovitz selbst macht darauf aufmerksam, dass das größte Problem der Variablen „social capability" darin besteht, dass niemand so recht weiß, was man sich darunter vorzustellen hat, bzw. wie sie empirisch zu messen ist. Sie steht letztendlich für eine catch-all Größe, die dann als Erklärungsfaktor einspringt, wenn die wirtschaftliche Entwicklung einer Volkswirtschaft nicht auf andere Ursachen zurückgeführt werden kann.[3] Neben vielen beispielbezogenen Formulierungen liefert Abramovitz (1994) dennoch eine Definition seiner „social capability", auf der die folgenden Untersuchungen der mittel- und osteuropäischen Beitrittsländer aufgebaut werden können:

> *„As I use it here, it (die "social capability"; Anm. d. Verf.) is a rubric that covers countries' levels of **general education** and **technical competence**, the **commercial, industrial and financial institutions** that bear on their abilities to finance and operate modern, large-scale business, and the **political and social characteristics** that influence the risks, the incentives and the personal rewards of economic activity*

---

[2] Abramovitz (1989), S. 222.
[3] Vgl. Hagemann (2004), S. 3.

including those rewards in social esteem that go beyond money and wealth".[4]

Das Niveau der allgemeinen Ausbildung sowie die technische bzw. technologische Kompetenz eines Landes können direkt mit den bisherigen Untersuchungen hinsichtlich der Bedeutung des Humankapitals und der F&E-Tätigkeit einer Volkswirtschaft für ihre wirtschaftliche Entwicklung in Verbindung gebracht werden. Beide Größen spielen eine entscheidende Rolle für die Fähigkeit einer Volkswirtschaft, positive Wachstumsimpulse aus den verschiedenen Kanälen der internationalen Technologiediffusion zu generieren. Die „absorptive capability" ist somit ein wichtiger Bestandteil der „social capability". Aus diesem Grund wird sowohl die Ausbildungssituation als auch die Innovationsfähigkeit als ein wesentlicher Bestimmungsfaktor der sozialen Fähigkeiten der MOEL untersucht werden.

Die Diskussion der verschiedenen Kanäle der internationalen Technologiediffusion in Kapitel 5 hat zudem gezeigt, wie wichtig das Funktionieren der Transmissionsmechanismen für den Aufholprozess rückständiger Länder ist. Sowohl der Austausch von Gütern als auch die internationale Mobilität der Produktionsfaktoren ist auf einen reibungslosen Ablauf angewiesen, der die Stabilität verschiedener politischer und wirtschaftlicher Institutionen voraussetzt. Abramovitz betont in seiner Definition der „social capability" vor allem die finanziellen Institutionen, die beispielsweise durch die Garantie eines funktionsfähigen Kapitalmarktes einen wesentlichen Einfluss auf die Entscheidung ausländischer Unternehmen haben, sich via Direktinvestitionen in einem Land zu engagieren. Doch auch die Ausgestaltung des Außenhandels und die wirtschaftspolitischen Maßnahmen entscheiden über das gesamtwirtschaftliche Bild einer Volkswirtschaft und damit über mögliche Integrationsschritte mit anderen Ländern, welche die Voraussetzung für internationale Wissensspillover darstellen. Dies wiederum deutet direkt auf die von Abramovitz erwähnten politischen und sozialen Rahmenbedingungen hin, unter die viele Dinge subsummiert werden können. Die Grenze zur institutionellen Stabilität ist fließend, ordnet man hier beispielsweise den Schutz des Eigentums oder auch die Wahrung der Menschenrechte ein. Auch die Frage nach der Bedeutung der Demokratisierung der MOEL oder der Handelsliberalisierung für den jeweiligen Konvergenzprozess soll in diesem Zusammenhang untersucht werden.

Diese zweite Definition der sozialen Fähigkeiten neben der „absorptive capability" findet ihre Umsetzung auch in den Beitrittskriterien, die auf dem Gipfel von Kopenhagen im Jahr 1993 als Voraussetzung für eine Mitgliedschaft in der Europäischen Union aufgestellt wurden. Sowohl wirtschaftliche als auch politische Kriterien werden zur Überprüfung der Beitrittsfähigkeit der MOEL herangezogen. Sie umfassen u.a. die institutionelle Stabilität als Garantie für eine demokratische und rechtsstaatliche Ordnung, die Wahrung der Menschen-

[4] Abramovitz (1994), S. 25. Eigene Hervorhebungen.

rechte sowie eine funktionsfähige Marktwirtschaft und damit Bestandteile der sozialen Fähigkeiten der MOEL.

Mit Hilfe der Unterscheidung in eine „absorptive capability" auf der einen Seite sowie institutionelle und wirtschaftspolitische Gegebenheiten als notwendige Bedingungen für eine internationale Technologiediffusion auf der anderen Seite soll der Versuch unternommen werden, die sozialen Fähigkeiten der mittel- und osteuropäischen Beitrittsländer zu untersuchen und einen Zusammenhang mit ihrer jeweiligen Konvergenzperformance aufzustellen. Es wird jedoch nicht der Anspruch einer vollständigen Analyse erhoben, da dies geradezu unmöglich ist. Ziel ist es, anhand der ausgewählten Kriterien weitere Erklärungsansätze zu liefern, die das unterschiedliche Abschneiden der MOEL beim Versuch, ihre relativen Einkommenspositionen im Vergleich mit den bisherigen Ländern der Europäischen Union zu verbessern, begründen können.

Es gibt kaum empirische Untersuchungen, die sich direkt auf die Arbeiten von Abramovitz beziehen und explizit den Einfluss der „social capability" einer Volkswirtschaft auf das Wirtschaftswachstum analysieren. Betrachtet man jedoch die Vielzahl von Arbeiten, die sich mit dem Test des Zusammenhangs zwischen einzelnen makroökonomischen Variablen und dem Wirtschaftswachstum beschäftigen, so wird das rege Interesse an den möglichen Wachstumsdeterminanten und der Stärke ihres Einflusses deutlich. Levine und Renelt (1992) haben bei ihrem Literaturstudium allein über fünfzig Variablen ausfindig gemacht, denen im Rahmen von Länderquerschnittsregressionen eine signifikante Korrelation mit dem Wachstum eines Landes nachgesagt wurde. Sie kommen jedoch im Rahmen einer Sensitivitätsanalyse zu dem Ergebnis, dass die positive Korrelation mit dem Wirtschaftswachstum für die meisten dieser Einflussgrößen außer der Investitionsquote mangels statistischer Robustheit nicht eindeutig bestätigt werden kann. Dennoch widmen sich auch weiterhin viele Studien der Untersuchung der Wachstumswirkungen verschiedener Variablen wie dem Ausbildungsniveau, den privaten und öffentlichen Ausgaben für F&E, Investitionen in die Infrastruktur sowie weiterer makroökonomischer Rahmenbedingungen, die letztendlich alle entsprechend der Definition von Abramovitz unter der Überschrift „social capability" zusammengefasst werden können.

Abramovitz (1994) selbst sieht ein Anwendungsbeispiel seiner Theorie im erfolgreichen Aufholprozess Westeuropas im Vergleich zu den USA in der Nachkriegszeit. Er begründet den Konvergenzprozess im Zeitraum von 1948 – 1973 zum einen mit der zunehmenden technologischen Kongruenz zwischen Europa und den USA und zum anderen mit den sozialen Fähigkeiten Europas. Mit dem Konzept der technologischen Kongruenz beschreibt Abramovitz die Tatsache, dass es für einen erfolgreichen Aufholprozess von entscheidender Bedeutung ist, inwieweit führende und rückständige Länder in verschiedenen Merkmalen wie z.B. der Ressourcenausstattung, der Marktgröße oder dem Nachfrageverhalten übereinstimmen.[5] Als Beispiel für das Catching-Up Westeuropas erwähnt er den Trend zu einer Vergrößerung und Homogenisierung der europäischen Märkte in Folge der wirtschaftlichen Integration im Anschluss an den Zweiten Weltkrieg, der dazu geführt hat, dass der Transfer von Technologien der Massenproduktion, die ursprünglich für den großen Binnenmarkt der USA entwickelt wurden, erleichtert wurde. Neben der zunehmenden technologischen Kongruenz war es jedoch insbesondere eine Verbesserung der „social capability" in Europa, ersichtlich erstens in der allgemeinen Steigerung des Bildungsniveaus, dabei insbesondere in der Akkumulation von Know-How und Erfahrung im Umgang mit den neuen Technologien aus den USA, zweitens im gestiegenen Anteil an Ressourcen für private und öffentliche F&E sowie drittens in der Entwicklung funktionierender Finanzmärkte zur finanziellen Unterstützung des Strukturwandels, die zu einer Angleichung der Lebensverhältnisse in Westeuropa und den USA geführt hat.[6]

Der Begriff der „social capability" von Abramovitz lässt viel Interpretationsspielraum. Eine Beziehung ergibt sich jedoch beispielsweise zu den Studien über das sogenannte Sozialkapital von Volkswirtschaften. Darunter wird im Allgemeinen der gesellschaftliche Zusammenhalt verstanden, der sich beispielsweise durch Vereinsaktivitäten, verwandtschaftliche Verpflichtungen, nachbarschaftliche Hilfe und Verantwortung für das Gemeinwesen ergibt. Im Mittelpunkt steht das moralische Fundament einer Gesellschaft, wobei mit den Worten soziales Vertrauen und Solidarität argumentiert wird. Eine einheitliche Definition von Sozialkapital gibt es nicht. Viele Untersuchungen beziehen sich jedoch auf die Arbeit von James Coleman (1988), für den insbesondere soziale Normen als Sozialkapital gelten, wobei dieses einen wesentlichen Bestandteil des Humankapitals repräsentiert. Darauf aufbauend untersucht Robert Putnam in mehreren Studien empirisch den gesellschaftlichen Nutzen von Sozialkapital mit der Frage nach dem grundsätzlichen Vertrauen in demokratische Institutionen sowie dem Engagement in Vereinen und Kulturorganisationen. Interessant ist die Arbeit von John Helliwell und Robert Putnam (1995), in der am Beispiel Italiens der Einfluss des Sozialkapitals auf die wirtschaftliche Entwicklung getestet wird. Das Ziel von Helliwell und Putnam ist es, die heterogene ökonomische Performance italienischer Regionen im Norden und im Süden des Landes auf Unterschiede in der Ausstattung mit Sozialkapital zurückzuführen. Im Mittelpunkt stehen die regionalen Verwaltungsinstitutionen, die, nach Meinung von Helliwell und Putnam, umso effizienter arbeiten, je höher das regionale Sozialkapital ist. Von besonderem Interesse ist dabei die Vorgehensweise zur Messung des Sozialkapitals.[7]

---

[5] Vgl. Abramovitz (1994), S. 24, 25.
[6] Vgl. ebenda, S. 34 – 38.
[7] Vgl. zum Folgenden Helliwell/Putnam (1995), S. 297.

Helliwell und Putnam teilen die Untersuchungsvariablen in drei Gruppen ein. Die Variablen der ersten Gruppe untersuchen mit Hilfe von vier Indikatoren das soziale und politische Verhalten der Bürgergemeinschaft. Gemessen wird die Anzahl der Zeitungsabonnements, die Anzahl von Sport- und Kulturvereinigungen, die Beteiligung an Bürgerreferenden sowie das Wahlverhalten. Es zeigt sich, dass in Regionen im Süden Italiens weniger Zeitungen gelesen werden, weniger Sport- und Kulturvereinigungen vorhanden sind, eine geringere Beteiligung an Referenden festzustellen ist und ein starreres Wahlverhalten zu verzeichnen ist als im Norden. In der zweiten Gruppe werden mit Hilfe von zwölf Indikatoren die Zuverlässigkeit und die Qualität der Institutionen gemessen. Die ausgewählten Untersuchungsobjekte sind dabei sehr differenziert und decken Bereiche des Konsumentenschutzes genauso ab wie die direkte Überprüfung der Bürokratie, z.B. durch die Messung der Geschwindigkeit und Qualität der Beantwortung von Bürgeranfragen. Als dritter Maßstab zur Messung des Sozialkapitals wird die Zufriedenheit der Bürger mit den regionalen Regierungen herangezogen, basierend auf Umfragen in den Jahren 1977 – 1988, in denen die Bürger mit „sehr zufrieden“, „ziemlich zufrieden“, „kaum zufrieden“, oder „überhaupt nicht zufrieden“ antworten konnten.

Helliwell und Putnam machen darauf aufmerksam, dass die Indikatoren nicht unabhängig voneinander sind, sondern einer internen Logik folgen, wobei die Eigenschaften und das Verhalten der Bürgergemeinschaft Auswirkungen auf die institutionelle Performance haben, die wiederum die Zufriedenheit der Bürger mit ihrer regionalen Regierung beeinflusst. Für die detaillierten Ergebnisse hinsichtlich der Verteilung des Sozialkapitals in Italien wird auf die Studie von Helliwell und Putnam (1995) verwiesen. In dieser Arbeit ist lediglich das Resultat von Bedeutung, dass eindeutig festgestellt werden kann, dass in Regionen mit einem höheren Sozialkapital, berechnet mit Hilfe der oben genannten Indikatoren, die Konvergenz der Pro-Kopf-Einkommen schneller ist und die Gleichgewichtseinkommen höher sind.[8]

In analoger Art und Weise untersuchen Jan Fidrmuc und Klarita Gërxhani (2003) das Sozialkapital der alten und neuen EU-Mitgliedsländer. Ihre Analyse baut auf den sogenannten Eurobarometer-Umfragen der Europäischen Kommission auf, mit deren Hilfe sie einen Überblick über das Sozialkapital in den verschiedenen Ländern der EU zu geben versuchen. In jedem Land wurden dazu einer bestimmten Anzahl von Individuen drei Fragen gestellt. Die erste Frage bezieht sich auf die aktive Teilnahme in verschiedenen Organisationen, wobei den Befragten eine Liste mit sozialen, kulturellen oder religiösen Vereinigungen vorgelegt wurde. Der Indikator „Partizipation“ kann die Werte 0, 1, 2 oder 3 annehmen, wobei unter dem Wert 3 auch diejenigen Individuen zusammengefasst werden, die in mehr als drei Organisationen aktiv tätig sind.

---

[8] Vgl. ebenda, S. 304.

Der zweite Maßstab des Sozialkapitals bezieht sich auf die Frage, ob die Befragten im Falle von Depressionen, bei der Arbeitssuche oder im Falle von Geldproblemen auf ein Netzwerk von Menschen zurückgreifen können, die ihnen in der jeweiligen Situation hilfreich zur Seite stehen. Die Beantwortung der Frage mit „ja“ oder „nein“ wird binär mit „0“ bzw. „1“ bewertet.

Die letzte Frage versucht den Altruismus der Individuen zu testen, indem nach der finanziellen Unterstützung sozial bedürftiger Menschen – „Altruismus (Geld)“ – bzw. nach der Aufbringung von Zeit für diese Menschen – „Altruismus (Zeit)“ – gefragt wird. Antwortmöglichkeiten sind „mindestens einmal im Monat“, „weniger häufig“, bzw. „niemals“, die mit den Werten „2“, „1“, bzw. „0“ in die Analyse eingehen.[9]

Tabelle 6.1 beinhaltet die Ergebnisse für die sechs Indikatoren des Sozialkapitals der zehn mittel- und osteuropäischen Beitrittsländer sowie die durchschnittlichen Werte der bisherigen EU-Mitgliedsländer. Bei allen Maßstäben erreichen die MOEL im Schnitt geringere Werte als die EU-15, wobei jedoch große Unterschiede zwischen den einzelnen Beitrittsländern festzustellen sind. Fidrmuc und Gërxhani (2003) machen es sich daraufhin zur Aufgabe, die Ursachen für die unterschiedliche Ausstattung mit Sozialkapital herauszuarbeiten.

Sie kommen zu dem Ergebnis, dass die jeweiligen Indikatoren für das Sozialkapital auf der individuellen Ebene in Ost- und Westeuropa durch vergleichbare Faktoren beeinflusst werden. So ergibt sich allgemein eine positive Korrelation zwischen dem Sozialkapital eines Individuums und seiner Ausbildung bzw. dem Einkommen.

Fidrmuc und Gërxhani bauen daraufhin aggregierte Dummy-Variablen in die Bestimmung des Sozialkapitals ein, welche die wirtschaftliche Entwicklung bzw. die Qualität der Institutionen in den jeweiligen Ländern repräsentieren. Dieses Vorgehen führt dazu, dass bei erneuter Berechnung des Sozialkapitals die Unterschiede zwischen den EU-15 und den MOEL nahezu verschwinden. Fidrmuc und Gërxhani deuten dieses Ergebnis als einen Beweis dafür, dass die Lücke im Sozialkapital zwischen West- und Osteuropa in erster Linie auf wirtschaftliche und institutionelle Unterschiede zurückzuführen ist. Mit fortschreitendem Aufholprozess in diesen Bereichen dürften folglich auch die Unterschiede in der Ausstattung mit Sozialkapital verschwinden[10].

Eine Vielzahl an empirischen und theoretischen Arbeiten zum Sozialkapital von Volkswirtschaften macht die Schwierigkeit deutlich, eine einheitliche Definition des Begriffs Sozialkapital zu finden. Aus diesem Grund ist auch eine klare Abgrenzung gegenüber der „social capability“ von Abramovitz nahezu unmöglich. In manchen Studien werden die Bezeichnungen „social capital“,

---

[9]Vgl. Fidrmuc/Gërxhani (2003), Kapitel 3. Die Bewertung der dritten Frage wird nicht explizit erwähnt, ergibt sich jedoch aus den Ergebnissen in Tabelle 1.

[10]Vgl. Fidrmuc/Gërxhani (2003), Kapitel 4.

„social capability", „social infrastructure", oder „social cohesion" sogar synomym verwendet.[11]

Tabelle 6.1: Alternative Messungen des Sozialkapitals in Europa

Partizipation		Depressionen		Arbeitssuche	
Tschechien	0.938	Slowakei	0.895	Slowenien	0.721
EU-15	**0.912**	Tschechien	0.863	**EU-15**	**0.699**
Slowakei	0.864	**EU-15**	**0.856**	Tschechien	0.670
Slowenien	0.701	Polen	0.832	Ungarn	0.625
Estland	0.574	Ungarn	0.802	Polen	0.531
MOEL	**0.525**	**MOEL**	**0.785**	**MOEL**	**0.526**
Litauen	0.484	Slowenien	0.782	Slowakei	0.506
Lettland	0.466	Estland	0.772	Litauen	0.504
Ungarn	0.397	Litauen	0.766	Estland	0.485
Polen	0.355	Rumänien	0.725	Rumänien	0.446
Rumänien	0.290	Letlland	0.706	Lettland	0.400
Bulgarien	0.178	Bulgarien	0.702	Bulgarien	0.368

Geldprobleme		Altruismus (Geld)		Altruismus (Zeit)	
Tschechien	0.799	Rumänien	1.079	Rumänien	0.669
EU-15	**0.796**	Polen	0.895	Slowenien	0.496
Slowakei	0.791	Litauen	0.886	Ungarn	0.434
Slowenien	0.788	**EU-15**	**0.841**	Polen	0.405
Estalnd	0.774	Slowenien	0.700	**EU-15**	**0.397**
Polen	0.765	**MOEL**	**0.650**	**MOEL**	**0.355**
Ungarn	0.728	Ungarn	0.646	Litauen	0.348
MOEL	**0.727**	Lettland	0.593	Lettland	0.343
Litauen	0.679	Slowakei	0.524	Slowakei	0.264
Rumänien	0.677	Tschechien	0.447	Estland	0.223
Bulgarien	0.669	Estland	0.413	Tschechien	0.202
Lettland	0.604	Bulgarien	0.317	Bulgarien	0.162

Quelle: Fidrmuc/Gërxhani (2003), Tabelle 1.

Anmerkung: Bei der Berechnung des Durchschnittswertes der EU-15 wurde in West- und Ostdeutschland, sowie in Irland und Nordirland unterschieden.

In dieser Arbeit soll jedoch nicht der Begriff des Sozialkapitals verwendet werden, da nicht die sozialen Werte und Normen einer Gesellschaft und ihrer Individuen untersucht werden sollen, sondern, in Anlehnung an den Definitionsversuch der „social capability" von Abramovitz, ausgewählte makroökonomische Indikatoren, denen verschiedene Studien bereits einen entscheidenden Einfluss auf das Wirtschaftswachstum und damit auf das „Catching-Up-

[11] Vgl. Hjerppe (2003), S. 6.

Potenzial" von Volkswirtschaften zugeschrieben haben. Es ist jedoch eindeutig, dass das soziale Engagement einer Gesellschaft durchaus einen wesentlichen Beitrag dazu leistet, da beispielsweise Nachbarschaftshilfe eine entscheidende Voraussetzung für die Humankapitalakkumulation einer alleinerziehenden Mutter darstellen kann. Es ist folglich zu vermuten, dass es einen Zusammenhang zwischen dem Sozialkapital und der „social capability" einer Volkswirtschaft gibt.

In jedem Fall entscheiden aufgrund der undeutlichen Begriffsbestimmungen der jeweilige Kontext und der jeweilige Untersuchungsgegenstand über die auszuwählenden Indikatoren. Im Folgenden werden Erklärungsansätze für das unterschiedliche Abschneiden der mittel- und osteuropäischen Beitrittsländer bei dem Bestreben, das durchschnittliche Pro-Kopf-Einkommen der EU zu erreichen, gesucht. Teil B dieser Arbeit hat dabei mehrmals die entscheidende Rolle des Humankapitals und der Innovationstätigkeit sowie deren Interdependenz für den Wachstums- und Konvergenzprozess einer Volkswirtschaft betont. Als wesentliches Element der „social capability" der MOEL wird aus diesem Grund die Ausbildungssituation des Produktionsfaktors Arbeit sowie die Imitations- bzw. Innovationsfähigkeit dieser Länder analysiert, um darauf aufbauend Schlussfolgerungen für die vorhandene „absorptive capability" und ihre Bedeutung für die Konvergenzperformance ziehen zu können. Um explizit die Besonderheiten des Tranformationsprozesses darstellen zu können, werden in dieser Arbeit als weitere Rahmenbedingungen zur Bestimmung der, oder einfach nur einer „social capability" die Ausgangsbedingungen zu Beginn der Transformation, die makroökonomische Stabilisierung sowie die Strukturreformen der MOEL betrachtet.

6.2. Die Soziale Qualifikation der MOEL

6.2.1. Die Absorptive Capability

6.2.1.1. Die Humankapitalbasis

Wie zu Beginn der Arbeit in Kapitel 2 dargestellt wurde, ist es den zehn mittel- und osteuropäischen Beitrittsländern im Anschluss an den Zusammenbruch der Sowjetunion und den damit einhergehenden Strukturwandel grundsätzlich gelungen, ihre relative Einkommensposition im Vergleich zu den bisherigen EU-Ländern zu verbessern. Teil B dieser Arbeit hat Argumente dafür geliefert, dass dieser Aufholprozess entscheidend durch die Einbeziehung der MOEL in den Europäischen Integrationsprozess mit den jeweiligen Konsequenzen für den Austausch von Gütern, Produktionsfaktoren und vor allem Wissen vorangetrieben wurde. Da die offiziellen Anforderungen für den EU-Beitritt wie z.B. die Erfüllung der Kopenhagener Beitrittskriterien sowie die Unterstützung durch die Europäische Union für alle Länder gleich sind, sind die Gründe für die unterschiedliche Wachstums- und Konvergenzperformance der zehn Länder insbesondere in den nationalen Rahmenbedingungen und Reformanstrengungen zu suchen. Im Folgenden steht demzufolge die Untersuchung der MOEL im Hinblick auf die Ausstattung mit Humankapital sowie deren Interdependenz mit der jeweiligen Imitations- und Innovationsfähigkeit der Beitrittsländer zur Bestimmung der im Laufe der Arbeit mehrfach betonten „absorptive capability" im Mittelpunkt. Es werden dadurch Antworten auf die Frage gesucht, ob die MOEL die notwendigen Human- und F&E-Ressourcen besitzen, um das Wachstumspotenzial in Folge der internationalen bzw. in erster Linie europäischen Technologiediffusion auch auszunutzen.

Die Bestimmung der quantitativen und qualitativen Ausstattung der MOEL mit dem Produktionsfaktor Arbeit wird vor allem durch die Tatsache geprägt, dass sowohl das Ausbildungssystem als auch der Einsatz des Humankapitals im Arbeitsleben in den letzten 10-15 Jahren tiefgreifenden Veränderungen ausgesetzt war. Der Strukturwandel von kommunistischen Zentralverwaltungswirtschaften zu kapitalistischen Marktwirtschaften hat wesentliche Veränderungen im Angebot und in der Nachfrage des Produktionsfaktors Arbeit hervorgerufen. Für einen Überblick über die Humankapitalausstattung ist es folglich notwendig, sowohl die Ausbildungssituation vor der Transformation als auch die Entwicklung im Bildungsbereich und auf dem Arbeitsmarkt im Anschluss daran zu beachten.

In vielen Arbeiten, welche den EU-Beitritt der mittel- und osteuropäischen Länder thematisieren, wird auf die gute Humankapitalbasis der ehemaligen Zentralplanwirtschaften hingewiesen, wobei insbesondere die günstige Wettbewerbssituation in Folge der Kombination niedriger Lohnkosten bei gleichzeitig gut qualifiziertem Arbeitsangebot betont wird. Zu dieser Einsicht gelangt man, da die ehemaligen Zentralverwaltungswirtschaften im Vergleich mit anderen Volkswirtschaften auf entsprechendem Einkommensniveau relativ hohe Ausgaben für die öffentliche Ausbildung sowie verhältnismäßig hohe Einschreibungsraten in primäre und sekundäre Schulen als Humankapitalindikator vorweisen konnten.[12] Trotz der auf den ersten Blick positiven Gegebenheiten ist jedoch zu überprüfen, inwieweit die in den kommunistischen Zentralverwaltungswirtschaften erworbenen Qualifikationen mit den Anforderungen einer Marktwirtschaft kompatibel sind. Robert Flanagan (1998) stellt aus diesem Grund die Frage: „Were communists good human capitalists?" und untersucht das Ausbildungs- und vor allem das Anreizsystem der Planwirtschaften am Beispiel der Tschechischen Republik.[13]

---

[12]Vgl. z.B. EBRD (2000), S. 113 und Micklewright (1999), Kap. 3.

[13]Die Tschechische Republik ebenso wie die Slowakei werden häufig zur Veranschaulichung der Folgen des Strukturwandels herangezogen, da in diesen Ländern bzw. in der Tschechoslowakei im Gegensatz zu anderen mittel- und osteuropäischen Beitrittsländern das kommunistische System bis 1990 nahezu vollständig intakt war. Während beispielsweise Polen und Ungarn schon vor der Transformation einen signifikanten

In der Tschechoslowakei ebenso wie in anderen kommunistischen Regimes fanden die Vergabe der Arbeitsplätze und die Lohnfindung nicht gemäß Angebot und Nachfrage statt, sondern wurden sozialistischen Zielsetzungen unterstellt. Die zwei wichtigsten Ziele waren die Herausbildung eines egalitären Einkommensprofils sowie die Förderung des Produktions- und Industriesektors, der im Gegensatz zum unproduktiven Dienstleistungssektor als sozial wichtig eingestuft wurde. Die Folge war die Einführung sogenannter Lohngitter durch die kommunistische Regierung, welche in der gesamten Tschechoslowakei die Entlohnung der Arbeiter regelte. Zwar wurde je nach individueller Ausbildung eines Arbeiters, seiner Erfahrung, sowie nach der jeweiligen Arbeitsstelle und vor allem der sektoralen Zugehörigkeit derselben unterschieden, dennoch ergab sich lediglich eine geringe Streuung der Arbeitseinkommen, was dazu führte, dass das Lohndifferenzial zwischen qualifizierten und unqualifizierten Arbeitern sehr gering gehalten wurde.[14]

Tabelle 6.2: Die sektorale Lohnstruktur in der Tschechoslowakei 1948 – 1955

Sektor	**1948**	**1953**	**1955**
National economy	100	100	100
Manufacturing	92,7	108,5	107,8
Agriculture	80,2	70,6	75,3
Construction	101,2	115,6	113,8
Transport	109,4	107,0	106,4
Communications	80,0	89,6	85,9
Trade	102,5	77,3	83,1
Education and culture	124,7	88,9	87,4
Health and welfare	120,8	88,6	83,0
Financial	134,5	104,3	99,5
Variationskoeffizient	**18,1%**	**14,4%**	**12,9%**

Quelle: Flanagan (1998), S. 297. Eigene Berechnungen.

Tabelle 6.2 zeigt beispielhaft die Entwicklung der Lohnniveaus in der Tschechoslowakei in den verschiedenen Wirtschaftssektoren in den ersten Jahren unter kommunistischer Führung. Dabei wird zum einen die abnehmende Streuung

Privatsektor vorweisen konnten, war bis Ende der 80er Jahre in der Tschechoslowakei nahezu 100 % der Volkswirtschaft Staatseigentum. Dies führte dazu, dass insbesondere in der Tschechischen Republik in den ersten Jahren der Transformation einer der schnellsten und umfassendsten Privatisierungsprozesse unter den ehemaligen Planwirtschaften statt fand. Die Tschechische Republik ist somit quasi ein Prototyp zur Analyse der Folgen des plötzlichen Strukturwandels in Osteuropa. Vgl. Munich/Svejnar/Terrell (2002), S. 1 – 2.

[14] Vgl. Munich/Svejnar/Terrell (2002), S. 5. Daniel Munich, Jan Svejnar und Katherine Terrell zeigen in Tabelle 1 – 3 ihrer Arbeit beispielhaft drei verschiedene Lohngitter der tschechoslowakischen Regierung aus verschiedenen Jahrzehnten.

der Lohnniveaus, zum anderen aber auch die explizite Förderung der sogenannten produktiven Sphäre im Gegensatz zu den unproduktiven Dienstleistungssektoren durch die kommunistische Regierung deutlich. Dies ist vor allem deswegen von Bedeutung, da gerade in den Sektoren Ausbildung, Gesundheit und Finanzwesen in der Regel höher qualifizierte Arbeitskräfte beschäftigt werden.[15]

Der in einer Marktwirtschaft grundsätzlich geltende Zusammenhang zwischen dem Qualifikationsniveau eines Arbeiters und seinem Arbeitseinkommen wurde in den Planwirtschaften zusätzlich dadurch unterbrochen, dass neben der Regulierung der Löhne auch Einfluss auf die Vergabe der Arbeitsplätze und den Zugang zu höherer Ausbildung genommen wurde.

Zwar wurde jedem Arbeiter eine Arbeitsstelle garantiert, ein wichtiges Kriterium für den Zugang zu höherwertigen Arbeitsplätzen war jedoch politische Loyalität und Parteizugehörigkeit. Strategische Positionen wurden somit nicht mit den am besten ausgebildeten Arbeitskräften besetzt, sondern mit den treuesten Parteigängern.

> *„As was clear after the communist takeover of 1948 and several times later during minor or major political upheavals, many experienced and educated professionals were demoted to unskilled jobs and replaced with loyal communist party members who often had less education."*[16]

Ein analoges Bild ergab sich bei der Zulassung zu den Universitäten, bei der neben der Parteizugehörigkeit sowohl des Studenten als auch der Familienmitglieder insbesondere die Abstammung aus einer Arbeiterfamilie von Vorteil war.[17]

Die Anreize zur Investition in die eigene Humankapitalakkumulation waren somit für den Einzelnen eher gering, da zum einen die Qualifikation eines Arbeiters bei der Arbeitsplatzvergabe letztendlich nicht entscheidend war und zum anderen die Lohnprämie bei besser bezahlten Jobs aufgrund des egalisierenden Lohngitters nur sehr gering war. Dies hatte zur Folge, dass die Erträge für die Investition in die individuelle Ausbildung in der Tschechoslowakei ebenso wie in den anderen kommunistischen Zentralverwaltungswirtschaften sehr gering waren. Mit dem Zusammenbruch der Sowjetunion und der Transformation der osteuropäischen Zentralplanwirtschaften in Marktwirtschaften war somit zu erwarten, dass sich durch die Abschaffung der Lohnregulierung höhere Erträge bezogen auf die absolvierte Ausbildung ergeben und es damit natürlich auch zu einer Zunahme der nationalen Einkommensdisparitäten kommt. Tabelle 6.3 fasst einige Ergebnisse der Berechnungen der geschätzten Erträge für ein Jahr Schulausbildung vor und nach der Transformation für verschiedene MOEL

---

[15]Vgl. Flanagan (1998), S. 297.
[16]Munich/Svejnar/Terrell (2002), S. 6.
[17]Vgl. Flanagan (1998), S. 298.

zusammen. Grundlage der Berechnungen ist dabei jeweils eine Form der „human capital earnings function" von Jacob Mincer (1974).[18]

Tabelle 6.3: Geschätzte Ertragsraten für ein Jahr Schulausbildung vor und nach der Transformation

Land	Vergleichsjahre	Kommunismus	Transformation	Quelle
Cz	1984, 1993	0,024	0,052	Chase (1998)
Cz	1988, 1996	0,037	0,045	Flanagan (1998)
Cz	1989, 1996	0,027	0,052	Munich/Svejnar/Terrell (2002)
SK	1984, 1993	0,028	0,049	Chase (1998)
Pl	1987, 1992	0,05	0,07	Rutkowski (1997)

Anmerkung: Die Ertragsraten gelten nur für Männer, außer bei den Ergebnissen von Rutkowski (1997), der die Gesamtertragsraten von Frauen und Männern berechnet.

Wie zu erwarten war, haben sich die Anreize zur Investition in das individuelle Humankapital in Folge der Transformation eindeutig vergrößert. Zu diesem Ergebnis kommen auch andere Studien, die nicht die Anzahl der Schuljahre in ihre Regressionsanalysen einbeziehen, sondern den erreichten Abschluss. So berechnen beispielsweise Peter Orazem und Milan Vodopivec (1995) für Slowenien und Gábor Kertesi und János Köllö (2001) für Ungarn die Veränderung der zu erwartenden Ertragsraten für Männer mit Abschlüssen verschiedener Ausbildungsstufen vor und nach der Transformation. Ihre Ergebnisse zeigt Tabelle 6.4.

Tabelle 6.4: Geschätzte Ertragsraten je nach Ausbildungsabschluss vor und nach der Transformation

	Slowenien		Ungarn	
Vergleichsjahre	1987	1991	1986	1994
Primäre Schule	0,044	0,107	-	-
Sekundäre Schule	0,319	0,406	0,136	0,219
College	-	-	0,359	0,598
Berufsausbildung	0,163	0,201	0,120	0,129
Universität (4 Jahre)	0,715	0,943	-	-

Quelle: Orazem/Vodopivec (1995), S. 211 und Kertesi/Köllö (2001), S. 26.

Nun sagen die niedrigen Ertragsraten bezogen auf die Investition in die Ausbildung zur Zeit des Kommunismus an sich noch nichts über die tatsächliche

[18] Die Lohngleichung von Mincer sieht wie folgt aus: $LnE = b_0 + b_1 S + b_2 T + b_3 T^2 + U$. Der Logarithmus des Einkommens E ist eine Funktion der Schuljahre S, der Erfahrung T (mit T = Alter – Schuljahre – 6) und des Restwertes U. Mit b_0 bis b_3 werden die jeweiligen Regressionskoeffizienten dargestellt. Tabelle 6.3 beinhaltet folglich die jeweiligen Werte für b_1. Vgl. z.B. Chiswick (2003), S. 19.

Qualität der Schulung bzw. ihre Kompatibilität mit den Anforderungen einer Marktwirtschaft aus. Lediglich die Entlohnung und damit ein Hauptbestandteil des Anreizsystems für die Humankapitalakkumulation fiel sehr gering aus.

Zusätzlich kam es aufgrund der Präferenz der kommunistischen Regierungen für die produktive Sphäre jedoch zu einer starken Betonung der berufsbezogenen Ausbildung im Produktionssektor. Flanagan (1998) beschreibt, dass vor allem junge Männer in der Tschechoslowakei zu einem wesentlich größeren Anteil als in Westeuropa praxisorientierte Berufsausbildungs- bzw. Lehrprogramme absolvierten. Neben dieser quantitativen Bevorzugung der physischen Arbeit gegenüber der eher mentalen Ausbildung – der Anteil der Universitätsabsolventen lag in den Planwirtschaften weit unter den Anteilen in westeuropäischen Marktwirtschaften – gab es jedoch vor allem sehr große qualitative Unterschiede in der Berufsausbildung beispielsweise verglichen mit der Lehrausbildung in Österreich und Westdeutschland. Die praktische Ausbildung in den mittel- und osteuropäischen Ländern war sehr unternehmensspezifisch und folglich keine generalistische Schulung, die nach Meinung von Flanagan (1998) somit nicht die notwendige Qualifikation lieferte, um mit den fortgeschrittenen Technologien der westeuropäischen Marktwirtschaften arbeiten zu können.[19]

Diese negative Einschätzung hinsichtlich der Verwertbarkeit des vererbten Humankapitals der ehemaligen Planwirtschaften von Flanagan geht einher mit dem Ergebnis verschiedener Studien, die eine Obsoleszenz des in den ehemaligen Planwirtschaften akkumulierten Humankapitals festgestellt haben.[20] Für die Darstellung des vorhandenen Humankapitals in den mittel- und osteuropäischen Ländern ist es deshalb notwendig, zwischen den Qualifikationen der jüngeren und der älteren Arbeitnehmer zu unterscheiden. Während die Jüngeren im Verlaufe der Transformation von der Orientierung des Bildungssystems an den neuen Erfordernissen profitieren konnten, hat sich der Strukturwandel eindeutig negativ auf das Wissen und die Erfahrung der älteren Generation ausgewirkt. Durch die Veränderung der Produktionsmethoden, der Arbeitsorganisation und der allgemeinen Rahmenbedingungen auf den Beschaffungs- und Absatzmärkten wurde das vormals in den Planwirtschaften erworbene spezifische Wissen entwertet. Diese Ansicht wird durch die hohe Arbeitslosigkeit bestätigt, die sich direkt im Anschluss an die Transformation in allen MOEL gebildet hat. Tabelle 6.5 zeigt dazu die Arbeitslosenraten in den Jahren 1990 bis 1999.

Während es zur Zeit des Kommunismus prinzipiell so gut wie keine Arbeitslosigkeit gegeben hat, kam es direkt im Anschluss an die Transformation in allen Beitrittsländern zu einem sehr raschen Anstieg der Arbeitslosenquoten, die auch zehn Jahre nach dem Wandel in den meisten Ländern auf zweistelligem

[19]Vgl. Flanagan (1998), S. 300: "From the perspective of market economies, overinvestments in vocational-apprenticeship training and underinvestment in university education appear to be the major distortions in human capital formation under central planning."

[20]Vgl. z.B. Coricelli/Campos (2002), S. 808, Kertesi/Köllö (2001), S. 4 und Micklewright (1999), Kap. 2.1.

Niveau verharren. Dies zeigt nicht nur die verminderte Nachfrage nach Arbeit, sondern verdeutlicht zusätzlich die fortschreitende Entwertung des Humankapitals der Erwerbslosen mit jedem weiteren Jahr Arbeitslosigkeit. Besonders besorgniserregend ist der hohe Anteil der Langzeitarbeitslosen, der beispielsweise in Bulgarien und Ungarn zwischenzeitlich über 50% der Arbeitslosen ausmachte.[21]

Um der Obsoleszenz des Humankapitals entgegenzuwirken, ist es notwendig, dass auch für die älteren Arbeitnehmer entsprechende Weiterbildungsmaßnahmen angeboten werden, um sie mit den neuen Technologien und Arbeitsformen vertraut zu machen. Bisher wird dieser Weg jedoch noch nicht ausreichend beschritten. Nach einer OECD-Studie lag die Beteiligung an Weiterbildungsmaßnahmen der 25- bis 64-jährigen in der Tschechischen Republik und Ungarn im Jahr 1999 lediglich bei 27% bzw. 18%, während sie in Polen im Jahr 1995 sogar nur 14% betrug. Diese Werte liegen dabei eindeutig unter dem EU-Durchschnitt von 33% bzw. dem OECD-Durchschnitt von 36%.[22]

Tabelle 6.5: Arbeitslosenraten der MOEL 1990 – 1999

	1990	**1991**	**1992**	**1993**	**1994**	**1995**	**1996**	**1997**	**1998**	**1999**
Bulgarien	1,7	11,1	15,3	16,4	12,8	11,1	12,5	13,7	12,2	16,0
Estland	0,6	k.A.	k.A.	6,6	7,6	9,8	10,0	9,7	9,9	12,3
Lettland	0,5	0,6	3,9	8,7	16,7	18,1	19,4	14,8	14,0	14,4
Litauen	k.A.	0,3	1,3	4,4	3,8	17,5	16,4	14,1	13,3	14,1
Polen	6,5	12,3	14,3	16,4	16,0	14,9	13,2	8,6	10,4	13,0
Rumänien	k.A.	3	8,2	10,4	10,1	8,2	6,5	7,4	10,4	11,5
Slowakei	1,2	9,5	10,4	14,4	14,6	13,1	12,8	12,5	15,6	19,2
Slowenien	k.A.	7,3	8,3	9,1	9,1	7,4	7,3	7,1	7,6	7,4
Tschechien	0,7	4,1	2,6	3,5	3,2	2,9	3,5	5,2	7,5	9,4
Ungarn	1,8	8,2	9,3	11,9	10,7	10,2	9,9	8,7	7,8	7,0

Quelle: EBRD (2000), S. 101.

Neben der Qualifizierung und den gesammelten Erfahrungen in den kommunistischen Planwirtschaften ist für die „absorptive capability" von Bedeutung, inwieweit es den MOEL gelungen ist, ihr formales Bildungsniveau mit den Erfordernissen in einer Marktwirtschaft in Einklang zu bringen, um dadurch die Bedingungen für einen wirtschaftlichen Aufholprozess zu schaffen. Für einen entsprechenden Überblick werden im Folgenden einige Humankapitalindikatoren zur Darstellung des formalen Bildungsniveaus vorgestellt, welches insbeson-

[21]Vgl. EBRD (2000), S. 100.

[22]Vgl. OECD (2002), Tabelle C4.1 und Plünnecke/Werner (2004), S. 7.

dere die Qualifikation der jüngeren Arbeitnehmer repräsentiert. Axel Plünnecke und Dirk Werner (2004) bieten dazu verschiedene Ansatzpunkte.

Ein allgemein verwendeter Indikator für das Humankapital einer Volkswirtschaft ist der Anteil an der Bevölkerung, der über höhere Bildungsabschlüsse verfügt. Tabelle 6.6 zeigt dazu den Anteil der Personen in den MOEL und der EU, der im Jahr 2000 mindestens einen Sekundar-II-Abschluss[23] vorweisen kann, jeweils geordnet nach Altersgruppen.

Es zeigt sich, dass die MOEL im Schnitt in allen Altersgruppen einen höheren Anteil an Personen mit Sekundar-II-Abschluss vorweisen können als die EU. Allerdings muss dabei beachtet werden, dass in dieser Übersicht die jeweiligen Abschlüsse in den meisten Fällen noch vor der Transformationsphase erworben wurden. Trotzdem ist auch der Anteil in der Altersgruppe der 25- bis 34- jährigen, in der die jeweilige Ausbildung zum großen Teil nach der Transformation abgeschlossen wurde, mit 87,7% um 13,5 Prozentpunkte höher als in der bisherigen EU und spricht somit weiterhin für ein hohes durchschnittliches Bildungsniveau der MOEL.

Tabelle 6.6: Anteil der Sekundar-II-Abschlüsse in den MOEL und der EU in % der Bevölkerung im Jahr 2000

	25 - 64	**25 - 34**	**35 - 44**	**45 - 54**	**55 - 64**
Bul	67,1	75,6	76,3	66,1	46,8
Cz	86,1	92,5	89,4	83,9	75,7
EE	84,7	90,8	91,9	85,8	66,3
Hu	69,2	81,1	78,5	71,3	39,2
LT	83,5	89,7	91,3	83,4	66,2
Lit	84,9	92,2	96,2	87,4	54,8
PL	79,7	89,4	87,2	77,1	56,2
Rum	69,3	86,8	81,0	61,5	37,0
SK	83,6	93,7	88,6	81,4	61,1
Sl	74,8	85,5	78,2	70,8	60,9
MOEL	**78,3**	**87,7**	**85,9**	**76,9**	**56,4**
EU-15	**63,5**	**74,2**	**68,1**	**58,7**	**48,0**

Quelle: Plünnecke/Werner (2004), S. 2.

Zu einem vergleichbaren Ergebnis gelangt man, wenn man die tertiären Bildungsabschlüsse betrachtet, die in Abbildung 6.1, stellvertretend für die Anzahl der Meister-, Techniker- oder Hochschulabschlüsse je 1000 Personen im Alter von 20 – 29 Jahren im Jahr 2001, dargestellt werden. Lediglich die Slowakei,

[23] In Deutschland vergleichbar mit Abitur, abgeschlossener Berufsausbildung, Meister, Techniker und Studium. Vgl. Plünnecke/Werner (2004), S. 2.

Tschechien und Rumänien liegen wesentlich unter dem Durchschnitt der EU-15, wohingegen vor allem Polen und Litauen erstaunlich hohe Werte aufweisen.

Abbildung 6.1: Tertiäre Bildungsabschlüsse je 1000 Personen in den MOEL und der EU im Jahr 2001

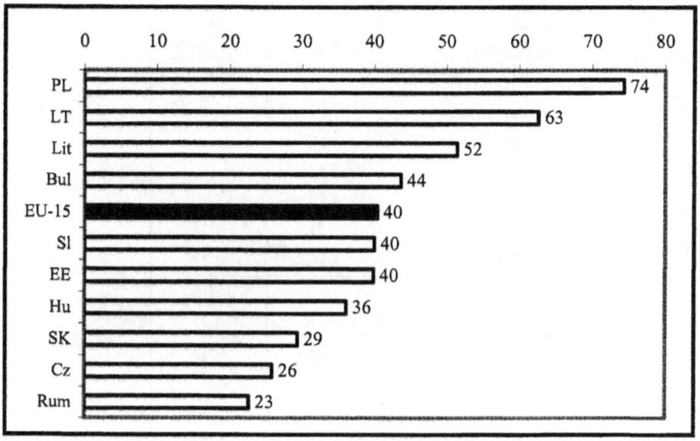

Quelle: Eurostat (2003d), S. 3.

Aus Kapitel 4.3.2 sind die Schwierigkeiten bekannt, die sich bei der empirischen Überprüfung der Wachstumseffekte dieser Art von Humankapitalindikatoren ergeben. Die Anzahl der Abschlüsse lässt letztendlich keinen Vergleich der Qualität der Ausbildung und insbesondere ihrer Bedeutung für die Wachstumsperformance einer Volkswirtschaft zu.

Um tatsächlich das Bildungsniveau verschiedener Volkswirtschaften miteinander vergleichen zu können, werden in letzter Zeit häufig sogenannte Outputgrößen als Humankapitalindikatoren verwendet, mit deren Hilfe die aktuelle Qualität der Schulbildung untersucht werden kann.[24] Im Mittelpunkt stehen internationale Schulleistungstests wie die PISA-Studie (Programme for International Student Assessment) oder die Internationale Grundschul-Lese-Untersuchung (IGLU). Die Ergebnisse dieser beiden Studien für die EU-15 und die MOEL werden in Tabelle 6.7 dargestellt.

[24]Vgl. Plünnecke/Werner (2004), S. 4.

Tabelle 6.7: Ergebnisse der IGLU- und PISA-Studie für die MOEL und die EU-15[25]

	IGLU	**PISA**
Bulgarien	550	436
Estland	-	-
Lettland	527	460
Litauen	543	-
Polen	-	477
Rumänien	512	-
Slowakei	518	-
Slowenien	533	-
Tschechien	554	500
Ungarn	541	488
MOEL	**535**	**472**
Belgien	-	508
Dänemark	-	497
Deutschland	548	487
England	539	-
Finnland	-	540
Frankreich	525	507
Griechenland	504	461
Groß-Britannien	-	528
Irland	545	514
Italien	541	473
Luxemburg	-	443
Niederlande	563	-
Österreich	562	514
Portugal	478	456
Schottland	528	-
Schweden	561	513
Spanien	-	487
EU-15	**536**	**495**

Quelle: Plünnecke/Werner (2004), S. 5.

[25]IGLU-Studie: Gesamtergebnis für Schüler der vierten Schulklasse aus Lesen, Mathematik und Natur-issenschaften im Jahr 2001; der Durchschnitt der an der IGLU-Studie beteiligten Länder ist auf 500 normiert. PISA-Studie: Gesamtergebnis für 15-jährige Schüler aus Lesen, Mathematik und Naturwissenschaften im Jahr 2000; der Durchschnitt der an der PISA-Studie beteiligten Länder ist auf 500 normiert. IGLU- und PISA-Ergebnisse sind nicht direkt vergleichbar, da dem jeweiligen Durchschnitt unterschiedliche Länder zugrunde liegen. Plünnecke/Werner (2004), S. 5.

Was die IGLU-Studie betrifft, so liegen die teilnehmenden mittel- und osteuropäischen Länder ausnahmslos über dem normierten Durchschnitt von 500 und erreichen das gleiche durchschnittliche Niveau wie die alten EU-Mitgliedsländer. Für die PISA-Studie ergibt sich dagegen ein etwas anderes Bild, da lediglich das überprüfte Wissen der 15-jährigen Schüler aus der Tschechischen Republik höher ist als im Durchschnitt der EU-15. Während also die Grundschüler in den MOEL im internationalen Vergleich überdurchschnittlich abschneiden, scheint es bei den 15-jährigen Schülern noch etwas Nachholbedarf zu geben. Letztendlich ist der Abstand insbesondere zur EU jedoch nicht allzu groß, so dass grundsätzlich von einem guten formalen Bildungsniveau als Voraussetzung für den weiteren Konvergenzprozess gesprochen werden kann.

Abbildung 6.2: Der Zusammenhang von Schulleistungen und Pro-Kopf-Einkommen

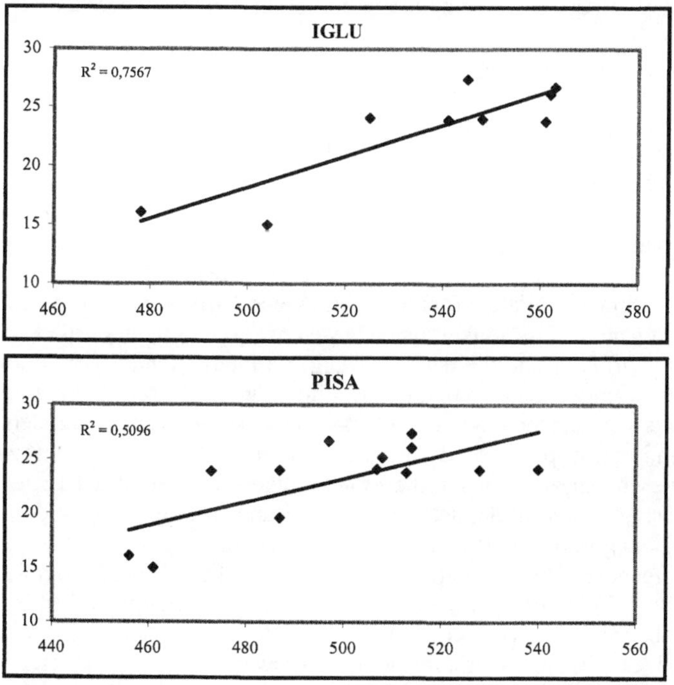

Quelle: Eurostat (2003), S. 7 und Eurostat (2003b), S. 7. Eigene Berechnungen.

Anmerkung: BIP pro Kopf angegeben in 1000 KKS.

Um die Bedeutung der outputorientierten Humankapitalindikatoren für die wirtschaftliche Performance der Volkswirtschaften zu unterstreichen, stellt Abbildung 6.2 die Ergebnisse der IGLU- und PISA-Studien der beteiligten Länder der EU-15 (ohne Luxemburg) dem jeweiligen Pro-Kopf-Einkommen dieser Länder im Jahr 2001 gegenüber. Die mittel- und osteuropäischen Beitrittsländer werden dabei bewusst nicht einbezogen, da aufgrund des Strukturwandels das Bruttoinlandsprodukt im Jahr 2001 von Personen erwirtschaftet wird, die ihre Ausbildung nicht in vergleichbaren Schulsystemen erworben haben, wie die in den IGLU- und PISA-Studien getesteten Schüler.

Für die EU-15 ergibt sich eindeutig ein positiver Zusammenhang zwischen dem Abschneiden in den internationalen Schulleistungstests und der relativen Einkommensposition in der EU. Daraus kann abgeleitet werden, dass auch für die MOEL das formale Bildungsniveau als Indikator für die zu erwartende Entwicklung im wirtschaftlichen Aufholprozess verwendet werden kann. Die junge Humankapitalbasis ist dabei vergleichsweise gut ausgebildet, so dass für die nähere Zukunft erneut von einem gut qualifizierten Arbeitsangebot auszugehen ist.

6.2.1.2. Die Imitations- bzw. Innovationsfähigkeit

Sowohl im neoklassischen Wachstumsmodell als auch in den Modellen endogenen Wachstums wird dem technischen Fortschritt die entscheidende Rolle im Wachstumsprozess zugeordnet. Während er im Solow-Modell exogen vorgegeben wird, ist es vor allem in den F&E-basierten Modellen endogenen Wachstums aufbauend auf den Arbeiten von Schumpeter die Innovationstätigkeit, die ein Ende des Wirtschaftswachstums in Folge abnehmender Grenzerträge des Kapitals verhindert. Während eine geschlossene Volkswirtschaft ausschließlich auf die eigene F&E-Tätigkeit angewiesen ist, ermöglicht es die außenwirtschaftliche Öffnung und die damit verbundene internationale Technologiediffusion weniger entwickelten Volkswirtschaften, durch die Anwendung und Imitation bereits vorhandenen Wissens positive Wachstumsraten zu erzielen. Für die mittel- und osteuropäischen Beitrittsländer und ihren Konvergenzprozess stellt sich in diesem Zusammenhang die Frage, inwieweit diese in der Lage sind, die neuen Technologien tatsächlich anzuwenden und in Folge eines Lernprozesses mittel- bis langfristig selbst innovativ tätig zu werden.

Die folgenden Untersuchungen basieren auf dem *Global Competitiveness Report 2003-2004* des World Economic Forum. Das Hauptziel dieses Berichts ist es zu beurteilen, inwieweit verschiedene Volkswirtschaften der Welt in der Lage sind, langfristig dauerhaftes Wirtschaftswachstum zu generieren. Im Mittelpunkt steht die jährliche Schätzung des sogenannten „Growth Competitiveness Index" (GCI), entwickelt von John McArthur und Jeffrey Sachs (2002), mit Hilfe dessen verschiedene Determinanten des jeweiligen Wachstumsprozesses untersucht und in einen internationalen Vergleich gebracht werden. Die drei Säulen des GCI sind erstens ein Index für die makroökonomische Stabilität, zweitens ein Index für die Qualität der öffentlichen Institutionen und drittens ein Index für den technischen Fortschritt. Während die ersten beiden Indizes im Laufe des Kapitels zur weiteren Untersuchung der „social capability" der MOEL näher erläutert werden, steht im Folgenden der Technologieindex (TI) im Vordergrund, mit dessen Hilfe zusätzlich zu den vorangegangenen Erläuterungen zur Humankapitalbasis der MOEL weitere Einsichten über die „absorptive capability" der Beitrittsländer gewonnen werden können.

Von besonderem Interesse an der Herleitung und Bestimmung des Technologieindexes ist die explizite Unterscheidung von McArthur und Sachs in sogenannte „core innovators" und „non-core innovators".

Tabelle 6.8: Die Kerninnovationsländer im Jahr 2002

	Patente pro 1 Mill. Pers.	**Rang**
USA	301,48	1
Japan	273,40	2
Taiwan	241,38	3
Schweden	190,34	4
Schweiz	189,44	5
Israel	165,08	6
Finnland	155,58	7
Deutschland	137,52	8
Kanada	109,62	9
Singapur	97,62	10
Niederlande	86,94	11
Luxemburg	82,59	12
Dänemark	80,38	13
Korea	79,87	14
Belgien	70,10	15
Frankreich	67,59	16
Österreich	65,43	17
Groß-Britannien	64,29	18
Norwegen	53,78	19
Island	45,94	20
Australien	44,00	21
Neuseeland	36,84	22
Irland	33,85	23
Hong Kong SAR	33,29	24
Italien	30,49	25

Quelle: Blanke/Paua/Sala-i-Martin (2004), S. 5.

Dieser Unterscheidung liegt die Überlegung zugrunde, dass Volkswirtschaften, die sich schon am oberen Ende der Technologieleiter befinden, lediglich durch eigene Innovationstätigkeit in der Lage sind, neue Technologien zu entwickeln und damit neue Wachstumsmöglichkeiten zu schaffen. Von diesen Kerninnovationsländern unterscheiden sich die weniger entwickelten Volkswirtschaften, die technologische Verbesserungen insbesondere durch die Anwendung und Imitation bereits vorhandenen Wissens erreichen, welches durch internationalen Technologietransfer verfügbar geworden ist. Als Maßstab zur Abgrenzung dieser beiden Gruppen verwenden McArthur und Sachs die Anzahl der jährlich in den USA angemeldeten Patente pro 1 Million Personen.[26] Tabelle 6.8 zeigt die 25 Hauptinnovationsländer im Jahr 2002, wobei die Schwelle zu den „non-core innovators" bei 15 Patenten pro 1 Million Personen angesetzt wurde.

Während von den fünfzehn bisherigen EU-Mitgliedsländern im Jahr 2002 zwölf Länder zu den „core innovators" gehören, ist noch kein mittel- und osteuropäisches Beitrittsland in dieser Gruppe vertreten. Für die MOEL und andere weniger entwickelte Volkswirtschaften spielt folglich die Anwendung und Imitation ausländischen Wissens für das Wirtschaftswachstum noch eine wesentliche Rolle. Dieser Tatsache werden McArthur und Sachs gerecht, indem sie den Technologieindex für die innovierenden Länder anders berechnen als für die in erster Linie noch imitierenden Länder.

Für beide Ländergruppen ergibt sich der Technologieindex aus verschiedenen Sub-Indizes. McArthur und Sachs berechnen dazu für alle Volkswirtschaften einen Innovationssubindex und einen Subindex der Informations- und Kommunikationstechnologie (ICT), jeweils basierend auf ausgesuchten Fakten, den sogenannten „hard data", und Ergebnissen des *Executive Opinion Survey*, einer Umfrage, die jedes Jahr zur Vorbereitung des *Global Competitiveness Report* unter den führenden Wirtschaftsunternehmen der untersuchten Volkswirtschaften durchgeführt wird.[27] Um die besondere Bedeutung des Technologietransfers für die „non-core innovators" deutlich zu machen, wird für diese Länder zusätzlich ein Technologietransfer-Subindex berechnet.

Demzufolge ergibt sich der Technologieindex für die „core innovators" bzw. die „non-core innovators" wie folgt[28]:

Core Technologieindex

= 1/2 Innovationssubindex+ 1/2 ICT-Subindex

[26] An dieser Stelle sei erneut auf die Kritik an der Verwendung von Patenten als Indikator innovativer Tätigkeit hingewiesen. Vgl. dazu Mairesse/Mohnen (2001), sowie Kap. 4.4.

[27] Für weitere Informationen zum Executive Opinion Survey des World Economic Forum vgl. jeweils das letzte Kapitel des jährlichen Growth Competitive Report.

[28] Vgl. McArthur/Sachs (2002), S. 40.

Non-Core Technologieindex

= 1/8 Innovationssubindex + 3/8 Technologietransfer-Subindex

+ 1/2 ICT-Subindex.

Die unterschiedliche Gewichtung der einzelnen Subindizes zeigt ebenfalls die wesentlich höhere Bedeutung der Innovationsfähigkeit für die Kerninnovationsländer im Gegensatz zu den weniger entwickelten Volkswirtschaften, deren Innovationssubindex lediglich mit 1/8 gewichtet wird. Dagegen wird der besonderen Rolle des Technologietransfers für die Imitationsfähigkeit dieser Länder, wie beschrieben, durch die Einbeziehung des Technologietransfer-Subindexes mit einer Gewichtung von 3/8 Ausdruck verliehen. Tabelle A.7 im Anschluss an Kapitel 6 zeigt die einzelnen Komponenten des Technologieindexes von McArthur und Sachs sowie ihre Zusammensetzung.

Mit Hilfe des Innovationssubindexes sollen die vorliegenden Bedingungen für die Innovationstätigkeit der Volkswirtschaften überprüft werden. Dazu werden vergleichbare Indikatoren herangezogen wie in den empirischen Untersuchungen zu den F&E-basierten Wachstumsmodellen in Kapitel 4.4.2. Neben der Anzahl der Patente und der Einschreibungsraten in tertiäre Bildungseinrichtungen werden aufbauend auf den Ergebnissen der Unternehmensbefragung sowohl die Ausgaben für Forschung und Entwicklung als auch die Bedeutung des F&E-Sektors in den Unternehmen sowie die wissenschaftliche Zusammenarbeit mit Universitäten als Indikatoren für die Innovationstätigkeit der Unternehmen und damit letztendlich der Volkswirtschaft verwendet.

Der Technologietransfer und die damit verbundenen Wissensspillover als Voraussetzung für positive Wachstumswirkungen für weniger entwickelte Volkswirtschaften im Anschluss an die außenwirtschaftliche Öffnung werden durch den Technologietransfer-Subindex gemessen. In Übereinstimmung mit den Ergebnissen von Kapitel 5.1.3.2. stehen ausländische Direktinvestitionen als Indikator für die Wissensdiffusion im Mittelpunkt. Mit Hilfe des sogenannten „technology-in-trade residual" wird zusätzlich versucht, einen Maßstab zu schaffen, mit dem überprüft werden kann, wie schnell die weiter von der internationalen Technologiegrenze entfernten Volkswirtschaften die neuesten Produktionstechnologien aus den hochentwickelten Volkswirtschaften absorbieren bzw. implementieren. Diesem Indikator liegt die Annahme zugrunde, dass Länder, die technologieintensive Güter exportieren, grundsätzlich ausländische Technologien schneller absorbieren als Volkswirtschaften, deren Exporte aus Gütern des primären Sektors bestehen.[29]

Der Subindex der Informations- und Kommunikationstechnologien gibt mit den in Tabelle A.6 angegeben Indikatoren einen Überblick über die Ausstattung

[29]Für eine detaillierte Herleitung des „technology-in-trade residual" vgl. McArthur/Sachs (2002), S. 43.

mit und den Einsatz von ICT und insbesondere deren Qualität in den jeweiligen Ländern.

Der Technologieindex und seine Komponenten ermöglichen den Vergleich der länderspezifischen Voraussetzungen für die Innovations- bzw. Imitationstätigkeit, indem sowohl die Bedeutung von Forschung und Entwicklung als auch die Kanäle zur Anwendung bereits entwickelter Technologien überprüft werden. Insbesondere der Technologietransfer-Subindex ist damit ein Maß für die „absorptive capability" weniger entwickelter Volkswirtschaften wie die mittel- und osteuropäischen Beitrittskandidaten.

Tabelle 6.9: Der Technologieindex und seine Komponenten für die EU-15 und die MOEL im Jahr 2003

Technologie-index		**Innovations-subindex**		**ICT-Subindex**		**Technologie-transfer-Subindex**	
Rang	Score	Rang	Score	Rang	Score	Rang	Score
2	6,00	3	5,71	2	6,29	-	-
4	5,90	4	5,52	3	6,28	-	-
8	5,25	11	4,26	4	6,25	-	-
10	**5,16**	**26**	**3,38**	**20**	**5,55**	**11**	**5,24**
14	5,03	10	4,36	17	5,71	-	-
16	4,96	13	4,11	16	5,81	-	-
18	4,93	14	4,04	15	5,82	-	-
21	**4,84**	**45**	**2,57**	**30**	**5,04**	**5**	**5,35**
22	4,82	32	2,98	29	5,04	15	5,14
24	**4,73**	**23**	**3,51**	**26**	**5,28**	**51**	**4,42**
25	4,72	25	3,46	31	4,99	35	4,77
26	**4,71**	**22**	**3,52**	**34**	**4,73**	**19**	**5,07**
27	4,69	20	3,87	22	5,51	-	-
28	4,67	19	3,92	23	5,42	-	-
29	4,65	17	4,00	25	5,29	-	-
30	4,64	31	3,02	33	4,82	27	4,95
32	**4,57**	**38**	**2,76**	**35**	**4,68**	**21**	**5,04**
33	**4,55**	**44**	**2,58**	**37**	**4,60**	**16**	**5,13**
34	**4,44**	**29**	**3,20**	**41**	**4,36**	**26**	**4,97**
36	**4,43**	**30**	**3,14**	**38**	**4,58**	**42**	**4,65**
38	4,37	24	3,48	27	5,26	-	-
42	4,30	40	2,68	10	5,92	-	-
44	4,24	28	3,33	28	5,14	-	-
55	**3,93**	**56**	**2,30**	**54**	**3,75**	**38**	**4,73**
63	**3,72**	**43**	**2,59**	**49**	**3,94**	**67**	**3,79**

Quelle: Blanke/Paua/Sala-i-Martin (2004), S. 20 u. 21.

Tabelle 6.9 zeigt die Ergebnisse für die EU-15 und die MOEL für das Jahr 2003. Alle Indizes wurden so normiert, dass die jeweils erreichten Werte zwischen 1 und 7 liegen, wobei mit dem Wert 7 die beste und mit dem Wert 1 die schlechteste Performance repräsentiert wird. Insgesamt wurden 102 Länder untersucht.

Das Imitations- und Innovationsklima der MOEL kann sich sowohl im internationalen Vergleich als auch in Relation zu den bisherigen Ländern der Europäischen Union durchaus sehen lassen. Vor allem Estland übernimmt mit dem zehntbesten Technologieindex eindeutig die Führungsrolle der mittel- und osteuropäischen Länder und verweist bis auf Finnland, Schweden und Dänemark auch alle weiteren EU-Länder auf die hinteren Plätze. Auch Tschechien, Slowenien und Lettland weisen im Gesamtergebnis einen Technologieindex auf, der sich bezogen auf die 102 untersuchten Volkswirtschaften im ersten Drittel befindet und in einem erweiterten Europa im oberen Mittelfeld liegt. Ungarn, die Slowakei, Polen und Litauen erreichen insgesamt noch vordere Plätze und liegen im europäischen Vergleich noch vor Irland, Luxemburg und Italien. Lediglich Rumänien und Bulgarien sind erneut relativ weit abgeschlagen und nehmen in einer Europäischen Union der 25 Mitgliedsstaaten mit Abstand die letzten Plätze ein.

Von besonderem Interesse ist jedoch auch das Ergebnis der drei Subindizes. Tabelle 6.10 beinhaltet aus Gründen der besseren Übersichtlichkeit die Rangfolge der EU-15 und der MOEL für den Innovationssubindex und den ICT-Subindex. Es wird deutlich, dass die Mehrheit der MOEL im Vergleich zu den bisherigen Mitgliedern der Europäischen Union in diesen Bereichen grundsätzlich noch einen Nachholbedarf aufweisen. Die Innovationstätigkeit der MOEL, gemessen durch Input- und Outputgrößen von Forschung und Entwicklung, ist noch nicht so ausgeprägt wie in den wirtschaftlich stärksten Ländern der EU-15. Interessant ist jedoch auch, dass die Kohäsionsländer Spanien, Portugal und Griechenland bereits von der einen oder anderen mittel- und osteuropäischen Volkswirtschaft überholt werden, was sowohl für die Bemühungen dieser MOEL in den letzten Jahren als auch für die schwache Entwicklung der Kohäsionsländer spricht. Bezogen auf den ICT-Subindex zeigt sich, dass die Ausstattung und die Qualität der neuen Informations- und Kommunikationstechnologien in den MOEL lediglich in Estland, Slowenien und Tschechien mit den Voraussetzungen in der bisherigen EU mithalten können. In diesem Bereich gibt es folglich noch eine technologische Lücke, die zur Verbesserung der allgemeinen „absorptive capability“ der MOEL geschlossen werden muss.

Tabelle 6.10: Einzelne Komponenten des Technologieindexes und die Rangfolge im vereinten Europa

Rang EU-25	Innovations-subindex	ICT-Subindex
1	Finnland	Finnland
2	Schweden	Schweden
3	Deutschland	Dänemark
4	Dänemark	Luxemburg
5	Groß-Britannien	Niederlande
6	Niederlande	Groß-Britannien
7	Belgien	Deutschland
8	Frankreich	**Estland**
9	Österreich	Österreich
10	**Lettland**	Frankreich
11	**Slowenien**	Belgien
12	Irland	**Slowenien**
13	Spanien	Irland
14	**Estland**	Italien
15	Italien	Portugal
16	**Polen**	**Tschechien**
17	**Litauen**	Spanien
18	Griechenland	Griechenland
19	Portugal	**Lettland**
20	**Ungarn**	**Ungarn**
21	Luxemburg	**Slowakei**
22	**Bulgarien**	**Litauen**
23	**Slowakei**	**Polen**
24	**Tschechien**	**Bulgarien**
25	**Rumänien**	**Rumänien**

Quelle: Blanke/Paua/Sala-i-Martin (2004), S. 20 u. 21.

Von besonderem Interesse für die „absorptive capability" ist schließlich der Technologietransfer-Subindex, der explizit die Voraussetzungen der MOEL für die Anwendung ausländischer Technologien misst. Ein Vergleich mit allen Ländern der EU-15 ist jedoch nicht sinnvoll, da lediglich die Kohäsionsländer Spanien, Portugal und Griechenland nicht zu den Kerninnovationsländern gehören und folglich für sie ein Wert in diesem Index berechnet wird. Dabei zeigt sich jedoch, dass diese drei Kohäsionsländer mit den Plätzen 15, 27 und 35 auch beim Technologietransfer-Subindex schlechter abschneiden als einige MOEL.

Im internationalen Vergleich der 77 Volkswirtschaften, die nicht mindestens 15 Patente pro 1 Million Personen jährlich in den USA anmelden, schneiden die MOEL sehr unterschiedlich ab. Während Tschechien, Estland, die Slowakei und

Litauen sehr gute Plätze unter den ersten 20 einnehmen und auch Ungarn und Polen mit den Rängen 21 und 26 sich noch etwa im ersten Drittel platzieren, weisen Rumänien, Slowenien und Bulgarien eine relativ schlechte Imitationsfähigkeit auf. Während das Ergebnis für Slowenien überraschend ist, stimmt die schlechte Positionierung von Rumänien und Bulgarien mit den bisherigen Ergebnissen überein. Bulgariens 67. Rang ist jedoch besonders besorgniserregend, da aufgrund der verschiedenen Untersuchungen im Gegensatz zu Slowenien nicht davon auszugehen ist, dass dieses Land durch eigene Anstrengungen seine wirtschaftliche Performance verbessern kann, sondern in hohem Maße vom internationalen Technologietransfer abhängig ist.

Die Ergebnisse stimmen ebenfalls mit den Untersuchungen zur Spezialisierungsstruktur der MOEL in Kapitel 5.2. überein, da mit Hilfe des „technology-in-trade residual" die Spezialisierung auf technologieintensive Güter abgebildet wird. Es bestätigt sich folglich erneut, dass Volkswirtschaften, die sich auf technologieintensive Güter spezialisieren, grundsätzlich eine höhere Wettbewerbsfähigkeit und damit bessere Wachstumschancen aufweisen als Länder, deren Produktions- und Exportstruktur von primären Gütern dominiert wird. Eine Ausnahme davon ist lediglich Slowenien, welches trotz eines 51. Rangs beim Technologietransfer-Subindex nach wie vor das höchste Pro-Kopf-Einkommen der MOEL erreicht.

Interessant ist auch das Abschneiden von Tschechien. Während es im Technologietransfer-Subindex einen hervorragenden fünften Rang einnimmt und damit eindeutig an der Spitze der MOEL liegt, erreicht es im Innovationssubindex lediglich den 45. Rang und damit die vorletzte Position in der EU-25. Während also die Voraussetzungen zur Absorbierung ausländischen Wissens sehr gut zu sein scheinen, ist es Tschechien noch nicht gelungen, mit Hilfe des internationalen Technologietransfers auch die eigene Innovationstätigkeit zu forcieren.

Für die langfristige Wachstumsentwicklung ist jedoch gerade die Fähigkeit einer Volkswirtschaft von Bedeutung, durch eigene Forschung und Entwicklung die Wachstumsperformance zu verbessern, um nicht mehr ausschließlich auf ausländisches Wissen angewiesen zu sein. Um die Innovationsfähigkeit der MOEL noch etwas genauer zu untersuchen, werden aus diesem Grund im Folgenden zusätzlich die Ergebnisse des „National Innovative Capacity Index" (NICI) im Jahr 2003 von Michael Porter und Scott Stern (2004) dargestellt. Im Gegensatz zum Innovationssubindex von McArthur und Sachs dienen die Patente als Maßgröße für den Output von Forschung und Entwicklung nun nicht mehr als unabhängige Variable zur Erklärung der Innovationstätigkeit und Wettbewerbsfähigkeit, sondern stellen die abhängige Variable dar, deren jeweiliges Ausmaß durch verschiedene Indikatoren zu erklären ist, mit deren Hilfe Unterschiede in der Innovations-, aber auch der Imitationsfähigkeit der MOEL begründet werden können.

Porter und Stern (2004) berechnen den NICI für 78 Volkswirtschaften. Ihr Ziel ist es, sowohl die F&E-Strategien des privaten Sektors als auch die Wirtschaftspolitik des öffentlichen Sektors zu berücksichtigen. Sie definieren die nationale Innovationsfähigkeit und ihre Bedeutung für das jeweilige Wirtschaftssystem in diesem Zusammenhang wie folgt:

> *„National innovative capacity is a country's potential – as both a political and economic entity – to produce a stream of commercially relevant innovations. National innovative capacity is distinct from purely scientific or technical achievements, and focuses on the economic application of new technology.“*[30]

Die Fähigkeit einer Volkswirtschaft, neue Innovationen auf den Markt zu bringen, die im internationalen Wettbewerb bestehen können, ist gemäß Porter und Stern (2004) von verschiedenen Rahmenbedingungen abhängig, die sich in vier verschiedene Gruppen einteilen lassen.[31] Der erste Baustein der „national innovative capacity“ ist die sogenannte Innovationsinfrastruktur. Diese besteht aus einem Set innovationsunterstützender Faktoren wie z.B. dem Humankapital sowie den finanziellen Ressourcen, die in Forschung und Entwicklung investiert werden, den wirtschaftspolitischen Maßnahmen, welche die F&E-Tätigkeit beeinflussen, aber auch dem technologischen Erbe einer Volkswirtschaft von den bisherigen Forschergenerationen. Neben diesen Grundvoraussetzungen spielen als zweiter Baustein die mikroökonomischen Rahmenbedingungen eine wichtige Rolle, die insbesondere die Entwicklung und Kommerzialisierung der neuesten Technologien in den sogenannten Clusters beeinflussen. Die geografische Konzentration und damit die notwendige Umwelt für F&E betreibende Unternehmen ist in der Arbeit von Porter und Stern erneut von vier verschiedenen Faktoren abhängig: den unternehmensspezifischen Inputfaktoren, der Wettbewerbsintensität, den Nachfragebedingungen und den verschiedenen Verbundeffekten. Der dritte Baustein der nationalen Innovationsfähigkeit ist die Qualität der Interaktion zwischen den ersten beiden Rahmenbedingungen, nämlich der nationalen Innovationsinfrastruktur und den industriellen Agglomerationszentren, wobei nicht nur die Innovationsinfrastruktur die Herausbildung und Weiterentwicklung der Clusters beeinflusst, sondern starke Agglomerationszentren auch Auswirkungen auf die Qualität der nationalen Innovationsinfrastruktur haben. Der vierte und letzte Baustein bezieht sich auf die Forschungstätigkeit in den Unternehmen selbst, da auch eine hervorragende Innovationsinfrastruktur keine Garantie für die Schaffung international wettbewerbsfähiger Technologien darstellt. Eine weitere Bedingung dafür ist letztendlich die F&E-Politik der jeweiligen Unternehmen. Diese müssen innovationsorientierte Strategien verfolgen mit den entsprechenden Auswirkungen für ihre F&E-Ausgaben, Kunden-

[30]Porter/Stern (2004), S. 2 und 3.
[31]Vgl. zum Folgenden ebenda, S. 4 – 6.

orientierung, Rekrutierung von Arbeitskräften sowie deren unternehmensinterne Weiterbildung.

Um die Innovationsfähigkeit der 78 Volkswirtschaften zu messen, verwenden Porter und Stern ebenfalls die Ergebnisse des *Executive Opinion Survey*. Als abhängige Variable zur Untersuchung der nationalen Innovationsfähigkeit dient, wie bereits erwähnt, die Anzahl der jährlich in den USA angemeldeten Patente in den Jahren 2001 und 2002. Zur Erklärung der nationalen Unterschiede im F&E-Output werden einzelne Indikatoren herangezogen, deren jeweilige Erklärungskraft in Regressionsanalysen getestet wird. Diese Regressionsanalysen erlauben es, die einzelnen Indikatoren entsprechend ihrer Korrelation mit dem nationalen F&E-Output zu gewichten und unter Berücksichtigung dieser Gewichte fünf verschiedene Subindizes zu berechnen.[32]

Tabelle 6.11: Index des Anteils der Wissenschaftler und Ingenieure an der Arbeitsbevölkerung in der EU-15 und den MOEL im Jahr 2003*

	Rang	Score
Finnland	3	8,53
Schweden	5	8,41
Dänemark	10	8,15
Deutschland	12	8,06
Belgien	14	7,99
Frankreich	15	7,91
Groß-Britannien	17	7,89
Niederlande	18	7,85
Österreich	19	7,75
Irland	22	7,69
Slowenien	**23**	**7,69**
Estland	**24**	**7,66**
Lettland	**26**	**7,61**
Spanien	28	7,56
Slowakei	**29**	**7,48**
Portugal	30	7,36
Tschechien	**32**	**7,28**
Polen	**33**	**7,28**
Ungarn	**34**	**7,27**
Griechenland	35	7,24
Bulgarien	**36**	**7,18**
Italien	39	7,05
Litauen	**40**	**6,98**
Rumänien	**41**	**6,82**

Quelle: Porter/Stern (2004), S. 3.

Anmerkung: * EU-15 ohne Luxemburg

[32]Vgl. zum Folgenden Porter/Stern (2004), S. 7 – 15.

Der erste Subindex wird als „scientific and engineering manpower subindex" bezeichnet und untersucht für jede Volkswirtschaft den Anteil der Wissenschaftler und Ingenieure an der Arbeitsbevölkerung. Tabelle 6.11 beinhaltet die Platzierung sowie den Indexwert für die mittel- und osteuropäischen Länder und die ehemalige Europäische Union ohne Luxemburg.

Sowohl die alten EU-Länder als auch die Beitrittsländer liegen sehr nah beieinander. Dies wird nicht nur durch die Rangfolge deutlich, sondern zeigt sich insbesondere in den geringen Abständen bei den Indexwerten. Auch wenn lediglich Spanien, Portugal, Griechenland und Italien von einigen MOEL überflügelt werden, so gilt dennoch, dass die MOEL im internationalen Vergleich und vor allem unter Berücksichtigung ihrer Entwicklungsniveaus ein relativ hohes Arbeitsangebot für Forschung und Entwicklung aufweisen können. Bis auf Litauen und Rumänien platzieren sich alle MOEL unter den ersten 50 Prozent der untersuchten 78 Volkswirtschaften.

Die weiteren vier Subindizes setzen sich jeweils aus verschiedenen Indikatoren zusammen, mit deren Hilfe die vier zuvor vorgestellten Bausteine des NICI getestet werden können. Tabelle A.8 im Anhang stellt diese vier Subindizes und ihre Komponenten vor.

Dabei werden eindeutig die verschiedenen Ebenen deutlich, die Porter und Stern zur Berechnung des NICI einbeziehen wollen. Während sich der „innovation policy subindex" auf die makroökonomischen Rahmenbedingungen bezieht und damit natürlich gleichzeitig auf die wirtschaftspolitischen Einflussmöglichkeiten hinweist, beschreibt der „cluster innovation environment subindex" die mikroökonomischen Verhältnisse, die sich auf die Forschungs- und Entwicklungstätigkeit der Unternehmen in den Agglomerationszentren auswirken. Mit dem „linkages subindex" wird die Verbindung zwischen den jeweiligen Rahmenbedingungen bzw. Institutionen und den Unternehmensentscheidungen untersucht. Die Einflussgrößen auf diese Unternehmensentscheidungen hinsichtlich der F&E-Tätigkeit der Unternehmen werden sodann durch den „company operations and strategy subindex" abgebildet. Tabelle 6.12 beinhaltet die Rangfolge und die Indexwerte dieser vier Subindizes für die EU-15 ohne Luxemburg und für die zehn MOEL. Diese vier Indizes werden von Porter und Stern insgesamt für 95 Volkswirtschaften dargestellt.

Schon auf den ersten Blick zeigt sich, dass die mittel- und osteuropäischen Länder in allen vier Subindizes geringere Werte aufweisen als die Länder der bisherigen EU. Lediglich die Kohäsionsländer Griechenland und Portugal nehmen in der Rangfolge jeweils hintere Plätze ein und werden in den verschiedenen Bausteinen des NICI von einigen MOEL überholt. Betrachtet man die einzelnen Indizes genauer, so zeigen sich jedoch große Unterschiede zwischen den einzelnen Beitrittsländern. Was die makroökonomischen und wirtschaftspolitischen Rahmenbedingungen anbelangt, so ist es lediglich Slowenien gelungen, gemeinsam mit allen Ländern der bisherigen Europäischen Union beim „innovation policy subindex" unter die besten 30 Länder zu gelangen.

Tabelle 6.12: Rangfolge und Indexwerte für die Subindizes des NICI für die EU-15 und die MOEL im Jahr 2003

Innovation policy	
Rang	Score
Finnland (2)	5,58
Groß-Britannien (7)	5,36
Frankreich (8)	5,35
Deutschland (10)	5,34
Niederlande (11)	5,29
Dänemark (12)	5,18
Österreich (13)	5,16
Belgien (14)	5,15
Schweden (15)	5,11
Irland (18)	5,01
Spanien (23)	4,77
Portugal (25)	4,73
Slowenien (28)	**4,56**
Italien (29)	4,55
Griechenland (30)	4,50
Ungarn (31)	**4,45**
Estland (33)	**4,42**
Lettland (37)	**4,20**
Tschechien (40)	**4,08**
Litauen (41)	**4,05**
Slowakei (44)	**4,00**
Polen (47)	**3,94**
Bulgarien (64)	**3,42**
Rumänien (86)	**2,76**

Cluster innovation environment	
Rang	Score
Finnland (3)	7,55
Deutschland (4)	7,37
Italien (5)	7,26
Dänemark (7)	6,99
Frankreich (9)	6,96
Österreich (11)	6,87
Groß-Britannien (13)	6,79
Schweden (14)	6,72
Niederlande (17)	6,61
Irland (22)	6,39
Belgien (25)	6,25
Spanien (27)	6,13
Lettland (32)	**5,81**
Estland (33)	**5,79**
Polen (35)	**5,50**
Portugal (36)	5,49
Griechenland (37)	5,45
Tschechien (38)	**5,44**
Slowenien (41)	**5,40**
Slowakei (43)	**5,34**
Litauen (49)	**5,12**
Rumänien (59)	**4,87**
Ungarn (64)	**4,77**
Bulgarien (69)	**4,61**

Linkages	
Rang	Score
Finnland (2)	7,02
Groß-Britannien (3)	6,96
Niederlande (5)	6,51
Schweden (6)	6,48
Dänemark (8)	6,27
Frankreich (9)	6,20
Deutschland (11)	6,11
Belgien (15)	5,87
Irland (16)	5,86
Italien (21)	5,61
Österreich (24)	5,53
Spanien (25)	5,46
Estland (26)	**5,37**
Lettland (27)	**5,32**
Litauen (30)	**5,16**
Polen (33)	**4,98**
Tschechien (34)	**4,96**
Portugal (35)	4,90
Slowenien (38)	**4,77**
Griechenland (41)	4,65
Ungarn (43)	**4,58**
Rumänien (51)	**4,41**
Slowakei (53)	**4,40**
Bulgarien (61)	**4,18**

Company operations and strategy	
Rang	Score
Groß-Britannien (3)	7,63
Deutschland (5)	7,41
Dänemark (6)	7,36
Schweden (7)	7,30
Finnland (8)	7,28
Frankreich (9)	7,22
Niederlande (13)	6,87
Österreich (14)	6,76
Belgien (16)	6,70
Italien (18)	6,38
Irland (20)	6,29
Spanien (25)	5,85
Lettland (26)	**5,85**
Slowenien (27)	**5,74**
Tschechien (29)	**5,50**
Griechenland (37)	5,18
Polen (36)	**5,18**
Estland (39)	**5,17**
Litauen (40)	**5,14**
Ungarn (45)	**4,92**
Slowakei (48)	**4,90**
Portugal (65)	4,42
Bulgarien (76)	**4,24**
Rumänien (80)	**4,11**

Quelle: Porter/Stern (2004), S. 3.

Anmerkung: * EU-15 ohne Luxemburg

Allerdings folgt der Großteil der restlichen MOEL mit geringen Abständen der Indexwerte, so dass selbst Polen mit einem 47. Rang im internationalen Vergleich noch in der ersten Hälfte liegt. Weit abgeschlagen sind erneut Bulgarien und vor allem Rumänien, welches mit einem 86. Rang einen sehr hohen Nachholbedarf bei der Etablierung der wirtschaftspolitischen Rahmenbedingungen aufweist. Allgemein zeigt sich für alle MOEL, dass die politischen Entscheidungsträger bei der Implementierung innovationsunterstützender Maßnahmen gerade im Vergleich mit den bisherigen Ländern der EU noch hinterherhinken. Dies ist vor allem deshalb von Bedeutung, da der vorhandene Bestand an Wissenschaftlern und Ingenieuren nur bei Gültigkeit dieser Rahmenbedingungen im F&E-Sektor zweckdienlich eingesetzt werden kann.

Bei den mikroökonomischen Rahmenbedingungen zeigt sich eine Dreiteilung der MOEL. Während sich Lettland, Estland und Polen zwar abgeschlagen von den meisten EU-Ländern im internationalen Vergleich jedoch im ersten Drittel platzieren können, nehmen Tschechien, Slowenien, die Slowakei und Litauen beim Vergleich der 95 Länder Plätze im Mittelfeld ein. Am unteren Ende befindet sich in diesem Subindex neben Bulgarien und Rumänien diesmal auch Ungarn. Porter und Stern (2004) vergleichen die Performance der MOEL in diesem Subindex mit den erreichten Indexwerten von Taiwan, Korea und Hong Kong, die alle drei Ränge unter den ersten 20 einnehmen. Selbst China erreicht mit einem Indexwert von 6,20 den 26. Rang und liegt damit noch deutlich vor den besten MOEL. Porter und Stern schließen daraus, dass die Entwicklung der Cluster in den mittel- und osteuropäischen Beitrittsländern gerade im Vergleich mit den aufstrebenden asiatischen Staaten noch auf relativ geringem Niveau ist.[33]

Auch bei der Untersuchung der Stärke der Beziehungen zwischen der Innovationsinfrastruktur und den Clusters bzw. Unternehmen einer Volkswirtschaft, die mit Hilfe des „linkages subindex" getestet wird, schneiden lediglich die Kohäsionsländer Portugal und Griechenland schlechter ab als fünf bzw. sechs Länder aus Mittel- und Osteuropa. Die drei baltischen Staaten Estland, Lettland und Litauen sowie Polen, Tschechien und auch Slowenien erreichen im internationalen Vergleich erneut Ränge im vorderen Drittel bzw. in der ersten Hälfte.

Etwas abgeschlagen sind Ungarn, Rumänien und die Slowakei. Bulgarien nimmt den letzten Platz im europäischen Vergleich ein. Die Schwäche der MOEL in diesem Index ist jedoch nicht überraschend, wird doch insbesondere die Zusammenarbeit zwischen der Wirtschaftspolitik, den Unternehmen und den Universitäten untersucht, die in den ehemals kommunistischen Volkswirtschaften nur langsam aufgebaut wird. Innovationen erfordern jedoch häufig schnelle und riskante Entscheidungen, die auch von Seiten der Regierungen, z.B. durch Steuererleichterungen, unterstützt werden können. Diese Kooperation der volkswirtschaftlichen Akteure ist bei den MOEL allerdings noch nicht so ausge-

[33] Vgl. Porter/Stern (2004), S. 10.

prägt und kann auch nicht von heute auf morgen entstehen. „*The development of linkages requires policy attention, resource investments, institution building and attitude shifts that require patience and perseverance.*"[34] Mit Geduld und Ausdauer werden sich im Laufe der Jahre die Indexwerte der MOEL sicherlich verbessern.

Mit dem „company operations and strategy subindex" wird untersucht, inwieweit die Unternehmen in den verschiedenen Volkswirtschaften Innovationen als Möglichkeit zur Gewinnung von Wettbewerbsvorteilen betrachten. Unter den MOEL ergibt sich dabei erneut eine Dreiteilung, wobei Lettland, Slowenien und Tschechien mit den Rängen 26, 27 und 29 die führende Gruppe bilden. Polen, Estland, Litauen, Ungarn und die Slowakei liegen als zweite Gruppe im internationalen Mittelfeld, dabei jedoch weit vor Portugal, welches mit einem 65. Rang in diesem Index sehr schlecht abschneidet. Bulgarien und Rumänien nehmen erneut abgeschlagen die letzten Plätze ein. Die Unternehmen in den MOEL sehen Forschung und Entwicklung somit noch in geringerem Maße als Mittel zur Generierung komparativer Vorteile an als die bisherigen Mitglieder der Europäischen Union mit Ausnahme von Griechenland und Portugal.

Auch hier bietet sich ein Vergleich mit asiatischen Staaten an. Die Ränge 10, 11 und 15 werden von Singapur, Hong Kong und Taiwan eingenommen, was ein Ausdruck für die wesentlich stärkere Orientierung auf F&E und Innovationen in den Unternehmen dieser Länder ist.

Dass es tatsächlich einen Zusammenhang zwischen den Unternehmensstrategien und dem volkswirtschaftlichen Innovationsklima gibt, zeigen Porter und Stern, indem sie mit Hilfe von Regressionen die Beziehung zwischen dem „company operations and strategy subindex" und den anderen drei Subindizes für alle 95 Volkswirtschaften darstellen. Alle drei Regressionskoeffizienten liegen in etwa bei 0,8 und sprechen eindeutig für einen positiven Zusammenhang.

Um einen Überblick über die tatsächliche Innovationsfähigkeit der MOEL zu ermöglichen, enthält Tabelle 6.13 die Ergebnisse des „National Innovative Capacity Index", die sich als ungewichtete Summe aus den Indexwerten des „science and engineering manpower subindex" und der zuletzt betrachteten vier Subindizes zusammensetzen.[35]

Auch im Endergebnis zeigt sich die Dreiteilung der MOEL. Die höchsten Werte des NICI weisen neben den drei baltischen Staaten Estland, Lettland und Litauen die Länder Slowenien und Tschechien auf. Estland schneidet somit sowohl im Technologieindex von McArthur und Sachs als auch im NICI von Porter und Stern von allen Beitrittsländern am besten ab. Die zweite Gruppe, bestehend aus Polen, der Slowakei und Ungarn, folgt der ersten Gruppe in relativ kurzem Abstand. Während die acht mittel- und osteuropäischen Länder

[34] Ebenda, S. 10.

[35] Der NICI wird lediglich für 78 Länder berechnet, da der „science and engineering manpower subindex" im Gegensatz zu den anderen vier Subindizes nicht für alle 95 Länder, sondern nur für 78 Länder zur Verfügung steht.

der ersten Erweiterungsrunde vom 1. Mai 2004 zwar geringere Indexwerte aufweisen als die meisten Volkswirtschaften der bisherigen EU, jedoch mit den Rängen 26 bis 39 zumindest den Anschluss geschafft haben, liegen die Länder der zweiten Erweiterungsrunde, Bulgarien und Rumänien, sowohl im europäischen als auch im internationalen Vergleich im Gesamtindex sowie bei den Subindizes auf den letzten Plätzen.

Tabelle 6.13: Der National Innovative Capacity Index 2003 von Porter und Stern

	NICI	
	Rang	Score
Finnland	2	35,96
Groß-Britannien	3	34,63
Deutschland	5	34,29
Schweden	7	34,02
Dänemark	8	33,95
Frankreich	10	33,63
Niederlande	11	33,14
Österreich	16	32,05
Belgien	17	31,96
Irland	19	31,24
Italien	21	30,86
Spanien	24	29,77
Estland	**26**	**28,42**
Lettland	**28**	**28,17**
Slowenien	**29**	**28,16**
Tschechien	**30**	**27,27**
Litauen	**31**	**27,08**
Griechenland	32	27,01
Portugal	33	26,90
Polen	**34**	**26,87**
Slowakei	**36**	**26,12**
Ungarn	**39**	**26,00**
Bulgarien	**53**	**23,62**
Rumänien	**57**	**22,97**

Quelle: Porter/Stern (2004), S. 3.

Für alle mittel- und osteuropäischen Länder hat sich somit gezeigt, dass es ihnen noch nicht gelungen ist, ein Innovationsklima zu schaffen, das es ihnen erlaubt, beim Verschieben der internationalen Technologiegrenze mitzuwirken. Grund dafür ist jedoch nicht ein Mangel an qualifizierten Arbeitskräften, da, wie gezeigt, durchaus ausreichend Humankapital für Forschung und Entwicklung zur Verfügung steht. Stattdessen ist die Ursache bei den wirtschaftspolitischen, institutionellen und unternehmensinternen Vorgaben sowie deren Interaktion zu suchen. Das Bewusstsein, mit Hilfe von Innovationen neue komparative Vorteile und damit Wirtschaftswachstum zu generieren, ist noch nicht so ausgeprägt wie in den führenden Volkswirtschaften der bisherigen EU oder auch in einigen asiatischen Ländern. Dadurch wird die Abhängigkeit der MOEL von ausländischen Technologien besonders deutlich. Die Beitrittsländer sind noch nicht in der Lage, durch eigene Innovationstätigkeit ihr Wirtschaftswachstum anzukurbeln, sondern sind immer noch auf die Imitation ausländischen Wissens angewiesen. Woran dies liegt und an welchen Punkten die verschiedenen volkswirtschaftlichen Akteure ansetzen können, haben die Subindizes von Porter und Stern gezeigt.

Die Indikatoren, die zur Berechnung des NICI herangezogen wurden, sind ein sehr gutes Maß für die „absorptive capability" einer Volkswirtschaft. Da die Innovationsfähigkeit, so wie sie in dieser Arbeit verstanden wird, eine mögliche Folge und Weiterentwicklung der Imitationsfähigkeit darstellt, ist zu erwarten, dass bei Gültigkeit der Aussagen der F&E-basierten Wachstumsmodelle, ein positiver Zusammenhang zwischen den Ergebnissen des NICI und dem Pro-Kopf-Einkommen einer Volkswirtschaft besteht.

Abbildung 6.3: Der Zusammenhang von Innovationsfähigkeit und Pro-Kopf-Einkommen in Europa

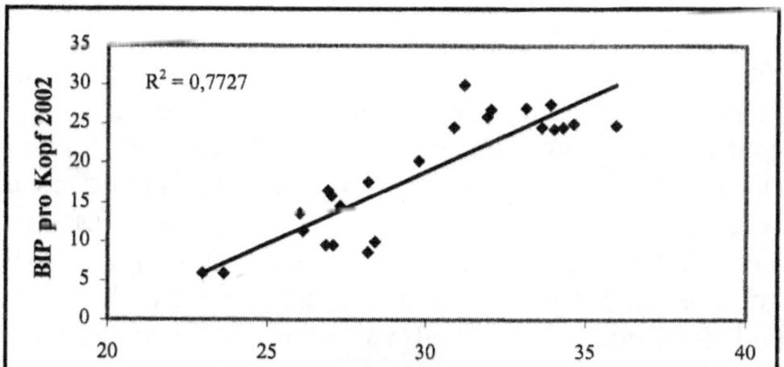

Quelle: Porter/Stern (2004), S. 3, Eurostat (2003), S. 6 und Eurostat (2003b) S. 6. Eigene Berechnungen.

Anmerkung: BIP pro Kopf angegeben in 1000 KKS

Abbildung 6.3 zeigt die Ergebnisse dieser Gegenüberstellung für die EU-15 ohne Luxemburg und die MOEL. Ein Bestimmtheitsmaß von 0,77 macht deutlich, dass sehr wohl ein positiver Zusammenhang zwischen der durch den NICI gemessenen Innovationsfähigkeit und dem Pro-Kopf-Einkommen besteht.

Volkswirtschaften, die in Abbildung 6.3 unter der Trendlinie liegen, ist es jedoch nicht gelungen, ihre Innovationsfähigkeit vollständig zur Verbesserung ihrer relativen Einkommensposition auszunutzen. Zu diesen Ländern gehören die drei baltischen Staaten Estland, Lettland, Litauen, aber auch z.B. Finnland. Auf der anderen Seite ist es Volkswirtschaften, die oberhalb der Trendlinie abgebildet werden, gelungen, trotz einer relativ geringen Imitations- bzw. Innovationsfähigkeit ein verhältnismäßig hohes Pro-Kopf-Einkommen zu erzielen. Beispiele dafür sind Slowenien und Irland. Es wird damit deutlich, dass neben der Innovationsfähigkeit auch noch andere Faktoren für das Wirtschaftswachstum und den Konvergenzprozess von Volkswirtschaften entscheidend sind. Grundsätzlich gilt jedoch, dass die Investition in Forschung und Entwicklung, sei es zur optimalen Ausnutzung internationaler Wissensspillover oder zur Entwicklung von Produkt- bzw. Prozessinnovationen, in hohem Maße positiv mit der wirtschaftlichen Entwicklung einer Volkswirtschaft verbunden ist.

Zusammenfassend kann gesagt werden, dass entsprechend der theoretischen Diskussion über Wachstum und Konvergenz diejenigen mittel- und osteuropäischen Beitrittsländer höhere Pro-Kopf-Einkommen aufweisen, die auf eine bessere „absorptive capability" – ausgedrückt durch die Humankapitalbasis und die Imitations- bzw. Innovationsfähigkeit – zurückgreifen können. Grundsätzlich ist in allen MOEL vor allem unter den jungen Arbeitnehmern eine gute Humankapitalbasis festzustellen. Auch im F&E-Sektor sind ausreichend Wissenschaftler und Ingenieure vorhanden. Große Unterschiede ergeben sich jedoch hinsichtlich der tatsächlichen Innovationstätigkeit und vor allem im Einsatz von Forschung und Entwicklung als Mittel zur Gewinnung von Wettbewerbsvorteilen. Die MOEL gehören nicht zu den Kerninnovationsländern. Sie sind folglich noch in hohem Maße von der internationalen Technologiediffusion abhängig und setzen Forschung und Entwicklung in erster Linie zur erfolgreichen Imitation und Absorbierung ausländischen Wissens ein. Vor allem Estland ist es dadurch gelungen, neue Technologien einzuführen, mit dem Ergebnis, dass es im Technologieindex von McArthur und Sachs (2004) einen hervorragenden 10. Rang einnimmt. Auch in den anderen Beitrittsländern der ersten Runde ist die Humankapitalbasis und die Imitationsfähigkeit vor allem im internationalen Vergleich durchaus befriedigend, so dass von einer guten „absorptive capability" gesprochen werden kann. Lediglich Rumänien und Bulgarien weisen in allen getesteten Indikatoren noch sehr große Mängel auf.

Insbesondere die Abhängigkeit von der ausländischen Innovationstätigkeit macht deutlich, dass neben der „absorptive capability" weitere Bedingungen erfüllt sein müssen, um erstens den weiteren Zufluss ausländischen Wissens z.B. durch ausländische Direktinvestitionen zu gewährleisten und zweitens, wie durch die vier Subindizes des NICI deutlich gemacht, auch die eigene Innovationsfähigkeit zu verbessern. In Anlehnung an die Definition der „social capability" von Abramovitz, werden im Folgenden ausgewählte nationale Rahmenbedingungen der MOEL untersucht, um weitere Einblicke in die sozialen Qualifikationen der zehn Beitrittsländer zu erhalten.

6.2.2. Weitere Rahmenbedingungen in den MOEL

Sowohl die Ausstattung einer Volkswirtschaft mit Humankapital als auch das Streben nach Wissen und neuen Technologien, sei es durch Imitation oder Innovation, wirken über verschiedene Transmissionsmechanismen grundsätzlich positiv auf die jeweilige Wachstumsperformance. Dies gilt nicht nur in den Modellen endogenen Wachstums, sondern auch in erweiterten Modellen der neoklassischen Wachstumstheorie. Während z.B. Mankiw, Romer und Weil (1992) die positive Rolle des Humankapitals für das Pro-Kopf-Einkommen einer Volkswirtschaft nachweisen, betonen Barro und Sala-i-Martin (1997) die besondere Rolle der internationalen Technologiediffusion, indem sie nicht mehr von einem exogen gegebenen technischen Fortschritt ausgehen, sondern die langfristige Wachstumsrate in ihrem Modell von den Innovationen in den technologisch führenden Volkswirtschaften abhängig ist. Trotz dieser Erweiterungen ändert sich jedoch nichts an der neoklassischen Konvergenzhypothese, da nach wie vor abnehmende Grenzerträge des Kapitals angenommen werden. Die Wachstumsrate einer Volkswirtschaft ist positiv von der Entfernung dieser Volkswirtschaft von ihrem steady state abhängig, so z.B. im Modell von Barro und Sala-i-Martin (1997) aufgrund steigender Kosten bei fortschreitender Imitation ausländischen Wissens. Dabei handelt es sich jedoch in jedem Fall um bedingte Konvergenz, da der negative Zusammenhang zwischen Ausgangsbedingungen und Wachstumsrate nur für Volkswirtschaften mit identischem steady state gilt. Im Folgenden sind jedoch gerade die das jeweilige Gleichgewicht determinierenden Variablen von Interesse, das sogenannte „conditioning information set". Während diese konditionierenden Rahmenbedingungen in den neoklassischen Wachstumsmodellen das erreichbare Gleichgewichtseinkommen und damit das langfristige Ziel eines Konvergenzprozesses bestimmen, sind sie in den Modellen endogenen Wachstums aufgrund ihrer Auswirkungen auf die in- und ausländische Investitionstätigkeit mit dafür verantwortlich, ob überhaupt ein Konvergenzprozess in Gang kommt, d.h., ob erstens eine internationale Technologiediffusion stattfindet und zweitens, ob das daraus gewonnene Wissen auch wachstumsfördernd eingesetzt werden kann. In beiden Theorien beeinflussen diese nationalen Rahmenbedingungen das erreichbare Pro-Kopf-Einkommen einer Volkswirtschaft.

Nun stellt sich die Frage, welche Rahmenbedingungen einer Volkswirtschaft Auswirkungen auf das Wirtschaftswachstum haben und vor allem in welchem Ausmaß. Die schon oft zitierte Arbeit von Levine und Renelt (1992) gibt einen Überblick über verschiedene Größen, die in Länderquerschnittsanalysen als Wachstumsdeterminanten getestet wurden und weist gleichzeitig auf die Schwierigkeiten hinsichtlich der statistischen Robustheit dieser Ergebnisse hin.

So untersucht z.B. Barro (1991) u.a. inwieweit der Staatskonsum und politische Instabilität die Wachstumsperformance einer Volkswirtschaft beeinflussen. Er kommt zu dem Ergebnis, dass sowohl hohe Staatsausgaben aufgrund daraus resultierender Marktverzerrungen als auch politische Instabilität, gemessen durch die Anzahl der Revolutionen, Staatsstreiche und politisch motivierter Ermordungen, negativ mit Investitionen und Wachstum korreliert sind. Stephen Knack und Philip Keefer (1995) dagegen sehen in den Eigentumsrechten die Variable mit dem größten Einfluss auf Investitionen und Wachstum und zeigen dies mit Hilfe von Indikatoren zur Bewertung des Investitionsrisikos in Volkswirtschaften, so z.B. dem jeweiligen Enteignungsrisiko, oder dem Korruptionsgrad der Regierungen. Die Liste der möglichen makroökonomischen, fiskalpolitischen, oder auch wirtschaftspolitischen Wachstumsdeterminanten ist lang, so dass hier von einer allgemeinen Auflistung der jeweiligen Studien und ihrer Ergebnisse abgesehen werden soll. Stattdessen steht die spezifische Situation der mittel- und osteuropäischen Beitrittsländer, nämlich die Transformation von kommunistischen Zentralverwaltungswirtschaften zu kapitalistischen Marktwirtschaften, und die dabei entscheidenden Wachstumsdeterminanten im Mittelpunkt.

Nach Abschluss des ersten Jahrzehnts der Transformation haben es sich viele Studien zur Aufgabe gemacht, Gründe dafür zu finden, warum manche MOEL größere Erfolge bei der Transformation ihrer Volkswirtschaften vorweisen konnten als andere.[36] Der Vorgehensweise dieser Studien folgend werden die jeweiligen Rahmenbedingungen in drei Kategorien zusammengefasst und im Folgenden für die zehn EU-Beitrittsländer diskutiert. Als entscheidende Wachstumsdeterminanten gelten demzufolge erstens die Ausgangsbedingungen, zweitens die makroökonomische Stabilisierung und drittens die Strukturreformen.

6.2.2.1. Ausgangsbedingungen

Eine mögliche Erklärung für die unterschiedliche Wachstums- und Konvergenzentwicklung der mittel- und osteuropäischen Beitrittsländer wird in vielen Studien in den jeweiligen Ausgangsbedingungen zu Beginn der Transformationsphase gesucht. Dabei stellt sich die Frage, inwieweit das Erbe der kommunistischen Zentralverwaltungswirtschaften den Transformationserfolg der MOEL beeinflusst hat. Die Indikatoren für die Ausgangsbedingungen in den verschiedenen Studien bilden zum einen die makroökonomischen Verzerrungen und zum anderen das jeweilige Entwicklungsniveau zu Beginn der Transformation ab. So identifizieren Stanley Fischer und Ratna Sahay (2000) aufbauend auf der Arbeit von Martha De Melo, Cevdet Denizer, Alan Gelb und Stoyan Tenev (1997) acht Variablen, welche die Ausgangsbedingungen der MOEL in den Jahren 1989 - 1991 repräsentieren. Diese Variablen sind: (1) das Pro-Kopf-Ein-

[36] Vgl. z.B. Berg/Borensztein/Sahay/Zettelmeyer (1999), DeMelo/Denizer/Gelb/Tenev (2001), Falcetti/Raiser/Sanfey (2002), Fischer/Sahay (2000), Havrylyshyn/van Rooden (2000).

kommen in Kaufkraftsstandards, (2) der Anteil der Landwirtschaft am BIP, (3) ein Index für die Ausstattung mit natürlichen Ressourcen, (4) die Anzahl der Jahre unter kommunistischem Regime, (5) Einschreibungsraten in sekundäre Schulen in Prozent der Bevölkerung im schulpflichtigen Alter, (6) der Anteil des Außenhandels mit Ländern des RGW, (7) der Anteil der Auslandsschulden in Prozent des BIP sowie (8) die Distanz der jeweiligen Hauptstadt von Düsseldorf[37] als Maßstab für die geografische Nähe zu etablierten Marktwirtschaften. Tabelle 6.14 beinhaltet diese Ausgangsbedingungen für die mittel- und osteuropäischen Länder vor der Transformation, d.h. in den Jahren 1989 – 1991.

Fischer und Sahay (2000) untersuchen den Zusammenhang zwischen diesen Ausgangsbedingungen und der Wachstumsperformance insgesamt für 25 Transformationsländer – unter ihnen natürlich auch die zehn MOEL – in den ersten 6 Transformationsjahren. Sie kommen zu dem Ergebnis, dass lediglich die Anzahl der Jahre unter kommunistischem Regime sowie die Einschreibungsraten in sekundäre Schulen einen signifikanten Einfluss auf das Wachstum haben und zusammen in etwa 50% der Wachstumsentwicklung erklären können. Neben der Humankapitalausstattung zu Beginn der Transformation entscheidet somit auch die Dauer des kommunistischen Regimes über die jeweilige Wachstumsperformance. Je länger eine Volkswirtschaft als zentrale Planwirtschaft regiert wurde, desto schwieriger ist die Transformation zu einer wettbewerbsorientierten Marktwirtschaft.[38] Für die zehn MOEL ergeben sich jedoch keine allzu großen Unterschiede. Lediglich die drei baltischen Staaten Estland, Lettland und Litauen wurden zwischen sieben und zehn Jahren länger planwirtschaftlich regiert als die anderen sieben Beitrittsländer.

Auch wenn die Auslandsschulden in der Regressionsanalyse von Fischer und Sahay (2000) nicht zu den signifikanten Wachstumsdeterminanten zählen, so ist doch gerade im Hinblick auf die drei baltischen Staaten ein Vergleich dieses Indikators für die MOEL von Interesse. Während Bulgarien, Ungarn und Polen von ihren kommunistischen Regierungen sehr hohe Auslandsschulden geerbt hatten, übernahm Russland in Folge des Zusammenbruchs der Sowjetunion sämtliche Auslandsverpflichtungen, so dass Estland, Lettland und Litauen ohne diese Last in ihre Transformation starten konnten. Ein Vorteil, der sich sicherlich positiv auf die Erfüllung der EU-Beitrittskriterien ausgewirkt hat.

[37]Die Wahl von Düsseldorf wird von Fischer und Sahay nicht begründet. Ausschlaggebend war wohl die geo-rafische Lage im Zentrum von Westeuropa.

[38]Vgl. Fischer/Sahay (2000), S. 10 u. 11 sowie Merlevede (2000), S. 23.

Tabelle 6.14: Ausgangsbedingungen der MOEL vor der Transformation

	(1) BIP p.c. 1989	(2) Landwirtschaft	(3) Ressourcen*	(4) Kommunismus	(5) Einschreibungsraten	(6) RGW-Handel	(7) Auslandsschulden	(8) Distanz
Bul	5740	11%	0	43 Jahre	0.75	15%	50.6%	1574 km
Cz	8207	7%	0	43 Jahre	0.91	10%	12.2%	559 km
EE	6475	20%	0	51 Jahre	1.00	27%	0.0%	1449 km
Hu	6081	14%	0	41 Jahre	0.75	10%	64.0%	1002 km
Lit	3603	27%	0	51 Jahre	0.88	34%	0.2%	1299 km
LT	5204	19%	0	51 Jahre	0.89	31%	0.0%	1293 km
PL	5687	13%	1	42 Jahre	0.82	17%	63.4%	995 km
Rum	3535	3%	1	43 Jahre	0.92	3%	2.9%	1637 km
SK	6969	7%	0	43 Jahre	0.96	10%	6.8%	824 km
SI	11525	5%	0	44 Jahre	0.90	5%	0.0%	815 km

Quelle: Fischer/Sahay (2000), S. 36. Anmerkung: * Ressourcenausstattung: 0 = arm; 1 = moderat; 2 = reich.

Die Pro-Kopf-Einkommen im Jahr 1989 zeigen, dass zu Beginn der Transformation Slowenien und mit einigem Abstand Tschechien die höchsten Einkommensniveaus vorweisen konnten. Entscheidend für den Transformationserfolg ist jedoch nicht das Pro-Kopf-Einkommen im Jahre 1989, sondern die Outputentwicklung direkt im Anschluss daran. Alle zehn Beitrittsländer mussten zunächst einen Rückgang ihrer Wirtschaftskraft verbuchen, bevor sie wieder positive Wachstumsraten verzeichnen konnten. Man spricht in diesem Zusammenhang deshalb auch von einem u-förmigen Verlauf des Outputs.

Abbildung 6.4: Die Entwicklung des BIP der MOEL (1989 = 100)

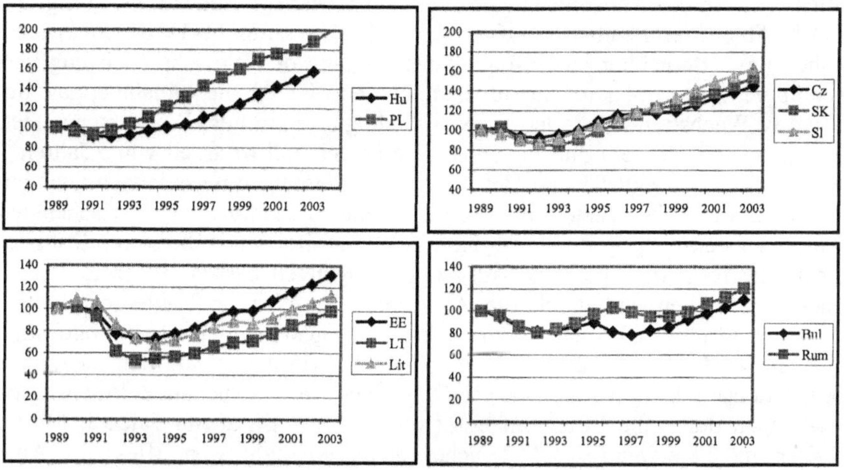

Quelle: IMF (2003).

Verwendete Kategorie: Gross domestic product based on purchasing-power-parity (PPP) valuation of country GDP in US Dollar.

Abbildung 6.4 zeigt die Entwicklung des Bruttoinlandprodukts in Kaufkraftstandards für den Zeitraum 1989 bis 2003. Während in Ungarn, Polen, Tschechien, Slowenien und der Slowakei der Outputrückgang relativ gering war und das BIP-Niveau von 1989 in der Mitte der 90er Jahre wieder erreicht wurde, mussten die drei baltischen Staaten und dabei vor allem Lettland sehr starke Outputrückgänge hinnehmen, die erst in den letzten Jahren wieder gut gemacht werden konnten. Der Verlauf des BIP in Bulgarien und Rumänien muss eher als w-förmig bezeichnet werden, da diese beiden Länder in der zweiten Hälfte der 90er Jahre erneut negative Wachstumsraten erzielten. Das BIP-Niveau von 1989 wurde dadurch erst nach der Jahrtausendwende wieder erreicht.

Die allgemeine Diskussion hinsichtlich der Bedeutung der Ausgangsbedingungen dreht sich vor diesem Hintergrund insbesondere um die Frage, inwieweit die jeweiligen Ausgangsbedingungen die Outputentwicklung der Transformationsländer und damit zusammenhängend die Reformanstrengungen der Beitrittsländer beeinflusst haben. Die meisten Untersuchungen kommen zwar zu dem Ergebnis, dass die Ausgangsbedingungen einen Einfluss auf den Transformationserfolg haben, über die Stärke dieses Einflusses besteht jedoch weit weniger Einigkeit. Andrew Berg, Eduardo Borensztein, Ratna Sahay und Jeromin Zettelmeyer (1999) zeigen, ebenfalls aufbauend auf den Indikatoren von De Melo et al. (1997), dass ungünstige Ausgangsbedingungen die Hauptursache für den Outputrückgang in den ersten Jahren der Transformation darstellen. Vor allem eine starke Abhängigkeit des Außenhandels, Überindustrialisierung, ein hoher Anteil der Landwirtschaft sowie makroökonomische Ungleichgewichte haben ihren Berechnungen zufolge den Rückgang der Wirtschaftsleistung verschlimmert. Ihre Untersuchung unterstreicht jedoch auch die Annahme, dass der negative Wachstumseffekt der Ausgangsbedingungen mit der Zeit verschwindet. Sie sprechen in diesem Zusammenhang von einer Halbwertszeit von 5 Jahren.[39] Neben diesem direkten Effekt der Ausgangsbedingungen muss jedoch auch ein indirekter Effekt berücksichtigt werden, der einen Zusammenhang zwischen den Ausgangsbedingungen und den durchgeführten Reformen herstellt. Dahinter steckt die Idee, dass günstige Ausgangsbedingungen bessere Wachstumsraten nach sich ziehen und damit die Akzeptanz der Wirtschaftsakteure erhöhen, wichtige Strukturreformen durchzuführen. Umgekehrt behindern ungünstige Ausgangsbedingungen den Reformwillen, da zusätzlich zu den negativen Wachstumseffekten der Ausgangsbedingungen weitere negative Wachstumswirkungen durch die Reformen befürchtet werden. Elisabetta Falcetti, Martin Raiser und Peter Sanfey (2002) sehen in diesem indirekten Effekt der Ausgangsbedingungen auf die Reformfreudigkeit den Grund für einen stärkeren und vor allem längerfristigen Einfluss der Ausgangsbedingungen auf den Transformationserfolg als in vielen Studien angenommen. Auch Fischer und Sahay (2000) kommen zu dem Ergebnis, dass das Ausmaß der Reformen in den Transformationsländern signifikant mit den Ausgangsbedingungen korreliert ist. Sie betonen jedoch, dass lediglich die Realisierung der Reformen auf größere Gegenwehr stoßen wird, die Effizienz tatsächlich durchgeführter Reformen davon jedoch unberührt bleibt. Bruno Melvedere (2000) beschreibt dies wie folgt: „*[...] unfavorable initial conditions do not reduce the effectiveness of reform, they only discourage reform*".[40]

Zusammenfassend kann also gesagt werden, dass grundsätzlich die Transformationsländer, die weniger Jahre unter kommunistischer Herrschaft waren, die eine geringere Überindustrialisierung vorweisen konnten, einen geringeren

[39] Vgl. Berg et al. (1999), S. 31 – 34.

[40] Merlevede (2000), S. 23.

primären Sektor aufwiesen und Ende der 80er Jahre die geringsten makroökonomischen Ungleichgewichte zu verkraften hatten, auch einen geringeren Outputrückgang zu erwarten hatten. Die Mehrheit der Studien macht jedoch deutlich, dass dies allein nicht ausschlaggebend war, sondern dass die negativen Wachstumseffekte der jeweiligen Ausgangsbedingungen durchaus durch die Durchführung von Strukturreformen wettgemacht werden konnten. Voraussetzung dafür war und ist jedoch, dass sich die jeweiligen Wirtschaftsakteure durch einen Outputrückgang nicht entmutigen lassen.

Bevor die jeweiligen Strukturreformen der MOEL als sehr wichtiger Bestandteil ihrer „social capability" im Transformationsprozess näher betrachtet werden, stehen im Folgenden zunächst die makroökonomischen Stabilisierungsbemühungen im Vordergrund und damit die Frage, ob die ungünstigen Ausgangsbedingungen in diesem Bereich verbessert werden konnten.

6.2.2.2. Makroökonomische Stabilisierung

Die sogenannten Kopenhagener Kriterien, deren Erfüllung die Voraussetzung für den Beitritt weiterer Länder zur EU ist, beinhalten im Rahmen der wirtschaftlichen Kriterien die Auflage für die Beitrittsländer, eine funktionsfähige Marktwirtschaft zu sein, sowie die Fähigkeit zu haben, dem Wettbewerbsdruck und den Marktkräften innerhalb der Union standzuhalten. Diese beiden Merkmale werden dabei durch verschiedene Teilkriterien geprüft. Im Strategiepapier der EU-Kommission (2002) heißt es in diesem Zusammenhang:

> *„Die Leistungsfähigkeit der Marktwirtschaft wird durch **makroökonomische Stabilität** und einen Konsens in der Wirtschaftspolitik verbessert."*

und

> *„Voraussetzungen für die Fähigkeit, dem Wettbewerbsdruck und den Marktkräften innerhalb der Union standzuhalten, sind das Vorhandensein einer Marktwirtschaft und ein **stabiler makroökonomischer Rahmen**."*[41].

Zu den wichtigsten Indikatoren zur Messung der makroökonomischen Stabilität gehören in erster Linie die Inflation und das fiskalische Gleichgewicht. Was die Preisstabilität betrifft, so starteten fast alle mittel- und osteuropäischen Beitrittsländer mit einem Geldüberhang und einer zurückgestauten Inflation in die Transformation. Eine Folge der Preisliberalisierung waren demzufolge drei- bis teilweise sogar vierstellige Teuerungsraten in den MOEL, welche die Einführung von Stabilisierungsprogrammen notwendig machten, um eine sich selbst verstärkende Inflationsspirale zu vermeiden. Maßnahmen dieser Stabilisierungsprogramme umfassten u.a. eine restriktive Geldpolitik, die Einschränkung von

[41] Vgl. EU-Kommission (2002), S. 11. Eigene Hervorhebungen.

Kreditvergabemöglichkeiten, die Begrenzung von Lohnerhöhungen sowie die Verringerung der Staatsausgaben. Tabelle 6.15 beinhaltet die Inflationsrate vor der Einführung der Stabilitätsprogramme, das Datum der Einführung der Programme sowie die Inflationsraten in den Folgejahren.

Die Entwicklung der Inflationsrate im Anschluss an die Durchsetzung der Stabilitätsprogramme macht deutlich, warum Fischer und Sahay (2000) von der Inflationsstabilisierung als einem der größten Erfolge der MOEL im Transformationsprozess sprechen. Tabelle 6.15 zeigt, wie die doch teilweise sehr hohen Inflationsraten durch die Implementierung der Stabilitätsprogramme in allen zehn Beitrittsländern unter Kontrolle gebracht werden konnten. Lediglich Rumänien ist es bis zum Jahr 2003 noch nicht gelungen, die Teuerungsrate in den einstelligen Bereich zu drücken. Litauen, Tschechien und Polen weisen dagegen sogar deflationäre Tendenzen auf.

Tabelle 6.15:Die Entwicklung der Inflation in den MOEL

	Einführung eines Stabilitäts-programms	Inflationsrate vor der Einführung des Stabilitäts-programms in %*	Jährliche Inflationsrate in Prozent					
			1993	**1995**	**1997**	**1999**	**2001**	**2003**
Bulgarien	Feb. 1991	**245**	73,0	62,0	1.082,0	0,7	7,4	2,0
Estland	Jun. 1992	**1.086**	89,8	29,0	11,2	3,3	5,8	1,4
Lettland	Jun. 1992	**818**	109,2	25,0	8,4	2,4	2,5	3,3
Litauen	Jun. 1992	**709**	410,4	39,6	8,9	0,8	1,3	-0,8
Polen	Jan. 1990	**1.096**	35,3	27,8	14,9	7,3	5,5	0,5
Rumänien	Okt. 1993	**314**	256,1	32,3	154,8	45,8	34,5	14,5
Slowakei	Jan. 1991	**46**	23,2	9,9	6,1	10,6	7,1	8,5
Slowenien	Feb. 1992	**288**	32,9	13,5	8,4	6,1	8,4	6,1
Tschechien	Jan. 1991	**46**	20,8	9,1	8,5	2,1	4,7	0,2
Ungarn	Mär. 1990	**26**	22,5	28,2	18,3	10,0	9,2	4,7

Quelle: Fischer/Sahay (2000), S. 35, EBRD (2003), S. 58.

Anmerkung: *Inflationsrate der zwölf Monate vor der Einführung des Stabilitätsprogramms.

Den empirischen Beweis der negativen Wachstumswirkungen hoher Inflationsraten erbringen Prakash Loungani und Nathan Sheets (1997). Sie zeigen anhand von 25 Transformationsländern, dass Inflation einen signifikant negativen Einfluss auf die nachfolgenden Wachstumsraten hat. Als einen der wichtigsten Kanäle dieses Zusammenhangs identifizieren sie negative Auswirkungen der Inflation auf die Investitionstätigkeit. Auch Michael Bruno und William Easterly (1995) kommen zu dem Ergebnis, dass die Wachstumsraten in Zeiten sehr hoher Inflationsraten steil fallen, bei Rückgang der Inflationsraten aber überraschend schnell wieder ansteigen. Der negative Zusammenhang zwischen Inflation und Wachstum kann bei ihren Untersuchungen empirisch jedoch lediglich für Teuerungsraten nachgewiesen werden, welche die von ihnen gewählte

Inflationsschwelle von 40% übersteigen.[42] Bezogen auf die MOEL bedeutet das, dass alle zehn Volkswirtschaften die notwendige Wachstumsbedingung, nämlich Inflationsraten von unter 40%, eindeutig erfüllt haben.

Das gewählte Wechselkursregime hat sich in diesem Zusammenhang nicht als entscheidender Faktor über Erfolg und Misserfolg in der frühen Stabilisierungsphase der Transformation herausgestellt. Entscheidend für die Inflationsstabilisierung war vielmehr die Abkehr von einer expansiven Geldpolitik. Im World Economic Outlook des IWF von September 2000 kommt man zu dem Ergebnis, dass immer dann, wenn Geld- und Fiskalpolitik nicht auf eine makroökonomische Stabilisierung ausgerichtet waren, auch der Versuch, mit Hilfe der Wechselkurspolitik die Inflation zu bekämpfen, regelmäßig scheiterte.[43]

Als zweiter Indikator für die makroökonomische Stabilisierung wird in der Regel das fiskalische Gleichgewicht angeführt. Direkt im Anschluss an den Zusammenbruch der Planwirtschaften waren Budgetdefizite in den mittel- und osteuropäischen Beitrittsländern nahezu unvermeidbar. Die traditionellen Steuersysteme und Einkommensmöglichkeiten des Staates existierten nicht mehr, so dass die Staatseinnahmen stark zurückgingen. Auf der anderen Seite waren hohe Staatsausgaben notwendig, um die anstehenden Reformen zu finanzieren. Da die von den kommunistischen Regierungen hinterlassenen öffentlichen Schulden in der Regel niedrig waren und von einem hohen Wachstumspotenzial der MOEL auszugehen war, waren diese Budgetdefizite jedoch durchaus mit einer erfolgreichen Stabilisierungspolitik vereinbar.[44] Längerfristig ist jedoch insbesondere zur Erfüllung der Kopenhagener Kriterien für den EU-Beitritt und natürlich auch im Hinblick auf die Erfüllung der Maastricht Kriterien für einen Beitritt zur Europäischen Währungsunion eine Reduzierung der Budgetdefizite notwendig.

Tabelle 6.16 beinhaltet die Entwicklung der Budgetdefizite der MOEL von 1998 bis 2003. Dabei ergibt sich ein sehr unterschiedliches Bild. Während einige MOEL sehr niedrige Budgetdefizite aufweisen und damit eindeutig das Maastricht Kriterium eines maximalen Budgetdefizits von 3% des BIP erfüllen, weisen vor allem Polen, die Slowakei, Tschechien und Ungarn sehr hohe Budgetdefizite auf. Nun muss allerdings berücksichtigt werden, dass ein möglicher negativer Zusammenhang zwischen einem Budgetdefizit bzw. den Staatsausgaben und dem Wirtschaftswachstum empirisch nicht zweifelsfrei nachgewiesen werden kann. Insbesondere Levine und Renelt (1992) kommen zu dem Ergebnis, dass kein einziger der von ihnen verwendeten fiskalischen Indikatoren signifikant mit dem Wachstum oder der Investitionsquote der

[42]Sie begründen die Wahl der 40%-Schwelle insbesondere mit der Tatsache, dass die Wahrscheinlichkeit, noch höhere Inflationsraten aufzuweisen, bei Überschreitung dieser Inflationsschwelle bei über 50% liegt. Vgl. Bruno/Easterly (1995), S. 6 und 7.

[43]Vgl. IMF (2000), Kapitel III, S. 38. S. auch Wyplosz (2000), S. 17 – 19.

[44]Vgl. dazu z.B. Fischer/Sahay (2000), S. 8 und 9.

Volkswirtschaft korreliert ist.[45] Es kommt folglich entscheidend darauf an, für welchen Zweck die jeweiligen Staatsausgaben verwendet werden.

Tabelle 6.16: Budgetdefizite der MOEL in Prozent des BIP

	1998	1999	2000	2001	2002*	2003*
Bulgarien	1,0	-0,9	-1,0	-0,9	-0,6	-0,7
Estland	-0,3	-4,3	-0,7	0,7	1,2	-0,5
Lettland	-0,8	-3,9	-3,2	-2,0	-2,7	-2,0
Litauen	-5,8	-8,5	-2,8	-2,0	-1,2	-1,5
Polen	-3,2	-3,3	-3,5	-5,5	-6,7	-6,9
Rumänien	-5,0	-3,5	-3,7	-3,5	-2,7	-2,7
Slowakei	-5,0	-6,3	-10,4	-7,3	-7,2	-5,0
Slowenien	-1,4	-0,9	-1,3	-1,1	-3,2	-1,5
Tschechien	-2,4	-2,8	-4,4	-5,1	-6,7	-8,3
Ungarn	-4,8	-3,4	-3,4	-4,7	-9,2	-5,5

Quelle: EBRD (2003), S. 59.

Anmerkung: *Schätzungen der EBRD.

Um dieser Tatsache gerecht zu werden, wird zur Berechnung des Indexes der makroökonomischen Stabilität, als zweiter Baustein des „Growth Competitiveness Index“ des World Economic Forum, ein Indikator verwendet, der explizit die Verschwendung von Staatsausgaben testet. Mit Hilfe von drei Fragen im Rahmen des *Executive Opinion Survey* wird ein sogenannter „Government waste subindex“ errechnet, der die ökonomisch unproduktiven und damit wachstumsschädlichen Staatsausgaben repräsentiert. Es wird untersucht, ob beispielsweise mit Hilfe von staatlichen Subventionen nicht-wettbewerbsfähige Industrien künstlich am Leben erhalten werden. Auch die Versickerung von Staatsausgaben aufgrund von Korruption spielt dabei eine Rolle. Diese Vorgehensweise zur Überprüfung der Verschwendung von Staatsausgaben wird zum ersten Mal bei der Berechnung des GCI 2003-2004 verwendet. Der „Macroeconomic Environment Index“ (MEI) setzt sich folglich aus eben diesem „Government waste subindex“, einem Index zur Messung der makroökonomischen Stabilität, dem „Macroeconomic stability subindex“, und dem Country Credit Rating der Zeitschrift „Institutional Investor“ zusammen.

Dabei gilt:

Macroeconomic environment index = 1/2 Macroeconomic stability subindex
+ 1/4 Government waste in 2003
+ 1/4 Country credit rating in March 2003.[46]

[45]Vgl. Levine/Renelt (1992), S. 949 – 953.

Die jeweils verwendeten Indikatoren zur Berechnung des "Macroeconomic Environment Index" sowie deren Gewichtung beinhaltet Tabelle A.9 im Anhang. Neben der Inflationsrate und dem Budgetüberschuss bzw. –defizit werden als sogenannte harte Fakten der makroökonomischen Stabilität die nationale Sparquote, der Wechselkurs in Relation zu den USA sowie der Zinsspread zwischen Soll- und Habenzinsen verwendet.

Tabelle 6.17: Der Macroeconomic Environment Index 2003

	MEI		**Macro-economic stability**		**Government waste**		**Country credit rating**	
	Rang	Score	Rang	Score	Rang	Score	Rang	Score
Finnland	2	5,54	7	4,90	2	5,75	11	6,62
Luxemburg	3	5,44	15	4,69	4	5,43	2	6,93
Dänemark	5	5,38	18	4,63	3	5,63	10	6,64
Schweden	8	5,13	24	4,57	10	4,83	13	6,56
Niederlande	9	5,07	57	4,18	7	5,08	4	6,85
Österreich	10	5,07	22	4,57	15	4,46	9	6,67
Groß-Britannien	12	4,99	54	4,20	12	4,75	5	6,82
Spanien	17	4,83	35	4,44	22	4,11	16	6,35
Belgien	19	4,82	33	4,44	27	3,89	14	6,50
Frankreich	20	4,80	36	4,43	39	3,58	8	6,78
Deutschland	21	4,78	48	4,31	32	3,71	7	6,79
Irland	22	4,74	29	4,49	38	3,58	15	6,40
Italien	28	4,48	50	4,25	50	3,22	18	6,22
Portugal	31	4,41	69	3,89	29	3,82	21	6,03
Griechenland	33	4,38	45	4,34	49	3,30	23	5,53
Estland	**34**	**4,37**	**25**	**4,55**	**26**	**3,93**	**36**	**4,43**
Lettland	**36**	**4,31**	**12**	**4,75**	**28**	**3,85**	**44**	**3,86**
Slowenien	**37**	**4,27**	**53**	**4,20**	**31**	**3,71**	**29**	**4,95**
Ungarn	**38**	**4,09**	**66**	**3,97**	**41**	**3,54**	**30**	**4,88**
Tschechien	**39**	**4,08**	**27**	**4,49**	**71**	**2,58**	**32**	**4,76**
Litauen	**41**	**4,04**	**14**	**4,71**	**57**	**2,90**	**46**	**3,83**
Polen	**49**	**3,83**	**62**	**4,04**	**65**	**2,71**	**33**	**4,54**
Slowakei	**50**	**3,82**	**44**	**4,35**	**64**	**2,72**	**43**	**3,87**
Bulgarien	**73**	**3,18**	**76**	**3,70**	**86**	**2,28**	**57**	**3,04**
Rumänien	**81**	**2,93**	**81**	**3,57**	**96**	**1,95**	**66**	**2,64**

Quelle: Blanke/Paua/Sala-i-Martin (2004), S. 16 und 17.

[46]Vgl. Blanke/Paua/Sala-i-Martin (2004), Kapitel 1.1., Appendix. Mit dem Länderrating des "Institutional Investor" wird gemessen, inwieweit eine Volkswirtschaft seine finanziellen Verpflichtungen erfüllt, wie hoch folglich das Investitionsrisiko für ausländische Kapitalgeber ist.

Tabelle 6.17 führt sowohl die Rangfolge als auch die einzelnen Ergebnisse der MOEL und der EU-15 für den „Macroeconomic Environment Index“ und die drei Subindizes auf. Die Ergebnisse des *Executive Opinion Survey* und der „hard data“ sind erneut so normiert, dass mit dem Wert 7 die bestmögliche und mit dem Wert 1 die schlechteste Performance angegeben wird. Insgesamt wurden 102 Volkswirtschaften untersucht.

Auf den ersten Blick scheinen die zehn mittel- und osteuropäischen Beitrittsländer bezogen auf die makroökonomischen Rahmenbedingungen zwar teilweise den Anschluss an die EU-15 geschafft zu haben, doch ist es bisher noch keinem Beitrittsland gelungen, im Gesamtindex besser abzuschneiden als eine Volkswirtschaft der alten EU. Insbesondere Estland, Lettland, Slowenien, Ungarn, Tschechien und Litauen liegen sehr dicht beieinander und erreichen im internationalen Vergleich mit den Rängen 34 bis 41 Plätze im vorderen Mittelfeld. Polen und die Slowakei folgen mit etwas Abstand auf den Rängen 49 und 50 und Bulgarien und Rumänien sind erneut, auch im internationalen Vergleich, weit abgeschlagen.

Nun ist es von besonderem Interesse, die Ergebnisse der einzelnen Subindizes zu betrachten. Zu diesem Zweck zeigt Tabelle 6.18 aus Gründen der besseren Übersichtlichkeit erneut die Rangfolge der 25 europäischen Volkswirtschaften in den drei Subindizes des MEI. Während analog zu den Ergebnissen des MEI im Länderrating hinsichtlich des Kreditrisikos der Volkswirtschaften alle Länder der EU-15 besser bewertet werden als die zehn MOEL, ist es einigen Beitrittsländern gelungen, sowohl bezogen auf die makroökonomische Stabilität als auch bezogen auf die Verschwendung von Staatsausgaben deutlich bessere Ergebnisse zu erzielen als einige Volkswirtschaften der alten EU. Erstaunlich sind insbesondere die Ränge 12 und 14 von Lettland und Litauen im „Macroeconomic stability subindex“, die damit alle Länder der alten EU mit Ausnahme von Finnland auf die hinteren Plätze verweisen. Auch Estland und Tschechien schneiden bei der makroökonomischen Stabilität besser ab als zwei Drittel der EU-15. Bezogen auf den Index über die Verschwendung von Staatsausgaben gelingt es Estland, Lettland und Slowenien, bessere Ergebnisse zu erzielen als die EU-Mitgliedsländer Deutschland und Frankreich.

Dass die MOEL vor allem im Hinblick auf die makroökonomische Stabilisierung im europäischen Vergleich teilweise sehr gute Ergebnisse erzielen, liegt jedoch auch am schlechten Abschneiden mancher Länder der EU-15, was sich insbesondere in der allgemeinen Diskussion um die Einhaltung des Stabilitätspakts der Europäischen Union manifestiert. Im internationalen Vergleich liegen sowohl einige Länder der EU-15 als auch der zehn MOEL im hinteren Mittelfeld bzw. sogar im letzten Drittel.

Tabelle 6.18: Die Rangfolge der EU-25 in den drei Subindizes des MEI

Macroeconomic stability	**Government waste**	**Country credit rating**
Rang	Rang	Rang
Finnland (7)	Finnland (2)	Luxemburg (2)
Lettland (12)	Dänemark (3)	Niederlande (4)
Litauen (14)	Luxemburg (4)	Groß-Britannien (5)
Luxemburg (15)	Niederlande (7)	Deutschland (7)
Dänemark (18)	Schweden (10)	Frankreich (8)
Österreich (22)	Groß-Britannien (12)	Österreich (9)
Schweden (24)	Österreich (15)	Dänemark (10)
Estland (25)	Spanien (22)	Finnland (11)
Tschechien (27)	**Estland (26)**	Schweden (13)
Irland (29)	Belgien (27)	Belgien (14)
Belgien (33)	**Lettland (28)**	Irland (15)
Spanien (35)	Portugal (29)	Spanien (16)
Frankreich (36)	**Slowenien (31)**	Italien (18)
Slowakei (44)	Deutschland (32)	Portugal (21)
Griechenland (45)	Irland (38)	Griechenland (23)
Deutschland (48)	Frankreich (39)	**Slowenien (29)**
Italien (50)	**Ungarn (41)**	**Ungarn (30)**
Slowenien (53)	Griechenland (49)	**Tschechien (32)**
Groß-Britannien (54)	Italien (50)	**Polen (33)**
Niederlande (57)	**Litauen (57)**	**Estland (36)**
Polen (62)	**Slowakei (64)**	**Slowakei (43)**
Ungarn (66)	**Polen (65)**	**Lettland (44)**
Portugal (69)	**Tschechien (71)**	**Litauen (46)**
Bulgarien (76)	**Bulgarien (86)**	**Bulgarien (57)**
Rumänien (81)	**Rumänien (96)**	**Rumänien (66)**

Quelle: Blanke/Paua/Sala-i-Martin (2004), S. 16 und 17.

Zusammenfassend lässt sich feststellen, dass die zehn mittel- und osteuropäischen Beitrittsländer insbesondere durch die Vorbereitung auf den Beitritt zur Europäischen Union teilweise sehr große Fortschritte bei der makroökonomischen Stabilisierung ihrer Volkswirtschaften erreicht haben. In nahezu allen MOEL geht von den Inflationsraten zurzeit keine Gefahr mehr für den Wachstumsprozess aus. Bezogen auf die Staatsausgaben lassen sich keine eindeutigen Aussagen über eventuelle negative Wachstumswirkungen von Budgetdefiziten machen. Allerdings ist bedenklich, dass insbesondere die Länder Polen, Slowakei, Tschechien und Ungarn, die mit Abstand von allen MOEL die höchsten Budgetdefizite aufweisen, auch im „Government waste subindex" des MEI sowohl im europäischen als auch im internationalen Vergleich hintere Plätze belegen. Für diese Länder muss gerade auch im Hinblick auf den Beitritt zur

Europäischen Währungsunion eine Konsolidierung der Haushalte im Vordergrund stehen sowie eine verstärkte Produktivitäts- und Wachstums-orientierung bei der Vergabe öffentlicher Mittel. Die Länder der EU-15 sollten dabei mit gutem Beispiel voran gehen.

Nun stellt sich noch die Frage, inwieweit die Stabilisierungsbemühungen tatsächlich die Wachstumsperformance der MOEL während der Transformation beeinflusst haben. Ähnlich wie bei den Ausgangsbedingungen gehen auch hier die Meinungen über die tatsächliche Höhe ihres Einflusses auf das Wirtschaftswachstum in der Literatur auseinander. So kommen z.B. Berg et al. (1999) zu dem Ergebnis, dass die makroökonomischen Rahmenbedingungen zwar signifikant mit dem Wachstum korreliert sind, ihr Wachstumsbeitrag jedoch geringer ist als derjenige von Ausgangsbedingungen und Strukturreformen. Oleh Havrylyshyn und Ron van Rooden (2000) dagegen sehen in den makroökonomischen Variablen und den Strukturreformen die beiden Hauptfaktoren für die Erklärung der Outputentwicklung der Transformationsländer. Ohne den Wachstumsbeitrag der makroökonomischen Rahmenbedingungen in Zahlen ausdrücken zu können, ist jedoch sicher davon auszugehen, dass die makroökonomische Stabilisierung eine notwendige Rahmenbedingung für positives Wachstum darstellt. Ebenso wie ungünstige Ausgangsbedingungen wirken sich auch makroökonomische Störungen negativ auf den Reformprozess aus und verlangsamen bzw. verhindern Wachstum und Konvergenz. Die Mehrzahl der MOEL hat, bezogen auf die makroökonomische Stabilisierung, ihre Hausaufgaben gemacht und somit eine wichtige Rahmenbedingung für den weiteren Transformationserfolg geschaffen. Verschiedene Untersuchungen der Transformation haben jedoch deutlich gemacht, dass für den Wachstums- und Konvergenzprozess in erster Linie die Strukturreformen entscheidend sind. Ob dieser Zusammenhang zwischen Strukturreformen und Konvergenzperformance tatsächlich existiert und wie es um die Reformfähigkeit der MOEL als wichtigem Bestandteil der „social capability" bestellt ist, wird im Folgenden diskutiert.

6.2.2.3. Strukturreformen

In diesem Abschnitt sollen Indikatoren untersucht werden, die den Reformprozess der mittel- und osteuropäischen Länder auf ihrem Weg von kommunistischen Zentralverwaltungswirtschaften zu kapitalistischen Marktwirtschaften beschreiben. Dabei ging und geht es in erster Linie um eine Reallokation der Ressourcen von alten zu neuen, effizienteren Aktivitäten:

> *„The ability of transition countries to reallocate resources toward their best use and to establish institutions to that end has been a major determinant of transition patterns."*[47]

[47]Vgl. De Melo et al. (1997), S. 15.

Als Referenzmaßstab für den Reformerfolg werden in der Regel die Standards in den westlichen Industrieländern herangezogen. Dahinter steckt die Idee, dass eine Volkswirtschaft umso mehr von der Allokationseffizienz profitiert, je mehr sie einer Marktwirtschaft entspricht.[48] Der Großteil der Untersuchungen basiert auf den Studien der European Bank for Reconstruction and Development (EBRD), die mit der Berechnung der sogenannten Transformationsindizes den Reformprozess der Transformationsländer in Zahlen gefasst hat.

Es soll nun jedoch nicht die Auffassung entstehen, sowohl das Ziel als auch die Mittel des Reformprozesses wären von Anfang an unumstritten gewesen. So wurde z.B. die Frage diskutiert, ob für den Transformationserfolg überhaupt die Einführung eines demokratischen Systems notwendig ist. Aus theoretischer Sicht ist eine demokratische Ordnung keine notwendige Bedingung für Reformen. Berücksichtigt man die Widerstände, die in Anbetracht hoher Anpassungskosten von Reformmaßnahmen entstehen können, würde ein autoritäres Regime die Einführung dieser Maßnahmen eventuell sogar vereinfachen.[49] Vor diesem Hintergrund stellen Jean-Jacques Dethier, Hafez Ghanem und Edda Zoli (1999) die Frage: *„Does Democracy facilitate the Economic Transition?"*. Aufbauend auf einer empirischen Untersuchung von 25 post-kommunistischen Ländern aus Mittel- und Osteuropa sowie der ehemaligen Sowjetunion im Zeitraum von 1992 bis 1997 kommen sie zu dem Ergebnis, dass Demokratie die Durchsetzung wirtschaftlicher Reformen in den Transformationsländern vereinfacht hat. Politische Freiheit und marktwirtschaftliche Reformen stehen in einem komplementären Verhältnis zueinander und führen sogar zu sich selbst verstärkenden Prozessen. Die Ursache für diesen Zusammenhang sehen Dethier, Ghanem und Zoli (1999) in erster Linie in der hohen Legitimation demokratisch gewählter Regierungen. Des Weiteren verringert eine Demokratisierung ein rent-seeking Verhalten der politischen Akteure, was sich wiederum positiv auf die tatsächliche Einführung wirtschaftspolitischer Reformen auswirkt. Als drittes Argument dafür, dass eine Demokratisierung den wirtschaftlichen Transformationsprozess vereinfacht, führen sie an, dass institutionelle Reformen, wie z.B. die Einführung eines unabhängigen Rechtssystems, die notwendig sind, um die politischen Freiheiten in einer Demokratie zu garantieren, als Schlüsselfaktoren für den Erfolg marktwirtschaftlicher Reformen gelten.

Mindestens ebenso stark wurde die Frage diskutiert, wie schnell bzw. in welcher Reihenfolge die notwendigen Reformen anzugehen sind. Die Debatte wurde unter der Überschrift „Gradualismus vs. Big Bang" geführt.[50] Befürworter des Big Bang bzw. der Schocktherapie betonen im Allgemeinen vor allem die Komplementarität verschiedener Reformmaßnahmen. Zudem wird argumentiert, dass die Verschiebung notwendiger Strukturreformen zu einem hohen

[48] Vgl. Merlevede (2000), S. 7.

[49] Als Beispiel wird in diesem Zusammenhang Chile genannt. Vgl. dazu z.B. Dethier et al. (1999), S. 4.

[50] Vgl. zum Folgenden Wyplosz (2000).

Maß an Unsicherheit führt, die wiederum Ineffizienzen hervorrufen kann. Ein Beispiel dafür ist die Privatisierung. Der Big Bang Ansatz soll verhindern, dass es zu einem sogenannten „asset-stripping" kommt, oder dass sich Interessengruppen formieren, die eine spätere Privatisierung blockieren könnten. Am häufigsten wird jedoch das Argument des „political window of opportunity" von Leszek Balcerowicz (1994) angeführt. Jede Regierung, die direkt im Anschluss an den Zusammenbruch des Kommunismus gewählt wurde, konnte in einem Zeitfenster agieren, in dem die Zustimmung der Bevölkerung auch zu Reformen mit hohen Anpassungskosten so hoch war, wie nie mehr danach. Die bisherige Elite war gestürzt und hatte noch keine Zeit sich neu zu gruppieren. Neue Interessengruppen hatten sich noch nicht gebildet. Dies war die Periode, in der nach Meinung der Big Bang Vertreter die wichtigsten Reformen angegangen werden sollten.

Vertreter des Gradualismus dagegen argumentieren, dass Reformen Zeit brauchen, z.B. für die Akkumulation von Human- oder Sachkapital. Durch den Versuch, alles auf einmal zu reformieren, wird das angegangen, was möglich ist, nicht jedoch das, was zunächst sinnvoll wäre. Ebenso können schnelle Reformen hohe wirtschaftliche und soziale Kosten nach sich ziehen und dadurch den gesamten Transformationsprozess gefährden. Der erfolgreiche Abschluss initialer Reformmaßnahmen führt dagegen zu einer erhöhten Akzeptanz der zukünftigen Reformen. Die sukzessive Einführung von Reformmaßnahmen setzt dabei jedoch voraus, dass die logisch und wirtschaftlich optimale Abfolge der Strukturreformen von den politischen Akteuren auch erkannt wird.

Im Gegensatz zu der klaren Abgrenzung in der theoretischen Diskussion, ist es nicht so einfach, die zehn Beitrittskandidaten und ihre Reformanstrengungen eindeutig einem der beiden Ansätze zuzuordnen. Letztendlich gab es in jeder Volkswirtschaft Bereiche, in denen mehrere Maßnahmen simultan eingeführt wurden und andere, in denen sukzessive Reformschritte unternommen wurden. Charles Wyplosz (2000) kommt dennoch zu dem Ergebnis, dass die durchschnittlich schnelleren Reformer unter den Transformationsländern in den ersten zehn Jahren eine bessere Wachstumsperformance vorweisen konnten. Insbesondere die Garantie von Eigentumsrechten, der Aufbau eines gesunden Banken- und Finanzsystems sowie die Gewährleistung des Wettbewerbs auf den heimischen Märkten sind gemäß Wyplosz (2000) Reformen, die gar nicht schnell genug angegangen werden konnten.[51]

Mit dieser Diskussion im Hintergrund sollen nun die Strukturreformen der zehn MOEL anhand von verschiedenen Reformindizes untersucht werden, um letztendlich die Frage beantworten zu können, inwieweit sich die Reformen auf den Konvergenzprozess der EU-Beitrittsländer ausgewirkt haben.

Die European Bank for Reconstruction and Development veröffentlicht seit 1994 für insgesamt 27 Transformationsländer neun Transformationsindikatoren,

[51]Vgl. Wyplosz (2000), S. 27.

um die Entwicklung dieser Länder auf ihrem Weg von Zentralverwaltungswirtschaften zu Marktwirtschaften beurteilen zu können. Im Jahr 2000 wurden diese Indikatoren rückwirkend für den Zeitraum 1989 – 1993 berechnet. Die Fortschritte der Transformationsländer werden für jeden Indikator auf einer Skala von 1 bis 4,3 gemessen, wobei der Wert 1 keine Veränderungen gegenüber den Verhältnissen in zentralistisch geführten Zentralverwaltungswirtschaften repräsentiert und der Wert 4,3 für die Standards in marktwirtschaftlichen Industrieländern steht. Die neun Indikatoren werden wiederum vier Bereichen zugeordnet, welche vier entscheidende Elemente einer Marktwirtschaft repräsentieren: (1) Märkte und Handel, (2) Unternehmen, (3) Infrastruktur und (4) Finanzinstitutionen. Im Folgenden soll mit Hilfe der EBRD-Indizes die Reformperformance der zehn mittel- und osteuropäischen Beitrittsländer in diesen vier Bereichen untersucht werden.

(1) Märkte und Handel

Die Reform der Märkte und des Handels wird erstens durch die Liberalisierung der Preise, zweitens durch die Liberalisierung des Handels sowie den Zugang zu ausländischen Devisen bzw. die Konvertibilität der nationalen Währung und drittens anhand der Effektivität der nationalen Wettbewerbspolitik gemessen. In einer Marktwirtschaft dienen Preise als Mechanismus für die effiziente Allokation der Ressourcen. Unter kommunistischem Regime wurden sowohl die Preise als auch die Produktion staatlich kontrolliert. Die Liberalisierung der Preise war somit für die MOEL einer der wichtigsten Schritte in Richtung Marktwirtschaften.

Die Bedeutung des Handels wurde in den vorangegangen Kapiteln mehrmals betont. Die Integration mit ausländischen Volkswirtschaften ist eine entscheidende Voraussetzung für die internationale Technologiediffusion und damit für technischen Fortschritt und Wachstum. Nach dem Zusammenbruch des RGW und insbesondere durch den Ausblick auf einen möglichen EU-Beitritt kam es zu einer starken Umorientierung des osteuropäischen Handels. Die Handelsliberalisierung durch die Reduktion von Zöllen und anderen Handelshemmnissen lieferte einen weiteren Beitrag für die Entwicklung zu offenen Marktwirtschaften. Außenhandel erfordert jedoch den Zugang zu ausländischen Devisen. Während in den kommunistischen Planwirtschaften ein legitimierter Zugang zu Devisen sehr begrenzt war und ausländisches Geld in der Regel sofort in die nationale Währung umgetauscht werden musste, setzt die Entwicklung zu einer Marktwirtschaft die volle Konvertibilität der nationalen Währung voraus.

Abbildung 6.5: Entwicklung der EBRD-Indizes im Bereich Märkte und Handel

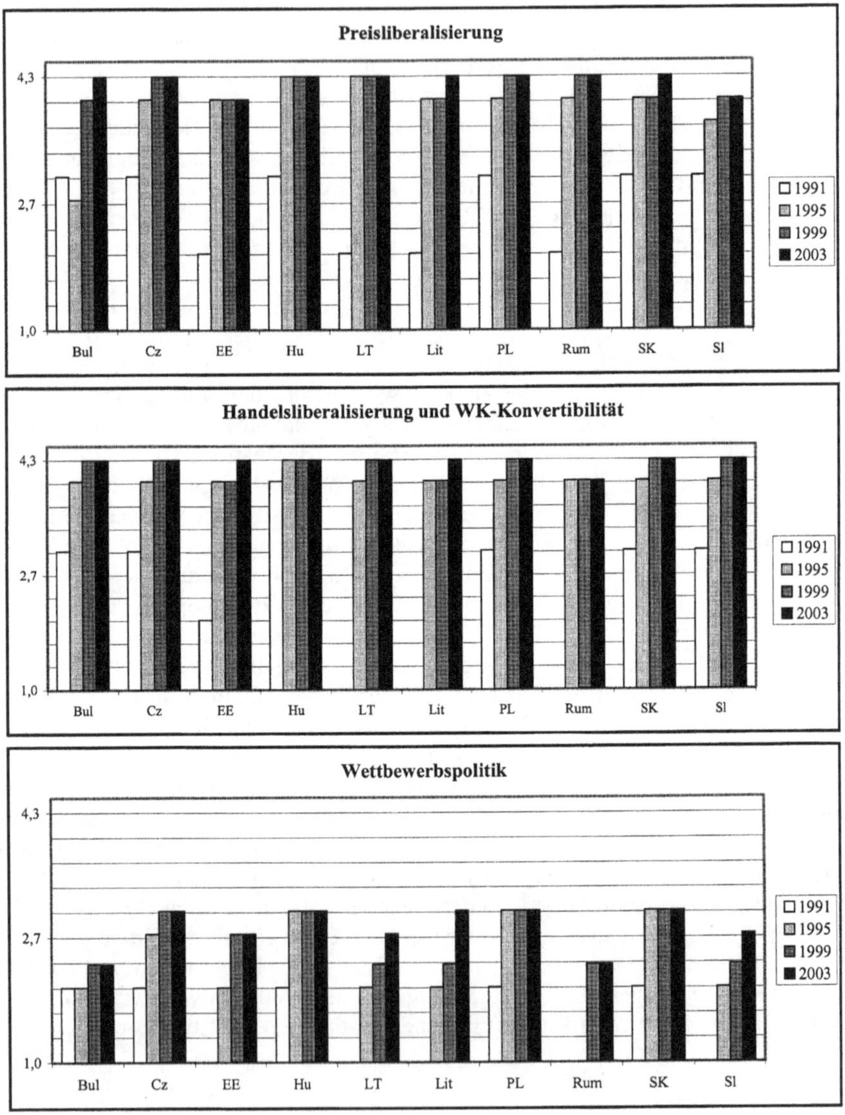

Quelle: EBRD (2000, 2003), Ländereinschätzungen.

Die Bekämpfung von wettbewerbsschädlichem Verhalten z.B. durch den Missbrauch einer marktbeherrschenden Stellung verlangt eine effektive Wettbewerbspolitik. Dieser dritte Indikator zur Messung der marktwirtschaftlichen Reife der MOEL in diesem ersten Bereich ist ebenfalls eine Voraussetzung für den Zufluss ausländischer Direktinvestitionen, die wiederum die wirtschaftliche Entwicklung der zehn Volkswirtschaften in bekannter Weise unterstützen.

Abbildung 6.5 vergleicht die drei Indexwerte der MOEL in den Jahren 1991, 1995, 1999 und 2003. Sowohl bei der Preisliberalisierung als auch bei der Handelsliberalisierung bzw. bei der Realisierung der Wechselkurskonvertibilität haben alle zehn Beitrittsländer sehr schnell marktwirtschaftliche Maßstäbe erreicht. Schon 1995 weisen fast alle MOEL in diesen beiden Kategorien mindestens einen Indexwert von 4,0 auf. Im Jahr 2003 entspricht die Preisliberalisierung in allen MOEL außer Estland und Slowenien den Standards in fortgeschrittenen Industrieländern.[52] Der höchste Indexwert von 4,3 wird auch im Bereich der Handelsliberalisierung bzw. der Wechselkurskonvertibilität ein Jahr vor dem EU-Beitritt von allen acht Beitrittsländern der ersten Runde ebenso wie von Bulgarien erreicht. Lediglich Rumänien hat mit einem Indexwert von 4,0 im Jahr 2003 die Standards eines Industrielandes noch nicht 100%-ig erfüllt. Die allgemeine Öffnung für den internationalen Außenhandel zeigt sich beispielsweise auch in der Tatsache, dass alle zehn MOEL mittlerweile Mitglieder der Welthandelsorganisation (WTO) sind.

Die Effektivität der Wettbewerbspolitik wird dagegen von der EBRD noch nicht so positiv eingestuft. Der höchste Indexwert, der im Jahr 2003 von Tschechien, Ungarn, Litauen, Polen und der Slowakei erreicht wird, ist 3,0.

Besonders ungünstig erscheint die Tatsache, dass fast alle MOEL zwischen 1999 und 2003 keine Erhöhung ihres Indexwertes erreicht haben. Lediglich Lettland, Litauen und Slowenien konnten sich in diesem Zeitraum verbessern.

Grundsätzlich unterscheiden sich die zehn Beitrittsländer in den drei Indizes des Bereichs Märkte und Handel nicht wesentlich. Dennoch soll im Folgenden ein Vergleich der Reformperformance mit dem erreichten Konvergenzniveau stattfinden. Abbildung 6.6 veranschaulicht zu diesem Zweck zwei Regressionen, wobei auf der Ordinate jeweils das Pro-Kopf-Einkommen der MOEL in Relation zu den EU-15 im Jahr 2002 als abhängige Variable dargestellt wird. Auf der Abszisse werden in der ersten Abbildung die Jahre abgetragen, welche die Länder seit 1990 benötigen, um jeweils den durchschnittlichen EBRD-Indexwert zu erreichen, den mindestens 50% der zehn MOEL im Jahr 2003 ausweisen.[53]

[52] Der Preisliberalisierungsindex ab 1995 wurde anders berechnet als der Index für 1991. Die Daten sind somit lediglich bedingt vergleichbar. Vgl. dazu EBRD (2003), Box 2.1.

[53] Für die Länder, die bis zum Jahr 2003 den Höchswert der fünf besten Reformländer nicht erreicht haben, werden 13 Jahre als Mindestwert abgetragen, da sie frühestens im Jahr 2004 mit den anderen MOEL gleich ziehen können.

Abbildung 6.6: Vergleich der Reformperformance im Bereich Märkte und Handel mit dem Konvergenzniveau im Jahr 2002

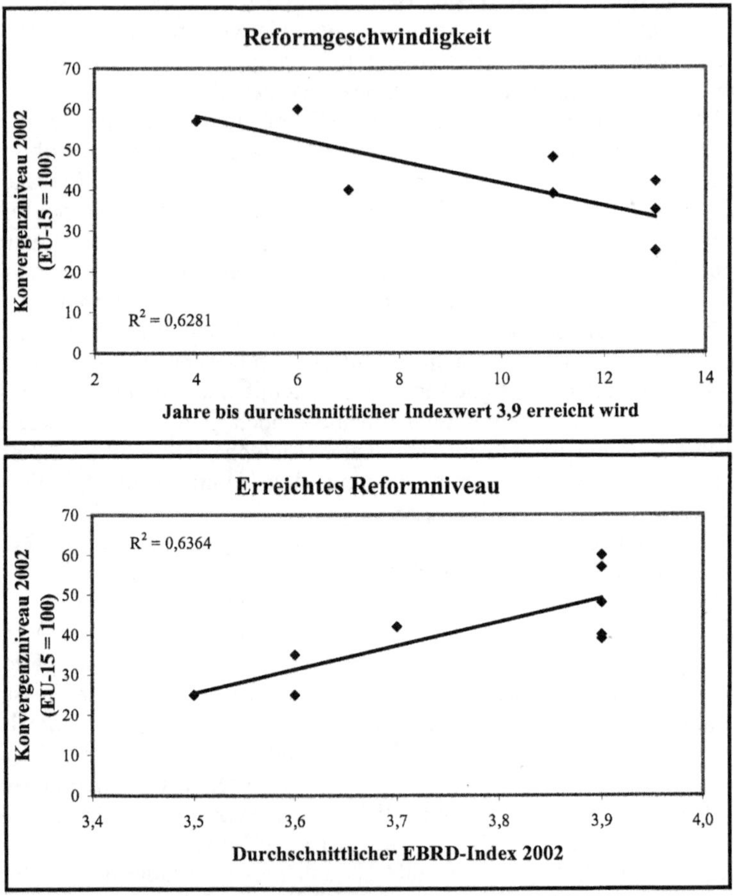

Quelle: EBRD (2000, 2003), Eurostat (2003). Eigene Berechnungen.

Anmerkung: Berechnungen jeweils ohne Slowenien.

Für den Bereich Märkte und Handel ergibt sich dieser maximale durchschnittliche Referenzwert als ungewichteter Mittelwert der drei vorgestellten Indikatoren mit dem Wert 3,9. Die zweite Regression bildet dagegen den durchschnittlichen EBRD-Index der zehn MOEL im Jahr 2002 als unabhängige Variable direkt ab.

Es ergeben sich ein negativer Zusammenhang zwischen der Reformgeschwindigkeit und dem Konvergenzniveau sowie ein positiver Zusammenhang zwischen dem erreichten Reformniveau und dem relativen Pro-Kopf-Einkommen im Jahr 2002. D.h. Volkswirtschaften, die ihre Reformen der Märkte und des Handels schneller eingeführt haben und im Jahr 2002 ein höheres durchschnittliches Reformniveau erreicht haben, können im Allgemeinen auch eine bessere Konvergenzperformance vorweisen. Beide Zusammenhänge weisen ein Bestimmtheitsmaß von ungefähr $R^2 = 0{,}6$ aus. Dies bedeutet, dass immerhin über 60% der Varianz der Pro-Kopf-Einkommen durch die Geschwindigkeit der Strukturreformen bzw. durch das erreichte Reformniveau erklärt werden kann. Die prozentuale Abweichung um das durchschnittliche Pro-Kopf-Einkommen beträgt dabei im Jahr 2002 28%. Es muss angemerkt werden, dass in beiden Regressionen Slowenien nicht mit einbezogen wurde, da seine schwache Reformperformance in starkem Gegensatz zu seinem hohen Pro-Kopf-Einkommen steht. Diese Außenseiterrolle Sloweniens wird in den folgenden Diskussionen der weiteren Strukturreformen noch öfters zum Vorschein kommen.

Zusammenfassend kommt man zu dem Ergebnis, dass in allen zehn MOEL im Bereich der Preis- und Handelsliberalisierung schon in den ersten Jahren der Transformation große Fortschritte in Richtung marktwirtschaftlicher Reife erreicht wurden. Die Einführung einer effizienten Wettbewerbspolitik entspricht dagegen noch nicht den Standards von Industrieländern. Ebenso gilt tendenziell, dass sowohl die Geschwindigkeit als auch die Intensität der Reformen in der Transformationsphase im Bereich Märkte und Handel positiv mit Wachstum und Konvergenz korreliert ist.

(2) Unternehmen

Der zweite Bereich umfasst die Reform der Unternehmen. Im Mittelpunkt stehen vor allem zwei Privatisierungsindizes, welche die Fortschritte in Bezug auf die Transformation kleiner und großer Staatsbetriebe in private Unternehmungen als entscheidenden Schritt in Richtung Marktwirtschaften messen.[54] Corporate Governance diskutiert wird. Der EBRD-Index untersucht neben international angewendeten Leitlinien einer soliden Unternehmensführung zusätzlich die Fortschritte bei der Reduzierung von Produktions-subventionen sowie der Einführung eines effizienten Insolvenzverfahrens.

Abbildung 6.7 veranschaulicht die Ergebnisse der zehn mittel- und osteuropäischen Länder in diesen drei Indizes erneut für die Jahre 1991, 1995, 1999 und 2003.

[54] Inwieweit eine aktive Privatisierungspolitik überhaupt notwendig ist und wenn ja, wie diese aussehen soll wurde analog zur Debatte „Big Bang vs Gradualismus“ heftig diskutiert. Die jeweiligen Argumente sollen hier nicht dargestellt werden, können aber in Havrylyshyn und McGettigan (1999) nachgelesen werden.

Abbildung 6.7: Entwicklung der EBRD-Indizes im Bereich Unternehmen

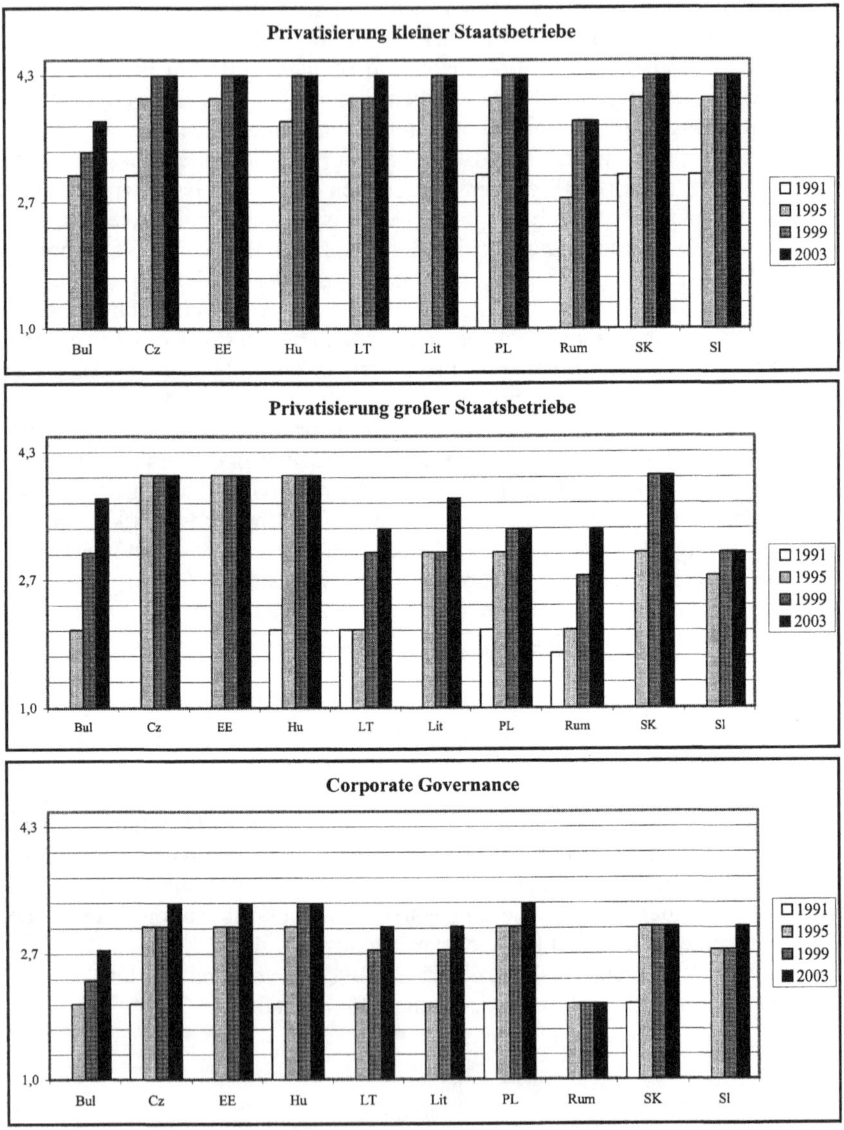

Quelle: EBRD (2000, 2003), Ländereinschätzungen.

Mit Hilfe eines dritten Indexes wird die Unternehmensführung bzw. –kontrolle in den MOEL geprüft, die im Allgemeinen unter der Überschrift
Die Privatisierung kleiner Staatsbetriebe ging in allen MOEL recht zügig von Statten. Alle acht Beitrittsländer der ersten Runde weisen seit 1999 einen Indexwert von 4,3 aus, welcher den Maßstäben in Industrieländern entspricht; d.h. der Staat hat keine Beteiligungen mehr an kleinen Unternehmen, und die Eigentumsrechte an diesen Unternehmen sind frei handelbar. Bulgarien und Rumänien haben diese Standards dagegen noch nicht erreicht, können im Jahr 2003 jedoch immerhin einen Indexwert von 3,7 vorweisen, was einer nahezu vollständigen Privatisierung kleiner Staatsbetriebe entspricht.

Die Privatisierung großer Staatsbetriebe ist erwartungsgemäß langsamer vorangekommen. Im Jahr 2003 ist es noch keinem MOEL gelungen, den Indexhöchstwert von 4,3 zu erreichen. Tschechien, Estland, Ungarn und die Slowakei werden jedoch immerhin mit einem Wert von 4,0 bewertet, was einer Privatisierungsrate großer Staatsbetriebe von 50% entspricht.

Beachtenswert ist dabei, dass die großen Fortschritte schon in den ersten Jahren der Transformation gemacht wurden. Die restlichen sechs MOEL weisen Werte zwischen 3,0 und 3,7 aus, wobei Slowenien im Gegensatz zu seiner relativen Einkommensposition als einziges Land mit dem schlechtesten Indexwert 3,0 bewertet wird, d.h. einer Privatisierungsquote von lediglich über 25%.

Was die Corporate Governance und die marktwirtschaftlich orientierte Reform der Unternehmensführung angeht, so wurden bisher lediglich kleine Fortschritte erzielt. Die Indexwerte schwanken zwischen 2,0 für Rumänien und 3,3 für Tschechien, Estland, Ungarn und Polen. Die Maßnahmen zur Abschaffung von Staatssubventionen oder zinsgünstigen Staatskrediten sowie zur Einführung eines effizienten Insolvenzverfahrens in Verbindung mit weiteren Reformanstrengungen zur Stärkung einer marktwirtschaftlichen Corporate Governance sind folglich noch nicht so weit gediehen, als dass sie mit den Maßstäben in Industrieländern gleichgesetzt werden könnten.

Auch im Bereich der Unternehmensreformen soll im Folgenden der Zusammenhang zwischen der jeweiligen Reformperformance und dem Wachstums- bzw. Konvergenzprozess untersucht werden. Analog zum Vorgehen im Bereich Märkte und Handel werden sowohl die Jahre, die von den MOEL benötigt werden, um das von den fünf fortgeschrittensten Beitrittsländern im Jahr 2002 ausgewiesene durchschnittliche Reformniveau zu erreichen als auch das jeweilige durchschnittliche Reformniveau an sich, als ungewichteter Mittelwert der drei EBRD-Indizes, dem Konvergenzniveau der MOEL im Jahr 2002 gegenübergestellt. Das mindestens von fünf MOEL erreichte durchschnittliche Reformniveau im Bereich Unternehmen im Jahr 2002 entspricht dabei dem Wert 3,7. Die Ergebnisse veranschaulicht Abbildung 6.8.

Bezogen auf die Reformen im Unternehmensbereich ergibt sich eindeutig ein positiver Zusammenhang zwischen der Reformgeschwindigkeit bzw. dem erreichten Reformniveau und der Konvergenzperformance. Die Bestimmtheitsmaße von über 0,7, die auf Korrelationskoeffizienten mit einem Betrag von über 0,8 hinweisen, werden jedoch nur erreicht, wenn erneut Slowenien nicht berücksichtigt wird.

Abbildung 6.8: Vergleich der Reformperformance im Bereich Unternehmen mit dem Konvergenzniveau im Jahr 2002

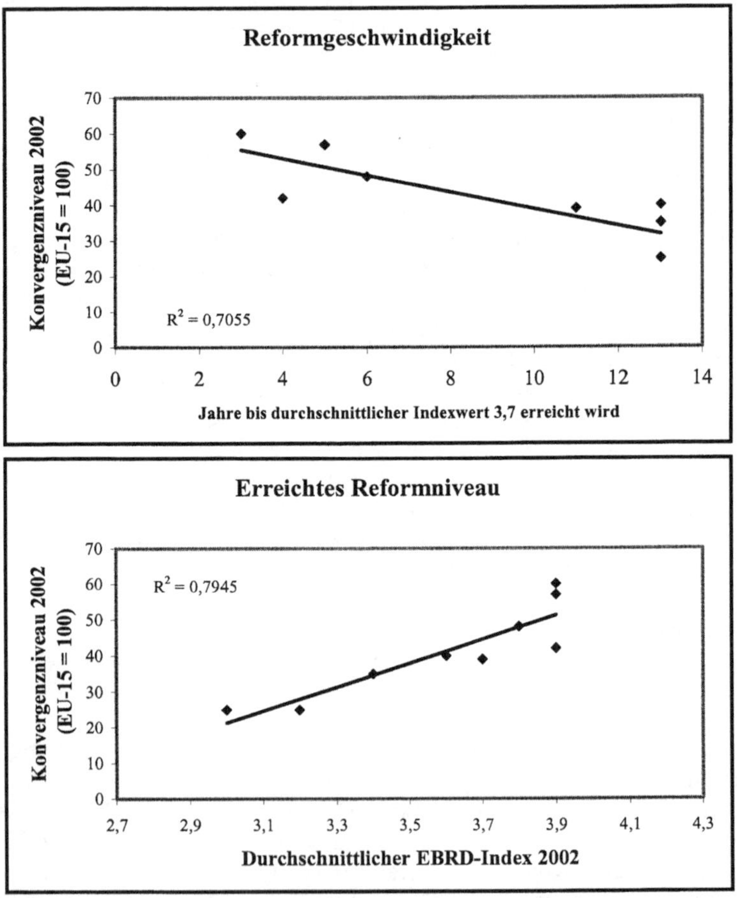

Quelle: EBRD (2000, 2003), Eurostat (2003). Eigene Berechnungen.

Anmerkung: Berechnung jeweils ohne Slowenien.

Zusammenfassend ergibt sich also, dass eine zügige Privatisierung der ehemaligen Staatsbetriebe in Verbindung mit der Einführung einer marktwirtschaftlichen Corporate Governance der Unternehmen den Konvergenzprozess der zehn MOEL positiv beeinflusst hat. Die größten Fortschritte wurden dabei von Tschechien, Estland, Ungarn und der Slowakei erzielt. Slowenien weist gemeinsam mit Bulgarien und Rumänien den niedrigsten Indexwert im Bereich Unternehmen auf und übernimmt erneut die Rolle als Ausnahme von der Regel.

(3) Infrastruktur
Die EBRD-Index hinsichtlich der Infrastrukturreformen wird als Mittelwert aus fünf Subindizes berechnet, welche die Fortschritte in den folgenden fünf Bereichen abbilden: Telekommunikation, Elektrizität, Eisenbahn, Straßen sowie Wasser und Abwasser.[55] Für jeden dieser fünf Bereiche werden Indikatoren ausgewählt, mit deren Hilfe die Vermarktung, die Gebührenreform, die einschlägigen Vorschriften sowie die Einbeziehung des privaten Sektors überprüft werden können. Der Infrastrukturindex wird von der European Bank for Reconstruction and Development seit 1995 berechnet. Abbildung 6.9 zeigt die Indexwerte für die zehn MOEL für die Jahre 1995, 1999 und 2003. Für eine detaillierte Übersicht über die Entwicklung der fünf Subindizes wird auf die Länderübersichten am Ende der Transition Reports verwiesen.

Abbildung 6.9: Entwicklung des EBRD-Indexes im Bereich Infrastruktur

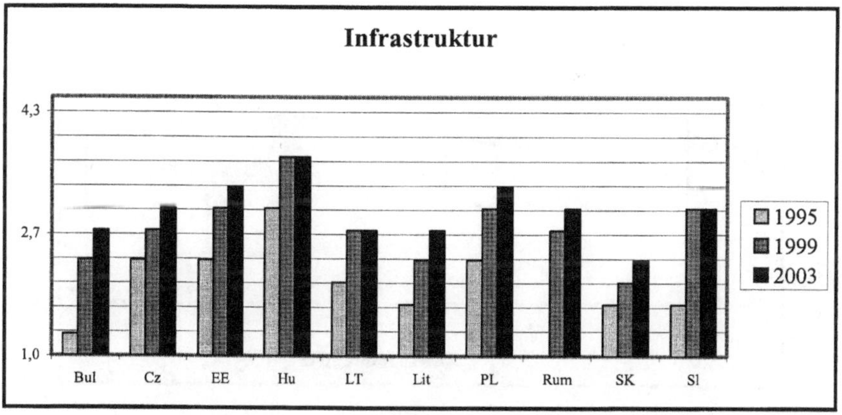

Quelle: EBRD (2000, 2003), Ländereinschätzungen.

[55]Die errechneten Mittelwerte werden zur Darstellung des Infrastrukturindexes auf der gewohnten Skala abgerundet. Ein Mittelwert von 2,9 wird folglich nicht mit 3,0, sondern mit 2,7 ausgewiesen.

Abbildung 6.10: Vergleich der Reformperformance im Bereich Infrastruktur mit dem Konvergenzniveau im Jahr 2002

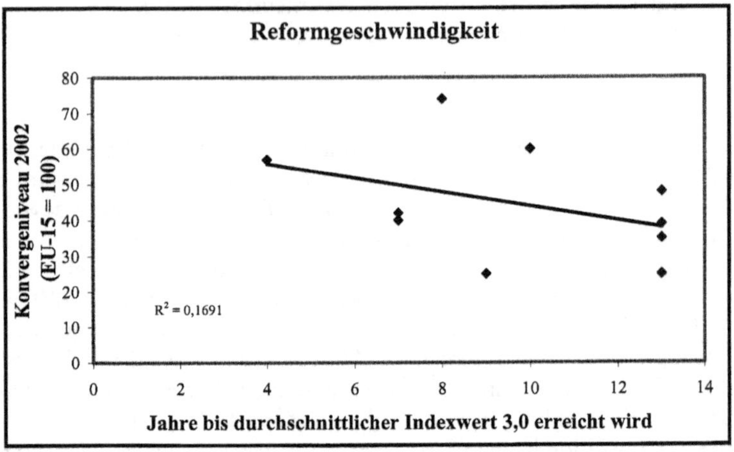

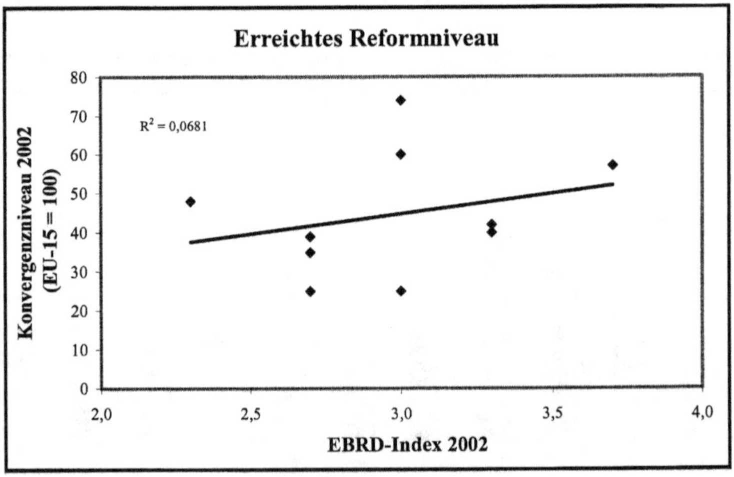

Quelle: EBRD (2000, 2003), Eurostat (2003). Eigene Berechnungen.

Die Infrastrukturreform ist in den zehn MOEL sehr unterschiedlich verlaufen. Zwar wurden in allen zehn Beitrittsländern seit 1995 Fortschritte erzielt, jedoch ist es bisher noch keinem Land gelungen, die Standards von Industrieländern zu erreichen. Die höchste Bewertung wird Ungarn zuteil mit einem Indexwert von 3,7. Die restlichen MOEL, darunter auch die zwei Beitrittsländer der zweiten

Erweiterungsrunde im Jahr 2007, weisen Werte zwischen 2,7 und 3,3 auf. Lediglich die Slowakei liegt mit einem Indexwert von 2,3 etwas zurück.

Ohne auf die Gründe für dieses unterschiedliche Abschneiden detailliert einzugehen, soll im Folgenden analog zur Vorgehensweise in den beiden zuvor betrachteten Bereichen der Zusammenhang zwischen den Infrastrukturreformen und der Konvergenzperformance untersucht werden. Abbildung 6.10 veranschaulicht in mittlerweile bekannter Art und Weise den Zusammenhang zwischen der Reformgeschwindigkeit bzw. dem erreichten Reformniveau und dem Pro-Kopf-Einkommen in Relation zur Europäischen Union. Das maximale Reformniveau, das von mindestens fünf MOEL im Jahr 2002 erreicht wird, beträgt 3,0.

Die eingezeichneten Trendlinien weisen zwar auch in diesem Bereich die typischen Steigungen auf, die auf einen positiven Zusammenhang zwischen der Reformgeschwindigkeit bzw. dem erreichten Reformniveau und der Konvergenzperformance schließen lassen, das Bestimmtheitsmaß ist jedoch so niedrig, dass lediglich 16,9% bzw. 6,8% der Varianz des erreichten Pro-Kopf-Einkommensniveaus der MOEL durch die Reformgeschwindigkeit bzw. das erreichte Reformniveau erklärt werden können. Slowenien, der bisherige Außenseiter, wurde diesmal zwar in die Berechnungen integriert, die Ergebnisse verändern sich jedoch durch seinen Ausschluss nicht wesentlich.

Zusammenfassend ergibt sich, dass die von der EBRD untersuchten Infrastrukturreformen in allen zehn MOEL noch stark voran getrieben werden müssen, sollen die als Vergleichsmaßstab angelegten Standards in Industrieländern erreicht werden. Die bisherige Reformperformance in diesem Bereich hat jedoch keinen ausschlaggebenden Einfluss auf die Konvergenzentwicklung der zehn MOEL ausgeübt. Im Gegensatz zu den Reformen der Märkte und des Handels sowie des Unternehmensbereichs scheinen Infrastrukturreformen bisher lediglich eine untergeordnete Rolle für den Wachstums- und Konvergenzprozess in der Transformationsphase zu spielen.

(4) Finanzinstitutionen

Während das Finanzsystem unter neoklassischen Rahmenbedingungen keinerlei Bedeutung für das Wirtschaftswachstum hat und die Rolle der Finanzierung von Konsum- und Investitionsentscheidungen als neutral angesehen wird, konnte in verschiedenen empirischen Studien sehr wohl ein Zusammenhang zwischen der Entwicklung der Finanzmärkte und -institutionen und dem Wachstumsprozess nachgewiesen werden.[56] Zur Verdeutlichung der Wachstumseffekte von Finanzinstitutionen identifiziert beispielsweise Ross Levine (1997) fünf grundlegende Funktionen der Finanzierung: (1) Mobilisierung von Ersparnissen, (2) Allokation der Ressourcen, (3) Ausübung der Unternehmenskontrolle, (4) Erleichterung des Risikomanagements und (5) Vereinfachung des Handels von

[56]Vgl. z.B. Bassanini/Scarpetta/Hemmings(2001) und Tsuru (2000).

Gütern, Dienstleistungen und Verträgen.[57] Schon Schumpeter (1934) kommt zu dem Ergebnis, dass ein funktionierendes Bankensystem in der Lage ist, diejenigen Unternehmer finanziell zu unterstützen, welche die größten Chancen auf erfolgreiche Markteinführung ihrer Innovationen aufweisen. Aus analogen Beweggründen werden die Finanzinstitutionen auch von Abramovitz in seiner Definition der „social capability“ explizit als wesentlicher Bestandteil der sozialen Fähigkeiten einer Volkswirtschaft angeführt.

Abbildung 6.11: Entwicklung der EBRD-Indizes im Bereich Finanzinstitutionen

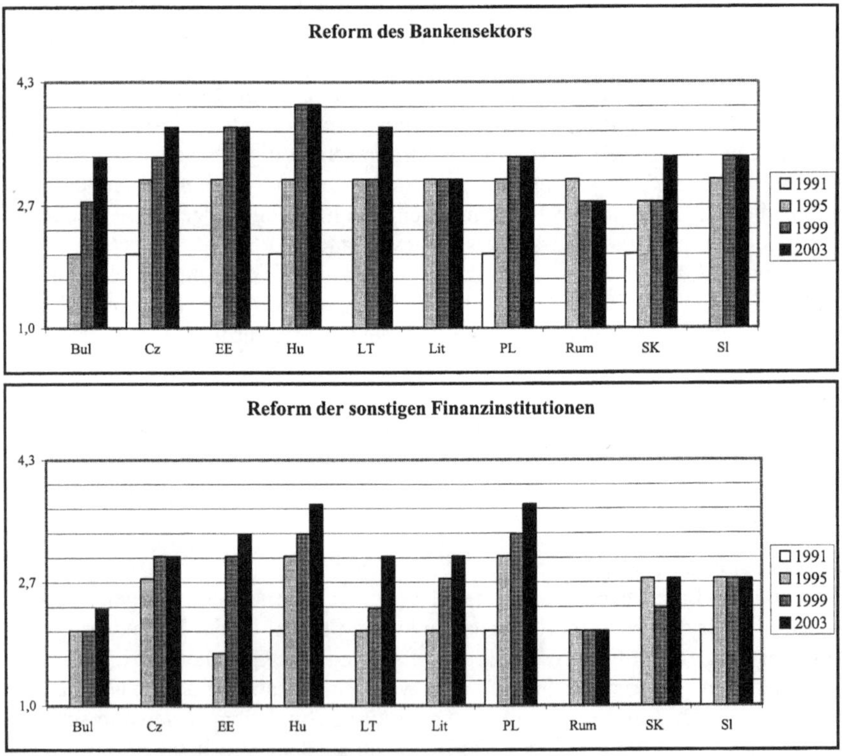

Quelle: EBRD (2000, 2003), Ländereinschätzungen.

Inwieweit die Entwicklung der Finanzinstitutionen während der Transformation der zehn MOEL eine Rolle gespielt hat, soll nun mit Hilfe von zwei EBRD-

[57] Vgl. Levine (1997), S. 691.

Indizes im Bereich Finanzinstitutionen überprüft werden. Der erste Index misst die Reform des Bankensektors und die Liberalisierung der Zinsen. Der zweite Index untersucht die Finanzierungsmöglichkeiten über Nicht-Banken und dabei insbesondere die Entwicklung von Aktienmärkten. Abbildung 6.11 gibt einen Überblick über die Indexwerte für die zehn MOEL in den Jahren 1991, 1995, 1999 und 2003.

Die Reform des Bankensektors ist in allen zehn MOEL relativ gut vorangekommen. Mit Ausnahme der Slowakei weisen alle Beitrittsländer im Jahr 2003 mindestens einen Indexwert von 3,0 aus, welcher, der Definition der EBRD folgend, wesentlichen Fortschritten bei der Etablierung der Bankensolvenz und einer vollständigen Liberalisierung der Zinsen entspricht. Tschechien, Estland und Lettland werden mit 3,7, Ungarn sogar mit 4,0 bewertet, was zusätzlich die Garantie eines Bankenwettbewerbs sowie einer effektiven Bankenaufsicht einschließt. Die Bankengesetze und –regulierungen entsprechen dabei immer mehr BIS-Standards.

Bei der Reform der sonstigen Finanzinstitutionen wurden nicht ganz so gute Ergebnisse erzielt. Die niedrigste Bewertung erfährt im Jahr 2003 Bulgarien mit einem Indexwert von 2,3. Ungarn und Polen übernehmen dagegen die Spitzenreiterposition mit Indexwerten von 3,7, die für eine Annäherung der Wertpapiergesetze und –regulierungen an IOSCO-Standards stehen. Die Liquidität und Kapitalisierung des Kapitalmarkts hat sich wesentlich verbessert. Die restlichen MOEL erreichen Werte zwischen 2,7 und 3,3 und zeigen folglich noch entsprechende Lücken bei der Reform des Nicht-Bankensektors und der Entwicklung ihrer Aktienmärkte auf.

Auch im Bereich Finanzinstitutionen soll der Zusammenhang zwischen den Reformanstrengungen und der Konvergenzperformance der MOEL untersucht werden. Der zu diesem Zweck berechnete maximale Durchschnittswert der beiden Indizes, der von mindestens fünf MOEL im Jahr 2002 erreicht wird, beträgt 3,4. Abbildung 6.12 zeigt, dass Länder, die dieses durchschnittliche Reformniveau früher erreicht haben, tendenziell auch ein höheres Pro-Kopf-Einkommen in Relation zu den EU-15 vorweisen können.

Im Unterschied zu den drei zuvor betrachteten Bereichen, wurden diese Reformen jedoch in allen Ländern erst relativ spät angegangen. Auch bei Ausschluss Sloweniens kann lediglich 35,7% der Varianz der Konvergenzniveaus der MOEL mit Hilfe der erreichten Reformgeschwindigkeit erklärt werden. Eine etwas stärkere Korrelation ergibt sich dagegen mit einem Korrelationskoeffizient von 0,72 bzw. einem Bestimmtheitsmaß von 0,5148 bei der Gegenüberstellung des erreichten Reformniveaus im Jahr 2002, jeweils errechnet als ungewichteter Durchschnitt aus den beiden Einzelindizes, und der Konvergenzperformance im selben Jahr.

Abbildung 6.12: Vergleich der Reformperformance im Bereich Finanzinstitutionen mit dem Konvergenzniveau im Jahr 2002

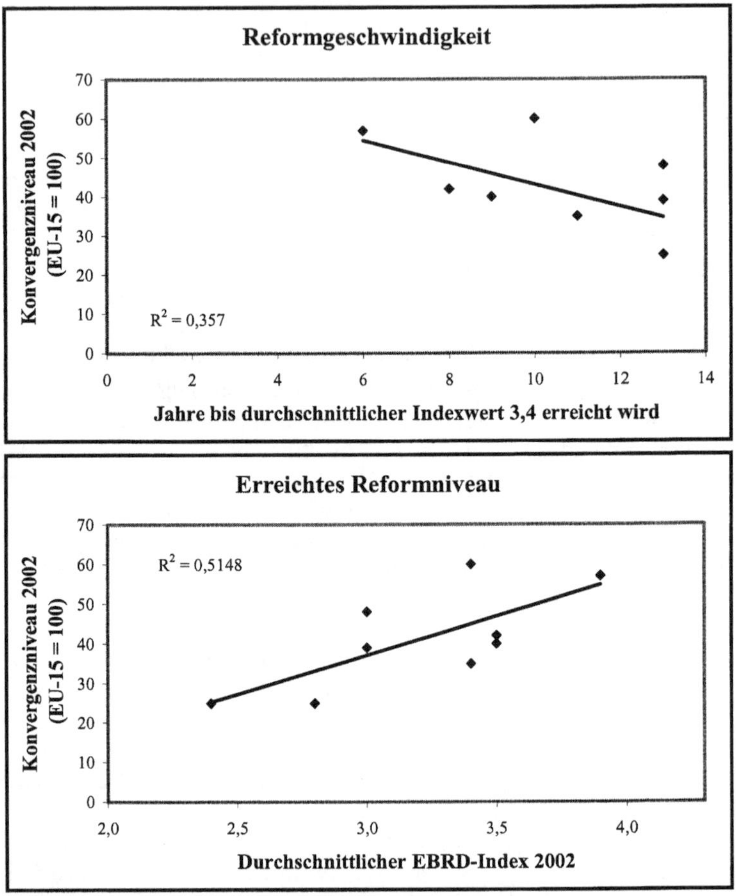

Quelle: EBRD (2000, 2003), Eurostat (2003). Eigene Berechnungen.

Anmerkung: Berechnung jeweils ohne Slowenien.

Die Reform der Finanzinstitutionen kann somit durchaus als wichtiger Faktor für Wachstum und Konvergenz in den Transformationsländern betrachtet werden. Den Finanzinstitutionen kommt die Aufgabe zu, die vorhandenen Ressourcen in die aussichtsreichsten Aktivitäten zu lenken und notwendige Investitionen zu ermutigen. Der Wachstumsbeitrag eines funktionierenden Bankensektors und Kapitalmarkts ist für die Zukunft der Transformationsländer nicht zu unterschätzen. Vor allem in Ländern, denen es gelingt, im Anschluss an die internationale Technologiediffusion aus eigener Kraft Produkt- und Prozessinnovationen zu entwickeln, muss die Finanzierung durch ein gesundes Finanzsystem gewährleistet sein.

Doch nicht nur die Finanzinstitutionen spielen eine entscheidende Rolle für die „social capability" der Transformationsländer. Auch andere wirtschaftsrelevante Institutionen wie die Garantie von Eigentumsrechten, die Verlässlichkeit des Rechtssystems und der Korruptionsgrad werden in vielen Studien als wichtige Wachstumsdeterminanten aufgeführt. Oleh Havrylyshyn und Ron van Rooden (2000) plädieren sogar dafür, die Entwicklung der Institutionen als vierte Kategorie neben den Ausgangsbedingungen, der makroökonomischen Stabilisierung und den Strukturreformen zur Untersuchung des Transformationsprozesses einzuführen. Da jedoch gerade die marktwirtschaftlichen Institutionen wie z.B. die Garantie der Eigentumsrechte in den ehemaligen Zentralverwaltungswirtschaften vollständig gefehlt haben, soll in dieser Arbeit auch die Entwicklung der öffentlichen Institutionen als integrativer Bestandteil der Strukturreformen diskutiert werden.

Zu diesem Zweck wird im Folgenden die dritte Säule des „Growth Competitiveness Index" des World Economic Forum vorgestellt, der sogenannte „Public Institutions Index" (PII). Dieser setzt sich aus zwei Determinanten zusammen, einem „Contracts and law subindex" und einem Korruptionssubindex, die jeweils 50% des PII ausmachen. Die beiden Subindizes ergeben sich aus Fragen des *Executive Opinion Survey*, die im Anhang in Tabelle A.10 aufgeführt werden. Es wurden insgesamt 102 Länder mit Hilfe einer Skala von 1 bis 7 bewertet, wobei mit 7 der maximal erreichbare Wert dargestellt wird und mit dem Wert 1 die schlechteste Performance. Tabelle 6.19 beinhaltet sowohl die Ränge als auch die Indexwerte für die zehn MOEL und die fünfzehn Länder der bisherigen Europäischen Union.

Im Gesamtindex werden die zehn MOEL schlechter bewertet als der Großteil der EU-15 mit Ausnahme von Spanien, Griechenland und Italien. Betrachtet man jedoch nicht nur die Ränge, sondern auch die exakten Indexwerte, so zeigt sich, dass der Abstand zwischen der alten EU und vor allem Estland, Ungarn und Slowenien sehr gering ist. Auch die restlichen MOEL folgen in relativ kurzem Abstand und lediglich Rumänien bildet mit großem Abstand das Schlusslicht. Dass Bulgarien im PII im Gegensatz zu den anderen Indizes des GCI den Anschluss an die Beitrittsländer der ersten Runde geschafft hat, liegt dabei insbesondere an seiner guten Position im Korruptionsindex, wo es den fünftbesten Wert der MOEL erreicht.

Tabelle 6.19: Der Public Institutions Index 2003

	PII		**Contracts and law subindex**		**Korruptions-index**	
	Rang	Score	Rang	Score	Rang	Score
Dänemark	1	6,56	2	6,30	1	6,82
Finnland	2	6,52	1	6,35	4	6,68
Schweden	7	6,28	6	6,00	7	6,55
Deutschland	9	6,10	9	5,80	10	6,39
Niederlande	11	6,02	11	5,66	11	6,37
Groß-Britannien	12	6,01	10	5,67	12	5,35
Luxemburg	13	5,92	13	5,60	15	6,23
Österreich	14	5,83	14	5,47	16	6,20
Portugal	22	5,52	21	5,22	30	5,81
Frankreich	23	5,50	27	4,96	23	6,03
Irland	25	5,46	31	4,88	22	6,03
Belgien	27	5,41	25	5,00	29	5,82
Estland	**28**	**5,36**	**32**	**4,85**	**27**	**5,86**
Spanien	31	5,28	41	4,46	17	5,09
Ungarn	**33**	**5,18**	**39**	**4,52**	**28**	**5,84**
Slowenien	**35**	**5,11**	**43**	**4,44**	**32**	**5,78**
Litauen	**41**	**4,71**	**58**	**3,89**	**34**	**5,53**
Griechenland	42	4,71	37	4,63	52	4,79
Lettland	**45**	**4,61**	**44**	**4,37**	**49**	**4,85**
Italien	46	4,56	49	4,15	47	4,96
Tschechien	**47**	**4,51**	**61**	**3,81**	**41**	**5,21**
Slowakei	**51**	**4,33**	**70**	**3,42**	**40**	**5,24**
Polen	**58**	**4,17**	**56**	**3,59**	**53**	**4,75**
Bulgarien	**62**	**4,10**	**92**	**2,71**	**35**	**5,50**
Rumänien	**86**	**3,27**	**83**	**2,97**	**90**	**3,58**

Quelle: Blanke/Paua/Sala-i-Martin (2004), S. 18 und 19.

Die Rangfolge in den beiden Subindizes unterscheidet sich nicht wesentlich von derjenigen im Gesamtindex. Den MOEL ist es demzufolge noch nicht gelungen, institutionelle Rahmenbedingungen zu schaffen, die den Standards in der bisherigen EU entsprechen. Um auch hier eine Aussage hinsichtlich des Zusammenhangs zwischen dem erreichten Reformniveau und der jeweiligen Konvergenzperformance zu ermöglichen, stellt Abbildung 6.13 die erreichten Werte der MOEL im „Public Institutions Index 2003" dem Konvergenzniveau im Jahr 2002 gegenüber. Es zeigt sich, dass die Länder, die im PII höher bewertet werden, grundsätzlich auch ein höheres Pro-Kopf-Einkommen in Relation zur EU-15 erreichen. Es kann jedoch lediglich 40% der Varianz der relativen Pro-Kopf-Einkommensniveaus der MOEL durch das Abschneiden im PII 2003 erklärt werden.

Abbildung 6.13: Vergleich der Reformperformance im Bereich „Public Institutions" mit dem Konvergenzniveau im Jahr 2002

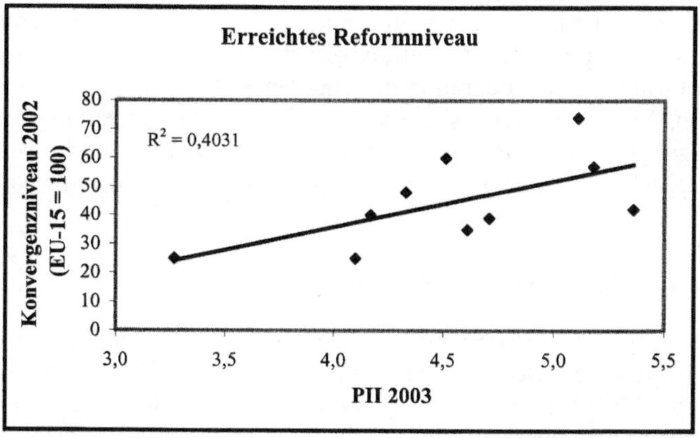

Quelle: Blanke/Paua/Sala-i-Martin (2004), S. 18 und 19. Eigene Berechnungen.

Seit 1989/1990 hat sich in den zehn mittel- und osteuropäischen Beitrittsländern viel getan. Die vorgestellten Reformindizes haben deutlich gemacht, dass in vielen verschiedenen Bereichen entscheidende Veränderungen erreicht wurden, um die Transformation von kommunistischen Zentralverwaltungswirtschaften zu kapitalistischen Marktwirtschaften zu vollziehen. Dabei wurde deutlich, dass diejenigen Länder, die diese Maßnahmen frühzeitig angingen, tendenziell eine bessere Konvergenzentwicklung vorweisen können als Länder, die sich länger Zeit gelassen haben. Dies soll und kann jedoch nicht als eindeutiger Beweis für den Big Bang Ansatz interpretiert werden. Die Überprüfung der Zusammenhänge zwischen den Reformindizes und dem Konvergenzniveau hat ebenfalls gezeigt, dass je nach Transformationsphase die Bedeutung der Reformen variiert. In den ersten Jahren wurden insbesondere Maßnahmen zur Liberalisierung der Preise und Märkte sowie zur Privatisierung der Staatsbetriebe ergriffen, die in den vorgestellten Untersuchungen die höchste Korrelation mit Wachstum und Konvergenz darbieten. Aus der Tatsache, dass die Bestimmtheitsmaße in den Bereichen Infrastruktur und Institutionen nicht für einen sehr starken Zusammenhang zwischen den Reformen in diesen Bereichen und der Konvergenzperformance sprechen, darf jedoch nicht die Schlussfolgerung gezogen werden, diese Reformen seien für den Transformationsprozess nicht von Bedeutung. Es handelt sich dabei um Rahmenbedingungen, die erfüllt sein müssen, um die in dieser Arbeit vorgestellten positiven Wachstums- und Konvergenzeffekte der Integration zu ermöglichen. Dazu zählt z.B. die Entwicklung eines gesunden Finanzsystems, das jedoch nicht von heute auf morgen aufgebaut werden kann, sondern sich mit der Zeit das notwendige Vertrauen der in-

und ausländischen Wirtschaftsakteure erarbeiten muss. Demzufolge ist die bisherige Transformationsphase zu kurz, um den Wachstumsbeitrag der Institutionen und der Infrastruktur genau quantifizieren zu können. Dabei ist jedoch auch klar, dass, wenn die notwendigen Reformen in diesen Bereichen vernachlässigt werden, sich die positiven Auswirkungen durch die Technologiediffusion in Folge der Öffnung und Integration mit anderen Volkswirtschaften nicht einstellen werden. Es scheint, dass sich die zehn MOEL der Bedeutung dieser Rahmenbedingungen durchaus bewusst sind und zur stetigen Verbesserung ihrer „social capability" in den meisten Bereichen eine hohe Reformfreudigkeit an den Tag gelegt haben.

6.3. Zusammenfassung und Weiterentwicklung

Ziel dieses Kapitels war die Untersuchung der sozialen Fähigkeiten der mittel- und osteuropäischen Beitrittsländer im Hinblick auf die Beantwortung der Frage, ob die MOEL in der Lage sind, das Catch-Up-Potenzial in einen tatsächlichen Konvergenzprozess zu verwandeln. Die Definition der „social capability" von Abramovitz wurde in verschiedene Indikatoren aufgeschlüsselt, die wiederum als Maßstab dafür dienten, einen Zusammenhang zwischen den nationalen Rahmenbedingungen und der Konvergenzperformance herzustellen. Als Ergebnis lässt sich feststellen, dass diejenigen Länder, die über eine besser ausgebildete Humankapitalbasis verfügen und diese dazu nutzen, ihre Imitations- und Innovationsfähigkeit zu verbessern, die auf günstigeren Ausgangsbedingungen zu Beginn der Transformation aufbauen konnten, denen die Stabilisierung der makroökonomischen Rahmenbedingungen gelungen ist und die vor allem die notwendigen Strukturreformen schnell und wirkungsvoll durchführen konnten, grundsätzlich ein höheres Pro-Kopf-Einkommen in Relation zu den Ländern der bisherigen Europäischen Union vorweisen als Beitrittsländer mit einer geringeren „social capability". Während die acht MOEL der ersten Beitrittsrunde im Großen und Ganzen über vergleichbare soziale Fähigkeiten verfügen, liegen Bulgarien und Rumänien in allen Untersuchungsbereichen noch weit zurück. Bis zum vorläufigen Beitrittstermin im Jahr 2007 sind in diesen beiden Ländern folglich noch große Anstrengungen notwendig.

Diese Schlussfolgerungen sind natürlich in hohem Maße davon abhängig, inwieweit mit Hilfe der verschiedenen Indizes des „Growth Competitiveness Reports" bzw. der „European Bank for Reconstruction and Development" tatsächlich das gemessen wird, was untersucht werden sollte. Der Vorteil der Vorgehensweise von Jennifer Blanke, Fiona Paua und Xavier Sala-i-Martin (2004) bei der Bestimmung der Subindizes des „Growth Competitiveness Index" ist jedoch, dass verschiedene Methoden zur Datenerhebung eingesetzt werden. Neben den sogenannten „hard data" werden regelmäßig die Ergebnisse aus den Unternehmensbefragungen im Rahmen des „Executive Opinion Survey" hinzugefügt und zu einem einheitlichen Index zusammengefasst. Die unterschiedlichen nationalen Quellen zur Bestimmung der Daten reduzieren zwar die Vergleichbarkeit, allgemein stimmen die Ergebnisse jedoch mit den Schlussfolgerungen anderer Untersuchungen überein und können somit als vertrauenswürdig bezeichnet werden.[58] Auch die jährlich fortgeschriebenen EBRD-Indizes werden als Maßstab für die Fortschritte der mittel- und osteuropäischen Beitrittsländer akzeptiert und in verschiedenen Studien zur Darstellung der Konvergenzperformance verwendet.

Tabelle 6.20: Der „Growth Competitiveness Index“ 2003

	GCI 2003	
	Rang	Score
Finnland	1	6,01
Schweden	3	5,80
Dänemark	4	5,61
Niederlande	12	5,24
Deutschland	13	5,24
Groß-Britannien	15	5,23
Österreich	17	5,07
Luxemburg	21	4,99
Estland	**22**	**4,96**
Spanien	23	4,94
Portugal	25	4,92
Frankreich	26	4,91
Belgien	27	4,88
Irland	30	4,73
Slowenien	**31**	**4,70**
Ungarn	**33**	**4,61**
Griechenland	35	4,58
Lettland	**37**	**4,54**
Tschechien	**39**	**4,48**
Litauen	**40**	**4,39**
Italien	41	4,38
Slowakei	**43**	**4,23**
Polen	**45**	**4,15**
Bulgarien	**64**	**3,67**
Rumänien	**75**	**3,38**

Quelle: Blanke/Paua/Sala-i-Martin (2004), S. 12 u.13.

Für einen abschließenden Überblick über die internationale Wettbewerbsfähigkeit als ein Maßstab der sozialen Fähigkeiten der MOEL zeigt Tabelle 6.20

[58] Vgl. zur Untersuchung der Beitrittsfähigkeit der MOEL mit Hilfe verschiedener Indizes Quaisser (2003).

die Ergebnisse des „Growth Competitiveness Index“ 2003, dessen drei Komponenten „Technology Index“, „Macroeconomic Environment Index“ und „Public Institutions Index“ bereits zur Darstellung der „social capability“ der zehn Beitrittsländer verwendet wurden. Besonders hervorzuheben ist die Platzierung von Estland, welches nicht nur in allen drei Subindizes des GCI von allen MOEL am besten abschneidet, sondern zusätzlich im Gesamtindex sieben Volkswirtschaften der EU-15 hinter sich lässt. Estland schneidet auch in den Transformationsindizes der EBRD im Vergleich mit den anderen MOEL überdurchschnittlich ab, so dass allgemein auf eine sehr gute „absorptive capability“ und „social capability“ zu schließen ist, die Estland mit die besten Konvergenzaussichten eröffnet.

Die restlichen sieben MOEL der ersten Beitrittsrunde liegen beim GCI sowohl im Hinblick auf den Rang als auch bezogen auf die Indexwerte relativ nah beieinander. Der Anschluss an die EU-15 ist eindeutig geschafft. Bulgarien und Rumänien dagegen hinken wie auch in den Subindizes noch etwas hinterher.

An dieser Stelle sei noch einmal die Sonderrolle von Slowenien erwähnt. Slowenien bestätigt mit der zweitbesten Platzierung der MOEL im GCI 2003 seine bisher unangefochtene Führungsrolle im Hinblick auf das erreichte Pro-Kopf-Einkommen der zehn Beitrittsländer. Dies ist jedoch nicht bei allen untersuchten Indikatoren zur Messung der sozialen Fähigkeiten der Fall. Vor allem bei den Transformationsindizes der EBRD zur Überprüfung der Strukturreformen schneidet Slowenien für seine relative Einkommensposition außergewöhnlich schlecht ab und widerspricht dadurch einem positiven Zusammenhang zwischen dem Einkommensniveau und bestimmten Komponenten der „social capability“ als abhängiger Variable. Das stetige und störungsfreie Wachstum Sloweniens ist zu großen Teilen auf die verfolgte Abwertungspolitik zurückzuführen, die sich zwar positiv auf die Leistungsbilanz ausgewirkt hat, langfristig jedoch den Import technologieintensiver Güter geschwächt hat. Die Folgen dieser Politik sind nicht nur Schwierigkeiten bei der Inflationsbekämpfung, sondern insbesondere negative Konsequenzen für die mittel- bis langfristige Wachstumsentwicklung.[59] Slowenien hat, wie schon in Kapitel 5 festgestellt wurde, im Gegensatz zu anderen erfolgreichen Beitrittsländern wie z.B. Ungarn in wesentlich geringerem Maße komparative Vorteile in technologieintensiven Sektoren dazu gewonnen. Die „absorptive capability“ zur Anwendung und Imitation ausländischer Technologien ist ebenfalls nicht sehr stark ausgeprägt, betrachtet man z.B. den Technologietransfer-Subindex im Rahmen des „Growth Competitiveness Report“, bei dem Slowenien den 51. Rang einnimmt und damit von allen zehn Beitrittsländern lediglich besser abschneidet als Bulgarien. Im Gegensatz zu Bulgarien erreicht Slowenien jedoch nach wie vor vordere Plätze in den meisten Untersuchungen der Transformationsländer. Dies liegt u.a. an der Geschichte Sloweniens, die schon vor dem Fall des Eisernen Vorhangs durch

[59] Vgl. Astrov (2004), S. 383 u. 399.

einen intensiveren Kontakt mit Westeuropa und dabei vor allem mit Deutschland und Österreich geprägt war als bei den anderen Beitrittsländern. Versteht man „social capability" dabei in einem weiteren Sinne, so müssen auch die geschichtlichen Gegebenheiten bei der Darstellung der sozialen Fähigkeiten berücksichtigt werden, die in diesem Fall eindeutig für Slowenien sprechen. Man muss sich trotzdem die Frage stellen, in welchem Ausmaß der Transformationserfolg Sloweniens auf die sehr günstigen Ausgangsbedingungen und die nominale Abwertungspolitik zurückzuführen ist. Es wird sich zeigen, inwieweit sich das relativ schlechte Abschneiden bei den Strukturreformen in Verbindung mit der geringeren Tendenz zur Spezialisierung auf technologieintensive Güter auf die weitere Konvergenzperformance auswirkt. Die vorgestellten Studien haben ergeben, dass schlechte Ausgangsbedingungen, d.h. insbesondere geringe Pro-Kopf-Einkommen zu Beginn der Transformation, durch eine erfolgreiche Reformpolitik wettgemacht werden können. Es ist folglich durchaus möglich, dass z.B. Ungarn und Tschechien, oder eventuell sogar die baltischen Staaten und dabei vor allem Estland, Slowenien im Catching-Up-Prozess noch überholen.

Betrachtet man die MOEL als Ganzes, so gilt vor allem für die acht Beitrittsländer der ersten Runde, dass die von Abramovitz betonten Voraussetzungen für einen erfolgreichen Konvergenzprozesses gegeben sind. Die EU-Beitrittsländer sind zwar in vielen Bereichen „technologically backward", dafür aber auch „socially advanced". Die ersten Jahre der Transformation sind durch eine stetige Verbesserung der „social capability" der MOEL gekennzeichnet. Die Wachstumsmöglichkeiten, die sich durch die internationalen Wissensspillover und die Technologiediffusion als Folge der Europäischen Integration ergeben, können folglich immer stärker umgesetzt werden. Diese positive Entwicklung wurde letztendlich durch den tatsächlichen Beitritt der acht MOEL zur Europäischen Union am 1. Mai 2004 gewürdigt, nachdem die EU-Kommission schon in ihrem Strategiepapier 2002 zu dem Ergebnis kam, dass Estland, Lettland, Litauen, Polen, die Slowakei, Slowenien, die Tschechische Republik und Ungarn die Kopenhagener Kriterien Anfang 2004 erfüllen werden und damit „beitrittsreif sein werden".[60]

Bulgarien und Rumänien weisen dagegen noch wesentlich geringere soziale Qualifikationen auf. Dies spiegelt sich auch in ihrer Konvergenzperformance wider. Sie erreichen nicht nur das niedrigste Pro-Kopf-Einkommen der MOEL, sondern konnten dieses in den letzten Jahren so gut wie gar nicht erhöhen. Es bleibt zu hoffen, dass die Aussicht auf den EU-Beitritt im Jahr 2007 ausreichend Kräfte mobilisiert, um die „social capability" und damit die Konvergenzperformance zu verbessern.

Dass die Perspektive auf einen Beitritt zur Europäischen Union positive Auswirkungen auf die Reformbemühungen und damit auf Wachstum und

[60]EU-Kommission (2002), S. 24.

Konvergenz hat, wird in mehreren Studien eindeutig bejaht.[61] Der Vergleich der EU-Beitrittskandidaten mit anderen Transformationsländern veranlasst z.B. Fischer und Sahay (2000) zu der Schlussfolgerung, dass „*the prospect of joining the European Union has been a powerful spur to reform*".[62] Ländern der ehemaligen Sowjetunion, die noch nicht in Beitrittsverhandlungen mit der EU stehen, fehlt dagegen dieser wichtige Anreiz zur Verbesserung ihrer „social capability".

Die wirtschaftliche Entwicklung der zehn mittel- und osteuropäischen Beitrittsländer hat gezeigt, dass Konvergenz kein automatischer Prozess ist. Erfolg oder Misserfolg hängt entscheidend davon ab, inwieweit soziale Fähigkeiten aufgebaut werden, die wachstums- und konvergenzfördernde Mechanismen, wie sie im Laufe dieser Arbeit dargestellt wurden, ermöglichen und unterstützen. Im ständigen Wettlauf um Innovation und Imitation wird sich zeigen, wer aufholt, wer überholt und wer zurückfällt.

[61] Vgl. z.B. Crafts/Kaiser (2004), Kap. 5.
[62] Fischer/Sahay (2000), S. 22.

Anhang

Tabelle A.7: Komponenten des Technologieindexes von McArthur und Sachs

Innovationssubindex = 1/4 Survey data + 3/4 hard data	**Fragen des Executive Opinion Survey:** 1. What is your country's position in technology relative to world leaders? 2. Does continuous innovation play a major role in generating revenue for your business? 3. How much do companies in your country spend on R&D relative to other countries? 4. What is the extent of business collaboration in R&D with local universities? **Hard data:** 1. US Utility Patents Granted per million population in 2000 2. Gross Tertiary Enrollment Rate in 1997 (or latest available year)
Technologietransfer-Subindex = 1/2 Survey data + 1/2 hard data	**Frage des Executive Opinion Survey:** Is foreign direct investment in your country an important source of new technology? **Hard data:** Technology-in-trade residual in 1999 (or latest available year)
ICT-Subindex = 1/3 Survey data + 2/3 hard data	**Fragen des Executive Opinion Survey:** 1. How extensive is Internet access in schools? 2. Is competition among ISPs* sufficient to ensure high quality, infrequent interruptions and low prices? 3. Is ICT an overall priority for government? 4. Are government programs successful in promoting the use of ICT? 5. Are laws relating to ICT (electronic commerce, digital signatures, consumer protection) well developed and enforced? **Hard data:** 1. Number of mobile telephone users per capita 2. Number of Internet users per capita 3. Number of Internet hosts per capita 4. Number of telephone mainlines per capita 5. Number of personal computers per capita

Quelle: McArthur/Sachs (2002), S. 40.

Anmerkung: *Internet Service Provider

Tabelle A.8: Weitere Subindizes des NICI und ihre Komponenten

Innovation policy subindex	1. Effectiveness of intellectual property protection 2. Size and availability of R&D tax credits and subsidies for the private sector 3. Costs of tariff restrictions
Cluster innovation environment subindex	1. Sophistication of domestic customers 2. Extent of locally based competition 3. Extent of product and process collaboration
Linkages Subindex	1. Local availability of specialized research and training institutions 2. Availability of venture capital for innovative but risky projects
Company operations and strategy subindex	1. Degree to which competitive advantage depends on introducing unique goods and services 2. Extent and sophistication of marketing 3. Degree to which pay is linked to productivity

Quelle: Porter/Stern (2004), S. 9 und 10.

Tabelle A.9: Die Komponenten des "Macroeconomic Environment Index"

Macroeconomic stability subindex = 5/7 Hard Data + 2/7 Survey Data	**Fragen des Executive Opinion Survey**: 1. Is your country's economy likely to be in a recession next year? 2. Has obtaining credit for your company become easier or more difficult over the past year? **Hard data**: 1. Government surplus/deficit in 2002 2. National savings rate in 2002 3. Inflation in 2002 4. Real exchange rate relative to the United States in 2002 5. Lending – borrowing interest rate spread in 2002
Government waste subindex	**Fragen des Executive Opinion Survey**: 1. Do government subsidies to business in your country keep uncompetitive industries alive artificially or do they improve the productivity of Industries? 2. In your country, how common is the diversion of public funds to companies, individuals or groups due to corruption? 3. How high is the public trust in the financial honesty of politicians?
Institutional Investor country credit rating, March 2003	

Quelle: Blanke/Paua/Sala-i-Martin (2004), Kapitel 1.1., Appendix.

Tabelle A.10: Komponenten des „Public Institutions Index“

Contracts and law subindex	**Fragen des Executive Opinion Survey :** 1. Is the judiciary in your country independent from political influences of members of government, citizens or firms? 2. Are financial assets and wealth clearly delineated and well protected by law? 3. Is your government neutral among bidders when deciding among public contracts? 4. Does organized crime impose significant costs on business?
Corruption subindex	**Fragen des Executive Opinion Survey:** 1. How commonly are bribes paid in connection with import and export permits? 2. How commonly are bribes paid when getting connected with public utilities? 3. How commonly are bribes paid in connection with annual tax payments?

Quelle: Blanke/Paua/Sala-i-Martin (2004), Kapitel 1.1., Appendix.

Kapitel 7: Konvergenzprognosen und Fazit

7.1. Konvergenzprognosen

Im Rahmen der Diskussion der sozialen Fähigkeiten der zehn mittel- und osteuropäischen Beitrittsländer in Kapitel 6 wurden verschiedene Indikatoren aufgezeigt, welche Erklärungsansätze für die vorhandenen Unterschiede im Wachstums- und Konvergenzprozess der MOEL in Relation zu den bisherigen Staaten der Europäischen Union liefern können. Diese Indikatoren machen deutlich, warum es manchen Ländern besser gelingt als anderen, das vorhandene Konvergenzpotenzial auszuschöpfen, welches sich durch die externen Effekte der Technologie- und Wissensspillover in Folge des Beitritts in den Integrationsraum der Europäischen Union ergibt. Die „social capability“ entscheidet mit darüber, ob ausländisches Wissen, z.B. in Form von FDI, angelockt werden kann, inwieweit dieses Know-How imitiert werden kann und ob daraus Lernprozesse generiert werden können, die letztendlich die Innovationsfähigkeit der Volkswirtschaft verbessern und dadurch eine notwendige Bedingung für dauerhaftes Wachstum erfüllen. Möchte man nun die Frage beantworten, wie lange es dauern wird, bis die zehn Beitrittsländer das durchschnittliche Pro-Kopf-Einkommen der EU-15 erreichen werden, so muss in solchen Konvergenzprognosen eben diese „social capability“ berücksichtigt werden.

Die meisten Studien, deren Ziel die Prognose der langfristigen Wachstums- und Konvergenzaussichten der MOEL ist, bauen auf den Regressionen von Barro (1991) und Levine und Renelt (1992) auf. Diese Vorgehensweise wurde jedoch insbesondere aufgrund der zu optimistischen Prognosen vielfach kritisiert.[1] Im Folgenden soll stattdessen ein Modell vorgestellt werden, dass nicht nur Elemente der Theorie endogenen Wachstums einbezieht, sondern explizit die Catching-Up-Hypothese von Abramovitz integriert und damit die sozialen Fähigkeiten der Volkswirtschaften berücksichtigt, neue Technologien erfolgreich einzuführen und anzuwenden. Mit Hilfe dieses Modells von Michal Kejak, Stephan Seiter und David Vávra (2004) soll ein Eindruck über die voraussichtliche Dauer des Konvergenzprozesses der Transformationsländer gewonnen werden.

Während in der neoklassischen Wachstumstheorie die internationale Konvergenz der Wachstumsraten und unter bestimmten Bedingungen auch der Einkommensniveaus eine logische Folge der abnehmenden Grenzerträge des

[1] Vgl. z.B. Crafts/Kaiser (2004) und Fidrmuc (2001). Die Barro-Regressionen setzen die Wachstumsrate zum initialen Pro-Kopf-Einkommen, zu Einschreibungsraten in Schulen - als Schätzgröße für das vorhandene Humankapital - und zum Staatskonsum in Beziehung. Im Rahmen der Levine-Renelt-Regressionen wird das Wachstum neben dem Pro-Kopf-Einkommen und den Einschreibungsraten zusätzlich durch das Bevölkerungswachstum und die Investitionsrate erklärt. Als Beispiel für diese Vorgehensweise vgl. Fischer/Sahay/Vegh (1998). Vgl. auch Boeri/Brücker (2001) sowie Kap. 3.3.

Kapitals in Verbindung mit der internationalen Mobilität des Kapitals und des Wissens ist, ergibt sich in Modellen endogenen Wachstums aufgrund der in Kapitel 4 vorgestellten Prozesse dagegen eine divergente Entwicklung. Um den Konvergenzprozess der MOEL in einem Modell endogenen Wachstums darstellen zu können, wird der EU-Beitrittsprozess im Modell von Kejak, Seiter und Vávra (2004) nicht nur als eine schrittweise Öffnung der Güter- und Kapitalmärkte abgebildet, sondern verkörpert zusätzlich einen Technologietransfer, der es technologisch zurückgebliebenen Ländern erlaubt, die Technologiegrenze der weiterentwickelten Volkswirtschaften zu erreichen. Diese Grenze des „theoretischen Wissens", deren Veränderungen sehr große Fortschritte des Wissens, wie z.B. die industrielle Revolution, repräsentieren, ist exogen gegeben. Jede offene Volkswirtschaft ist in der Lage, sich durch entsprechende Ausbildung ihres Humankapitals dieser Technologiegrenze anzunähern und dadurch die neuen Technologien einzuführen und anzuwenden. Wie schnell das neue Wissen innerhalb der Volkswirtschaften diffundiert, ist in diesem Modell sowohl vom durchschnittlichen Wissen der Wirtschaftsakteure[2] als auch von einem Diffusionsparameter abhängig, der institutionelle Barrieren bei der Einführung des neuen Wissens repräsentiert.[3] Es werden folglich zwei der in Kapitel 6 vorgestellten Indikatoren zur Messung der „social capability" von Volkswirtschaften in das Modell von Kejak, Seiter und Vávra (2004) integriert. Merkmale eines Modells endogenen Wachstums sind die Technologiediffusion sowie die Annahme externer Effekte bei der Wissensakkumulation.

Das Ergebnis des Modells ist ein genereller Catching-Up-Trend eines modellierten Transformationslandes, der jedoch durch Phasen temporärer Divergenz unterbrochen wird und folglich nicht monoton verläuft. Um die Tauglichkeit dieses Modells zur Erklärung des Transformationsprozesses der mittel- und osteuropäischen Beitrittsländer zu überprüfen, unterlegen Kejak, Seiter und Vávra das Modell mit Daten der Kohäsionsländer Griechenland, Irland, Portugal und Spanien. Diese Länder der sogenannten EU-Peripherie werden, wie auch schon in anderen Modellen, als Benchmark für den zu erwartenden Transformationsprozess der MOEL verwendet. Nachdem festgestellt werden konnte, dass das Modell in der Lage ist, die verschiedenen Konvergenz- bzw. Divergenzphasen der vier Kohäsionsländer im Zeitraum von 1960 – 2000 zufriedenstellend zu erklären, entwickeln Kejak, Seiter und Vávra aufbauend auf der individuellen Erfahrung der Kohäsionsländer verschiedene Modellparameter, die es erlauben, Prognosen für einen möglichen Transformationsverlauf der MOEL abzugeben.[4] Im Mittelpunkt steht insbesondere die zu erwartende Zeit, welche die EU-Bei-

[2]Im Modell von Kejak/Seiter/Vávra (2004) wird Humankapital als Wissenskapital definiert.
[3]Vgl. Kejak/Seiter/Vávra (2004), S. 15 u. 17. Es handelt sich um ein Uzawa-Lukas-Modell endogenen Wachstums mit zwei Sektoren und Wissensdiffusion für kleine offene Volkswirtschaften.
[4]Vgl. ebenda, S. 24 – 30.

trittsländer benötigen, um das gegenwärtige Pro-Kopf-Einkommensniveau der EU-15 zu erreichen.

Kejak, Seiter und Vávra wählen die Beitrittsländer Tschechien, Ungarn und Polen, um an ihnen beispielhaft den Transformationsprozess der MOEL zu simulieren. Aus Gründen der Verfügbarkeit und vor allem der Verlässlichkeit bestimmen sie die Daten des Jahres 1995 als Ausgangsbedingungen für die darauffolgenden Berechnungen. Bei einem Vergleich des Integrationsstatus der MOEL zu diesem Zeitpunkt mit den vier Kohäsionsländern wird deutlich, dass die drei Länder der Osterweiterung in Bezug auf den Zugang zu ausländischen Ersparnissen – gemessen durch die Kapitalimporte – und ausländischer Technologie – gemessen durch den Anteil ausländischer Direktinvestitionen – in eine sogenannte Phase des „technological take-off“ eingeordnet werden können, welche Griechenland, Irland, Spanien und Portugal in den 80er Jahren durchlaufen haben. Die Konvergenzprognosen basieren demzufolge auf den Modellparametern der vier Kohäsionsländer in der Zeit von 1985 – 2000.[5]

Mit Hilfe dieser Modellparameter und aufbauend auf unterschiedlichen Szenarien hinsichtlich der Auswirkungen des EU-Beitritts auf die soziale und institutionelle Infrastruktur der MOEL entwickeln Kejak, Seiter und Vávra verschiedene Konvergenzprognosen, die in der Angabe der Jahre resultieren, die Tschechien, Polen und Ungarn jeweils benötigen, um das gegenwärtige Pro-Kopf-Einkommen der EU-15 zu erreichen.[6] Von den vier untersuchten Szenarien sollen im Folgenden zwei vorgestellt werden, die sich insbesondere auf die Technologiediffusion und die „social capability“ der MOEL beziehen. Demzufolge ergeben sich unterschiedliche Konvergenzgeschwindigkeiten einerseits entsprechend dem Niveau des verfügbaren Wissens, welches sich im Modell direkt auf die langfristige Wachstumsrate der Volkswirtschaften auswirkt, und andererseits entsprechend der Geschwindigkeit der Technologiediffusion, die wiederum vom jeweiligen Diffusionsparameter der MOEL abhängig ist, der im Modell von Kejak, Seiter und Vávra (2004) die soziale Infrastruktur bei der Überwindung der Hindernisse zur Anwendung neuer Technologien repräsentiert. Die Zeit, bis das gegenwärtige Pro-Kopf-Einkommen der EU-15 erreicht wird, ist umso geringer, je größer der vorhandene Wissensstock und damit die langfristige Wachstumsrate ist und je höher der Diffusionsparameter, d.h. die Diffusionsgeschwindigkeit und damit die „social capability“ zum Einsatz und letztendlich zur Weiterentwicklung neuer Technologien ist.

[5] Vgl. Kejak/Seiter/Vávra (2004), S. 30 u. 31.

[6] Unter „gegenwärtig“ wird das durchschnittliche Pro-Kopf-Einkommen der EU-15 zum Zeitpunkt des Verfassens der Arbeit von Kejak, Seiter und Vávra verstanden. Es werden keine Angaben über das Wachstum der EU-15 gemacht, so dass nach Ablauf der angegebenen Jahre der tatsächliche Grad der Angleichung der Pro-Kopf-Einkommen innerhalb der EU-25 zusätzlich von der Wachstumsentwicklung der EU-15 abhängig ist.

Tabelle 7.1: Konvergenzszenarien

	Langfristige Wachstumsrate			Diffusionsparameter		
	3%	4%	5%	16	8	4
Polen	56,7	35,4	26,1	33,5	35,4	40,1
Tschechien	43,2	23,0	16,0	18,2	23,0	34,9
Ungarn	41,3	29,9	20,3	24,4	29,9	36,0

Quelle: Kejak/Seiter/Vávra (2004), S. 33.

Tabelle 7.1 macht deutlich, dass die Konvergenzprognosen je nach betrachtetem Szenario stark voneinander abweichen. So beträgt die geringste Konvergenzzeit bei einer langfristigen Wachstumsrate von 5% und Konstanz der anderen Ausgangsbedingungen für Tschechien lediglich 16 Jahre, während Polen bei einer langfristigen Wachstumsrate von 3% voraussichtlich erst in 56,7 Jahren das gegenwärtige Pro-Kopf-Einkommen der EU-15 erreicht. Auch die Variation des Diffusionsparameters führt zu großen Unterschieden hinsichtlich der Dauer des Konvergenzprozesses, so z.B. für Tschechien zu einer maximalen Differenz von 16,7 Jahren. Je nach Ausgangsbedingungen und Veränderung der Parameter durch den EU-Beitritt ergeben sich unterschiedliche Konvergenz- bzw. Divergenzphasen, die u.a. von der Kapitalausstattung zu Beginn des Transformationsprozesses, der sektoralen Reallokation der Ressourcen zwischen dem Produktions- und dem Wissenssektor und der ursprünglichen Abweichung vom gleichgewichtigen Wachstumspfad abhängen.[7]

Vergleicht man die drei MOEL insgesamt, so schneidet Tschechien bis auf eine Ausnahme regelmäßig am besten ab, d.h. es erreicht den Berechnungen zufolge als erstes Land das gegenwärtige Pro-Kopf-Einkommen der EU-15. An zweiter Stelle folgt Ungarn, während Polen von allen drei Ländern in allen Szenarien die längsten Konvergenzzeiten aufweist.

Der Konvergenzprozess der MOEL ist jedoch nicht nur von ihrer eigenen Wachstumsperformance abhängig, sondern zusätzlich von den erzielten Wachstumsraten der EU-15. Tabelle 7.2a beinhaltet für einen Vergleich die jährlichen Wachstumsraten der alten EU sowie der zehn mittel- und osteuropäischen Beitrittsländer für die Jahre 1995 – 2005. Es zeigt sich, dass im betrachteten Zeitraum alle MOEL mit Ausnahme von Bulgarien im Durchschnitt höhere Wachstumsraten erzielen als die EU-15. Spitzenreiter hinsichtlich der durchschnittlichen Wachstumsperformance sind die drei baltischen Staaten Estland, Lettland und Litauen, die alle drei eine durchschnittliche Wachstumsrate von über 5% aufweisen.

Betrachtet man nun in Tabelle 7.2b die Differenz der Wachstumsraten der EU-15 und der MOEL, so kann man erkennen, in welchen Jahren die Beitritts-

[7]Für eine detaillierte Beschreibung der jeweiligen Phasen vgl. Kejak/Seiter/Vávra (2004), S. 31 – 39.

länder ihre Einkommenslücke gegenüber den fünfzehn EU-Ländern schließen können und in welchen es aufgrund einer geringeren Wachstumsrate der MOEL als in der EU zu einer divergenten Entwicklung kommt. Allgemein überwiegen jedoch die positiven Konvergenzraten, so dass auch durchschnittlich alle MOEL außer Bulgarien im betrachteten Zeitraum schneller gewachsen sind als die EU-15. Seit 2002 weisen sogar alle Beitrittsländer ausnahmslos höhere Wachstumsraten auf als die fünfzehn EU-Staaten.

Tabelle 7.2a: Jährliche Wachstumsraten des BIP zu konstanten Preisen

	1995	1996	1997	1998	1999	2000	2001	2002	2003	2004	2005	Durchschnittl. Wachstumsrate
EU-15	**2,4**	**1,6**	**2,5**	**2,9**	**2,9**	**3,6**	**1,7**	**1,1**	**0,8**	**2,0**	**2,4**	**2,2**
Cz	5,9	4,3	-0,8	-1,0	0,5	3,3	3,1	2,0	2,9	2,9	3,4	**2,4**
EE	4,3	3,9	9,8	4,6	-0,6	7,3	6,5	6,0	4,8	5,4	5,9	**5,3**
Hu	1,5	1,3	4,6	4,9	4,2	5,2	3,8	3,5	2,9	3,2	3,4	**3,5**
LT	-1,6	3,7	8,4	4,8	2,8	6,8	7,9	6,1	7,5	6,2	6,2	**5,3**
Lit	6,2	4,7	7,0	7,3	-1,8	4,0	6,5	6,8	8,9	6,9	6,6	**5,7**
PL	2,7	6,0	6,8	4,8	4,1	4,0	1,0	1,4	3,7	4,6	4,8	**4,0**
SK	5,8	6,1	4,6	4,2	1,5	2,0	3,8	4,4	4,2	4,0	4,2	**4,1**
Sl	4,1	3,8	4,4	3,7	5,9	4,1	2,9	2,9	2,3	3,2	3,6	**3,7**
Rum	7,1	3,9	4,1	-4,8	-1,2	2,1	5,7	5,0	4,9	5,1	5,3	**3,4**
Bul	2,9	-10,1	-7,0	4,0	2,3	5,4	4,1	4,8	4,3	5,0	5,5	**1,9**
MOEL-10	**3,9**	**2,8**	**4,2**	**3,3**	**1,8**	**4,4**	**4,5**	**4,3**	**4,6**	**4,7**	**4,9**	**3,9**

Quelle: Eurostat (2001a, 2002a, 2004), EU-Kommission (2004).

Anmerkungen: Daten ab 2004 sind Prognosen. Die durchschnittlichen Wachstumsraten konnten aufgrund teilweise negativer Wachstumsraten nicht mit dem geometrischen Mittel berechnet werden, sondern wurden mit Hilfe des arithmetischen Mittels ermittelt. Dadurch kommt es zu einer leichten Überschätzung des durchschnittlichen Wachstums.

Tabelle 7.2b: Jährliche Konvergenzraten

	1995	1996	1997	1998	1999	2000	2001	2002	2003	2004	2005	Durchschnittl. Konvergenzrate
Cz	3,5	2,7	**-3,3**	**-3,9**	**-2,4**	**-0,3**	1,4	0,9	2,1	0,9	1,0	**0,2**
EE	1,9	2,3	7,3	1,7	**-3,5**	3,7	4,8	4,9	4,0	3,4	3,5	**3,1**
Hu	**-0,9**	**-0,3**	2,1	2,0	1,3	1,6	2,1	2,4	2,1	1,2	1,0	**1,3**
LT	**-4,0**	2,1	5,9	1,9	**-0,1**	3,2	6,2	5,0	6,7	4,2	3,8	**3,2**
Lit	3,8	3,1	4,5	4,4	**-4,7**	0,4	4,8	5,7	8,1	4,9	4,2	**3,6**
PL	0,3	4,4	4,3	1,9	1,2	0,4	**-0,7**	0,3	2,9	2,6	2,4	**1,8**
SK	3,4	4,5	2,1	1,3	**-1,4**	**-1,6**	2,1	3,3	3,4	2,0	1,8	**1,9**
Sl	1,7	2,2	1,9	0,8	3,0	0,5	1,2	1,8	1,5	1,2	1,2	**1,5**
Rum	4,7	2,3	1,6	**-7,7**	**-4,1**	**-1,5**	4,0	3,9	4,1	3,1	2,9	**1,2**
Bul	0,5	**-11,7**	**-9,5**	1,1	**-0,6**	1,8	2,4	3,7	3,5	3,0	3,1	**-0,2**
MOEL-10	**1,5**	**1,2**	**1,7**	**0,4**	**-1,1**	**0,8**	**2,8**	**3,2**	**3,8**	**2,7**	**2,5**	**1,8**

Quelle: Eurostat (2001a, 2002a, 2004), EU-Kommission (2004). Eigene Berechnungen.

Interessanterweise ergibt sich für alle zehn mittel- und osteuropäischen Beitrittsländer zusammen eine durchschnittliche Konvergenzrate von 1,8%, also in einer Größenordnung, die der 2-Prozent-Regel von Barro und Sala-i-Martin entspricht und mit einer Reduzierung der Einkommenslücke in Relation zu den EU-15 um 50% innerhalb von 35 Jahren einhergeht.[8]

Betrachtet man jedoch die einzelnen Volkswirtschaften für sich, so weisen lediglich Polen, die Slowakei und gerade noch Slowenien durchschnittliche Konvergenzraten von ca. 2% auf. Tschechien, Ungarn, Rumänien und Bulgarien liegen dagegen zum Teil weit darunter, während die drei baltischen Staaten sogar wesentlich höhere Konvergenzraten vorweisen können. Es zeigt sich dadurch erneut, dass eine positive Konvergenzentwicklung kein automatischer Prozess ist, sondern dass jede Volkswirtschaft in der Lage ist, durch wirtschaftspolitische Maßnahmen ihre Konvergenzperformance zu verbessern, um das allgemein vorhandene Wachstums- und Konvergenzpotenzial so gut wie möglich auszunutzen. Für alle MOEL gilt dennoch, dass der Aufholprozess nicht in wenigen Jahren zu absolvieren ist, sondern allgemein ein Vorhaben darstellt, das die nächsten Jahrzehnte in Anspruch nehmen wird, mit der Folge, dass viele nationale und internationale, heute noch nicht vorhersehbare Ereignisse eintreten können, die neue Rahmenbedingungen und damit neue Herausforderungen für den Konvergenzprozess der Beitrittsländer schaffen. Dabei gilt jedoch wiederum, dass gerade die Anpassungs- und Reaktionsfähigkeit der mittel- und osteuropäischen Volkswirtschaften bezogen auf diese exogenen Störungen von den jeweiligen sozialen Fähigkeiten abhängig ist.

Das letzte Kapitel dieser Arbeit wird im Rahmen einer Zusammenfassung der Ergebnisse die bisherigen Fortschritte der einzelnen Beitrittsländer sowie eventuell notwendige Anstrengungen für eine erfolgreiche Fortführung des Konvergenzprozesses darstellen.

7.2. Zusammenfassung und Ausblick

"...initially poor countries will grow faster than initially rich ones..."[9]

Mit dieser Aussage kann die neoklassische Konvergenzhypothese zusammengefasst werden, die in ihrer absoluten Form besagt, dass die Wachstumsrate des Pro-Kopf-Einkommens negativ vom ursprünglichen Niveau des Pro-Kopf-Einkommens einer Volkswirtschaft abhängig ist. Unterscheiden sich zwei Volkswirtschaften lediglich in ihrer Kapitalausstattung, so wird aufgrund der Annahme abnehmender Grenzerträge des Kapitals diejenige Volkswirtschaft schneller wachsen, die ein geringeres Pro-Kopf-Einkommensniveau aufweist. Unter der Voraussetzung einer internationalen Mobilität des Kapitals in Verbindung mit der weltweiten Verfügbarkeit des exogen gegebenen technischen Fort-

[8] Vgl. Kap. 3.2.2.
[9] Sala-i-Martin (1996), S. 1026.

schritts müsste es langfristig weltweit sowohl zu einer Konvergenz der Wachstumsraten als auch zu einer Konvergenz der Pro-Kopf-Einkommen kommen. Da sich Volkswirtschaften in der Regel jedoch nicht nur durch ihre jeweilige Kapitalausstattung unterscheiden, sondern zusätzlich beispielsweise unterschiedliche Sparneigungen bzw. ein unterschiedliches Wachstum der Bevölkerung aufweisen, wurde die neoklassische Konvergenzhypothese so umformuliert, dass die Wachstumsrate einer Volkswirtschaft positiv von der Entfernung dieser Volkswirtschaft von ihrem steady state abhängig ist, d.h. lediglich für Volkswirtschaften, die sich vergleichbaren steady states nähern, gilt nach wie vor, dass ärmere Volkswirtschaften schneller wachsen als reiche. Dies ist der Fall für sogenannte Konvergenz-Clubs, für die in empirischen Untersuchungen tatsächlich Konvergenz festgestellt werden konnte.[10] Weltweit konnte die absolute Konvergenzhypothese den empirischen Gegebenheiten jedoch nicht standhalten, da insbesondere beim Vergleich von Industrie- und Entwicklungsländern eher eine Zunahme der Einkommensdisparität festgestellt werden musste.

Aus der Kritik an der neoklassischen Wachstumstheorie entstand die sogenannte Neue Wachstumstheorie, die in erster Linie die Exogenität des technischen Fortschritts sowie die Unabhängigkeit der gleichgewichtigen Wachstumsrate von den ökonomischen Entscheidungen der Wirtschaftssubjekte in den neoklassischen Modellen kritisierte. Die entscheidende Veränderung in den Modellen endogenen Wachstums ist die Abkehr von der Annahme abnehmender Grenzerträge des Kapitals, d.h. des akkumulierbaren Produktionsfaktors. Durch die dauerhafte Aufrechterhaltung des Investitionsanreizes ist nicht mehr davon auszugehen, dass die Wachstumsraten mit fortlaufender Kapitalakkumulation sinken, mit der Folge, dass ärmere Volkswirtschaften nicht mehr per se schneller wachsen als reiche. Die verschiedenen Modelle endogenen Wachstums unterscheiden sich lediglich in der Art und Weise, wie sie die Abnahme der Grenzerträge des akkumulierbaren Produktionsfaktors verhindern.

Romer (1986) und Lucas (1988) konzentrieren sich weiterhin auf die Kapitalakkumulation als entscheidenden Wachstumsmotor. Im Modell von Romer (1986) wird die Abnahme der Grenzerträge des Kapitals durch Externalitäten bei der Investitionstätigkeit der Unternehmen verhindert. Investitionen haben neben einem Einkommens- und einem Kapazitätseffekt zusätzlich einen Produktivitätseffekt aufgrund der Wissensspillover von unternehmensspezifischem auf das gesamtwirtschaftliche Wissen. Durch die externen Effekte der Investitionstätigkeit entsteht in Form des neuen Wissens ein weiterer Produktionsfaktor, der jedoch nicht entlohnt wird.

Lucas (1988) sieht dagegen im Humankapital den entscheidenden Wachstumsmotor. Durch die proportionale Beziehung zwischen dem Humankapital und der gesamtwirtschaftlichen Produktivität des Produktionsprozesses führt eine fortschreitende (Human-) Kapitalakkumulation dazu, dass dauerhaft eine

[10] Vgl. die Untersuchungen zum Konvergenz-Club Europa in Kap. 3.2.2.2.

positive Wachstumsrate des Systems garantiert werden kann. Die Vergrößerung des Humankapitalbestandes durch Aus-, Fort- und Weiterbildung sowie durch Sammeln von Erfahrung im Berufsleben durch „learning by doing" wirkt sich sowohl auf das Humankapital der Individuen (interner Effekt) als auch auf den durchschnittlichen Humankapitalbestand der Volkswirtschaft (externer Effekt) aus. Die Wachstumsrate des Humankapitals bestimmt die Wachstumsrate der Volkswirtschaft, Investitionen in Humankapital sind folglich lohnend und ermöglichen dauerhaftes, endogenes Wachstum.

Beiden Modellen ist gemeinsam, dass reichere Volkswirtschaften durch Investitionen in Sach- bzw. Humankapital ihren Einkommensvorsprung gegenüber ärmeren Volkswirtschaften aufrechterhalten können. Ein Konvergenzautomatismus, wie ihn die neoklassische Wachstumstheorie beschreibt, ist nicht vorhanden.

Die neuesten Modelle endogenen Wachstums stellen nicht mehr die Kapitalakkumulation in den Mittelpunkt, sondern setzen direkt am technischen Fortschritt an. Im Gegensatz zu den Modellen von Romer (1986) und Lucas (1988) ergibt sich der technische Fortschritt in Form neuen Wissens nicht mehr nur als Nebenprodukt der Investitionstätigkeit, sondern steht die Wissensgenerierung durch die Suche nach neuen Innovationen im Rahmen von Forschung und Entwicklung im Vordergrund. Private F&E als gewöhnliche wirtschaftliche Tätigkeit führt zu neuen Innovationen und schafft dadurch, ebenfalls mit Hilfe von Wissensspillovern, die Voraussetzung für dauerhaftes Wachstum. Der Investitionsanreiz für die Unternehmen zeigt sich in Form von möglichen Extraprofiten aus temporären Monopolen. Die Aufgabe der vollkommenen Konkurrenz wird in diesen Modellen zur notwendigen Bedingung für dauerhaftes Wachstum. Die auf Schumpeter zurückgehende Idee der wirtschaftlichen Entwicklung führt zu den sogenannten F&E-basierten Wachstumsmodellen, deren wichtigste Vertreter Romer (1990), Grossman und Helpman (1991) sowie Aghion und Howitt (1992) sind. Auch in diesen Modellen ist die Wachstumsrate des Pro-Kopf-Einkommens vom Einkommensniveau unabhängig. Reichere Volkswirtschaften können somit mit Hilfe von Forschungsanstrengungen ihren relativen Einkommensvorsprung gegenüber ärmeren Volkswirtschaften aufrechterhalten oder sogar vergrößern.

Die Modelle endogenen Wachstums sind in der Lage, eine divergente Entwicklung zwischen zwei Volkswirtschaften zu erklären. Dies gilt insbesondere dann, wenn, als extremer Gegensatz zur Annahme der weltweiten Verfügbarkeit des technischen Fortschritts im Rahmen der neoklassischen Wachstumstheorie, die externen Effekte und Wissensspillover auf die nationale Volkswirtschaft beschränkt bleiben. Entscheidet sich eine Volkswirtschaft jedoch zur Aufnahme von Außenhandel oder schließen sich mehrere Volkswirtschaften sogar zu einem Integrationsraum zusammen, so besteht die Möglichkeit, dass sich die externen Effekte des technischen Fortschritts nicht nur positiv auf die Wachstumsrate derjenigen Volkswirtschaft auswirken, die z.B. durch nationale Forschung und Entwicklung den technischen Fortschritt generiert, sondern durch internationale Technologiediffusion ebenso auf die Volkswirtschaften, die in einer außenwirtschaftlichen Beziehung zu der innovierenden Volkswirtschaft stehen. Die Diffusion des Wissens erfolgt sowohl durch den Austausch von Gütern als auch durch die internationale Mobilität der Produktionsfaktoren Arbeit und Kapital. Im Idealfall der vollständigen Diffusion der international vorhandenen Technologie und Wissensbestände ergibt sich auch in den Modellen endogenen Wachstums eine Konvergenz der Wachstumsraten zwischen den Volkswirtschaften.

Mit der Aneignung des Wissens durch die Aufnahme von Handel in Verbindung mit der Einwanderung hochqualifizierter Arbeitskräfte und der Katalysatorfunktion ausländischer Direktinvestitionen versetzen sich ärmere Volkswirtschaften in die Lage, nicht nur die gleichen Wachstumsraten aufzuweisen wie höher entwickelte Volkswirtschaften, sondern zusätzlich eigene Forschungsbemühungen anzustreben, die zum einen die Anwendung ausländischer Technologien erleichtern und zum anderen die Möglichkeit eröffnen, in bestimmten Sektoren selbst zum technologischen Führer zu werden. Dabei hat sich gezeigt, dass die Spezialisierung in technologieintensive Industriesektoren wesentlich größere Chancen zur Ausnutzung des Lernpotenzials bietet als die Orientierung an traditionellen Produktionsstrukturen gemäß ursprünglich vorhandenen komparativen Vorteilen. Die Voraussetzung dafür, dass es nicht nur zu einer Konvergenz der Wachstumsraten kommt, sondern tatsächlich ein Aufholprozess hinsichtlich des Pro-Kopf-Einkommensniveaus eingeleitet wird, ist die Ausnutzung der konstanten bzw. steigenden Grenzerträge in der Gleichung des akkumulierbaren Produktionsfaktors mit Hilfe der externen Effekte aus den Modellen endogenen Wachstums. Die internationale Technologiediffusion durch die verschiedenen Wissensspillover zwischen den Volkswirtschaften ist eine Hilfe zur Selbsthilfe ärmerer Volkswirtschaften. Sobald eine Volkswirtschaft nicht mehr nur imitiert, sondern durch eigene Forschung und Entwicklung auch innoviert und sich neue komparative Vorteile erarbeitet, ist ein „Catching-Up“ bzw. sogar ein „Forging ahead” möglich.

Doch auch bei der vollständigen Verfügbarkeit des internationalen Wissens ist ein Konvergenzprozess im Gegensatz zu den neoklassischen Wachstumsmodellen keine automatische Konsequenz. Die internationale Technologiediffusion und die Wissensspillover führen lediglich zur Etablierung eines Catching-Up-Potenzials. Voraussetzung zur Ausnutzung dieses Leistungsvermögens ist das Zusammenspiel verschiedener nationaler Rahmenbedingungen, die erstens den Anreiz für den Zufluss ausländischer Technologien über die verschiedenen Transmissionskanäle schaffen, zweitens zur Anwendung des neuen Wissens befähigen und drittens die Umsetzung des Lernpotenzials zur Entwicklung nationaler Stärken beispielsweise in Form neuer Innovationen ermöglichen. Diese nationalen Voraussetzungen, die, wie am Beispiel der zehn MOEL gezeigt, letztendlich dazu führen, dass sich die Wachstums- und Konvergenzperformance von Volkswirtschaften trotz vergleichbarer Konstellationen erheblich unterscheidet, werden unter dem durch die Arbeiten von Moses Abramovitz (1989, 1994) geprägten Begriff der „social capability" zusammengefasst.

Im Folgenden soll zum Abschluss dieser Arbeit eine kurze Zusammenfassung über die bisherige Konvergenzentwicklung sowie die weiteren Perspektiven aller zehn MOEL im Europäischen Integrationsprozess gegeben werden.[11]

Mit der Aufnahme der acht mittel- und osteuropäischen Beitrittsländer Estland, Lettland, Litauen, Polen, Slowakische Republik, Slowenien, Tschechische Republik und Ungarn in die Europäische Union am 1. Mai 2004 wurde ein Prozess vollzogen, der in den 15 Jahren zuvor Schritt für Schritt vorbereitet wurde. Mit den Bemühungen zur Erfüllung der Kopenhagener Beitrittskriterien haben diese acht Staaten die Integration in den Europäischen Wirtschaftsraum schon vor dem eigentlichen EU-Beitritt Schritt für Schritt vollzogen, so dass der 1. Mai 2004 zwar politisch und historisch einen entscheidenden Meilenstein in der Geschichte Europas markiert, wirtschaftlich jedoch keine tiefgreifenden Veränderungen erwarten lässt. Der EU-Beitritt ist jedoch nicht die letzte, sondern lediglich eine, wenn auch sehr wichtige, Etappe auf dem Weg zur vollständigen Integration in die Europäische Union. Auch Bulgarien und Rumänien, die aller Voraussicht nach im Jahr 2007 den offiziellen Beitritt in die EU vollziehen werden, können in den nächsten Jahren durch verstärkte Anstrengungen bei der Erfüllung der Beitrittskriterien ihre Chancen auf eine Angleichung der Lebensverhältnisse an das durchschnittliche Niveau in Europa weiter verbessern.

Betrachtet man nun die zehn Beitrittsländer im Einzelnen, so ist es nicht nur aus alphabetischer Sicht gerechtfertigt, **Estland** an die Spitze derjenigen Länder zu stellen, die am 1. Mai 2004 der Europäischen Union beigetreten sind, sondern auch hinsichtlich der Wachstums- und Konvergenzentwicklung, welche die von der Deutschen Bank als „baltischer Tiger" bezeichnete Volkswirtschaft in den letzten Jahren seit dem Beginn der Beitrittsverhandlungen vorzuweisen hat.[12] Estland startete seinen Aufholprozess im Jahr 1995 im Anschluss an den Outputrückgang in Folge der transformationsbedingten Strukturveränderungen mit einem Bruttoinlandsprodukt pro Kopf in jeweiligen Preisen in Kaufkraftstandards von 5600, was zu diesem Zeitpunkt 31% des Pro-Kopf-Einkommens der EU-15 entsprach. Die neuesten Schätzungen belegen, dass es Estland gelungen ist, im Jahr 2003, also kurz vor dem EU-Beitritt, bereits 44% des durchschnittlichen Pro-Kopf-Einkommens der alten EU zu erreichen, welches in der Europäischen Union der 25 Mitgliedsstaaten, d.h. die EU-15 plus die acht MOEL der ersten Beitrittsrunde sowie Malta und Zypern, sogar 48% des neuen EU-Durchschnittes entspricht.[13] Estland musste seit 1995 lediglich einmal in Folge der Russlandkrise ein geringeres Wachstum verzeichnen als die EU-15 und weist

[11] Vgl. zum Folgenden Astrov (2004), DB-Research (2004), EBRD (2003), EU-Kommission (2003b), Eurostat (2000, 2004a, 2004b) und Quaisser (2003).

[12] Vgl. DB-Research (2002), S. 31

[13] Vgl. Eurostat (2004a), S. 1.

aus diesem Grund in Tabelle 7.2b, gemeinsam mit den zwei anderen baltischen Staaten, mit Abstand die höchsten durchschnittlichen Konvergenzraten auf.

Die Außenhandelsliberalisierung hat laut European Bank for Reconstruction and Development in Estland seit dem Jahr 2000 vollständig das Niveau entwickelter Marktwirtschaften erreicht. Dabei stammen im Jahr 2001 56,5% der Importe aus der EU und 69,5% der Exporte werden in die EU ausgeführt. Haupthandelspartner sowohl bei den Importen als auch bei den Exporten ist Finnland. Das wichtigste Exportprodukt Estlands sind Telekommunikationseinrichtungen mit einem Exportanteil von 15%.[14] Wolfgang Quaisser (2003) spricht in diesem Zusammenhang von einer vorteilhaften Veränderung der Außenhandelsstruktur, da Telekommunikations- und Mobilfunkeinrichtungen in Anlehnung an die Einteilung von Landesmann und Stehrer (2002) dem Medium- bis High-Tech-Sektor zuzuordnen sind, welcher, wie in Kapitel 5.2. dargestellt, ein besonders hohes Aufholpotenzial in sich birgt.[15] In der Informationstechnologie gilt Estland sogar weltweit als Vorreiter, was sich u.a. darin äußert, dass allen Bürgern der kostenlose Zugang ins Internet garantiert wird. Die starke Orientierung an neuen Technologien manifestiert sich ebenso in der sehr guten Platzierung Estlands im Technologieindex des World Economic Forum. Der 10. Platz von insgesamt 102 Ländern wurde in Kap. 6.2.1. als Ausdruck für eine hohe „absorptive capability" interpretiert.

Auch in den weiteren Rahmenbedingungen zur Messung der sozialen Fähigkeiten schneidet Estland durchweg sehr gut ab. Sowohl im Hinblick auf die makroökonomische Stabilisierung als auch bezogen auf die EBRD-Indizes zur Überprüfung der Reformbemühungen nimmt Estland im Vergleich mit den restlichen Beitrittsländern vordere Plätze ein. Ein ernstes Problem bleibt jedoch nach wie vor die hohe Arbeitslosigkeit, die trotz leicht sinkender Tendenz immer noch bei ca. 10% liegt

Der nächste entscheidende Schritt zur weiteren Integration wird die Einführung des Euro sein. Da die neuen EU-Länder die Wirtschafts- und Währungsunion als Teil des „aquis communautaire" akzeptiert haben, sind sie verpflichtet, den Euro zu übernehmen, sobald sie die Maastrichter Konvergenzkriterien hinsichtlich Inflationsraten, Zinskonvergenz, Budgetdisziplin und Wechselkursstabilität erfüllen. Im Gegensatz zu Groß-Britannien und Dänemark können sie keine „Opting-out-Regelung" für sich beanspruchen. Die Bemühungen zur Erfüllung der Maastricht Kriterien im Hinblick auf die sogenannte nominale Konvergenz werden teilweise als Hindernis für weitere Erfolge im Rahmen der realen Konvergenz, d.h. bei der weiteren Annäherung der Pro-Kopf-Einkommen, angesehen. Dieser kurzfristige Zielkonflikt wird jedoch dadurch entschärft, dass gerade für die reale Konvergenz, wie in Kapitel 6 dargestellt, die Fortführung der strukturellen Reformen sowie beispielsweise der Aufbau

[14] Vgl. Eurostat (2004b).

[15] Vgl. Quaisser (2003), S. 46 sowie Landesmann/Stehrer (2002), S. 8.

moderner Finanzmärkte von entscheidender Bedeutung sind. Die Fortschritte bei der Erfüllung der Maastricht Kriterien leisten folglich auch einen Beitrag zur Verbesserung der „social capability" der MOEL. Grundsätzlich gilt jedoch, dass die Beitrittsländer mit fortschreitender Integration in die Europäische Union aufgrund der wirtschaftspolitischen Koordinierung der EU immer geringere Spielräume für die nationale Wirtschaftspolitik erhalten und dadurch im Hinblick auf mögliche Anpassungsreaktionen bei exogenen Schocks eingeschränkt sind.

Estland erfüllt bereits im Jahr 2003 alle Maastrichter Konvergenzkriterien und kann somit nach Ablauf einer zweijährigen Teilnahme am Wechselkursmechanismus II (WKM II) voraussichtlich am 1. Januar 2007 der Europäischen Währungsunion beitreten. Die schnelle Einführung des Euro wird insbesondere dadurch ermöglicht, dass das an den Euro gebundene Currency Board Estlands mit der WKM II-Mitgliedschaft vereinbar ist.[16]

Im Großen und Ganzen ist Estland für die letzten Jahre ein gutes Konvergenzzeugnis auszustellen. Die zumindest teilweise Spezialisierung Estlands auf technologieintensive Produkte in Verbindung mit einer guten „social capability" zur Anwendung und Weiterentwicklung des durch Technologiediffusion zur Verfügung stehenden Wissens lässt weitere Erfolge bei der Angleichung der Pro-Kopf-Einkommen an den europäischen Durchschnitt erwarten. Wird in den nächsten Jahrzehnten zusätzlich eine Verbesserung der Innovationsfähigkeit erreicht, ist auch ein Forging Ahead nicht ausgeschlossen.

Lettland startete im Anschluss an den transformationsbedingten Strukturwandel von den drei baltischen Staaten im Jahr 1995 mit dem geringsten Pro-Kopf-Einkommen in den europäischen Integrationsprozess. Mit einer Kaufkraft in Höhe von 4300 KKS erreichte es lediglich 24% des EU-15 Durchschnitts. Bis zum Jahr 2003 konnte dieser Prozentsatz immerhin auf 39% erhöht werden, der in der neuen EU-25 vom 1. Mai 2004 42% des durchschnittlichen Pro-Kopf-Einkommens entspricht. Seit 1995 erzielte Lettland lediglich in zwei Jahren niedrigere Wachstumsraten als die EU-15 und kann dadurch für den Zeitraum von 1995 – 2005, wie in Tabelle 7.2b ersichtlich, eine sehr hohe durchschnittliche Konvergenzrate aufweisen.

Lettland erfüllt entsprechend dem Außenhandelsindex der EBRD seit 1999 vollständig die marktwirtschaftlichen Kriterien im Hinblick auf die Außenhandelsliberalisierung. Die Handelsquoten mit der EU im Jahr 2001 in Höhe von 52,6% bei den Importen und 61,2% bei den Exporten zeigen die immer stärker werdende Ausrichtung des Handels auf die Europäische Union. Haupthandels-

---

[16]Vgl. DB-Research (2004), S. 6: Der WKM II löste 1999 das Europäischen Währungssystem (EWS) ab. Ziel ist es, die Währungen der Länder, die noch nicht EWU-Mitglied sind, durch ein System fester, aber noch anpassungsfähigker Wechselkurse an die WWU heranzuführen. Eine mindestens zweijährige, spannungsfreie Teilnahme am WKM II ist Voraussetzung für einen EWU-Beitritt. Der Euro ist die Ankerwährung. Die normale Bandbreite für die Wechselkurse beträgt +/- 15 % um den Leitkurs. Engere Bandbreiten sind möglich.

partner ist neben Deutschland auch Russland, bezogen auf die Exporte jedoch mit abnehmender Tendenz. Wichtigstes Exportprodukt ist Eurostat (2004b) zufolge mit einem Exportanteil von 17% einfach bearbeitetes Holz, dessen Exportproduktion sich in erster Linie auf niedrige Lohnkosten stützt. Quaisser (2003) spricht davon, dass in Bereichen mit komparativen Vorteilen, d.h. insbesondere in der Holz- und Papierindustrie, versucht wird, Qualitätsverbesserungen durchzusetzen. Diese Vorgehensweise entspricht dem „climbing up the ladder approach" von Stehrer und Wörz (2001). Dieser Ansatz eröffnet jedoch lediglich ein geringeres Lernpotenzial als bei der Spezialisierung auf Bereiche mit einer hohen technologischen Lücke durch Ausnutzung des „advantage of backwardness". Konsequent ist demzufolge die schlechtere Platzierung Lettlands im Technologieindex des World Economic Forum im Vergleich mit Estland. Dabei ist jedoch zu beachten, dass Lettland im Innovationssubindex, also im Hinblick auf die durch Input- und Outputgrößen gemessene Innovationstätigkeit, von allen mittel- und osteuropäischen Beitrittsländern am besten abschneidet. Die günstigen Voraussetzungen für Forschung und Entwicklung bzw. allgemein für die Innovationstätigkeit spiegeln sich ebenfalls in der zweitbesten Platzierung Lettlands von allen zehn MOEL im „National Innovative Capacity Index" wider, diesmal allerdings erneut hinter Estland. Während demzufolge eine hohe „absorptive capability" vorhanden zu sein scheint, konnte diese noch nicht in eine entsprechende Handelsspezialisierung umgewandelt werden. Die nationalen Voraussetzungen sprechen jedoch für ein hohes Produktivitätspotenzial.

Das Abschneiden Lettlands bei den weiteren Indikatoren der „social capability" ist befriedigend bis gut. Insbesondere im Bereich Unternehmen und Infrastruktur der EBRD sind jedoch noch verstärkte Anstrengungen erforderlich. Trotz Fortschritten gibt auch die Korruption weiterhin Anlass zur Sorge. Zudem stellen, wie auch in Estland, die nach wie vor zweistelligen Arbeitslosenraten ein großes Problem dar. Inflation, Budgetdefizit und Schuldenstand entsprechen dagegen ein Jahr vor dem EU-Beitritt weitgehend den Maastricht Kriterien. Allerdings liegen die langfristigen Zinsen deutlich über der Zielmarke der drei preisstabilsten EU-Mitgliedsländer. Die Deutsche Bank erwartet den Beitritt Lettlands zur EWU im Jahr 2008.[17] Die Verzögerung im Vergleich zu Estland ergibt sich durch die Tatsache, dass der Wechselkurs bisher an Sonderziehungsrechte gebunden ist und die Umstellung auf Euro noch erfolgen muss.

Lettland hat noch einen weiten Weg vor sich. Das Pro-Kopf-Einkommen hat auch nach der Senkung des europäischen Durchschnitts in Folge der Osterweiterung noch nicht einmal die 50%-Marke der EU-25 erreicht. Dennoch sind die Aussichten auf eine weitere Konvergenzentwicklung nicht schlecht. Ziel muss es sein, die vorteilhaften Voraussetzungen im Bereich der „absorptive capability" auf die Produktions- und Handelsstruktur zu übertragen, um auch in

[17]Vgl. DB-Research (2004), S. 13.

technologieintensiven Bereichen Wettbewerbsvorteile und Wachstum zu generieren.

Als dritter der baltischen Staaten kann auch **Litauen** eine positive Konvergenzentwicklung vorweisen. Während die Kaufkraft im Jahr 1995 mit 4900 KKS 27% des durchschnittlichen Pro-Kopf-Einkommens der EU-15 entsprach, liegt Litauen im Jahr 2003 bei immerhin 42% der EU-15 bzw. 46% der EU-25. Analog zu Estland musste Litauen im Zeitraum von 1995 - 2005 lediglich in Folge der Russlandkrise einen Rückgang des Bruttoinlandprodukts verzeichnen und kann über den gesamten Zeitraum betrachtet aufgrund der ansonsten sehr hohen Wachstumsraten von allen zehn MOEL die höchste durchschnittliche Konvergenzrate vorweisen.

Auch Litauen hat sich zu einer offenen Volkswirtschaft entwickelt. Seit 2001 wird die Außenhandelsliberalisierung von der EBRD mit den Standards in markwirtschaftlichen Industrieländern gleichgesetzt. Die Bedeutung der Europäischen Union als Handelspartner wird immer größer. Im Jahr 2001 kamen 44% der Importe aus der EU und gingen 47,8% der Exporte in die EU. Vor allem bei den Importen spielt jedoch nach wie vor Russland eine sehr große Rolle. Wichtigster europäischer Handelspartner sowohl bei den Importen als auch bei den Exporten ist Deutschland. Die Erdölraffination zählt mit einem Exportanteil von 16% zu der größten Exportindustrie Litauens.[18] Die Konzentration auf ressourcenintensive Industrien geht jedoch nicht mit einer verstärkten Ausrichtung auf technologieintensive Bereiche einher. Sowohl im Technologieindex als auch im „National Innovative Capacity Index" schneidet Litauen wesentlich schlechter ab als seine baltischen Nachbarn. Dies zeigt sich insbesondere am geringen Anteil von Wissenschaftlern und Ingenieuren an der Arbeitsbevölkerung. Verglichen mit den anderen Beitrittsländern ist dieser Anteil lediglich in Rumänien noch geringer als in Litauen. Die „absorptive capability" zur Einführung und Anwendung neuer Technologien scheint demzufolge in Litauen geringer zu sein als in Estland und Lettland.

Bei den weiteren Indikatoren zur Messung der „social capability" ergeben sich für Litauen ähnliche Werte wie für Lettland, so dass ebenfalls von einer befriedigenden bis guten Entwicklung der sozialen Fähigkeiten gesprochen werden kann. Lediglich die nach wie vor zweistellige Arbeitslosenquote ist etwas bedenklich. Eine solide Geldpolitik hat zu niedriger Inflation und makroökonomischer Stabilität beigetragen, so dass die Maastrichter Konvergenzkriterien für einen Beitritt zur Europäischen Währungsunion grundsätzlich erfüllt sind. Die Anbindung des Currency Boards an den Euro wird ebenso wie in Estland zu einer voraussichtlichen Einführung des Euro in Litauen zum 1. Januar 2007 führen.[19]

---

[18]Vgl. Eurostat (2004b).

[19]Vgl. DB-Research (2004), S. 29.

Litauens Exportstruktur wird wesentlich vom Erdöl bestimmt. Im Gegensatz zu Estland und Lettland weist Litauen wohl auch aus diesem Grund ein wesentlich moderateres Leistungsbilanzdefizit auf. Als erdölexportierendes Land ist Litauen jedoch auch besonders anfällig für exogene Störungen auf dem Weltmarkt. Die geringere „absorptive capability" im Vergleich mit den zwei anderen baltischen Staaten könnte sich langfristig als Nachteil erweisen. Dennoch unterstützt die Entwicklung Litauens ebenfalls den positiven Gesamteindruck, den die baltischen Staaten vor allem in den letzten Jahren des bisherigen Konvergenzprozesses hinterlassen haben.

Ebenso wie Estland erwirtschaftete **Polen** 1995 ein in Kaufkraftstandards gemessenes Pro-Kopf-Einkommen von 5600 und damit 31% des EU-Durchschnitts. Trotz durchgehend positiver Wachstumsraten im Zeitraum von 1995 – 2005 und lediglich einer negativen Konvergenzrate in Relation zur EU-15 im Jahr 2001 erreicht Polen im Jahr 2003 jedoch ein um 2% niedrigeres relatives Pro-Kopf-Einkommen als Estland in Höhe von 42% gegenüber der EU-15 und 44% gegenüber der EU-25. Während Estland insbesondere seit der Jahrtausendwende sehr hohe Wachstumsraten seines BIPs aufweisen kann, fallen die Wachstumsraten in Polen vor allem in den Jahren 2000, 2001 und 2002 um einige Prozentpunkte niedriger aus. Quaisser (2003) sieht die Ursache dieser Wachstumsabschwächung in erster Linie in einer schwachen Binnenkonjunktur und dabei vor allem in einem Rückgang der Investitionen sowie in der sehr hohen Arbeitslosenquote von fast 20%. Des Weiteren beurteilt er die Abstimmung zwischen den Währungsbehörden und der Regierung ungünstiger als in den Jahren hohen Wachstums Mitte der 90er.[20]

Was die Außenhandelsliberalisierung betrifft, so ist Polen die erfolgreiche Integration in den Europäischen Wirtschaftsraum gelungen. 61,4% der Importe kamen im Jahr 2001 aus der EU, während im gleichen Jahr 69,2% der Exporte in die EU gingen. Haupthandelspartner ist mit großem Vorsprung Deutschland mit einem Anteil von ca. 25% an den polnischen Importen und ca. 35% an den polnischen Exporten. Die Außenhandelsliberalisierung hat der EBRD folgend schon seit 1996 das Niveau industrialisierter Marktwirtschaften erreicht.

Im Hinblick auf die Exportstruktur gibt es keine eindeutige Dominanz eines Gutes. Die drei wichtigsten Exportgüter Polens sind gemäß Eurostat (2004b) Möbel mit einem Exportanteil von 7%, Schiffe mit einem Exportanteil von 6% und Motoren mit einem Exportanteil von 4%. Auf Grundlage der Fortschrittsberichte der EU-Kommission kommt Quaisser (2003) zu dem Ergebnis, dass Exportgüter mit höherer Wertschöpfung langsam an Bedeutung gewinnen.[21] Bei der Überprüfung der „absorptive capability" liegt Polen bei fast allen Indikatoren im Mittelfeld der MOEL. Lediglich bezogen auf die Anzahl der tertiären Bildungsabschlüsse nimmt es mit Abstand den ersten Platz ein. Der Anteil der

[20]Vgl. Quaisser (2003), S. 10 u. 11.
[21]Vgl. ebenda, S. 46.

Wissenschaftler und Forscher an der Arbeitsbevölkerung ist dagegen jedoch relativ gering. Die Spezialisierung auf humankapital- bzw. technologieintensive Sektoren ist demzufolge sowie in Anbetracht der auf der Arbeit von Landesmann und Stehrer (2002) aufbauenden und in Kapitel 5.3. dargestellten Ergebnisse nicht so stark ausgeprägt wie beispielsweise in Estland oder Ungarn.

Die Bewertung der „social capability“ anhand der EBRD-Indizes fällt für Polen gut aus. Im Gegensatz dazu steht jedoch der letzte Platz von allen acht mittel- und osteuropäischen Beitrittsländern der ersten Erweiterungsrunde 2004 im „Global Competitiveness Index“. Besonders schlecht ist die Bewertung im Rahmen des „Public Institutions Index“ hinsichtlich der Unabhängigkeit des Rechtssystems und der Korruption. Im Hinblick auf die makroökonomische Stabilität ergibt sich eine positive Bewertung aufgrund einer stetigen Reduzierung der Inflationsraten und des Leistungsbilanzdefizits. Die Haushaltskonsolidierung konnte dagegen insbesondere aufgrund der schwächeren Konjunktur nicht vorangetrieben werden, mit der Folge, dass das Maastrichter Kriterium eines Budgetdefizits von maximal 3% des BIP noch eindeutig überschritten wird. Demzufolge ist auch die Teilnahme am Wechselkurs-mechanismus II sowie die Einführung des Euro zur Ablösung des bisherigen Systems flexibler Wechselkurse noch nicht so bald zu erwarten.

Der Wachstumsprozess und die Konvergenzentwicklung des größten osteuropäischen Beitrittslandes sind zeitweilig insbesondere aufgrund wirtschaftspolitischer Koordinationsprobleme ein wenig ins Stocken geraten. Die Aussichten für die nächsten Jahre sind mit prognostizierten Wachstumsraten von über 4% jedoch schon wieder relativ positiv. Das Ziel Polens muss es sein, Wettbewerbsvorteile nicht allein durch die Abwertung des Sloty, sondern verstärkt durch die Förderung von humankapital- und technologieintensiven Sektoren zu erreichen.

Die **Slowakische Republik** startete im Vergleich zu den bisher betrachteten Volkswirtschaften mit einem höheren Pro-Kopf-Einkommen in den Konvergenzprozess. Im Jahr 1995 lag dieses bei 7300 Kaufkraftstandards und damit bei 40% des EU-Durchschnitts. Im Jahr 2003 erwirtschaftet die Slowakei dagegen 47% des durchschnittlichen Pro-Kopf-Einkommens der EU-15 bzw. 51% der EU-25. Dieses Niveau wurde jedoch bereits in der zweiten Hälfte der 90er Jahre erzielt und teilweise sogar überschritten. In den Jahren 1999 und 2000 kam es jedoch in Relation zur Europäischen Union zu negativen Konvergenzraten, die eine Abschwächung der Konvergenzperformance nach sich zogen und dazu führten, dass die Slowakei trotz eines höheren Ausgangsniveaus ein Jahr vor dem EU-Beitritt ein nur noch geringfügig höheres Pro-Kopf-Einkommen erzielt als beispielsweise Estland. In den letzten Jahren erreicht die Slowakei jedoch erneut höhere Wachstumsraten, die in erster Linie eine Folge des Exportbooms sind.

Die Slowakei erreicht einen hohen Grad der Handelsverflechtung mit der Europäischen Union. Im Jahr 2001 gingen 59,9% der Exporte in die EU und es kamen 49,7% der Importe aus der EU. Die Außenhandelsliberalisierung entspricht laut EBRD seit 1998 durchgehend dem Niveau marktwirtschaftlicher Industrieländer. Haupthandelspartner ist sowohl bei den Importen als auch bei den Exporten Deutschland mit einem relativen Anteil von jeweils über 25%. Die Hauptexportgüter sind Personenkraftwagen. 30% der Ausfuhren bestehen dabei aus den in Bratislava produzierten VW-Autos.[22] Der Slowakischen Republik ist es in erster Linie aufgrund niedriger Lohnstückkosten und einer viel diskutierten Steuerpolitik gelungen, mit der Automobilindustrie einen technologieintensiven Industriezweig ins Land zu holen. Neben VW investieren beispielsweise auch Hyundai und Peugeot Citroen sowie verschiedene Zulieferer der Automobilindustrie in der Slowakei, so dass von einer Cluster-Bildung, natürlich auch mit den negativen Folgen für die regionale Entwicklung, gesprochen werden kann. Das durch die ausländischen Direktinvestitionen ins Inland gekommene Wissen ist jedoch noch nicht ausreichend diffundiert. Die Indikatoren zur Messung der Absorptionsfähigkeit ausländischer Technologien ergeben für die Slowakei im Vergleich mit den anderen MOEL lediglich unterdurchschnittliche Werte. Ziel muss es sein, sich aus der Abhängigkeit multinationaler Unternehmen zu lösen, um z.B. mit Hilfe von Verbundeffekten eigene Strukturen aufzubauen, die letztendlich die Imitations- und Innovationsfähigkeit und dadurch die langfristigen Wachstumsmöglichkeiten verbessern.

Was die makroökonomische Stabilität betrifft, so verfehlt die Slowakei aufgrund einer sehr hohen Inflation von 8,6% im Jahr 2003 und einem Budgetdefizit von über 3% des BIP noch die Maastricht Kriterien. Ebenso wie im Fall von Polen wird es auch aufgrund mangelnder Erfahrung mit einem System fester Wechselkurse nicht so bald zu einem Beitritt zur Europäischen Währungsunion kommen. Des Weiteren nimmt das Leistungsbilanzdefizit einen kritischen Wert an. Dieses kann jedoch durch ausreichend ausländische Direktinvestitionen sowie Währungsreserven finanziert werden. Problematisch ist dagegen die dauerhaft hohe, zweistellige Arbeitslosenquote. Bei den Strukturreformen schneidet die Slowakei lediglich im Bereich der Infrastruktur deutlich schlechter ab als die restlichen Beitrittsländer der ersten Erweiterungsrunde. Bezogen auf die öffentlichen Institutionen stellen die nach wie vor weit verbreitete Korruption sowie die organisierte Kriminalität ein besonderes Problem dar.[23]

Nach zeitweiliger Wachstumsschwäche ist es der Slowakischen Republik insbesondere durch die Anziehung ausländischer Direktinvestitionen im Automobilbereich in Verbindung mit einer starken Exportentwicklung gelungen, seit der Jahrtausendwende wieder deutlich höhere Wachstumsraten zu erzielen als die Europäische Union. Die Slowakei hat dadurch sehr gute Ausgangsbedingungen, um aufbauend auf der Technologiediffusion die eigene Imitations- und Innovationstätigkeit voranzubringen und unabhängig von multinationalen Unternehmen den Wachstums- und Konvergenzprozess fortzuführen.

[22]Vgl. Astrov (2004), S. 399.
[23]Vgl. Quaisser (2004), S. 9

Von allen zehn mittel- und osteuropäischen Beitrittsländern ist **Slowenien** mit Abstand die Volkswirtschaft mit dem höchsten Pro-Kopf-Einkommen zu Beginn des Transformations- und Konvergenzprozesses. Slowenien hatte bereits 1995 eine Kaufkraft in Höhe von 11300 KKS und erreichte dadurch 62% des Pro-Kopf-Einkommens der EU. Im Jahr 2003 erwirtschaftet Slowenien 71% des Pro-Kopf-Einkommens der EU-15 bzw. 77% der EU-25 und liegt damit ein Jahr vor dem Beitritt zur Europäischen Union im Bereich von Portugal und Griechenland. Slowenien ist, wie in Tabelle 7.2a ersichtlich, zudem das einzige Beitrittsland, dem es gelingt, im Zeitraum von 1995 – 2005, ausnahmslos höhere Wachstumsraten zu erzielen als die EU und damit jedes Jahr die Einkommenslücke weiter zu schließen.

Seit 1996 entspricht die Außenhandelsliberalisierung dem Niveau industrialisierter Marktwirtschaften. Die Handelsintegration Sloweniens mit der Europäischen Union verläuft dabei auf hohem Niveau. Im Jahr 2001 gingen 62,2% der Exporte in die EU und es kamen 67,6% der Importe aus der EU. Haupthandelspartner in der Union sind Deutschland und Italien. Auch in Slowenien werden in erster Linie Autos exportiert. Ihr Anteil an den Ausfuhren ist mit 8% jedoch lange nicht so hoch wie in der Slowakei. Neben PKWs werden vor allem Möbel (7%) sowie Elektrische Haushaltsgeräte (6%) exportiert.[24]

In Kapitel 5.2. wurde deutlich, dass Slowenien schon zu Beginn des Konvergenzprozesses von allen mittel- und osteuropäischen Beitrittsländern die geringste Produktivitätslücke im Medium- bis High-Tech-Sektor vorzuweisen hatte. Allerdings konnte Slowenien in den darauffolgenden Jahren in geringerem Maße komparative Vorteile in technologieintensiven Sektoren hinzugewinnen als z.B. Ungarn. Während Slowenien im Rahmen des „Growth Competitiveness Report" im Technologieindex noch eine relativ gute Position belegt, erreicht es beim Technologietransfer-Subindex, dem Maßstab für die Imitation ausländischen Wissens mit ausländischen Direktinvestitionen und der Technologieintensität der Exporte als Indikatoren, lediglich den vorletzten Rang von allen zehn MOEL. Im Fall von Slowenien ist dies jedoch nicht unbedingt als eine mangelnde „absorptive capability" zu interpretieren. Weitere Indikatoren zur Imitations- und Innovationsfähigkeit bescheinigen Slowenien durchaus eine ausreichende Fähigkeit zur Absorption ausländischen Wissens, so z.B. der hohe Anteil von Wissenschaftlern und Ingenieuren an der Arbeitsbevölkerung. Vielmehr beeinträchtigt das relative hohe Lohn- und Entwicklungsniveau den Zufluss ausländischer Direktinvestitionen und damit eine der wichtigsten Voraussetzungen für die internationale Technologiediffusion.

Die günstigen Ausgangsbedingungen, die auch historisch bedingt sind, haben dazu geführt, dass Slowenien eine Wirtschaftspolitik betrieben hat, welche die kurzfristige Wettbewerbsfähigkeit in den Vordergrund gestellt hat. Aufgrund einer langjährigen Abwertungspolitik konnte dadurch eine nahezu ausgeglichene

[24] Vgl. Eurostat (2004b).

Leistungsbilanz erreicht werden, die zwar die reale Konvergenz kurzfristig unterstützt hat, bezogen auf die nominale Konvergenz jedoch zu Problemen geführt hat. So hat die vorrangige Orientierung der Wechselkurspolitik an dem Ziel der Wettbewerbsfähigkeit eine Reduzierung der hohen Inflationsrate bisher verhindert. Dabei wurden wichtige Strukturreformen vernachlässigt, was dazu geführt hat, dass Slowenien bei den Indikatoren der EBRD zur Messung der „social capability" wesentlich schlechtere Werte erreicht als das hohe Pro-Kopf-Einkommensniveau erwarten lassen würde.

Slowenien hat sich trotz der immer noch zu hohen Inflationsrate von 5,6% im Jahr 2003 aufgrund der Erfüllung der restlichen Maastricht Kriterien zu einem frühen Beitritt zum Wechselkursmechanismus II entschieden. Es wird sich zeigen, inwieweit die Wechselkursanbindung erstens als Stabilitätsanker wirkt und zu einer Preisstabilisierung führt und zweitens der Verlust des Wechselkursinstruments die zukünftige reale Konvergenz beeinflusst. Zusätzlich zu dieser Selbstbindung müssen die Strukturreformen verstärkt angegangen werden, um die mittel- bis langfristige Wettbewerbsfähigkeit zu verbessern. Auch für Slowenien gilt trotz der sehr günstigen Ausgangsbedingungen, dass langfristig nur die Anziehung und Schaffung neuen Wissens weitere Wachstumsmöglichkeiten eröffnet und eine Angleichung an die Lebensverhältnisse in der bisherigen Europäischen Union ermöglicht.

Die zweitbeste Ausgangsposition der zehn mittel- und osteuropäischen Beitrittsländer hatte die **Tschechische Republik**. Sie erzielte im Jahr 1995 mit 11000 Kaufkraftstandards nahezu das gleiche Pro-Kopf-Einkommen wie Slowenien und erwirtschaftete damit 60% des durchschnittlichen Pro-Kopf-Einkommens der Europäischen Union. Bis zum Jahr 2003 konnte dieses Ergebnis im Gegensatz zu Slowenien jedoch kaum verbessert werden. Das Pro-Kopf-Einkommen Tschechiens entspricht ein Jahr vor dem EU-Beitritt 63% der EU-15 bzw. 69% der EU-25. Aufgrund der Währungskrise im Jahr 1997 und dem darauffolgenden Stabilisierungsprogramm wies Tschechien vier Jahre lang eine geringere Wachstumsrate aus als die Europäische Union, 1997 und 1998 sogar negative, so dass sich, wie in Tabelle 7.2b ersichtlich, im Zeitraum von 1995 – 2005 lediglich eine durchschnittliche, jährliche Konvergenzrate von 0,2% ergibt.[25]

Die Volkswirtschaft ist sehr offen – seit 1996 erreicht Tschechien den maximalen Wert im Außenhandelsindex der EBRD – und die Handelsintegration mit

[25]Die Währungskrise 1997 war die Folge einer zu unvorsichtigen Kreditvergabe der staatlichen Banken sowie unregulierter Kapitalmärkte, die letztendlich zu spekulativen Attacken gegen die tschechische Krone geführt haben. Im Mai 1997 musste die tschechische Regierung das feste Wechselkurssystem aufgeben und führte ein Stabilisierungsprogramm ein, das u.a. die Ankündigung eines Inflationsziels, eine restriktive Fiskalpolitik sowie die Privatisierung des Bankensektors und der Staatsunternehmen vorsah. Diese Maßnahmen sowie die darauffolgende Russlandkrise führten die Tschechische Republik in eine weitere Rezession, die erst im Jahr 2000 langsam überwunden wurde. Vgl. OECD (2000).

der EU ist sehr hoch. 61,8% der Importe und 68,9% der Exporte werden mit der Europäischen Union abgewickelt. Haupthandelspartner ist Deutschland mit einem Anteil von über 30% bei den Importen und nahezu 40% bei den Exporten im Jahr 2001. Die Hauptexportgüter sind PKW (8%), Kraftwagenteile (7%) und Computer (5%). Höherwertige Waren dominieren demnach den Handel, deren Anteil Quaisser (2004) zufolge zudem kontinuierlich ansteigt. Dem entspricht die hervorragende Platzierung Tschechiens im Technologietransfer-Subindex, mit Hilfe dessen die „absorptive capability" einer Volkswirtschaft gemessen wird, indem sowohl die ausländischen Direktinvestitionen als auch die Technologieintensität der Exporte berücksichtigt werden. Tschechien belegt von allen MOEL den ersten Platz und von den insgesamt 77 untersuchten Volkswirtschaften sogar Rang 5, was als sehr gute Imitationsfähigkeit interpretiert werden kann. Bezogen auf die Innovationsfähigkeit sieht es nicht ganz so gut aus, betrachtet man den vorletzten Platz aller MOEL im Innovationssubindex, der u.a. mit Hilfe von Patenten und Einschreibungsraten die jeweilige Innovationstätigkeit zu messen versucht. Die Kapazitäten und Voraussetzungen für eine verstärkte Innovationstätigkeit sind jedoch gar nicht schlecht, beachtet man das durchschnittliche Ergebnis Tschechiens beim „National Innovative Capacity Index".

Bezogen auf die Strukturreformen sprechen die EBRD-Indizes grundsätzlich für eine gute „social capability" Tschechiens. Lediglich im Bereich Infrastruktur und (Finanz-) Institutionen besteht noch verstärkt Nachholbedarf. Die makroökonomische Stabilisierung ist ebenfalls gut vorangekommen. Inflation, Zinsen und Schuldenstand erfüllen bereits im Jahr 2003 die Maastricht Kriterien. Auch die Stabilität des Wechselkurses wird im Rahmen eines kontrollierten Floatens mit einer maximalen Abweichung von +/- 5% um den Paritätskurs gewährleistet. Problematisch ist jedoch nach wie vor das sehr hohe Budgetdefizit, das von der Deutschen Bank im Jahr 2003 auf -12,9% des BIP geschätzt wird.[26] Der Beitritt zum Wechselkursmechanismus II und letztendlich zur EWU wird aus diesem Grund noch ein wenig hinausgezögert werden.

Die Tschechische Republik scheint nach der Wirtschafts- und Währungskrise am Ende der 90er Jahre nun wieder verstärkt Kurs auf eine stabile Konvergenzentwicklung genommen zu haben. Die Voraussetzungen sind vor allem aufgrund des bereits relativ hohen Pro-Kopf-Einkommensniveaus sehr gut. Wird die Spezialisierung auf humankapital- und technologieintensive Güter forciert und neben der Imitationsfähigkeit auch die Innovationstätigkeit zusätzlich gefördert, sind die Aussichten Tschechiens auf eine weitere Angleichung der Lebensverhältnisse an das Niveau der EU-15 positiv zu bewerten.

Als achtes der am 1. Mai 2004 der Europäischen Union beigetretenen Länder aus Osteuropa kann auch **Ungarn** auf eine bemerkenswerte Konvergenzentwicklung zurückblicken. Während das Pro-Kopf-Einkommen im Jahr 1995 mit

[26] Vgl. DB-Research (2004), S. 9.

8100 Kaufkraftstandards 45% des Durchschnitts der EU-15 betrug, erreicht Ungarn im Jahr 2003 bereits 56% des durchschnittlichen Pro-Kopf-Einkommens der EU-15 bzw. 61% der EU-25. Im Zeitraum von 1995 – 2005 weist Ungarn lediglich in den ersten zwei Jahren niedrigere Wachstumsraten auf als die Europäische Union und erreicht im betrachteten Zeitraum durchschnittlich eine jährliche Konvergenzrate von 1,3%.

Auch Ungarn zeichnet sich durch eine hohe Integration in die EU-Wirtschaft aus. Als erstes der zehn MOEL erfüllt es seit 1994 die EBRD-Kriterien für eine Liberalisierung des Außenhandels entsprechend industrialisierter Marktwirtschaften. Im Jahr 2001 werden 57,8% der Importe aus der EU eingeführt und sogar 74,3% der Exporte in die EU ausgeführt. Deutschland ist auch für Ungarn sowohl bei der Einfuhr als auch bei der Ausfuhr mit Abstand der Haupthandelspartner. Hauptexportgüter sind Telekommunikationseinrichtungen (11%), Motoren (9%) und Computer (5%). Die Exportstruktur verschiebt sich immer stärker auf technologie- und humankapitalintensive Bereiche.[27] Die Spezialisierung Ungarns kann dabei durchaus mit dem „jumping-up-approach" von Stehrer und Wörz (2001) in Verbindung gebracht werden, da es Ungarn, wie in Kapitel 5.2. gezeigt, von allen MOEL am besten gelungen ist, komparative Vorteile in technologieintensiven Sektoren zu generieren. Noch scheint die technologieintensive Exportproduktion allerdings vor allem auf den Aktivitäten multinationaler Unternehmen zu basieren. Hohe ausländische Direktinvestitionen haben dazu geführt, dass neues Wissen nach Ungarn gekommen ist. Dieses wurde jedoch von der nationalen Volkswirtschaft noch nicht ausreichend absorbiert. Sowohl im Technologieindex des „Growth Competitiveness Report" als auch im „National Innovative Capacity Index" schneidet Ungarn im Vergleich mit den anderen osteuropäischen Ländern wie z.B. Estland deutlich schlechter ab. Ziel muss es folglich sein, nicht nur ausländische Direktinvestitionen anzulocken, sondern diese in eigene Imitations- und Innovationspotenziale umzuwandeln, um die Abhängigkeit von ausländischen Investoren zu reduzieren.

In allen vier Bereichen, in denen EBRD-Indizes berechnet wurden, schneidet Ungarn mit Abstand am besten ab. Bei der durchschnittlichen Bewertung der „social capability" mit Hilfe des „Growth Competitiveness Index" erreicht Ungarn von allen zehn MOEL hinter Estland und Slowenien Rang 3. Kritisch ist lediglich die makroökonomische Stabilität. Im Jahr 2003 erfüllt Ungarn außer beim Schuldenstand keines der Maastrichter Kriterien zum Beitritt in die Europäische Währungsunion. Vor allem das Budgetdefizit in Höhe von –5,9% des BIP sowie die Inflationsrate von 4,7% sind bedenklich. Dennoch tendiert Ungarn ebenso wie Slowenien zu einem schnellen Beitritt in den Wechselkursmechanismus II, um durch die Selbstbindung das Budgetdefizit und die Inflations-

---

[27] Vgl. Quaisser (2004), S. 46.

rate in den Griff zu bekommen. Die Deutsche Bank erwartet einen Beitritt Ungarns zur Europäischen Währungsunion im Jahr 2008.[28]

Der Konvergenzprozess Ungarns ist dann gefährdet, wenn das bei der Produktion und Ausfuhr technologieintensiver Güter vorhandene Wissen dauerhaft an ausländische Direktinvestitionen gebunden ist. Diese Abhängigkeit von multinationalen Unternehmen muss vermindert werden, indem Ungarn z.B. durch Ausnutzung von Verbundeffekten die nationale Imitations- und Innovationsfähigkeit verbessert. Gelingt dies, so gehört Ungarn mit zu den aussichtsreichsten Konvergenzkandidaten bei der Osterweiterung der Europäischen Union.

Die zweite Runde der Osterweiterung der EU umfasst die in dieser Arbeit betrachteten Volkswirtschaften Bulgarien und Rumänien und findet voraussichtlich im Jahr 2007 statt. Beide Volkswirtschaften weisen nach wie vor ein wesentlich geringeres Pro-Kopf-Einkommen auf als die mittel- und osteuropäischen Beitrittsländer der ersten Erweiterungsrunde. **Bulgarien** erwirtschaftete im Jahr 1995 ein in Kaufkraftstandards gemessenes Pro-Kopf-Einkommen in Höhe von 4900 und erreichte dadurch lediglich 27% des durchschnittlichen Pro-Kopf-Einkommens in der EU. Die relative Einkommensposition Bulgariens konnte zwischenzeitlich zwar leicht verbessert werden, für das Jahr 2003 errechnet Eurostat (2004a) jedoch erneut lediglich ein Pro-Kopf-Einkommen in Höhe von 27% der EU-15 bzw. 29% der EU-25.[29] Betrachtet man die Wachstumsraten, so ergeben sich vor allem in der zweiten Hälfte der 90er Jahre sowohl negative Wachstumsraten als auch negative Konvergenzraten im Vergleich mit dem Wachstum in der EU. Im Zeitraum von 1995 – 2005 resultiert demzufolge sogar eine negative durchschnittliche Konvergenzrate von – 0,2%.

Die Außenhandelsliberalisierung Bulgariens erhält von der EBRD seit 1999 die maximale Bewertung von 4,3 und entspricht demnach den Standards industrialisierter Marktwirtschaften. Im Jahr 2001 gingen 54,7% der Exporte in die EU und es kamen 49,3% der Importe aus der EU. Wichtigster Handelspartner bei den Exporten ist Italien. Der größte Anteil der Importe kommt jedoch nach wie vor aus Russland.

Der Einordnung von Landesmann und Stehrer (2002) zufolge nehmen arbeitsintensive Güter einen wesentlich höheren Anteil an der Exportstruktur ein als technologieintensive Güter.[30] Bulgarien hat einen verhältnismäßig großen relativen Vorteil bei Fertigwaren aus Eisen und Stahl sowie bei Waren aus Nichtedelmetallen. Diese Spezialisierung ergibt sich insbesondere aus der Ausstattung an Infrastruktureinrichtungen für die Schwerindustrie, die bereits vor

[28]Vgl. DB-Research (2004), S. 9 – 17.

[29]Es sei hiermit noch einmal daran erinnert, dass bei dieser Gegenüberstellung mit EU-25 die Mitglieder der Europäischen Union seit dem 1. Mai 2004 gemeint sind und nicht wie an anderer Stelle in dieser Arbeit die EU-15 plus die zehn MOEL, d.h. incl. Bulgarien und Rumänien.

[30]Vgl. Abb. 5.8 und Abb. 5.9 in Kapitel 5.2.

der Transformation existierte.[31] Die fehlende Spezialisierung auf technologieintensive Sektoren ist für Bulgarien ein großer Nachteil im Vergleich mit den anderen MOEL der ersten Runde. So ist auch der Zufluss ausländischer Direktinvestitionen wesentlich geringer als beispielsweise in Tschechien oder Ungarn. Zusätzlich mangelt es in Bulgarien jedoch nicht nur an der internationalen Technologiediffusion. Die Möglichkeiten zur Anwendung und Weiterentwicklung internationaler Wissensspillover sind noch wesentlich geringer als in den zuvor betrachteten Beitrittsländern. So belegt Bulgarien in fast allen Indizes zur Messung der „social capability" den vorletzten Rang und dies teilweise mit sehr großem Abstand zu den acht MOEL der ersten Beitrittsrunde. Dennoch wurden vor allem bei den Strukturreformen stetig Verbesserungen erzielt, so dass zumindest in Teilbereichen der „social capability" der Anschluss an die anderen Beitrittsländer erreicht wurde.

Bulgarien ist es zudem gelungen, mit Hilfe eines günstigen Policy-Mix in Folge der Einführung eines Currency-Boards im Jahr 1997 die makroökonomische Stabilität zu verbessern. Dadurch konnte u.a. die Inflation deutlich reduziert werden, welche von der EBRD (2003) im Jahr 2003 auf nur noch 2,0% geschätzt wird. Problematisch ist jedoch vor allem die nach wie vor sehr hohe Arbeitslosigkeit, die sich dauerhaft im hohen zweistelligen Bereich befindet.

Die EU-Kommission (2003a) kommt zu dem Ergebnis, dass Bulgarien die politischen Kriterien von Kopenhagen erfüllt. Bulgarien ist eine funktionierende Marktwirtschaft und dürfte nach Ansicht der EU-Kommission bald in der Lage sein, dem Wettbewerbsdruck und den Marktkräften in der Europäischen Union standzuhalten. Auch bei der Umsetzung des EU-Besitzstandes wurden gute Fortschritte erzielt. Möchte Bulgarien der EU tatsächlich im Jahr 2007 beitreten, so müssen die Reformen vor allem im wirtschaftlichen Bereich intensiv angegangen werden. Ziel muss es sein, in verstärktem Maße ausländische Direktinvestitionen anzuziehen und die Spezialisierung in technologieintensive Sektoren zu forcieren. Bulgarien hat noch einen weiten Weg vor sich. Wirkt die Aussicht auf den EU-Beitritt jedoch in gleichem Maße stimulierend in Bezug auf die Reformanstrengungen wie bei den Beitrittsländern der ersten Runde, so ist davon auszugehen, dass der Konvergenzprozess in Bulgarien endlich in Gang kommt.

Rumänien startete zwar mit einem Pro-Kopf-Einkommen von 5600 KKS im Jahr 1995 mit etwas günstigeren Ausgangsbedingungen in den Konvergenzprozess als Bulgarien, konnte diesen Vorsprung in den folgenden Jahren jedoch nicht ausbauen. Im Gegensatz zu Polen und Estland, die beide im Jahr 1995 das gleiche Pro-Kopf-Einkommen, d.h. 31% des durchschnittlichen Pro-Kopf-Einkommens in der EU, erwirtschafteten, erreicht Rumänien im Jahr 2003 lediglich 27% des Pro-Kopf-Einkommens der EU-15 bzw. 30% der EU-25 und liegt damit gleichauf mit Bulgarien. Zwar sind die Wachstumsaussichten bis 2005 sehr gut, so dass für den Zeitraum von 1995 – 2005 eine positive durch-

[31] Vgl. Eurostat (2001b), S. 3.

schnittliche Konvergenzrate von 1,2% errechnet werden kann, jedoch müssen dazu erst einmal die Einkommensverluste, die sich insbesondere in der zweiten Hälfte der 90er Jahre ergeben haben, wieder wettgemacht werden.

Rumänien hat als einziges der zehn MOEL nach Ansicht der EBRD noch nicht vollständig die Außenhandelsliberalisierung auf das Niveau industrialisierter Marktwirtschaften gebracht. Seit 1997 erhält es jedoch die Note 4,0, die nur knapp unter der maximal möglichen Bewertung von 4,3 liegt. Die zunehmende Liberalisierung hat dabei zu einer verstärkten Handelsintegration in die Europäische Union geführt. Rumänien bezieht 57,3% der Importe aus der EU und führt 67,8% der Exporte in die EU aus. Die beiden größten Handelspartner sowohl bei den Importen als auch bei den Exporten sind Italien und Deutschland.

Ebenso wie Bulgarien hat sich auch Rumänien nur in geringem Maße auf die Produktion und Ausfuhr technologieintensiver Güter spezialisiert. Die größten komparativen Vorteile liegen dagegen bei Bekleidung bzw. Bekleidungszubehör, wobei Rumänien sich zusätzlich auf Schuhe spezialisiert hat. Daneben werden vor allem Möbel exportiert. Mit Hilfe steigender Zuflüsse von ausländischen Direktinvestitionen konnte jedoch auch der Anteil von Maschinen und Fahrzeugen an den rumänischen Exporten erhöht werden.[32] Um von den Möglichkeiten der internationalen Technologiediffusion zu profitieren, muss Rumänien jedoch noch wesentliche Anstrengungen zur Verbesserung seiner sozialen Fähigkeiten unternehmen. Rumänien nimmt bei den durchgeführten Untersuchungen zur Messung der „absorptive capability“ bzw. der weiteren Rahmenbedingungen der „social capability“ grundsätzlich mit Abstand den letzten Platz der zehn MOEL ein. Trotz verhaltener Fortschritte gibt dabei auch die makroökonomische Stabilisierung weiterhin Anlass zur Sorge. Die Inflationsrate verharrt trotz rückläufiger Tendenz noch immer im hohen zweistelligen Bereich und wird von der EBRD (2003) im Jahr 2003 auf 14,5% geschätzt. Der Wechselkurs weist erhebliche Schwankungsbreiten auf und auch das Leistungsbilanzdefizit kann nicht ausreichend durch den Zufluss ausländischer Direktinvestitionen gegenfinanziert werden. Seit dem Jahr 2000 werden allerdings hohe Wachstumsraten realisiert, so dass die Arbeitslosigkeit, vor allem aufgrund der noch nicht durchgeführten Strukturreformen, mit 8,2% im Jahr 2002 noch relativ niedrig ist.[33]

Rumänien erfüllt nach Ansicht der EU-Kommission (2003a) die politischen Kriterien für einen EU-Beitritt. Rumänien kann als funktionierende Marktwirtschaft betrachtet werden, sofern die bisher erzielten Fortschritte vorangetrieben werden und kann voraussichtlich in naher Zukunft dem Wettbewerbsdruck und den Marktkräften innerhalb der EU standhalten. Die Umsetzung des EU-Besitzstandes kommt dagegen nur schleppend voran. Die Aussichten für einen EU-

[32]Vgl. EU-Kommission (2001b), S. 3 und Astrov (2004), S. 400.

[33]Vgl. Quaisser (2003), S. 15 und EBRD (2003), S. 183.

Beitritt im Jahr 2007 sind allgemein betrachtet schlechter als bei Bulgarien. Ein großes Problem ist dabei die weitverbreitete und systemimmanente Korruption. Rumänien muss sich demzufolge sowohl bei den Strukturreformen als auch im Hinblick auf die weitere Spezialisierung auf technologieintensive Sektoren verstärkt anstrengen, um tatsächlich die Wende hin zu einem dauerhaften Konvergenzprozess zu schaffen und die vorhandene Skepsis hinsichtlich eines baldigen EU-Beitritts zu entkräften.

Rumänien und Bulgarien haben in den nächsten Jahren bis zum EU-Beitritt den Vorteil, dass sie im Gegensatz zu den neuen EU-Mitgliedsländern noch über eine größere Flexibilität im Hinblick auf die Wirtschaftspolitik verfügen. Zudem bewirkt das steigende Wohlstandsniveau in den acht MOEL der ersten Runde, dass Bulgarien und Rumänien aufgrund der noch niedrigeren Lohnkosten für ausländische Investoren besonders attraktiv sind. Um diese Vorteile auszunutzen, müssen beide Länder jedoch verstärkt in die Ausbildung ihrer sozialen Fähigkeiten investieren, um das Ziel des EU-Beitritts in Verbindung mit einer Angleichung an die Lebensverhältnisse in der Union zu erreichen.

7.3. Fazit

Soll nun abschließend die Frage nach Konvergenz oder Divergenz in der EU in Folge der Osterweiterung beantwortet werden, so lautet das Ergebnis: Es sieht nicht schlecht aus! Vor allem die Länder der ersten Beitrittsrunde haben ausnahmslos in den letzten 10 Jahren sehr große Fortschritte erzielt. Allerdings gibt es keine Garantie, dass das so bleiben wird. Die Erfahrungen mit der Süderweiterung der Europäischen Union haben gezeigt, dass es nach Phasen der Konvergenz u.a. aufgrund exogener Schocks auch zu Phasen einer Erhöhung der Einkommensdisparitäten kommen kann. Die momentane Wachstumsschwäche des „alten Europas“ ist aufgrund der starken Verflechtung der außenwirtschaftlichen Beziehungen dabei nicht unbedingt als Vorteil im Aufholprozess der MOEL anzusehen. Zudem wird sich zeigen, inwieweit sich der verstärkte (wirtschafts-) politische Kooperationsbedarf im Anschluss an den EU-Beitritt auf die weitere Europäische Integration auswirkt. Der Ausgang des Ratifizierungsprozesses für die Verfassung der EU wird dabei für die politische Zukunft Europas eine entscheidende Rolle spielen. Aus wirtschaftlicher Sicht kann die politisch motivierte Entscheidung der Osterweiterung der Europäischen Union im Anschluss an den Fall des Eisernen Vorhangs jedoch schon jetzt als Erfolg bezeichnet werden. Die Ausführungen dieser Arbeit haben gezeigt, dass der EU-Beitritt der mittel- und osteuropäischen Länder zwar zunächst das Wohlstandsgefälle in der Europäischen Union vergrößert, langfristig jedoch einen wesentlichen Beitrag zu dessen Abbau leisten wird.

Literaturverzeichnis

Abramovitz, M. (1989): *Catching-Up, Forging Ahead, and Falling Behind*, in: Ders. (Hrsg.): Thinking about Growth, Cambridge, S. 220 – 242, zunächst erschienen in: Journal of Economic History, 1986, Vol. 46, S. 385 – 406.

Abramovitz, M. (1994): *The Origins of the Postwar Catch-Up and Convergence Boom*, in: Fagerberg, J. / Verspagen, B. / von Tunzelmann, N. (Hrsg.): The Dynamics of Technology, Trade and Growth, Edward Elgar, S. 21 – 52.

Aghion, P. / Howitt, P. (1992): *A Model of Growth through Creative Destruction*, in: Econometrica, Vol. 60, Nr. 2, S. 323 – 351.

Aghion, P. / Howitt, P. (1998): *Capital Accumulation and Innovation as Complementary Factors in Long-Run Growth*, in: Journal of Economic Growth, Vol. 3, Nr. 2, S. 111 – 130.

Aghion, P. / Howitt, P. (1998a): *Endogenous Growth Theory*, Cambridge: MIT Press.

Albert, M. (1994): *Faktorpreisausgleichstheorem*, Schriften zur angewandten Wirtschaftsforschung, J.C.B. Mohr (Paul Siebeck), Tübingen.

Altomonte, C. / Resmini, L. (2001): *Multinational Corporations as Catalyst for Industrial Development: The Case of Poland*, William Davidson Institute Working Paper, Nr. 368, in: http://eres.bus.umich.edu/docs/workpap-dav/wp368.pdf, abgerufen am 4.2.2004.

Armstrong, H. W. (1995): *Convergence among Regions of the European Union, 1950 – 1990*, in: Papers of Regional Science: The Journal of the RSAI, Vol. 74, Nr. 2, S. 143 – 152.

Arrow, K. J. (1962): *The Economic Implications of Learning by Doing*, in: Review of Economic Studies, Vol. 29, S. 155 – 173.

Astrov, V. (2004): *Wirtschaftsentwicklung in den MOEL durch deutliche Konvergenz geprägt*, Sonderdruck aus: Monatsberichte des Österreichischen Instituts für Wirtschaftsforschung – WIFO, 77. Jg., Heft 5, in: http://wiiw.ac.at/pdf/rpg_may04.pdf, abgerufen am 3.6.2004.

Azariadis, C. / Drazen, A. (1990): *Threshold Externalities in Economic Development*, in: Quarterly Journal of Economics, Vol. 105, Nr. 2, S. 501 – 526.

Badinger, H. (2001): Growth Effects of Economic Integration – The Case of the EU Member States (1950 – 2000), *IEF Working Paper Nr. 40, Forschungsinstitut für* Europafragen, Wirtschaftsuniversität Wien, in: http://fgr.wu-wien.ac.at/institut/ef/wplist.html), abgerufen am 3.9.2002.

Balcerowicz, L. (1994): *Fallacies and other Lessons*, in: Economic Policy, Vol. 9, S. 18 – 50.

Baldwin, R. (1989): *On the Growth Effects of 1992*, NBER Working Paper Nr. 3119, in: http://www.nber.org/papers/w3119, abgerufen am 8.1.2004.

Baldwin, R. E. / Martin, P. / Ottaviano, G. I. P. (2001): *Global Income Divergence, Trade and Industrialization: The Geography of Growth Take-Offs*, in: Journal of Economic Growth, Vol. 6, S. 5 – 37.

Barro, R.J. (1991): *Economic Growth in a Cross Section of Countries*, in: Quarterly Journal of Economics, Vol. 106, S. 407 – 444.

Barro, R. J. / Lee, J.-W. (2000): *International Data on Educational Attainment-Updates and Implications*, NBER Working Paper Nr. 7911, in: http://www.nber.org/papers/w7911, abgerufen am 8.8.2003. Daten des Appendix wurden abgerufen unter: http://www.cid.harvard.edu/ciddata/ciddata.html.

Barro, R. J. / Mankiw, N. G. / Sala-i-Martin, X. (1992): *Capital Mobility in Neoclassical Models of Growth*, NBER Working Paper Nr. 4206, in: http://www.nber.org/papers/w4206, abgerufen am 3.4.2003.

Barro, R. J. / Sala-i-Martin, X. (1991): *Convergence across States and Regions*, in: Brookings Papers on Economic Activity, Nr. 1, S. 107 – 182.

Barro, R. J. / Sala-i-Martin, X. (1992): *Convergence*, in: Journal of Political Economy, Vol. 100, Nr. 2, S. 223 – 251.

Barro, R. J. / Sala-i-Martin, X. (1992a): *Regional Growth and Migration: A Japan-U.S. Comparison, NBER Working Paper Nr. 4038,* in: http://www.nber.org/papers/w4038, abgerufen am 15.4.2003.

Barro, R. J. / Sala-i-Martin, X. (1995): *Economic Growth*, New York, McGraw-Hill.

Barro, R. J. / Sala-i-Martin, X. (1997): *Technological Diffusion, Convergence, and Growth*, in: Journal of Economic Growth, Vol. 2, S. 1 – 27.

Bassanini, A. / Scarpetta, S. / Hemmings, P. (2001): *Economic Growth: the Role of Policies and Institutions. Panel Data Evidence from OECD Countries*, OECD, Economics Department Working Paper Nr. 283, in: http://www.oecd.org/dataoecd/29/29/1891403.pdf, abgerufen am 6.5.2004.

Baumol, W. (1986): *Productivity Growth, Convergence, and Welfare: What the Long-Run Data Show*, in: American Economic Review, Vol. 76, Nr. 5, S. 1072 – 1085.

Becker, G. S. / Murphy, K. M. / Tamura, R. (1990): *Human Capital, Fertility, and Economic Growth*, in: Journal of Political Economy, Vol. 98, Nr. 5, S. S12 – S37.

Belke, A. / Hebler, M. (2002): *EU-Osterweiterung, Euro und Arbeitsmärkte*, München, Wien.

Ben-David (1993): *Equalizing Exchange: Trade Liberalization and Income Convergence*, in: Quarterly Journal of Economics, Vol. 108, S. 653 – 679.

Ben-David, D. (1996): *Trade and convergence among countries*, in: Journal of International Economics, Vol. 40, S. 279 – 298.

Ben-David, D. (1998): *Convergence Clubs and Subsistence Economies*, in: Journal of Development Economics, Vol. 55, S. 155 - 171.

Ben-David, D. (2000): *Trade, Growth and Disparity Among Nations*, in: Trade and Poverty, World Trade Organization: Geneva.

Ben-David, D. / Kimhi, A. (2000): *Trade And The Rate Of Income Convergence*, NBER Working Paper Nr. 7642, in: http://www.nber.org/papers/w7642, abgerufen am 18.9.2002.

Benhabib, J. / Spiegel, M. M. (1994): *The role of human capital in economic development – Evidence from aggregate cross-country data,* in: Journal of Monetary Economics, Vol. 34, S. 143 – 173.

Berg, A. / Borensztein, E./ Sahay, R./ Zettelmeyer, J. (1999): *The Evolution of Output in Transition Economies: Explaining the Differences, IMF Working Paper Nr. 99/73,* in:
http://www.imf.org/external/pubs/ft/wp/1999/wp9973, abgerufen am 22.3.2004.

Bils, M. / Klenow, P. J. (2000): *Does Schooling Cause Growth?*, in: American Economic Review, Vol. 90, Nr. 5, S. 1160 – 1183.

Blanke, J. / Paua, F. / Sala-i-Martin, X. (2004): *The Growth Competitiveness Index: Analyzing Key Underpinnings of Sustained Economic Growth*, in: Global Competitiveness Report 2003-2003, New York: Oxford University Press for the World Economic Forum, Kapitel 1.1.

Boeri, T. / Brücker, H. (2000): *The Impact of Eastern Enlargement on Employment and Labour Markets in the EU Member States*. Final Report, Executive Summary, Berlin, Milano, in: http://europa.eu.int/comm/dgs/employment_social/enlargement_de.pdf, abgerufen am 30.1.2003.

Boeri, T. / Brücker, H. (2001): *Eastern Enlargement and EU-Labour Markets: Perceptions,Challenges and Opportunities*, IZA Discussion Paper Nr. 256 from Institute for the Study of Labor (IZA), in: http://econpapers.hhs.se/paper/izaizadps/dp256.htm, abgerufen am 5.3.2003.

Borensztein, E. / De Gregorio, J. / Lee, J.-W. (1998): *How does foreign direct investment affect economic growth?*, in: Journal of International Economics, Vol. 45, Nr. 1, S. 115 – 135.

Bosch, K. (1996): *Mathematik für Wirtschaftswissenschaftler*, 10. Auflage, Oldenburg, München, Wien.

Bretschger, L. (2002): *Wachstumstheoretische Perspektiven der Wirtschafts-integration*: Neuere Ansätze, in: Jahrbücher für Nationalökonomie und Statistik, Vol. 222, Nr. 1, S. 64 – 79.

Bröcker, J. (1998): *Implikationen der „neuen Wachstumstheorie" für die Regional- und Standortpolitik*, in: Regionale und nationale Handlungs-möglichkeiten der Wirtschaftspolitik bei fortschreitender Globalisierung, Dokumentation des Ministeriums für Wirtschaft, Technologie und Verkehr des Landes Schleswig-Holsteins, Kiel.

Brücker, H. (2001): *A Second Divide in Europe*, Working Paper Nr. 5, Institute for Economic Research and Policy Consulting, in: http://www.ier.kiev.ua, abgerufen am 27.2.2003.

Bruno, M. / Easterly, W. (1995): *Inflation Crisis and Long-Run Growth*, NBER Working Paper Nr. 5209, in: http://www.nber.org/papers/w5209, abgerufen am 12.5.2004.

Campos, N. F. / Kinoshita, Y. (2002): *Foreign Direct Investment as Technology Transferred: Some Panel Evidence from the Transition Countries*, William Davidson Working Paper Nr. 438, in: http://eres.bus.umich.edu/docs/workpap-dav/wp438.pdf, abgerufen am 4.2.2004.

Chase, R. S. (1998): *Markets for Communist Human Capital: Returns to Education and Experience in the Czech Republic and Slovakia*, in: Industrial and Labor Relations Review, Vol. 51, Nr. 3, S. 401 – 423.

Chatterji, M. (1992): *Convergence Clubs and Endogenous Growth*, in: Oxford Review of Economic Policy, Vol. 8, Nr. 4, S. 57 – 69.

Chiswick, B. R. (2003): *Jacob Mincer, Experience and the Distribution of Earnings*, Institute for the Study of Labor (IZA) Discussion Paper Nr. 847, in: ftp://repec.iza.org/RePEc/Discussionpaper/dp847.pdf, abgerufen am 6.4.2004.

Clercq De, D. / Dakhli, M. (2003): *Human Capital, Social Capital, and Innovation: A Multi-Country Study*, Vlerick Leuven Gent Working Paper Series Nr. 2003/18, Vlerick Leuven Gent Management School, Belgien, in: http://www.vlerick.be/research/workingpapers/WP%202003-18.pdf, abgerufen am 19.11.2003.

Coe, D. T. / Helpman, E. (1995): *International R&D spillovers*, in: European Economic Review, Vol. 39, S. 859 – 887.

Coleman, J. (1988): *Social Capital in the Creation of Human Capital*, in: American Journal of Sociology, Vol. 94, S. S95 – S120.

Coricelli, F. / Campos, N. F. (2002): *Growth in Transition: What we know, what we don't,and what we should*, in: Journal of Economic Literature, Vol. 40, S. 793 – 836.

Crafts, N. / Kaiser, K. (2004): *Long-term growth prospects in transition economies: a reappraisal*, in: Structural Change and Economic Dynamics, Vol. 15, Nr. 1, S. 101 – 118.

Crafts, N. / Toniolo, G. (1995): *Postwar growth: an overview*, in: Crafts/Toniolo (Hrsg.): Economic growth in Europe since 1945, Cambridge University Press, S. 1 – 37.

DB-Research (2002): *Monitor EU-Erweiterung – Mittel- und Osteuropa*, 8. Ausgabe, Juni 2002, in: http://www.dbresearch.de, abgerufen am 27.6.2002.

DB-Research (2002a): *Monitor EU-Erweiterung – Mittel- und Osteuropa*, 9. Ausgabe, September 2002, in: http://www.dbresearch.de, abgerufen am 2.10.2002.

DB-Research (2002b): *Werte für den Konvergenzindikator 1998 – 2003*; Excel-Datei, zur Verfügung gestellt von Dr. Roland Beck, DB-Research, empfangen am 29.10.2002.

DB-Research (2004): *EU-Monitor Nr. 12 – Beiträge zur europäischen Integration*, März 2004, in: http://www.dbresearch.de, abgerufen am 19.3.2004.

DB-Research (2004a): *EU-Monitor Nr. 15 – Beiträge zur europäischen Integration*, Juni 2004, in: http://www.dbresearch.de, abgerufen am 21.6.2004.

De Melo, M./ Denizer, C./ Gelb, A./ Tenev, S. (1997): *Circumstances and Choice: The Role of Initial Coniditions and Policies in Transition Economies*, World Bank Policy Research Working Paper Nr. 1866, in: http://www.worldbank.org/html/dec/Publications/Workpapers/WPS1800series/wps1866/wps1866.pdf, abgerufen am 10.3.2004.

De Melo, M./ Denizer, C./ Gelb, A./ Tenev, S. (2001): *Circumstances and Choice: The Role of Initial Conditions and Policies in Transition Economies*, in: World Bank Economic Review, Vol. 15, Nr. 1, S. 1 - 31.

Dethier, J. / Ghanem, H. / Zoli, E. (1999): *Does Democracy facilitate the Economic Transition? An Empirical Study of Central and Eastern Europe and the Former Soviet Union*, World Bank Policy Research Working Paper Nr. 2194, in: http://econ.worldbank.org/docs/917.pdf, abgerufen am 10.3.2004.

Dixit, A. K. / Stiglitz, J. E. (1977): *Monopolistic Competition and Optimum Product Diversity*, in: American Economic Review, Vol. 67, Nr. 3, S. 297 – 308.

Dresdner Bank (2001): *Herausforderung EU-Erweiterung. Wachstumschancen nutzen – Reformen vorantreiben,* Trends Spezial, Wirtschaftsanalysen, in: http://group-economics.dresdner-bank.de, abgerufen am 10.06.2002.

EBRD (2000): *Transition Report 2000 – Employment, skills and transition,* London.

EBRD (2003): *Transition Report 2003 – Integration and regional cooperation,* London.

Erber, G. / Hagemann, H. / Seiter, S. (1998): *Zukunftsperspektiven Deutschlands im internationalen Wettbewerb,* Heidelberg.

EU-Kommission (2001): *ÉCONOMIE EUROPÉNNE,* Les Grandes Orientations des Politiques Économiques de 2001, Brüssel.

EU-Kommission (2001a): *The Free Movement of Workers in the Context of Enlargement,* Information Note, in: http://europa.eu.int/comm/enlargement/docs/pdf/migration_enl.pdf, abgerufen am 29.1.2003.

EU-Kommission (2002): *Auf dem Weg zur erweiterten Union,* Strategiepapier und Bericht der Europäischen Kommission über die Fortschritte jedes Bewerberlandes auf dem Weg zum Beitritt, Brüssel.

EU-Kommission (2002a): *Enlargement of the European Union – Candidate countries in facts and figure,* in: http://europa.eu.int/comm/enlargement/docs/index.htm, abgerufen am 15.10.2002.

EU-Kommission (2002b): *Statistical Yearbook on candidate and south-east European countries – Data 1996 – 2000,* Luxemburg.

EU-Kommission (2003): *Enlargement of the European Union – Guide to the Negotiations Chapter by Chapter,* in: http://europa.eu.int/comm/enlargement/negotiations/chapters/negotiations guide.pdf, abgerufen am 29.1.2003.

EU-Kommission (2003a): *Die Erweiterung fortsetzen,* Strategiepapier und Bericht der Europäischen Kommission über die Fortschritte Bulgariens, Rumäniens und der Türkei auf dem Weg zum Beitritt, Brüssel.

EU-Kommission (2003b): *Statistical Yearbook on candidate and south-east European Countries – Data 1997 – 2001,* Luxemburg.

EU-Kommission (2004): *Economic Forecasts - Spring 2004,* in: http://europa.eu.int/comm/economy_finance/publications/european_economy/2004/ee204en.pdf, abgerufen am 20.07. 2004.

Europäischer Rat (1993): *Auszug der Schlussfolgerungen des Vorsitzes –* Kopenhagen, Europäischer Rat, 21. und 22. Juni 1993, in:

http://www.europarl.eu.int/enlargement/ec/cop_de.htm, abgerufen am 21.10.2002.

Eurostat (1999): *Das BIP der Beitrittskandidaten von Mittel- und Osteuropa sowie von Zypern,* in: Statistik kurz gefasst, Wirtschaft und Finanzen, Thema 2 – 2/1999.

Eurostat (2000): *Das BIP der Kandidatenländer – Jährliche Daten für 1999*, in: Statistik kurz gefasst, Wirtschaft und Finanzen, Thema 2 – 27/2000.

Eurostat (2001): *Das BIP der Kandidatenländer – Jährliches BIP, Wachstumsraten und Hauptaggregate*, in: Statistik kurz gefasst, Wirtschaft und Finanzen, Thema 2 – 28/2001.

Eurostat (2001a): *Das BIP der Beitrittskandidaten –Zahlen für das zweite Quartal 2001*, in: Statistik kurz gefasst, Wirtschaft und Finanzen, Thema 2 – 42/2001.

Eurostat (2001b): *Spezialisierung der Beitrittsländer im Handel mit der EU*, in: Statistik kurz gefasst, Außenhandel, Thema 6 – 6/2001.

Eurostat (2002): *Kaufkraftparitäten und abgeleitete Wirtschaftsindikatoren für EU, EFTA und Beitrittskandidaten – Vorläufige Ergebnisse für 2000*, in: Statistik kurz gefasst, Wirtschaft und Finanzen, Thema 2 – 32/2002.

Eurostat (2002a): *Das BIP der Beitrittsländer – 2001*, in: Statistik kurz gefasst, Wirtschaft und Finanzen, Thema 2 – 41/2002.

Eurostat (2003): *Das BIP der Beitrittsländer 2002 – Erste Ergebnisse*, in: Statistik kurzgefasst, Wirtschaft und Finanzen, Thema 2 – 47/2003.

Eurostat (2003a): *Beitretende Länder: immer noch attraktiv für ausländische Direktinvestitionen – Daten für den Zeitraum 1997 – 2001*, in: Statistik kurz gefasst, Wirtschaft und Finanzen, Thema 2 – 51/2003.

Eurostat (2003b): *Das Bruttoinlandsprodukt 2002*, in: Statistik kurz gefasst, Wirtschaft und Finanzen, Thema 2 – 56/2003.

Eurostat (2003c): *FuE-Ausgaben und FuE-Personal in den Bewerberländern im Jahre 2000*, in: Statistik kurz gefasst, Wissenschaft und Technologie, Thema 9 – 1/2003.

Eurostat (2003d): *Annäherung an die EU? Ein Vergleich hochqualifizierter Humanressourcen in der EU und den Beitrittsstaaten*, in: Statistik kurz gefasst, Wissenschaft und Technologie, Thema 9 – 9/2003.

Eurostat (2004): *Ein Überblick über die Wirtschaft der Beitrittsländer*, in: Statistik kurz gefasst, Wirtschaft und Finanzen, Thema 2 – 17/2004.

Eurostat (2004a): *Das BIP pro Kopf in Kaufkraftstandards für die EU, Beitrittskandidaten und EFTA – Erste Schätzung (Nowcast) 2003,* in: Statistik kurz gefasst, Wirtschaft und Finanzen, Thema 2 – 27/2004.

Eurostat (2004b): *EU-Erweiterung – Neue EU25 im Vergleich zu EU15*, Eurostat Pressemitteilung, 36/2004.

Fagerberg, J. (1987): *A technology gap approach to why growth rates differ*, in: Research Policy, Vol. 16, S. 87 – 99.

Fagerberg, J. / Verspagen, B. (1996): *Heading for Divergence? Regional Growth in Europe Reconsidered, in*: Journal of Common Market Studies, Vol. 34, Nr. 3, S. 431 – 448.

Falcetti, E. / Raiser, M./ Sanfey, P. (2002): *Defying the Odds: Initial Conditions, Reforms, and Growth in the First Decade of Transition*, in: Journal of Comparative Economics, Vol. 30, S. 229 - 250.

Feenstra, R. C. (1996): *Trade and uneven growth*, in: Journal of Development Economics, Vol. 49, S. 229 – 256.

Fidrmuc, J. (2000): *Liberalization, Democracy and Economic Performance during Transition,* Center for European Integration Studies (ZEI), Working Paper Nr. B05-2000, Bonn, in: http://www.zei.de/download/zei_wp/B00-05.pdf, abgerufen am 2.2.2004.

Fidrmuc, J. (2001): *Forecasting Growth in Transition Economies – a reassessment*, Center for European Integration Studies (ZEI), University of Bonn, in: www.ecare.ulb.ac.be/ecare/fidrmuc/growth.pdf, abgerufen am 10.3.2004.

Fidrmuc, J. / Gërxhani, K. (2003): *Formation of Social Capital in Eastern Europe: Explaining the Gap vis-à-vis Developed Countries*, vorläufige und unvollständige Fassung, ECARES Université Libre de Bruxelles, in: http://www.ecare.ulb.ac.be/ecare/fidrmuc/SocialCapital.pdf, abgerufen am 22.3.2004.

Fischer, S. / Sahay, R. (2000): *The Transition Economies after Ten Years*, NBER Working Paper Nr. 7664, in: http://www.nber.org/papers/w7664, abgerufen am 5.5.2004.

Fischer, S. / Sahay, R. / Vegh, C. A. (1998): *From Transition to Market: Evidence and Growth Prospects*, IMF Working Paper Nr. 98/52, in: http://www.imf.org/external/pubs/ft/wp/1998/wp9852.pdf, abgerufen am 3.8.2004.

Flanagan, R. J. (1998): *Were communists good human capitalists? The case of the CzechRepublic,* in: Labour Economics, Vol. 5, S. 295 – 312.

Fosfuri, A. / Motta, M. / Rønde, T. (2001): *Foreign direct investment and spillovers through worker's mobility*, in: Journal of International Economics, Vol. 53, S. 205 – 222.

Frenkel, M. / Trauth, T. (1997): *Growth Effects of Integration among unequal Countries*, in: Global Finance Journal, Vol. 8, Nr. 1, S. 113 – 128.

Gerschenkron, A. (1962): *Economic Backwardness in Historical Perspective*, Harvard University Press, Cambridge Mass.

Griffith, R. / Redding, S. / Reenen van, (2001): *Mapping the Two Faces of R&D: Productivity Growth in a Panel of OECD Industries*, IFS Working Paper Nr. 02/00, Institute for Fiscal Studies, in: http://www.ifs.org.uk/workingpapers/wp0002.pdf, abgerufen am 3.11.2003.

Grossman, G. M. / Helpman, E. (1991): *Innovation and Growth in the Global Economy*, Cambridge, Massachusetts, MIT Press.

Gundlach, E. (1995): *The Role of Human Capital in Economic Growth: New Results and Alternative Interpretations*, in: Weltwirtschaftliches Archiv, Vol. 131, S. 383 – 402.

Gundlach, E. (1997): *Openness and Economic Growth in Developing Countries*, in: Weltwirtschaftliches Archiv, Vol. 133, Nr. 3, S. 479 – 496.

Hagemann, H. (1998): *Ansatzpunkte einer staatlichen Stimulierung des wirtschaftlichen Wachstums im Zeichen der Globalisierung (aus Sicht der Neuen Wachstumstheorie),* in: Regionale und nationale Handlungsmöglichkeiten der Wirtschaftspolitik bei fortschreitender Globalisierung, Dokumentation des Ministeriums für Wirtschaft, Technologie und Verkehr des Landes Schleswig-Holsteins, Kiel.

Hagemann, H. (2004): *The macroeconomics of accession: growth, convergence and structural adjustment*, in: Structural Change and Economic Dynamics, Vol. 15, Nr. 1, S. 1 – 12.

Hanson, G. H. (2001): *Should Countries Promote Foreign Direct Investment*, G-24 Discussion Paper Series Nr. 9, United Nations, New York, Geneva, in: http://ksghome.harvard.edu/~.drodrik.academic.ksg/ g24-hanson.pdf, abgerufen am 6.2.2004.

Haug, M. (1998): *Convergence: Myth or Reality. A Survey of Recent Results*, in: Diskussionspapier 4, Institut für Agrar- und Sozialökonomie in den Tropen und Subtropen, Universität Hohenheim.

Havrylyshyn, O. / McGettigan, D. (1999): *Privatization in Transition Countries: A Sampling of the Literature,* IMF Working Paper Nr. 99/6, in: http://www.imf.org/external/pubs/ft/wp/1999/wp9906.pdf, abgerufen am 25.5.2004.

Havrylyshyn, O. / van Rooden, R. (2000): *Institutions Matter in Transition, but so do Policies*, IMF Working Paper Nr. 00/70, in: http://www.imf.org/external/pubs/ft/wp/2000/wp0070.pdf, abgerufen am 10.3.2004.

Hebler, M. / Neimke, M. (2000): *Neue Integrationstheorie: Ein erster Überblick*, Ruhr – Universität Bochum, Fakultät für Wirtschaftswissenschaft, in: http://www.ruhr-uni-bochum.de/intern-wi-bez/Integrationstheorie_VWLBeitraege_Nr.07_00.pdf, abgerufen am 6.3.2002.

Helliwell, J. F. / Putnam, R. D. (1995): *Economic Growth and Social Capital in Italy*, in: Eastern Economic Journal, Vol. 21, Nr. 3, S. 295 – 307.

Helpman, E. (1991): *Endogenous Macroeconomic Growth Theory*, NBER Working Paper Nr. 3869, in: http://www.nber.org/papers/w3869, abgerufen am 19.2.2002.

Henrekson, M. / Torstensson, J. / Torstensson, R. (1997): *Growth Effects of European Integration*, in: European Economic Review, Vol. 41, S. 1537 – 1557.

Hjerppe, R. (2003): *Social Capital and Economic Growth*, Government Institute for Economic Research, Finnland, Presentation on the International Conference on social capital arranged by Economic and Social Research Institute of the Cabinet Office of the Japanese Government, Tokyo, March 25-25, 2003, in: http://www.esri.go.jp/en/workshop/030325/030325paper2-e.pdf, abgerufen am 20.8.2004.

Howitt, P. (1999): *Steady Endogenous Growth with Population and R & D Inputs Growing*, in: Journal of Political Economy, Vol. 107, Nr. 4, S. 715 – 730.

Inada, K.-I. (1963): *On a two-sector model of economic growth: Comments and a generalization,* in: Review of Economic Studies, Vol. 30, Nr. 2, S. 119 – 127.

International Monetary Fund (IMF) (2000): *World Economic Outlook*, September, Kapitel 3, in: http://www.imf.org/external/pubs/ft/weo/2000/02/pdf/chapter3.pdf, abgerufen am 10.5.2004.

International Monetary Fund (IMF) (2003): *World Economic Outlook*, Database September, in: www.imf.org/external/pubs/ft/weo/2003/02/data/index.htm, abgerufen am 11.5.2004.

Jones, C. I. (1995a): *Time Series Tests of Endogenous Growth Models*, in: Quarterly Journal of Economics, Vol. 110, S. 495 – 525.

Jones, C. I. (1995b): *R&D-Based Models of Economic Growth*, in: Journal of Political Economy, Vol. 103, Nr. 4, S. 759 – 784.

Jones, L. E. / Manuelli, R. (1990): *A Convex Model of Equilibrium Growth : Theory and Policy Implications,* in: Journal of Political Economy, Vol. 98, Nr. 5, S. 1008 – 1038.

Kejak, M. / Seiter, S. / Vávra, D. (2001): *Convergence and Growth in the EU periphery: stylised facts*, Final report on the ACE Phare Project No. P97-8034 R: The Macroeconomics of Accession: Growth, Convergence and Structural Adjustment.

Kejak, M. / Seiter, S. / Vávra, D. (2004): *Accession trajectories and convergence: endogenous growth perspectives*, in: Structural Change and Economic Dynamics, Vol. 15, S. 13 – 46.

Kertesi, G. / Köllö, J. (2001): *Economic Transformation and the Revaluation of Human Capital – Hungary, 1986 – 1999*, Budapest Working Paper 2001/4, in: http://papers.ssrn.com/sol3/papers.cfm?abstract_id=285913#PaperDownload, abgerufen am 30.3.2004.

Kinoshita, Y. (2000): *R&D and Technology Spillovers via FDI: Innovation and Absorptive Capacity*, William Davidson Institute Working Paper Nr. 349, in: http://eres.bus.umich.edu/docs/workpap-dav/wp349.pdf, abgerufen am 2.2.2004.

Knack, S. / Keefer, P. (1995): *Institutions and Economic Performance: Cross-Country Tests Using Alternative Institutional Measures*, in: Economics and Politics, Vol. 7, Nr. 3, S. 207 – 227.

Kremer, M. / Thomson, J. (1994): *Young Workers, Old Workers, and Convergence*, NBER Working Paper Nr. 4827, in: http://www.nber.org/papers/w4827, abgerufen am 6.6.2003.

Krugman, P. R. (1991): *Geography and Trade*, MIT Press, Cambridge, MA.

Krugman, P. R. (1991a): *Increasing Returns and Economic Geography*, in: Journal of Political Economy, Vol. 99, Nr. 3, S. 483 – 499.

Krugman, P. R. / Obstfeld, M. (2000): *International Economics – Theory and Policy*, 5. Auflage.

Krugman, P. R. / Venables, A. J. (1995): *Globalization and the Inequality of Nations*, in: Quarterly Journal of Economics, Vol. 110, Nr. 4, S. 857 – 880.

Landau, D. (1995): *The Contribution of the European Common Market to the Growth of Its Member Countries: An Empirical Test*, in: Weltwirtschaftliches Archiv, Vol. 131, Nr. 4, S. 774 – 782.

Landesmann, M. (2003): *Structural features of economic integration in an Enlarged Europe: patterns of catching-up and industrial specialization*, EU-Kommission, Economic Papers Nr. 181, in: http://europa.eu.int/comm/economy_finance/publications/economic_papers/2003/ecp181en.pdf, abgerufen am 26.2.2004.

Landesmann, M. / Stehrer, R. (2002): *The CEECs in the Enlarged Europe: Convergence Patterns, Specialization and Labour Market Implications*, Wiener Institut für Internationale Wirtschaftsvergleiche (WIIW), Forschungsberichte Nr. 286.

Leamer, E. E. (1995): *The Heckscher-Ohlin Model in Theory and Practice*, Princeton Studies in International Finance, New Jersey.

Levine, R. (1997): *Financial Development and Economic Growth: Views and Agenda*, in: Journal of Economic Literature, Vol. 35, S. 688 – 726.

Levine, R. / Renelt, D. (1992): *A Sensitivity Analysis of Cross-Country Growth Regressions*, in: American Economic Review, Vol. 82, Nr. 4, S. 942 – 963.

Lichtenberg, F. (1992): *R&D Investment and International Productivity Differences*, NBER Working Paper Nr. 4161, in: http://www.nber.org/papers/w4161, abgerufen am 6.11.2003.

Linder, S. B. (1961): *An essay on trade and transformation*, Wiley, New York.

Lloyd-Ellis, H. / Roberts, J. (2000): *Twin Engines of Growth*, Centre de recherche sur l'emploi et les fluctuations économiques (CREFE), Cahier de recherche Nr. 118, Université de Québec à Montréal, in: http://www.economie.uqam.ca/CREFE/cahiers/cah118.pdf, abgerufen am 18.11.2003.

Loungani, P. / Sheets, N. (1997): *Central Bank Independence, Inflation and Growth in Transition Economies*, in: Journal of Money, Credit and Banking, Vol. 29, Nr. 3, S. 381 – 399.

Lucas, R. E. (1988): *On the Mechanics of Economic Development*, in: Journal of Monetary Economics, Vol. 22, S. 3 – 42.

Lucas, R. E. (1990): *Why doesn't Capital Flow from Rich to Poor Countries?*, in: American Economic Review, Papers and Proceedings, Vol. 80, Nr. 2, S. 92 – 96.

Maddison, A. (1995): *Monitoring the World Economy 1820 – 1992*, OECD, Paris.

Mairesse, J. / Mohnen, P. (2001): *To be or not to be innovative: an exercise in measurement*, MERIT - Infonomics Research Memorandum series Nr. 2001-039, in: http://meritbbs.unimaas.nl/rmpdf/2001/rm2001-039-abstract.pdf, abgerufen am 11.3.2002.

Mankiw, N. G. / Romer, D. / Weil, D. N. (1992): *A Contribution to the Empirics of Economic Growth,* in: Quarterly Journal of Economics, Vol. 107, S. 407 – 437.

Markusen, J. R. / Melvin, J. R. / Kaempfer, W. H. / Maskus, K. E. (1995): *International Trade – Theory and Evidence,* Mc Graw Hill.

Markusen, J. R. / Venables, A. J. (1999): *Foreign direct investment as a catalyst for industrial development*, in: European Economic Review, Vol. 43, S. 335 – 356.

McArthur, J. W. / Sachs, J. D. (2002): *The Growth Competitiveness Index: Measuring Technological Advancement and the Stages of Development*, in: Global Competitiveness Report 2001-2002, New York: Oxford University Press for the World Economic Forum, Kapitel 1.1.

Meade, J. E. (1962): *A Neoclassical Theory of Economic Growth*, 2. Auflage, London.

Merlevede, B. (2000): *Growth in Transition Economies – A Review of the Literature*, LICOS, Centre for Transition Economies, K.U. Leuven, LICOS Discussion Paper Nr. 9300, in: http://www.econ.kuleuven.ac.be/licos/DP/DP2000/DP93.PDF, abgerufen am 22.3.2004.

Micklewright, J. (1999): *Education, Inequality and Transition*, Innocenti Working Paper Nr. 74, Florence. UNICEF Innocenti Research Center, in: http://www.unicef-icdc.org/publications/pdf/iwp74.pdf, abgerufen am 30.3.2004.

Mincer, J. (1974): *Schooling, Experience and Earnings*, National Bureau of Economic Research. New York: Columbia University Press.

Munich, D. / Svejnar, J. / Terrell, K. (2002): *Returns to Human Capital under the Communist Wage Grid and During the Transition to a Market Economy*, William Davidson Institute Working Paper Nr. 272, in: http://www.wdi.bus.umich.edu/faculty/papers_JS/MNHCP01-04.pdf, abgerufen am 1.4.2004.

Murphy, K. M. / Riddell, W. C. / Romer, P. M. (1998): *Wages, Skills, and Technology in the United States and Canada*, NBER Working Paper Nr. 6638, in: http://www.nber.org/papers/w6638, abgerufen am 19.11.2003.

Nelson, R. / Phelps, E. (1966): *Investment in humans, technological diffusion, and economic growth*, in: American Economic Review, Papers and Proceedings, Vol. 61, S. 69 – 75.

OECD (2000): *OECD Economic Surveys 1999-2000 – Czech Republic*, Paris.

OECD (2002): *Education at a Glance*, Paris.

Ohkawa, K. / Rosovsky, H. (1972): *Japanese Economic Growth*, Stanford, CA: Stanford University Press.

Ohlin, B. (1991): *The Theory of Trade*, in: Flam, H. / Flanders, M. J. (Hrsg.): Heckscher- Ohlin Trade Theory, MIT Press, S. 71 – 214.

Ohr, R. (1985): *Die Linder-Hypothese*, in: Das Wirtschaftsstudium, Vol. 14, Heft 12, S. 625 – 627.

Orazem, P. E. / Vodopivec, M. (1995): *Winners and Losers in Transition: Returns to Education, Experience, and Gender in Slovenia*, in: World Bank Economic Review, Vol. 9, Nr. 2, S. 201 – 230.

Plünnecke, A. / Werner, D. (2004): *Das Humankapital der EU-Beitrittskandidaten*, in: iw-trends 1/2004.

Porter, M. E. / Stern, S. (2004): *Ranking National Innovative Capacity: Findings from the National Innovative Capacity Index*, in: Global Competitiveness

Report 2003-2004, New York: Oxford University Press for the World Economic Forum, Kapitel 2.2.

Potocnik, A./ Jessernig, K./ Schennach, B. (2000): *EU-Erweiterung – Themenschwerpunkt: Europaabkommen mit den 10 Staaten Mittel- und Osteuropas (MOEL),* Euro Info Centre der Wirtschaftskammer Österreich, in: http://aw.wk.or.at/eu, abgerufen am 21.11.2002.

Pritchett, L. (1996): *Where has all the education gone?*, World Bank Working Papers Nr. 1581, in: http://econ.worldbank.org/files/301_wps1581.pdf, abgerufen am 8.8.2003.

Quaisser, W. (2001): *Kosten und Nutzen der Osterweiterung unter besonderer Berücksichtigung verteilungspolitischer Probleme*, Osteuropa-Institut München, Working Paper Nr. 230, in: http://www.lrz-muenchen.de/~oeim/wp230.pdf, abgerufen am 10.5.2004.

Quaisser, W. (2003): *Ökonomische Indikatoren zur Beitrittsfähigkeit der MOE-Länder – Eine vergleichende Bewertung*, Gutachten erstellt im Auftrag des Bundesministeriums der Finanzen, Arbeiten aus dem Osteuropa-Institut München Nr. 245,in: http://www.lrz-muenchen.de/~oeim/wp245.pdf, abgerufen am 11.5.2004.

Rassekh, F. / Thompson, H. (1998): *Micro Convergence and Macro Convergence: Factor Price Equalization and Per Capita Income*, in: Pacific Economic Review, Vol. 3, Nr. 1, S. 3 – 11.

Razin, A. / Yuen, C.-W. (1997): *Income convergence within an economic union: the role of factor mobility and coordination*, in: Journal of Public Economics, Vol. 66, S. 225 – 245.

Razin, A. / Yuen, C.-W. (1999): *Understanding the "Problem of Economic Development": The Role of Factor Mobility and International Taxation*, NBER Working Paper Nr. 7115, in: http://www.nber.org/papers/w7115, abgerufen am 3.12.2003.

Rivera-Batiz, L. A. / Romer, P. M. (1991): *Economic Integration and Endogenous Growth*, in: Quarterly Journal of Economics, Vol. 106, S. 531 – 555.

Rivera-Batiz, L. A. / Xie, D. (1993): *Integration among unequals*, in: Regional Science and Urban Economics, Vol. 23, S. 337 – 354.

Rodriguez, F. / Rodrik, D. (2000): *Trade Policy and Economic Growth : A Skeptical Guide to the Cross-National Evidence*, in: Bernanke, B. / Rogoff, K. (Hrsg.): NBER Macroeconomics Annual 2000, Cambridge: MIT Press.

Romer, P. M. (1986): *Increasing Returns and Long-Run Growth*, in: Journal of Political Economy, Vol. 94, Nr. 5, S. 1002 – 1037.

Romer, P. M. (1987): *Growth Based on Increasing Returns Due to Specialization*, in: American Economic Review, Papers and Proceedings, Vol. 77, Nr. 2, S. 56 – 62.

Romer, P. M. (1990): *Endogenous technological change*, in: Journal of Political Economy, Vol. 98, S. S71 – S102.

Rose, K. (1995): *Grundlagen der Wachstumstheorie*, 6. Auflage, Göttingen.

Rutkowski, J. (1997): *Low Wage Employment in Transitional Economies of Central and Eastern Europe*, MOST, Economic Policy and Transitional Economics, Vol. 7, Nr. 1, S. 105 – 130.

Sachs, J. D. / Warner, A. (1995): *Economic Reform and the Process of Global Integration*, in: Brookings Papers on Economic Activity, Vol. 1, S. 1 – 118.

Sala-i-Martin (1996): *The Classical Approach to Convergence Analysis*, in: Economic Journal, Vol. 106, S. 1019 – 1036.

Samuelson, P. A. (1948): *International Trade and the Equalisation of Factor Prices*, in: Economic Journal, Vol. 58, S. 163 – 184.

Samuelson, P. A. (1949): *International Factor-Price Equalisation Once Again*, in: Economic Journal, Vol. 59, S. 181 – 197.

Schumpeter, J. A. (1934): *Theorie der wirtschaftlichen Entwicklung – Eine Untersuchung über Unternehmergewinn, Kapital, Kredit, Zins und den Konjunkturzyklus*, 4. Auflage, Berlin.

Segerstrom, P. S. (1998): *Endogenous Growth without Scale Effects*, in: American Economic Review, Vol. 88, Nr. 5, S. 1290 – 1310.

Seiter, S. (1994): *„Neue" Ansätze in der Wachstumstheorie*, Diskussionsbeitrag Nr. 103 aus dem Institut für Volkswirtschaftslehre (520), Universität Hohenheim.

Sinn, H.-W. (2000): *Zehn Jahre deutsche Wiedervereinigung – Ein Kommentar zur Lage der neuen Länder*, in: ifo-Schnelldienst, Vol. 53, Nr. 26 – 27, S. 10 – 22.

Sinn, H.-W. / Flaig, G. / Werding, M. / Munz, S. / Düll, S. / Hofmann, H. (2001): *EU-Erweiterung und Arbeitskräftemigration. Wege zu einer schrittweisen Annäherung der Arbeitsmärkte*, ifo Beiträge zur Wirtschaftsforschung, Band 2, in: http://www.arge28.com/docs/pdf/Deutschland/D_Ifo-MIGRATIONlang-2001_deutsch.pdf, abgerufen am 29.1.2003.

Solow, R. M. (1956): *A Contribution to the Theory of Economic Growth*, in: Quarterly Journal of Economics, Vol. 70, S. 65 – 94.

Solow, R. M. (1957): *Technical Change and the Aggregate Production Function*, in: Review of Economics and Statistics, Vol. 39, S. 312 – 320.

Stankovsky, J. (2000): *Institutionelle Rahmenbedingungen für die Osterweiterung der EU*, Teilprojekt 1 des Preparity Projekts Strukturpolitik und Raumplanung in den Regionen an der mitteleuropäischen EU-Außengrenze zur Vorbereitung auf die EU-Osterweiterung, unterstützt von der Europäischen Kommission, Studie des Österreichischen Instituts für Wirtschaftsforschung, in: http://www.preparity.wsr.ac.at, abgerufen am 15.11.2002.

Stehrer, R. / Wörz, J. (2001): *Technological Convergence and Trade Patterns*, Wiener Institut für Internationale Wirtschaftsvergleiche (WIIW), WIIW Working Papers Nr. 19.

Stehrer, R. / Wörz, J. (2003): *Industrial Diversity, Trade Patterns and Productivity Convergence*, Wiener Institut für Internationale Wirtschaftsvergleiche (WIIW), WIIW Working Papers Nr. 23, Revised Version.

Süddeutsche Zeitung (2004): *Brain Gain in Warschau*, Artikel von Christia Berndt in Süddeutsche Zeitung Nr. 100, vom 30. April/1./2. Mai 2004, S. 11.

Summers, R. / Heston, A. (1984): *Improved International Comparisons of Real Product and its Composition, 1950 – 1980*, in: Review of Income and Wealth, Vol. 30, S. 207 – 262.

Swan, T. (1956): *Economic Growth and Capital Accumulation*, in: Economic Record, Vol. 32, S. 334 – 361.

Teixeira, A. / Fortuna, N. (2003): *Human Capital, Innovational Capability and Economic Growth – Portugal, 1960 – 2001*, FEP Working Paper Nr. 131, Faculdade de Economia, Universidade do Porto, in: http://www.fep.up.pt/investigacao/workingpapers/wp131.pdf, abgerufen am 19.11.2003.

Temple, J. R. W. (2001): *Generalizations that aren't ? Evidence on education and growth*, in: European Economic Review, Vol. 45, S. 905 – 918.

Tondl, G. (1999): *The changing pattern of regional convergence in Europe*, in: Jahrbuch für Regionalwissenschaften, Vol. 19, S. 1 – 33.

Tondl, G. (2001): *Convergence After Divergence? Regional Growth in Europe*, Wien.

Tsuru, K. (2000): *Finance and Growth – Some theoretical considerations, and a review of the empirical literature*, OECD, Economics Department Working Paper Nr. 228, in: http://www.olis.oecd.org/olis/2000doc.nsf/linkto/eco-wkp(2000)1, abgerufen am 26.5.2004.

Uzawa, H. (1965): *Optimum Technical Change in an Aggregative Model of Economic Growth*, in: International Economic Review, Vol. 6, S. 18 – 31.

Vanhoudt, P. (1999): *Did the European Unification Induce Economic Growth?* In Search of Scale Effects and Persistent Changes, in: Weltwirtschaftliches Archiv, Vol. 135, Nr. 2, S. 191 – 220.

Viner, J. (1950): *The Customs Union Issue*, New York.

Wacziarg, R. / Horn Welch, K. (2003): *Trade Liberalization and Growth: New Evidence*, NBER Working Paper Nr. 10152, in: http://www.nber.org/papers/w10152, abgerufen am 6.1.2004.

Walz, U. (1998): *Does an enlargement of a common market stimulate growth and convergence?*, in: Journal of International Economics, Vol. 45, S. 297 – 321.

Walz, U. (1999): *Dynamics of Regional Integration*, Physica-Verlag, Heidelberg.

WiiW (2002): *Handbook of Statistics – Countries in Transition*, Statistisches Handbuch des Wiener Instituts für Internationale Wirtschaftsvergleiche.

Wood, K. (1997): *International Trade in Goods and Factor Mobility*, MIT Press, Cambridge, London.

Wyplosz, C. (2000): *Ten Years of Transformation: Macroeconomic Lessons*, Policy Research Working Paper Nr 2228, The World Bank, Washington D.C., in: http://econ.worldbank.org/docs/1047.pdf, abgerufen am 31.3.2004.

Young, A. A. (1928): *Increasing Returns and Economic Progress*, in: Economic Journal, Vol. 38, Nr. 152, S. 527 – 542.

Young, A. (1996): *Learning by Doing and the Dynamic Effects of International Trade*, in: Quarterly Journal of Economics, Vol. 106, Nr. 2, S. 369 – 405.

Young, A. (1998): *Growth without Scale Effects*, in: Journal of Political Economy, Vo. 106, Nr. 1, S. 41 – 63.

HOHENHEIMER VOLKSWIRTSCHAFTLICHE SCHRIFTEN

Band 1 Walter Deffaa: Anonymisierte Befragungen mit zufallsverschlüsselten Antworten. Die Randomized-Response-Technik (RRT). Methodische Grundlagen, Modelle und Anwendungen. 1982.

Band 2 Thomas Michael Baum: Staatsverschuldung und Stabilisierungspolitik in der Demokratie. Zur neoinstitutionalistischen Kritik der keynesianischen Fiskalpolitik. 1982.

Band 3 Klaus Schröter: Die wettbewerbspolitische Behandlung der leitungsgebundenen Energiewirtschaft. Dargestellt am Beispiel der Fernwärmewirtschaft der Bundesrepublik Deutschland. 1986.

Band 4 Hugo Mann: Theorie und Politik der Steuerreform in der Demokratie. 1987.

Band 5 Max Christoph Wewel: Intervallarithmetische Dependenzanalyse in der Ökonometrie. Ein konjekturaler Ansatz. 1987.

Band 6 Heinrich Pascher: Die U.S.-amerikanische Deregulation Policy im Luftverkehrs- und Bankenbereich. 1987.

Band 7 Harald Lob: Die Entwicklung der französischen Wettbewerbspolitik bis zur Verordnung Nr. 86-1243 vom 01. Dezember 1986. Eine exemplarische Untersuchung der Erfassung der Behinderungsstrategie auf der Grundlage des Konzepts eines wirksamen Wettbewerbs. 1988.

Band 8 Ulrich Kirschner: Die Erfassung der Nachfragemacht von Handelsunternehmen. Eine Analyse der ökonomischen Beurteilungskriterien und der wettbewerbsrechtlichen Instrumente im Bereich der Verhaltenskontrolle.1988.

Band 9 Friedhelm Herb: Marktwirtschaftliche Innovationspolitik. 1988.

Band 10 Claus Schnabel: Zur ökonomischen Analyse der Gewerkschaften in der Bundesrepublik Deutschland. Theoretische und empirische Untersuchungen von Mitgliederentwicklung, Verhalten und Einfluß auf wirtschaftliche Größen. 1989.

Band 11 Jan B. Rittaler: Industrial Concentration and the Chicago School of Antitrust Analysis. A Critical Evaluation on the Basis of Effective Competition. 1989.

Band 12 Thomas Märtz: Interessengruppen und Gruppeninteressen in der Demokratie. Zur Theorie des Rent-Seeking. 1990.

Band 13 Andreas Maurer: Statistische Verfahren zur Ermittlung von oligopolistischen Strukturen. 1990.

Band 14 Peter Mendler: Zur ökonomischen und politisch-institutionellen Analyse öffentlicher Kredithilfen. 1992.

Band 15 Heinrich J. Engelke: Die Interpretation der Rundfunkfreiheit des Grundgesetzes: Eine Analyse aus ökonomischer Sicht. 1992.

Band 16 Thomas Fischer: Staat, Recht und Verfassung im Denken von Walter Eucken. Zu den staats- und rechtstheoretischen Grundlagen einer wirtschaftsordnungspolitischen Konzeption. 1993.

Band 17 Stefan Elßer: Innovationswettbewerb. Determinanten und Unternehmensverhalten. 1993.

Band 18 Reinhard Scharff: Regionalpolitik und regionale Entwicklungspotentiale. Eine kritische Analyse. 1993.

Band 19 Karin Beckmann: Probleme der Regionalpolitik im Zuge der Vollendung des Europäischen Binnenmarktes. Eine ökonomische Analyse. 1995.

Band 20 Bernd Nolte: Engpaßfaktoren der Innovation und Innovationsinfrastruktur. Eine theoretische und empirische Analyse für ländliche Wirtschaftsräume in Baden-Württemberg. 1996.

Band 21 Klaus-Rainer Brintzinger: Die Nationalökonomie an den Universitäten Freiburg, Heidelberg und Tübingen 1918 - 1945. Eine institutionenhistorische, vergleichende Studie der wirtschaftswissenschaftlichen Fakultäten und Abteilungen südwestdeutscher Universitäten. 1996.

Band 22 Steffen Binder: Die Idee der Konsumentensouveränität in der Wettbewerbstheorie. Teleokratische vs. nomokratische Auffassung. 1996.

Band 23 Alexander Burger: Deregulierungspotentiale in der Gesetzlichen Rentenversicherung. Reformnotwendigkeiten versus Reformmöglichkeiten. 1996.

Band 24 Burkhard Scherer: Regionale Entwicklungspolitik. Konzeption einer dezentralisierten und integrierten Regionalpolitik. 1997.

Band 25 Frauke Wolf: Lorenzkurvendisparität. Neuere Entwicklungen, Erweiterungen und Anwendungen. 1997.

Band 26 Hans Pitlik: Politische Ökonomie des Föderalismus. Föderative Kompetenzverteilung im Lichte der konstitutionellen Ökonomik. 1997.

Band 27 Stephan Seiter: Der Beitrag Nicholas Kaldors zur Neuen Wachstumstheorie. Eine vergleichende Studie vor dem Hintergrund der Debatte über den Verdoorn-Zusammenhang. 1997.

Band 28 André Schmidt: Ordnungspolitische Perspektiven der europäischen Integration im Spannungsfeld von Wettbewerbs- und Industriepolitik. 1998.

Band 29 Bernd Blessin: Innovations- und Umweltmanagement in kleinen und mittleren Unternehmen. Eine theoretische und empirische Analyse. 1998.

Band 30 Oliver Letzgus: Die Ökonomie internationalen Umweltschutzes. 1999.

Band 31 Claudia Hafner: Systemwettbewerb versus Harmonisierung in Europa. Am Beispiel des Arbeitsmarktes. 1999.

Band 32 Jürgen Kulle: Ökonomie der Musikindustrie. Eine Analyse der körperlichen und unkörperlichen Musikverwertung mit Hilfe von Tonträgern und Netzen. 1998.

Band 33 Michael Ganske: Intertemporale Aspekte von Staatsverschuldung und Außenhandel. 1999.

Band 34 Margit Ströbele: Die Deregulierungswirkungen der europäischen Integration. Das Beispiel der Sondermärkte. 1999.

Band 35 Marion Benesch: Devisenmarktinterventionen in Theorie und Praxis. Eine umfassende Analyse ihrer Zielsetzungen, Wirkungsweisen und wirtschaftspolitischen Bedeutung. 1999.

Band 36 Torsten Gruber: Unterschiedliche geldpolitische Transmissionsmechanismen und Stabilitätskulturen als mögliche Ursachen geldpolitischer Spannungen in der Europäischen Währungsunion. 2000.

Band 37 Bertram Melzig-Thiel: Arbeit in der Informationsgesellschaft. Chancen und Risiken neuer Informations- und Kommunikationstechnologien für die Beschäftigung. 2000.

Band 38 Annette Fritz: Die Entsorgungswirtschaft im Spannungsfeld zwischen Abfallpolitik und Kartellrecht. Eine industrieökonomische Branchenstudie. 2001.

Band 39 Harald Strotmann: Arbeitsplatzdynamik in der baden-württembergischen Industrie. Eine Analyse mit amtlichen Betriebspaneldaten. 2002.

Band 40 Dietrich Benner: Qualitätsungewißheit bei Gütern mit Vertrauenseigenschaften. Entwicklung und Anwendung eines entscheidungstheoretisch fundierten Analyserahmens. 2002.

Band 41 Jürgen M. Schechler: Sozialkapital und Netzwerkökonomik. 2002.

Band 42 Kay-Uwe May: Haushaltskonsolidierung durch Ausgabekürzungen. Restriktionen und Strategien. 2002.

Band 43 Peter Kühnl: Der Wechselkurs als Zwischenziel der Geldpolitik im Aufholprozess. Die monetärkeynesianische Entwicklungsstrategie der Berliner Schule vor dem Hintergrund der makroökonomischen Entwicklung ausgewählter Länder Mittel- und Osteuropas. 2003.

Band 44 Steffen Wirth: Nichtparametrische Analyse von Bildungsertragsraten. Neuere Entwicklungen und Anwendungen. 2003.

Band 45 Bernhard Holwegler: Innovation, Diffusion und Beschäftigung. Die ökonomische Theorie der Technologiediffusion und ihr Beitrag zur Erklärung technologischer Arbeitslosigkeit. 2003.

Band 46 Guntram R. M. Hepperle: Zukunftsorientierte Industriepolitik. Möglichkeiten und Grenzen. 2004.

Band 47 Udo Vullhorst: Stabilisierungspolitik bei supranationaler Geldpolitik und nationaler Fiskalpolitik. Eine spieltheoretische Betrachung. 2004.

Band 48 Matthias Rösch: Die Bedeutung von Investivlöhnen und Gewinnbeteiligungen für Einkommensverteilung und Beschäftigung. 2004.

Band 49 Michael Bubik: Erfolgskriterien für Unternehmenszusammenschlüsse. Eine theoretische und exemplarische Analyse. 2005.

Band 50 Jörg Weltin: Internationale Unternehmensbesteuerung. Allokation der Besteuerungsrechte unter veränderten Rahmenbedingungen. 2005.

Band 51 Susanne Reichart: Zum Konvergenzprozess der mittel- und osteuropäischen EU-Beitrittsländer. 2005.

www.peterlang.de

Kolibri 360 GmbH
Ferdinand-Jühlke-Straße 7
99095 Erfurt, Deutschland
produktsicherheit@kolibri360.de

Druck:
CPI Druckdienstleistungen GmbH
im Auftrag der
Kolibri 360 GmbH
Ferdinand-Jühlke-Str. 7
99095 Erfurt